L'ART
DE CONJUGUER

Tout exemplaire non revêtu de ma griffe sera réputé contrefait et poursuivi comme tel.

AUTRES OUVRAGES

QUI SE TROUVENT AUSSI A LA LIBRAIRIE CH. FOURAUT, A PARIS.

NOUVEAU COURS DE LITTÉRATURE THÉORIQUE ET PRATIQUE, contenant des Enseignements clairs, précis et méthodiques sur le Style, la composition narrative et descriptive, sur l'Art poétique et toutes ses règles, sur la Rhétorique et l'Éloquence ; — des Modèles de Style, de Composition, d'Art poétique et d'Éloquence ; — l'Histoire, divisée par époques et par siècles, de la Littérature chez tous les peuples anciens et modernes, par Édouard W. d'Halluvien, professeur d'histoire et de littérature. 1 fort vol. in-12, cart.   3 fr.

RECUEIL DE PROBLÈMES NUMÉRIQUES, renfermant, dans 2,134 Exercices et Problèmes, plus de 3,000 Questions graduées sur toutes les parties de l'Arithmétique, ouvrage destiné aux élèves de toutes les écoles, et rédigé pour servir d'application à tous les traités d'Arithmétique, par L. J. George fils.

— Exercices et Problèmes, *partie de l'élève;* 2e édit., 1 vol. in-12. Cart.   1 fr. 75 c.

— Réponses et Solutions, *partie du maître;* 2e édition, revue et corrigée.   1 fr. 50 c.

TABLEAU DU SYSTÈME MÉTRIQUE, avec figures enluminées, représentant le Mètre, les Poids, les Mesures de capacité, les Monnaies, etc.; par Vasseur. Une feuille colombier. 1 fr. 25 c.

CODE PRATIQUE DE L'ENSEIGNEMENT PRIMAIRE, comprenant toute la législation spéciale, relative à cet enseignement, depuis la promulgation de la loi du 15 mars 1850, expliquée et commentée par les instructions ministérielles destinées à en faciliter l'application. Ouvrage également utile aux Instituteurs et aux Institutrices primaires, et généralement à toutes les personnes qui, directement ou indirectement, sont appelées à s'occuper d'instruction primaire; par M. J. George, licencié ès lettres, ancien secrétaire d'Académie. 1 vol. in-12 de 300 pages. Broché.   2 fr. 50 c.

MÉTHODE ABRÉGÉE ET PLAIN-CHANT, d'après le Rite romain, à l'usage des écoles; par M. l'abbé Lefebvre, directeur de la Maîtrise, et ancien Maître de chapelle de la Cathédrale de Soissons. *Ouvrage approuvé par Monseigneur l'Évêque de Soissons et Laon.* 4 tableaux in-f° sur raisin. Prix.   1 fr. 75 c.

L'ART DE CONJUGUER

OU

SIMPLES MODÈLES DE CONJUGAISONS

POUR TOUS LES VERBES DE LA LANGUE FRANÇAISE

OUVRAGE ESSENTIELLEMENT PRATIQUE

A L'AIDE DUQUEL ON PEUT APPRENDRE AISÉMENT ET EN TRÈS-PEU DE TEMPS A CONJUGUER
TOUS LES VERBES, RÉGULIERS OU IRRÉGULIERS, FACILES OU DIFFICILES, ETC.,
SPÉCIALEMENT A L'USAGE DES ÉCOLES PRIMAIRES
ET DE TOUS LES ÉTABLISSEMENTS D'INSTRUCTION PUBLIQUE

PAR

M. BESCHERELLE AINÉ

Membre de la Société Grammaticale de Paris, Auteur du Dictionnaire National, etc.

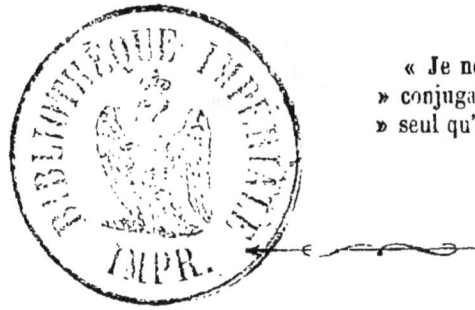

« Je ne conseille à personne d'étudier la
» conjugaison des verbes; c'est de l'usage
» seul qu'il faut les apprendre. »

(CONDILLAC.)

PARIS

LIBRAIRIE ECCLÉSIASTIQUE ET CLASSIQUE
DE CH. FOURAUT ET FILS
47, RUE SAINT-ANDRÉ-DES-ARTS, 47

OUVRAGES DE M. BESCHERELLE AINÉ

AUTEUR DU DICTIONNAIRE NATIONAL.

Grammaire française élémentaire et pratique, à l'usage des Maisons d'Éducation et des Écoles primaires d'enfants et d'adultes des deux sexes. Ouvrage rédigé sur un *plan entièrement neuf*, contenant une Théorie à la fois simple et facile, accompagnée de Lectures, d'Analyses, de Dictées, de Questionnaires, en un mot de toutes les applications nécessaires pour faciliter l'intelligence et la pratique des règles. 26e édition, revue et augmentée. 1 vol. in-12 de 228 pages Cartonné.   1 fr. 25 c.

Corrigé des Analyses, des Dictées et des Applications diverses contenues dans la *Grammaire Française, Élémentaire et Pratique*, suivi d'un *Questionnaire général* ou Programme de Questions sur toutes les parties de la Grammaire française Nouvelle édition, revue et corrigée avec soin, et mise en rapport avec la dernière édition de la Grammaire; 1 vol. in-12. Broché   1 fr 25 c.

On vend séparément :

Le Questionnaire général, in-12, broché en papier carton.   30 c.

Traité élémentaire et classique d'Analyse grammaticale, comprenant tous les préceptes pour bien analyser, avec de nombreux Modèles d'Analyse et un choix de Textes instructifs et intéressants destinés à servir d'Exercices; *Extrait* et *Complément* de tous les Traités d'Analyse grammaticale publiés jusqu'à ce jour, à l'usage des Écoles primaires et des Maisons d'Éducation. 1 vol. in-18 jésus. Broché.   60 c.

Traité élémentaire et classique d'Analyse logique, sur le même plan que le Traité d'Analyse grammaticale. 1 vol. in-18 jésus. Broché.   60 c.

Le Petit Secrétaire des Écoles, ou Modèles de Lettres sur tous les sujets et pour toutes les circonstances de la vie ; précédés de quelques observations sur le cérémonial des lettres ; suivi du Pétitionnaire et d'un Formulaire d'Actes sous seing privé. Nouvelle édition. 1 vol. in-18 jésus. Broché.   1 fr. 25 c.

PRÉFACE

Les quatre modèles de conjugaisons que donnent traditionnellement toutes les grammaires, les longues listes d'observations, d'explications et d'exceptions qui les accompagnent, ainsi que les règles sur la formation des temps qui leur servent de cortége, toutes ces choses nous ont paru des moyens assez peu propres à procurer aux enfants la facilité de conjuguer rapidement et correctement tous les verbes de la langue française.

D'abord, et l'expérience le prouve chaque jour, les commençants perdent un temps infini à étudier les règles de la formation des temps, sans être, après plusieurs années, en état de conjuguer les verbes qui offrent quelque difficulté. D'ailleurs, rien de plus arbitraire que ces sortes de règles, qui présentent en outre un énoncé sinon absurde, du moins fort peu rationnel.

Changez, dit-on, *telle ou telle lettre en telle autre; ajoutez ceci, retranchez cela, et vous aurez tel ou tel temps.*

De bonne foi, sont-ce là des règles logiques? Mais d'après ce système, nous ne voyons pas pourquoi l'on ne formerait pas tous les temps d'un seul? En retranchant, ajoutant ou changeant quelques lettres, on formerait tout aussi logiquement, par exemple, FINISSAIS de FINIR que de FINISSANT ; il suffirait de changer IR en ISSAIS. Qui ne voit combien ce système est près de l'absurde ? Et l'on se plaint de la routine de l'étude de la grammaire ! Qu'on se plaigne plutôt de la routine des faiseurs de grammaires.

Ensuite, réduire à quatre le nombre des conjugaisons, c'est vouloir que l'on conjugue sur AIMER les verbes APPELER, CÉDER, JETER, ACHETER, AMENER, MANGER, MÉNAGER, etc.; sur FINIR les verbes SENTIR, MENTIR, OUVRIR, TENIR, etc.; sur RECEVOIR les verbes S'ASSEOIR, DEVOIR, POUVOIR, VOULOIR, SAVOIR, PLEUVOIR, etc. ; sur RENDRE les verbes PARAÎTRE, CONFIRE, JOINDRE, ROMPRE, TONDRE, etc., etc. En un mot, c'est vouloir l'impossible.

Sans doute, à la rigueur, tous les verbes de notre langue peuvent être ramenés à quatre conjugeaisons, si l'on n'a égard qu'aux dernières lettres qui composent leur terminaison au présent de l'infinitif, puisque tous ils se terminent en ER, en IR, en OIR et en RE : mais à quelles difficultés ne donne pas lieu une classification en apparence aussi simple? On a trop oublié, selon nous, que ce qui forme les différentes conjugaisons: ce sont les diverses terminaisons de toutes les parties du verbe et principalement la terminaison de l'infinitif. En effet, la terminaison exacte et précise est non-seulement le dernier son qui frappe l'oreille; mais, s'il est permis de le dire, la forme du son dont l'oreille est frappée, laquelle peut former ce qu'on appelle une rime riche, comme BER dans DÉROBER, ABSORBER. La terminaison n'est donc pas la même dans DÉROBER et DOUBLER, FINIR et SENTIR, VOULOIR et POUVOIR, RENDRE et DIRE, etc., etc.

Ce principe admis, il est hors de doute qu'il faut autant de modèles de conjugaisons qu'il y a de terminaisons différentes à l'infinitif.

Or, nous avons compté :

    44 terminaisons différentes en ER ;
    31 . . . . en IR ;
    5 . . . . en OIR ;
    20 . . . . en RE.

D'où il résulte qu'il faut pour ces terminaisons cent modèles de conjugaisons.

Il y a en outre cent verbes environ qui doivent se conjuguer seuls, soit à cause de leur irrégularité, soit parce qu'ils présentent quelque particularité orthographique qui pourrait embarrasser ; ce qui porte le nombre des modèles à 203, dont :

    94 modèles pour les verbes en ER ;
    48 . . . . en IR ;
    15 . . . . en OIR ;
    46 . . . . en RE.

Tel est l'ouvrage que nous avons entrepris dans le but d'être utile à la jeunesse des écoles. Notre plan est simple et méthodique. Tous les modèles de conjugaisons sont classés par ordre alphabétique, en sorte qu'il est toujours facile de retrouver le modèle auquel appartient tel ou tel verbe.

Chaque modèle est suivi d'une liste comprenant, autant que l'espace le permet, tous les verbes qui suivent ce modèle. Le maître pourra donc choisir dans cette liste quelques-uns des verbes qu'il veut faire conjuguer à ses élèves, et ceux-ci n'éprouveront pas le plus léger embarras pour cet exercice, puisqu'ils ont sous les yeux le modèle qu'ils doivent observer de point en point. Il résultera nécessairement de là un double avantage, c'est que les élèves iront beaucoup plus vite, et que leurs devoirs n'en seront que mieux faits.

Nous désirons que les instituteurs et les institutrices se pénètrent bien de l'utilité qu'ils peuvent tirer d'un pareil livre, dont l'absence nuisait, nous en sommes persuadé, aux progrès de l'instruction. Ce livre ne peut que faciliter une partie de leur enseignement toujours si pénible, et épargner aux enfants une perte de temps considérable.

NOTIONS PRÉLIMINAIRES.

DU VERBE.

Le *Verbe* est un mot qui exprime l'existence ou l'action, c'est-à-dire qui indique qu'une personne ou une chose est dans tel état, ou fait telle ou telle action.

Tout mot qu'on peut mettre après *je, tu, il, elle, nous, vous,* etc., est un VERBE. *Rire, pleurer, manger, dormir,* sont des verbes, parce qu'on peut dire : *Je ris, je pleure, je mange, je dors.*

Il n'y a réellement qu'un verbe, qui est le verbe *être,* parce que c'est le seul qui exprime l'existence de l'attribut dans le sujet. *Aimer, rendre, dormir, lire, recevoir,* etc., ne sont véritablement des verbes que parce qu'ils renferment en eux le verbe *être;* en effet, *aimer,* c'est *être aimant; rendre,* c'est *être rendant; dormir,* c'est *être dormant; lire,* c'est *être lisant.*

Quand le verbe se présente sous sa forme simple, sous la forme qui lui est propre, comme dans *je suis, j'étais, je fus, je serai,* on l'appelle verbe *substantif,* parce qu'alors il *subsiste* par lui-même.

Lorsqu'il se présente sous une forme composée réunissant le verbe *être* et un *attribut* qui a rapport à une action ou à un état, on le nomme verbe *qualificatif* ou *attributif;* tels sont *j'étudie, j'écris, je languis,* etc., qui sont pour *je suis étudiant, je suis écrivant, je suis languissant.*

DU SUJET DU VERBE.

Nulle *action* ne peut avoir lieu, à moins que quelqu'un ne la fasse ; nul *état* ne peut être, que quelqu'un ne soit dans cet état.

On appelle *sujet* du verbe la personne ou la chose qui fait l'action, ou qui est dans l'état exprimé par le verbe.

Tout mot qui répond à l'une de ces questions *qui est-ce qui? qu'est-ce qui?* en ajoutant à ces questions le verbe dont on désire connaître le sujet, est le véritable sujet de ce verbe; exemples : *Nous travaillons.* — Qui est-ce qui *travaille?* Rép. *Nous.* — *Dieu nous voit.* —Qui est-ce qui nous *voit?* Rép. *Dieu.* —*La colombe gémit.* — Qu'est-ce qui *gémit?* Rép. *La colombe.* — *Nous, Dieu, colombe,* sont donc les sujets de *travaillons, voit, gémit.*

DU RÉGIME OU COMPLÉMENT DES VERBES.

Le régime ou complément d'un verbe est le mot ou les mots qui dépendent de ce verbe et qui en complètent le sens.

Dans *aimons* DIEU, le mot *Dieu* sert à compléter le sens du verbe *aimons; Dieu* est le régime de ce verbe.

Dans *tout vient* DE DIEU, l'expression *de Dieu* sert à compléter le sens du verbe *vient;* cette expression *de Dieu* est donc le régime de ce verbe.

Les verbes admettent deux sortes de régimes, le *régime direct,* et le *régime indirect.*

Le régime *direct* est celui qui complète directement le sens d'un verbe, c'est-à-dire sans le secours d'aucun autre mot intermédiaire. Il répond à la question *qui?* pour les personnes, et *quoi?* pour les choses. *J'aime* L'ÉTUDE; *on estime* LES GENS VERTUEUX. J'aime *quoi?* L'ÉTUDE; on estime *qui?* LES GENS VERTUEUX. *L'étude* et *les gens vertueux* sont donc les régimes directs des verbes *j'aime, on estime.*

Le régime *indirect* est celui qui complète la signification du verbe au moyen d'un mot intermédiaire, tel que *à, pour, de, avec, dans,* etc. Il répond à l'une des questions *à qui? de qui? pour qui? avec qui?* etc., pour les personnes; et *à quoi? de quoi? pour quoi? avec quoi?* etc., pour les choses : *Nuire à ses intérêts, médire de quelqu'un.* Nuire à quoi? A SES INTÉRÊTS. Médire de qui? DE QUELQU'UN. *A ses intérêts, de quelqu'un,* sont donc les régimes indirects des verbes *nuire* et *médire.*

Les mots qui peuvent servir de régimes directs sont : les *substantifs,* les *pronoms* et les *infinitifs,* etc.

Dieu créa le monde. — Dieu créa quoi? — *Le monde.*

Nous *nous* flattons. — Nous flattons qui? — *Nous*.
Cet enfant veut *lire*. — Il veut quoi? — *Lire*.

DE LA PERSONNE DANS LES VERBES.

Tout verbe devant lequel on met *je*, *nous*, est à la première personne : *je* LIS, *nous* LISONS.

Tout verbe devant lequel on met *tu*, *vous*, est à la seconde personne.

Tout verbe devant lequel on met *il*, *elle*, *ils*, *elles*, ou un *substantif* quelconque, est à la troisième personne.

DU NOMBRE DANS LES VERBES.

Il y a dans les verbes deux *nombres* : le *singulier*, quand on parle d'une seule personne ou d'une seule chose, comme *je lis*, *l'enfant dort*; le *pluriel*, quand on parle de plusieurs personnes, de plusieurs choses, comme *nous lisons*, *les enfants dorment*.

DES TEMPS DANS LES VERBES.

Il y a trois temps principaux dans les verbes :

1° Le *présent*, qui marque que la chose se fait au moment où l'on parle : *je mange* est au présent, parce que l'action de manger se fait au moment où l'on parle.

2° Le *passé*, qui marque que la chose a été faite : *j'ai mangé* est au passé, parce que l'action de manger a été faite.

3° Le *futur*, qui marque que la chose se fera après le moment où l'on parle : *je mangerai* est au futur, parce que l'action de manger ne se fera que plus tard.

AUTRES TEMPS DU PASSÉ ET DU FUTUR.

Il y a cinq autres temps destinés à indiquer les diverses sortes de passé et de futur.

L'*imparfait*, qui marque que le fait est bien passé par rapport au moment où l'on parle, mais qu'il était présent, qu'il était encore *imparfait* par rapport à une autre action, à un autre passé : *je* LISAIS *quand vous êtes entré*.

Le *passé défini*, qui marque que l'état ou l'action a eu lieu dans une époque passée, mais déterminée, totalement écoulée : *je* VOYAGEAI *l'année dernière.*

Le *passé indéfini*, qui indique l'action comme passée, mais sans préciser nullement l'époque du passé où elle s'est faite ; et elle reste indéfinie tant qu'on n'y joint pas quelques mots plus précis, comme *hier, il y a deux ans, ce matin,* etc. *J'ai joué* est donc avec raison nommé un *passé indéfini.*

Le *passé antérieur*, qui exprime l'action comme ayant eu lieu *antérieurement* à une autre dans une époque passée : *quand j'*EUS DINÉ, *je partis.*

Le *plus-que-parfait*, qui marque non-seulement que l'action est passée par rapport au temps où l'on parle, mais qu'elle était déjà *parfaitement* achevée par rapport à une autre action passée ; c'est, pour ainsi dire, maintenant un *double passé.*

Le *futur antérieur* exprime à la fois l'idée d'un futur relativement au moment où l'on parle, et l'idée d'antériorité relativement à une autre époque : *j'aurai fait* mon devoir quand le maître viendra.

DES TEMPS SIMPLES ET DES TEMPS COMPOSÉS.

Les temps des verbes sont *simples* ou *composés.*

Les temps simples sont ceux où le verbe s'exprime par un seul mot, non compris le pronom ; *chanter, chantant, je chante, je chanterai, elle chanta, nous dînerons,* sont des temps simples.

Les temps composés sont ceux où le verbe s'exprime par plusieurs mots ; *avoir chanté, nous avons lu, ils auraient dansé,* sont des temps composés.

DU MODE DANS LES VERBES.

On appelle *modes* les différentes inflexions que prend le verbe pour exprimer l'existence ou l'action, indépendamment du nombre, de la personne et du temps.

IL Y A CINQ MODES.

1° *L'indicatif*, qui affirme que la chose est, qu'elle a été, ou qu'elle sera : *je lis, j'ai lu, je lirai.*

2° Le *conditionnel*, qui exprime qu'une chose *serait* ou *aurait été,* moyennant une condition : *je* LIRAIS, *si j'avais un livre; j'*AURAIS LU, *si j'avais eu un livre.*

3° L'*impératif*, qui exprime une *prière*, un *commandement : lis, mange, sors.*

4° Le *subjonctif*, qui présente l'action ou l'état du sujet sous la dépendance d'un autre verbe déjà énoncé et exprimant le *doute*, le *souhait*, la *crainte : je crains qu'il ne* VIENNE ; je *souhaite qu'il* PARTE ; je *doute qu'il le* FASSE.

5° L'*infinitif*, qui n'exprime que l'action ou l'état du sujet d'une manière vague, sans nombre ni personne : *lire, manger, dormir.* Dans l'infinitif se trouve compris le *participe*, qui présente un caractère également indéterminé : *aimant, aimé.*

MODES PERSONNELS ET MODES IMPERSONNELS.

On divise les modes des verbes en *modes personnels* et *modes impersonnels.*

Les modes personnels sont ceux où le verbe varie selon la personne et le nombre du sujet : dans ces modes, on peut joindre le verbe à l'un des pronoms *je, tu, il, nous, vous, ils*, etc.

Les modes impersonnels sont ceux où le verbe n'est point soumis à ces variations, c'est-à-dire ne s'accorde pas en personne avec le sujet.

Les modes personnels sont l'*indicatif*, le *conditionnel*, l'*impératif*, et le *subjonctif : je cours, je partirais, que je sorte.*

Il n'y a qu'un mode impersonnel, c'est l'*infinitif.*

DU VERBE ACTIF.

Le verbe *actif* (1) ou *transitif* est celui qui exprime une action faite par le sujet, et qui retombe sur un objet qui est le régime direct de ce verbe.

Tout verbe après lequel on peut mettre *quelqu'un* ou *quelque chose* est un verbe *actif.*

---

(1) La dénomination d'*actif* est sans doute défectueuse, puisque presque tous les verbes expriment des actions ; mais celle de *transitif* que quelques grammairiens ont adoptée ne serait pas plus logique. Tenons-nous-en donc aux anciennes dénominations jusqu'à ce qu'on en ait trouvé de meilleures.

Ainsi, *écrire, aimer*, sont des verbes actifs, parce qu'on peut dire *écrire* QUELQUE CHOSE, *aimer* QUELQU'UN.

DU VERBE PASSIF.

Le verbe *passif* est celui dont le sujet souffre, reçoit l'action exprimée par ce verbe. Le verbe *passif* est le contraire du verbe *actif*, dans ces phrases :

La flatterie *gâte* le cœur.

Le cœur *est gâté* par la flatterie.

On voit que le régime de la première devient le sujet de la seconde. Les verbes passifs ne peuvent avoir que des régimes indirects marqués par les prépositions *de* ou *par* : *La souris* EST MANGÉE *par le chat*; *ces enfants* SONT AIMÉS *de leurs parents*. Tout verbe *actif* a son passif correspondant, à quelques exceptions près (1).

DU VERBE NEUTRE.

Le verbe *neutre* (2) ou *intransitif* est celui qui, comme le verbe actif, exprime une action faite par le sujet ; mais il en diffère en ce qu'il n'a pas de régime direct. On le reconnaît toutes les fois qu'on ne peut mettre immédiatement après lui *quelqu'un* ou *quelque chose*. *Plaire, languir, nuire, marcher*, etc., sont des verbes neutres, parce qu'on ne peut dire *plaire quelqu'un, languir quelque chose, nuire quelqu'un, marcher quelque chose*. Lorsque ces verbes sont suivis d'un régime, ce régime est toujours en rapport indirect : *plaire* A QUELQU'UN, *languir* D'ENNUI, *nuire* A SON PROCHAIN, *marcher* A L'ENNEMI.

Un verbe actif peut s'employer neutralement : *Cet amateur qui chante une romance chante bien*. De même un verbe neutre peut s'employer activement : *courir les bals*.

DES VERBES RÉFLÉCHIS.

On appelle *réfléchis* ou *pronominaux* les verbes où le sujet agit sur

(1) Nous n'avons pas à proprement parler de verbes passifs dans notre langue ; *je suis aimé, je suis blessé* ne sont pas plus des verbes passifs que *je suis aimable, je suis prudent*. Ce sont tout au plus des locutions passives.

(2) *Neutre* signifie qui n'est ni l'un ni l'autre, c'est-à-dire ni actif ni passif; sous le rapport du sens, il n'y a en effet que ces trois sortes de verbes.

lui-même. Ces verbes sont ordinairement accompagnés de deux pronoms se rapportant à la même personne, comme : *je me flatte, tu te loues, il se nuit,* c'est-à-dire, *je flatte moi, tu loues toi, il nuit à soi.*

Le verbe réfléchi est direct ou indirect, selon que le pronom personnel réfléchi est complément direct, comme dans : *il se flatte,* ou complément indirect, comme dans : *il se nuit.*

Le verbe réfléchi s'emploie au figuré avec un nom de chose inanimée. Le temps *se couvre,* etc. Il devient verbe *réciproque* lorsqu'il exprime l'action réciproque de plusieurs sujets : Ces enfants *s'aiment* et *se plaisent.*

Le verbe *essentiellement* réfléchi est celui qui ne peut s'employer sans les pronoms réfléchis : *se repentir, s'évanouir,* etc. Le verbe *accidentellement* réfléchi est celui qui de sa nature est actif ou neutre : *s'aimer, se nuire,* etc.

Quelques verbes réfléchis n'ont que la forme de cette espèce de verbes, sans en avoir le sens : tels sont *se mourir, s'en aller,* etc.

DES VERBES IMPERSONNELS OU UNIPERSONNELS.

Les verbes *impersonnels* ou *unipersonnels* sont ceux qui ont pour sujet le pronom absolu *il,* et qui ne s'emploient qu'à la troisième personne du singulier.

Le verbe unipersonnel l'est essentiellement, comme *il faut, il pleut* (1), ou accidentellement, comme *il convient, il y a,* etc.

Certains verbes sont à la fois unipersonnels et réfléchis : *il ne s'agit pas de cela ; il s'est écoulé* bien des années.

DES DIVERSES CONJUGAISONS.

Conjuguer un verbe, c'est écrire ou réciter successivement par ordre ses différents modes, avec tous ses temps, ses nombres et ses personnes.

---

(1) L'emploi de ce verbe n'est cependant pas uniquement affecté à la troisième personne du singulier, et on peut très-bien dire : *faveurs célestes, avec quelle abondance ne* PLEUVIEZ-*vous pas sur les beaux jours de mon enfance? Prédicateurs zélés, avec quelle véhémence ne* TONNIEZ-*vous pas contre le vice et les passions!*

Il y a quatre conjugaisons différentes, que l'on distingue par la terminaison de l'infinitif.

La première conjugaison a l'infinitif terminé en *er*, comme aim**ER**; la seconde conjugaison a l'infinitif terminé en *ir*, comme fin**IR**; la troisième conjugaison a l'infinitif terminé en *oir* comme recev**OIR**; la quatrième conjugaison a l'infinitif terminé en *re*, comme rend**RE**.

Le verbe, par rapport à la manière de l'écrire, se compose de deux parties, l'une invariable, c'est le *radical;* l'autre variable, désignant son rapport avec la personne, le nombre et le temps; c'est la *terminaison*.

Dans { aimer, finir, recevoir, rendre } le radical est { aim, fin, rec, rend } la terminaison est { er. ir. evoir. re. }

Pour conjuguer un verbe, il suffit d'ajouter à son radical les terminaisons de la conjugaison modèle. Ainsi on conjugue le verbe *chanter* en ajoutant au radical *chant* les terminaisons du verbe *aimer*.

DES VERBES IRRÉGULIERS ET DES VERBES DÉFECTIFS.

Les verbes *réguliers* sont ceux qui se conjuguent dans tous leurs temps comme le verbe modèle de la conjugaison à laquelle ils appartiennent; les verbes *irréguliers* sont ceux qui ne se conjuguent pas comme le verbe modèle.

On appelle verbes *défectifs* ceux auxquels il manque certains temps, ou certaines personnes que l'usage n'admet pas; tel est le verbe *choir*, qui ne s'emploie guère qu'à l'infinitif.

DES VERBES AUXILIAIRES.

Il y a deux verbes que l'on appelle *auxiliaires*, parce qu'ils servent à conjuguer tous les autres dans les temps composés; ce sont *être* et *avoir*. C'est par ces deux verbes que nous commencerons.

N° 1.
CONJUGAISON DU VERBE AUXILIAIRE ÊTRE.

Indicatif. Présent.	Passé antérieur.	Conditionnel. Présent.	Imparfait.
Je suis tu es il est nous sommes vous êtes ils sont.	J'eus été tu eus été il eut été nous eûmes été vous eûtes été ils eurent été.	Je serais tu serais il serait nous serions vous seriez ils seraient.	Que je fusse que tu fusses qu'il fût que nous fussions que vous fussiez qu'ils fussent.

Imparfait.	Plus-que-parfait.	Passé. J'aurais été tu aurais été, etc. On dit aussi : J'eusse été tu eusses été il eût été nous eussions été, etc.	Passé.
J'étais tu étais il était nous étions vous étiez ils étaient.	J'avais été tu avais été il avait été nous avions été vous aviez été ils avaient été.		Que j'aie été que tu aies été qu'il ait été que nous ayons été que vous ayez été qu'ils aient été.

Passé défini.	Futur.	Impératif. Présent.	Plus-que-parfait.
Je fus tu fus il fut nous fûmes vous fûtes ils furent.	Je serai tu seras il sera nous serons vous serez ils seront.	Sois. Soyons. Soyez. Passé. Aie été. Ayons été. Ayez été.	Que j'eusse été que tu eusses été qu'il eût été que nous eussions été que vous eussiez été qu'ils eussent été.

Passé indéfini.	Futur antérieur.	Subjonctif. Présent.	Infinitif.
J'ai été tu as été il a été nous avons été vous avez été ils ont été.	J'aurai été tu auras été il aura été nous aurons été vous aurez été ils auront été.	Que je sois que tu sois qu'il soit que nous soyons que vous soyez qu'ils soient.	Présent. Être. Passé. Avoir été. **Participe.** Présent. Étant. Passé. Été. Ayant été.

NOTA. Le verbe **être** se conjugue avec le participe passé de tous les verbes actifs, pour exprimer un état : **je suis aimé, vaincu, trahi**, et il sert d'auxiliaire : 1° à tous les verbes réfléchis ; 2° à quelques verbes neutres ; 3° à quelques verbes impersonnels ou unipersonnels. Le participe **été** est toujours invariable.

1.

N° 2.
CONJUGAISON DU VERBE AUXILIAIRE AVOIR.

Indicatif. Présent.	Passé antérieur.	Conditionnel. Présent.	Imparfait.
J'ai	J'eus eu	J'aurais	Que j'eusse
tu as	tu eus eu	tu aurais	que tu eusses
il a	il eut eu	il aurait	qu'il eût
nous avons	nous eûmes eu	nous aurions	que nous eussions
vous avez	vous eûtes eu	vous auriez	que vous eussiez
ils ont.	ils eurent eu.	ils auraient.	qu'ils eussent.

Imparfait.	Plus-que-parfait.	Passé.	Passé.
J'avais	J'avais eu	J'aurais eu	Que j'aie eu
tu avais	tu avais eu	tu aurais eu	que tu aies eu
il avait	il avait eu	il aurait eu, etc.	qu'il ait eu
nous avions	nous avions eu	*On dit aussi :*	que nous ayons eu
vous aviez	vous aviez eu	J'eusse eu	que vous ayez eu
ils avaient.	ils avaient eu.	tu eusses eu	qu'ils aient eu.
		il eût eu, etc.	

Passé défini.	Futur.	Impératif. Présent.	Plus-que-parfait.
J'eus	J'aurai	Aie.	Que j'eusse eu
tu eus	tu auras	Ayons.	que tu eusses eu
il eut	il aura	Ayez.	qu'il eût eu
nous eûmes	nous aurons	*Passé.*	que nous eussions eu
vous eûtes	vous aurez	Aie eu.	que vous eussiez eu
ils eurent.	ils auront.	Ayons eu.	qu'ils eussent eu.
		Ayez eu.	

Passé indéfini.	Futur antérieur.	Subjonctif. Présent.	Infinitif.
J'ai eu	J'aurai eu	Que j'aie	*Présent.* Avoir.
tu as eu	tu auras eu	que tu aies	*Passé.* Avoir eu.
il a eu	il aura eu	qu'il ait	**Participe.**
nous avons eu	nous aurons eu	que nous ayons	*Présent.* Ayant.
vous avez eu	vous aurez eu	que vous ayez	*Passé.* Eu, eue, eus, eues.
ils ont eu.	ils auront eu.	qu'ils aient.	Ayant eu.

NOTA. Ce verbe sert d'auxiliaire : 1° à lui-même ; 2° à tous les verbes actifs ; 3° à la plupart des verbes neutres ; 4° aux verbes impersonnels ou unipersonnels en général. Il est verbe actif quand il a un régime direct : **J'ai un beau livre.**

N° 3.
CONJUGAISON DES VERBES EN BER.

Indicatif. Présent.	Passé antérieur.	Conditionnel. Présent.	Imparfait.
Je dérobe	J'eus dérobé	Je déroberais	Que je dérobasse
tu dérobes	tu eus dérobé	tu déroberais	que tu dérobasses
il dérobe	il eut dérobé	il déroberait	qu'il dérobât
nous dérobons	nous eûmes dérobé	nous déroberions	que nous dérobassions
vous dérobez	vous eûtes dérobé	vous déroberiez	que vous dérobassiez
ils dérobent.	ils eurent dérobé.	ils déroberaient.	qu'ils dérobassent.

Imparfait.	Plus-que-parfait.	Passé.	Passé.
Je dérobais	J'avais dérobé	J'aurais dérobé	Que j'aie dérobé
tu dérobais	tu avais dérobé	tu aurais dérobé	que tu aies dérobé
il dérobait	il avait dérobé	il aurait dérobé, etc.	qu'il ait dérobé
nous dérobions	nous avions dérobé	*On dit aussi :*	que nous ayons dérobé
vous dérobiez	vous aviez dérobé	J'eusse dérobé	que vous ayez dérobé
ils dérobaient.	ils avaient dérobé.	tu eusses dérobé	qu'ils aient dérobé.
		il eût dérobé, etc.	

Passé défini.	Futur.	Impératif. Présent.	Plus-que-parfait.
Je dérobai	Je déroberai	Dérobe.	Que j'eusse dérobé
tu dérobas	tu déroberas	Dérobons.	que tu eusses dérobé
il déroba	il dérobera	Dérobez	qu'il eût dérobé
nous dérobâmes	nous déroberons	*Passé.*	q. n. eussions dérobé
vous dérobâtes	vous déroberez	Aie dérobé.	q. v. eussiez dérobé
ils dérobèrent.	ils déroberont.	Ayons dérobé.	qu'ils eussent dérobé.
		Ayez dérobé.	

Passé indéfini.	Futur antérieur.	Subjonctif. Présent.	Infinitif.
J'ai dérobé	J'aurai dérobé	Que je dérobe	*Présent.* Dérober.
tu as dérobé	tu auras dérobé	que tu dérobes	*Passé.* Avoir dérobé.
il a dérobé	il aura dérobé	qu'il dérobe	**Participe.**
nous avons dérobé	nous aurons dérobé	que nous dérobions	*Présent.* Dérobant.
vous avez dérobé	vous aurez dérobé	que vous dérobiez	*Passé.* Dérobé, ée, és, ées.
ils ont dérobé.	ils auront dérobé.	qu'ils dérobent.	Ayant dérobé.

Ainsi se conjuguent : Absorber, bomber, courber, dauber, désembourber, ébarber, embourber, engerber, englober, enjamber, flamber, gober, imbiber, plomber, prohiber, radouber, recourber, regimber, succomber, etc. — *Tomber* et *retomber* suivent le même modèle pour les temps simples; mais dans leurs temps composés ils prennent ordinairement l'auxiliaire *être*.

N° 4.
CONJUGAISON DES VERBES EN **BLER**

Indicatif. Présent.	Passé antérieur.	Conditionnel. Présent.	Imparfait.
Je meuble tu meubles il meuble nous meublons vous meublez ils meublent.	J'eus meublé tu eus meublé il eut meublé nous eûmes meublé vous eûtes meublé ils eurent meublé.	Je meublerais tu meublerais il meublerait nous meublerions vous meubleriez ils meubleraient.	Que je meublasse que tu meublasses qu'il meublât que n. meublassions que vous meublassiez qu'ils meublassent.
Imparfait. Je meublais tu meublais il meublait nous meublions vous meubliez ils meublaient.	*Plus-que-parfait.* J'avais meublé tu avais meublé il avait meublé nous avions meublé vous aviez meublé ils avaient meublé.	*Passé.* J'aurais meublé tu aurais meublé il aurait meublé, etc. *On dit aussi :* J'eusse meublé tu eusses meublé il eût meublé, etc.	*Passé.* Que j'aie meublé que tu aies meublé qu'il ait meublé que n. ayons meublé que v. ayez meublé qu'ils aient meublé.
Passé défini. Je meublai tu meublas il meubla nous meublâmes vous meublâtes ils meublèrent.	*Futur.* Je meublerai tu meubleras il meublera nous meublerons vous meublerez ils meubleront.	**Impératif.** *Présent.* Meuble. Meublons. Meublez. *Passé.* Aie meublé. Ayons meublé. Ayez meublé.	*Plus-que-parfait.* Que j'eusse meublé que tu eusses meublé qu'il eût meublé q. n. eussions meublé q. v. eussiez meublé qu'ils eussent meublé.
Passé indéfini. J'ai meublé tu as meublé il a meublé nous avons meublé vous avez meublé ils ont meublé.	*Futur antérieur.* J'aurai meublé tu auras meublé il aura meublé nous aurons meublé vous aurez meublé ils auront meublé.	**Subjonctif.** *Présent.* Que je meuble que tu meubles qu'il meuble que nous meublions que vous meubliez qu'ils meublent.	**Infinitif.** *Présent.* Meubler. *Passé.* Avoir meublé. **Participe.** *Présent.* Meublant. *Passé.* Meublé, ée, és, ées. Ayant meublé.

Ainsi se conjuguent : **Accabler, affubler, assembler, attabler, combler, cribler, dédoubler, démeubler, désassembler, doubler, endiabler, ensabler, entabler, hâbler, rassembler, redoubler, rendoubler, ressembler, sabler, sembler, tabler, trembler, troubler.** etc.

N° 5.
CONJUGAISON DES VERBES EN **BRER.**

Indicatif. *Présent.*	*Passé antérieur.*	**Conditionnel.** *Présent.*	*Imparfait.*
Je nombre tu nombres il nombre nous nombrons vous nombrez ils nombrent.	J'eus nombré tu eus nombré il eut nombré nous cûmes nombré vous eûtes nombré ils eurent nombré.	Je nombrerais tu nombrerais il nombrerait nous nombrerions vous nombreriez ils nombreraient.	Que je nombrasse que tu nombrasses qu'il nombrât que n. nombrassions que vous nombrassiez qu'ils nombrassent.
Imparfait.	*Plus-que-parfait.*	*Passé.* J'aurais nombré tu aurais nombré il aurait nombré, etc. *On dit aussi :* J'eusse nombré tu eusses nombré il eût nombré, etc.	*Passé.*
Je nombrais tu nombrais il nombrait nous nombrions vous nombriez ils nombraient.	J'avais nombré tu avais nombré il avait nombré nous avions nombré vous aviez nombré ils avaient nombré.		Que j'aie nombré que tu aies nombré qu'il ait nombré que n. ayons nombré que v. ayez nombré qu'ils aient nombré.
Passé défini.	*Futur.*	**Impératif.** *Présent.*	*Plus-que-parfait.*
Je nombrai tu nombras il nombra nous nombrâmes vous nombrâtes ils nombrèrent.	Je nombrerai tu nombreras il nombrera nous nombrerons vous nombrerez ils nombreront.	Nombre. Nombrons. Nombrez. *Passé.* Aie nombré. Ayons nombré. Ayez nombré.	Que j'eusse nombré que tu eusses nombré qu'il eût nombré q. n. eussions nombré q. v. eussiez nombré qu'ils eussent nombré.
Passé indéfini.	*Futur antérieur.*	**Subjonctif.** *Présent.*	**Infinitif.**
J'ai nombré tu as nombré il a nombré nous avons nombré vous avez nombré ils ont nombré.	J'aurai nombré tu auras nombré il aura nombré nous aurons nombré vous aurez nombré ils auront nombré.	Que je nombre que tu nombres qu'il nombre que nous nombrions que vous nombriez qu'ils nombrent.	*Présent.* Nombrer. *Passé.* Avoir nombré. **Participe.** *Présent.* Nombrant. *Passé.* Nombré, ée, és, ées. Ayant nombré.

Ainsi se conjuguent : **Ambrer, cambrer, chambrer, décombrer, délabrer, démembrer, dénombrer, désencombrer, encombrer, marbrer, sabrer, timbrer,** etc.

N° 6.
CONJUGAISON DES VERBES EN ÉBRER.

Indicatif. Présent.	Passé antérieur.	Conditionnel. Présent.	Imparfait.
Je célèbre tu célèbres il célèbre nous célébrons vous célébrez ils célèbrent.	J'eus célébré tu eus célébré il eut célébré nous eûmes célébré vous eûtes célébré ils eurent célébré.	Je célébrerais tu célébrerais il célébrerait nous célébrerions vous célébreriez ils célébreraient.	Que je célébrasse que tu célébrasses qu'il célébrât que n. célébrassions que v. célébrassiez qu'ils célébrassent.
Imparfait.	Plus-que-parfait.	Passé. J'aurais célébré tu aurais célébré il aurait célébré, etc. *On dit aussi :* J'eusse célébré tu eusses célébré il eût célébré, etc.	Passé.
Je célébrais tu célébrais il célébrait nous célébrions vous célébriez ils célébraient.	J'avais célébré tu avais célébré il avait célébré nous avions célébré vous aviez célébré ils avaient célébré.		Que j'aie célébré que tu aies célébré qu'il ait célébré que n. ayons célébré que v. ayez célébré qu'ils aient célébré.
Passé défini.	Futur.	Impératif. Présent.	Plus-que-parfait.
Je célébrai tu célébras il célébra nous célébrâmes vous célébrâtes ils célébrèrent.	Je célébrerai tu célébreras il célébrera nous célébrerons vous célébrerez ils célébreront.	Célèbre. Célébrons. Célébrez. *Passé.* Aie célébré. Ayons célébré. Ayez célébré.	Que j'eusse célébré que tu eusses célébré qu'il eût célébré q. n. eussions célébré q. v. eussiez célébré qu'ils eussent célébré.
Passé indéfini.	Futur antérieur.	Subjonctif. Présent.	Infinitif.
J'ai célébré tu as célébré il a célébré nous avons célébré vous avez célébré ils ont célébré.	J'aurai célébré tu auras célébré il aura célébré nous aurons célébré vous aurez célébré ils auront célébré.	Que je célèbre que tu célèbres qu'il célèbre que nous célébrions que vous célébriez qu'ils célèbrent.	Présent. Célébrer. Passé. Avoir célébré. **Participe.** Présent. Célébrant. Passé. Célébré, ée, és, ées. Ayant célébré.

Ainsi se conjugue : **Zébrer.**

NOTA. Ces verbes changent l'**é** fermé de la dernière syllabe du radical en **è** ouvert devant les terminaisons **e, es, ent** ; mais partout ailleurs, même au futur et au conditionnel, ils conservent l'**é** fermé. Telle est du moins l'orthographe de l'Académie.

Nº 7.
CONJUGAISON DES VERBES EN CER.

Indicatif. Présent.	Passé antérieur.	Conditionnel. Présent.	Imparfait.
Je place tu places il place nous plaçons vous placez ils placent.	J'eus placé tu eus placé il eut placé nous eûmes placé vous eûtes placé ils eurent placé.	Je placerais tu placerais il placerait nous placerions vous placeriez ils placeraient.	Que je plaçasse que tu plaçasses qu'il plaçât que nous plaçassions que vous plaçassiez qu'ils plaçassent.
Imparfait. Je plaçais tu plaçais il plaçait nous placions vous placiez ils plaçaient.	*Plus-que-parfait.* J'avais placé tu avais placé il avait placé nous avions placé vous aviez placé ils avaient placé.	*Passé.* J'aurais placé tu aurais placé il aurait placé, etc. *On dit aussi :* J'eusse placé tu eusses placé il eût placé, etc.	*Passé.* Que j'aie placé que tu aies placé qu'il ait placé que nous ayons placé que vous ayez placé qu'ils aient placé.
Passé défini. Je plaçai tu plaças il plaça nous plaçâmes vous plaçâtes ils placèrent.	*Futur.* Je placerai tu placeras il placera nous placerons vous placerez ils placeront.	**Impératif.** *Présent.* Place. Plaçons. Placez. *Passé.* Aie placé. Ayons placé. Ayez placé.	*Plus-que-parfait.* Que j'eusse placé que tu eusses placé qu'il eût placé que n. eussions placé que v. eussiez placé qu'ils eussent placé.
Passé indéfini. J'ai placé tu as placé il a placé nous avons placé vous avez placé ils ont placé.	*Futur antérieur.* J'aurai placé tu auras placé il aura placé nous aurons placé vous aurez placé ils auront placé.	**Subjonctif.** *Présent.* Que je place que tu places qu'il place que nous placions que vous placiez qu'ils placent.	**Infinitif.** *Présent.* Placer. *Passé.* Avoir placé. **Participe.** *Présent.* Plaçant. *Passé.* Placé, ée, és, ées. Ayant placé.

Ainsi se conjuguent : Agacer, amorcer, annoncer, avancer, balancer, commencer, ensemencer, dénoncer, écorcer, effacer, enlacer, épicer, évincer, forcer, froncer, glacer, lacer, lancer, menacer, nuancer, etc. — On voit que, pour adoucir la prononciation du c, on met dessous une cédille toutes les fois qu'il précède une des voyelles a, o.

N° 8.
CONJUGAISON DES VERBES EN ÉCER.

Indicatif. *Présent.*	*Passé antérieur.*	Conditionnel. *Présent.*	*Imparfait.*
Je rapièce tu rapièces il rapièce nous rapiéçons vous rapiécez ils rapiècent	J'eus rapiécé tu eus rapiécé il eut rapiécé nous eûmes rapiécé vous eûtes rapiécé ils eurent rapiécé.	Je rapiécerais tu rapiécerais il rapiécerait nous rapiécerions vous rapiéceriez ils rapiéceraient.	Que je rapiéçasse que tu rapiéçasses qu'il rapiéçât que n. rapiéçassions que v. rapiéçassiez qu'ils rapiéçassent.
Imparfait. Je rapiéçais tu rapiéçais il rapiéçait nous rapiécions vous rapiéciez ils rapiéçaient.	*Plus-que-parfait.* J'avais rapiécé tu avais rapiécé il avait rapiécé nous avions rapiécé vous aviez rapiécé ils avaient rapiécé.	*Passé.* J'aurais rapiécé tu aurais rapiécé il aurait rapiécé, etc. *On dit aussi :* J'eusse rapiécé tu eusses rapiécé il eût rapiécé, etc.	*Passé.* Que j'aie rapiécé que tu aies rapiécé qu'il ait rapiécé que n. ayons rapiécé que v. ayez rapiécé qu'ils aient rapiécé.
Passé défini. Je rapiéçai tu rapiéças il rapiéça nous rapiéçâmes vous rapiéçâtes ils rapiécèrent.	*Futur.* Je rapiécerai tu rapiéceras il rapiécera nous rapiécerons vous rapiécerez ils rapiéceront.	Impératif. *Présent.* Rapièce. Rapiéçons. Rapiécez. *Passé.* Aie rapiécé. Ayons rapiécé. Ayez rapiécé.	*Plus-que-parfait.* Que j'eusse rapiécé que tu eusses rapiécé qu'il eût rapiécé q. n. eussions rapiécé q. v. eussiez rapiécé qu'ils eussent rapiécé.
Passé indéfini. J'ai rapiécé tu as rapiécé il a rapiécé nous avons rapiécé vous avez rapiécé ils ont rapiécé.	*Futur antérieur.* J'aurai rapiécé tu auras rapiécé il aura rapiécé nous aurons rapiécé vous aurez rapiécé ils auront rapiécé.	Subjonctif. *Présent.* Que je rapièce que tu rapièces qu'il rapièce que nous rapiécions que vous rapiéciez qu'ils rapiècent.	Infinitif. *Présent.* Rapiécer. *Passé.* Avoir rapiécé. Participe. *Présent.* Rapiéçant. *Passé.* Rapiécé, ée, és, ées. Ayant rapiécé.

NOTA. L'é fermé de la dernière syllabe du radical se change en è ouvert avant les terminaisons e, es, ent. — *Ainsi se conjugue :* Dépiécer.

N° 9.
CONJUGAISON DES VERBES EN ECER.

Indicatif. *Présent.*	*Passé antérieur.*	Conditionnel. *Présent.*	*Imparfait.*
Je dépèce tu dépèces il dépèce nous dépeçons vous dépecez ils dépècent.	J'eus dépecé tu eus dépecé il eut dépecé nous cûmes dépecé vous eûtes dépecé ils eurent dépecé.	Je dépècerais tu dépècerais il dépècerait nous dépècerions vous dépèceriez ils dépèceraient	Que je dépeçasse que tu dépeçasses qu'il dépeçât que nous dépeçassions que vous dépeçassiez qu'ils dépeçassent.
Imparfait. Je dépeçais tu dépeçais il dépeçait nous dépecions vous dépeciez ils dépeçaient.	*Plus-que-parfait.* J'avais dépecé tu avais dépecé il avait dépecé nous avions dépecé vous aviez dépecé ils avaient dépecé.	*Passé.* J'aurais dépecé tu aurais dépecé il aurait dépecé, etc. *On dit aussi :* J'eusse dépecé tu eusses dépecé il eût dépecé, etc.	*Passé.* Que j'aie dépecé que tu aies dépecé qu'il ait dépecé que n. ayons dépecé que v. ayez dépecé qu'ils aient dépecé.
Passé défini. Je dépeçai tu dépeças il dépeça nous dépeçâmes vous dépeçâtes ils dépecèrent.	*Futur.* Je dépècerai tu dépèceras il dépècera nous dépècerons vous dépècerez ils dépèceront.	Impératif. *Présent.* Dépèce. Dépeçons. Dépecez. *Passé.* Aie dépecé. Ayons dépecé. Ayez dépecé.	*Plus-que-parfait.* Que j'eusse dépecé que tu eusses dépecé qu'il eût dépecé. q. n. eussions dépecé q. v. eussiez dépecé qu'ils eussent dépecé.
Passé indéfini. J'ai dépecé tu as dépecé il a dépecé nous avons dépecé vous avez dépecé ils ont dépecé.	*Futur antérieur.* J'aurai dépecé tu auras dépecé il aura dépecé nous aurons dépecé vous aurez dépecé ils auront dépecé.	Subjonctif. *Présent.* Que je dépèce que tu dépèces qu'il dépèce que nous dépecions que vous dépeciez qu'ils dépècent.	Infinitif. *Présent.* Dépecer. *Passé.* Avoir dépecé. Participe. *Présent.* Dépeçant. *Passé.* Dépecé, ée, és, ées. Ayant dépecé.

NOTA. L'**e** muet de la dernière syllabe du radical se change en **è** ouvert devant les terminaisons **e**, **es**, **ent**, **erai** et **erais**.

N° 10.
CONJUGAISON DES VERBES EN **CHER.**

Indicatif. Présent.	Passé antérieur.	Conditionnel. Présent.	Imparfait.
Je cache	J'eus caché	Je cacherais	Que je cachasse
tu caches	tu eus caché	tu cacherais	que tu cachasses
il cache	il eut caché	il cacherait	qu'il cachât
nous cachons	nous eûmes caché	nous cacherions	que nous cachassions
vous cachez	vous eûtes caché	vous cacheriez	que vous cachassiez
ils cachent.	ils eurent caché	ils cacheraient.	qu'ils cachassent.

Imparfait.	Plus-que-parfait.	Passé. J'aurais caché tu aurais caché il aurait caché, etc. On dit aussi : J'eusse caché tu eusses caché il eût caché, etc.	Passé.
Je cachais	J'avais caché		Que j'aie caché
tu cachais	tu avais caché		que tu aies caché
il cachait	il avait caché		qu'il ait caché
nous cachions	nous avions caché		q. nous ayons caché
vous cachiez	vous aviez caché		que vous ayez caché
ils cachaient.	ils avaient caché.		qu'ils aient caché.

Passé défini.	Futur.	Impératif. Présent. Cache. Cachons. Cachez. Passé. Aie caché. Ayons caché. Ayez caché.	Plus-que-parfait.
Je cachai	Je cacherai		Que j'eusse caché
tu cachas	tu cacheras		que tu eusses caché
il cacha	il cachera		qu'il eût caché.
nous cachâmes	nous cacherons		q. n. eussions caché
vous cachâtes	vous cacherez		q. v. eussiez caché
ils cachèrent.	ils cacheront.		qu'ils eussent caché.

Passé indéfini.	Futur antérieur.	Subjonctif. Présent.	Infinitif. Présent. Cacher. Passé. Avoir caché. **Participe.** Présent. Cachant. Passé. Caché, ée, és, ées. Ayant caché.
J'ai caché	J'aurai caché	Que je cache	
tu as caché	tu auras caché	que tu caches	
il a caché	il aura caché	qu'il cache	
nous avons caché	nous aurons caché	que nous cachions	
vous avez caché	vous aurez caché	que vous cachiez	
ils ont caché.	ils auront caché.	qu'ils cachent.	

Ainsi se conjuguent : Accrocher, afficher, arracher, attacher, brocher, broncher, bûcher, chercher, cracher, décrocher, défricher, débarnacher, dénicher, dessécher, détacher, ébrécher, écorcher, emmancher, empêcher, empocher, éplucher, faucher, pécher, pêcher, pleurnicher, prêcher, rapprocher, rattacher, rechercher, reprocher, sécher, tâcher, toucher, trancher, tricher, etc.

N° 11.
CONJUGAISON DES VERBES EN ÉCHER.

Indicatif. Présent.	Passé antérieur.	Conditionnel. Présent.	Imparfait.
Je sèche	J'eus séché	Je sécherais	Que je séchasse
tu sèches	tu eus séché	tu sécherais	que tu séchasses
il sèche	il eut séché	il sécherait.	qu'il séchât
nous séchons	nous eûmes séché	nous sécherions	que nous séchassions
vous séchez	vous eûtes séché	vous sécheriez	que vous séchassiez
ils sèchent.	ils eurent séché.	ils sécheraient.	qu'ils séchassent.
Imparfait.	*Plus-que-parfait.*	*Passé.* J'aurais séché	*Passé.*
Je séchais	J'avais séché	tu aurais séché	Que j'aie séché
tu séchais	tu avais séché	il aurait séché, etc.	que tu aies séché
il séchait	il avait séché	*On dit aussi :*	qu'il ait séché
nous séchions	nous avions séché	J'eusse séché	que nous ayons séché
vous séchiez	vous aviez séché	tu eusses séché	que vous ayez séché
ils séchaient.	ils avaient séché.	il eût séché, etc.	qu'ils aient séché.
Passé défini.	*Futur.*	**Impératif.** *Présent.* Sèche. Séchons. Séchez. *Passé.* Aie séché. Ayons séché. Ayez séché.	*Plus-que-parfait.*
Je séchai	Je sécherai		que j'eusse séché
tu séchas	tu sécheras		que tu eusses séché
il sécha	il séchera		qu'il eût séché
nous séchâmes	nous sécherons		q. n. eussions séché
vous séchâtes	vous sécherez		q. v. eussiez séché
ils séchèrent.	ils sécheront.		qu'ils eussent séché.
Passé indéfini.	*Futur antérieur.*	**Subjonctif.** *Présent.* Que je sèche que tu sèches qu'il sèche que nous séchions que vous séchiez qu'ils sèchent.	**Infinitif.** *Présent.* Sécher. *Passé.* Avoir séché. **Participe.** *Présent.* Séchant. *Passé.* Séché, ée, és, ées. Ayant séché.
J'ai séché	J'aurai séché		
tu as séché	tu auras séché		
il a séché	il aura séché		
nous avons séché	nous aurons séché		
vous avez séché	vous aurez séché		
ils ont séché.	ils auront séché.		

Ainsi se conjuguent : **Allécher, assécher, dessécher, ébrécher, lécher, pécher, relécher,** etc. — Nota. L'é fermé de la dernière syllabe du radical se change en è ouvert devant la terminaison e, es, ent seulement.

CONJUGAISON DES VERBES EN ÊCHER.

Indicatif. Présent.	Passé antérieur.	Conditionnel Présent.	Imparfait.
Je bêche	J'eus bêché	Je bêcherais	Que je bêchasse
tu bêches	tu eus bêché	tu bêcherais	que tu bêchasses
il bêche	il eut bêché	il bêcherait	qu'il bêchât
nous bêchons	nous eûmes bêché	nous bêcherions	que nous bêchassions
vous bêchez	vous eûtes bêché	vous bêcheriez	que vous bêchassiez
ils bêchent.	ils eurent bêché.	ils bêcheraient.	qu'ils bêchassent.

Imparfait.	Plus-que-parfait.	Passé.	Passé.
Je bêchais	J'avais bêché	J'aurais bêché	Que j'aie bêché
tu bêchais	tu avais bêché	tu aurais bêché	que tu aies bêché
il bêchait	il avait bêché	il aurait bêché, etc.	qu'il ait bêché
nous bêchions	nous avions bêché	*On dit aussi :*	que nous ayons bêché
vous bêchiez	vous aviez bêché	J'eusse bêché	que vous ayez bêché
ils bêchaient.	ils avaient bêché.	tu eusses bêché	qu'ils aient bêché.
		il eût bêché, etc.	

Passé défini.	Futur.	Impératif. Présent.	Plus-que-parfait.
Je bêchai	Je bêcherai	Bêche.	Que j'eusse bêché
tu bêchas	tu bêcheras	Bêchons.	que tu eusses bêché
il bêcha	il bêchera	Bêchez.	qu'il eût bêché
nous bêchâmes	nous bêcherons	*Passé.*	q. n. eussions bêché
vous bêchâtes	vous bêcherez	Aie bêché.	q. v. eussiez bêché
ils bêchèrent.	ils bêcheront.	Ayons bêché.	qu'ils eussent bêché.
		Ayez bêché.	

Passé indéfini.	Futur antérieur.	Subjonctif. Présent.	Infinitif.
J'ai bêché	J'eus bêché	Que je bêche	*Présent.* Bêcher.
tu as bêché	tu eus bêché	que tu bêches	*Passé.* Avoir bêché.
il a bêché	il eut bêché	qu'il bêche	**Participe.**
nous avons bêché	nous eûmes bêché	que nous bêchions	*Présent.* Bêchant.
vous avez bêché	vous eûtes bêché	que vous bêchiez	*Passé.* Bêché, ée, és, ées.
ils ont bêché.	ils eurent bêché.	qu'ils bêchent.	Ayant bêché.

Ainsi se conjuguent : **Dépêcher, pêcher, prêcher, repêcher**, etc.— Nota. L'e de la dernière syllabe conserve l'accent circonflexe dans toute la conjugaison.

N° 15.
CONJUGAISON DES VERBES EN **CLER**.

Indicatif.	Passé antérieur.	Conditionnel.	Imparfait.
Présent.		*Présent.*	Que je raclasse
Je racle	J'eus raclé	Je raclerais	que tu raclasses
tu racles	tu eus raclé	tu raclerais	qu'il raclât
il racle	il eut raclé	il raclerait	que nous raclassions
nous raclons	nous cûmes raclé	nous raclerions	que vous raclassiez
vous raclez	vous eûtes raclé	vous racleriez	qu'ils raclassent.
ils raclent.	ils eurent raclé.	ils racleraient.	
		Passé.	*Passé.*
		J'aurais raclé	Que j'aie raclé
Imparfait.	*Plus-que-parfait.*	tu aurais raclé	que tu aies raclé
Je raclais	J'avais raclé	il aurait raclé, etc.	qu'il ait raclé
tu raclais	tu avais raclé	*On dit aussi :*	que nous ayons raclé
il raclait	il avait raclé	J'eusse raclé	que vous ayez raclé
nous raclions	nous avions raclé	tu eusses raclé	qu'ils aient raclé.
vous racliez	vous aviez raclé	il eût raclé, etc.	
ils raclaient.	ils avaient raclé.		
		Impératif.	
		Présent.	*Plus-que-parfait.*
Passé défini.	*Futur.*	Racle.	Que j'eusse raclé
Je raclai	Je raclerai	Raclons.	que tu eusses raclé
tu raclas	tu racleras	Raclez.	qu'il eût raclé
il racla	il raclera	*Passé.*	q. n. cussions raclé
nous raclâmes	nous raclerons	Aie raclé.	q. vous eussiez raclé
vous raclâtes	vous raclerez	Ayons raclé.	qu'ils eussent raclé.
ils raclèrent.	ils racleront.	Ayez raclé.	
		Subjonctif.	**Infinitif.**
		Présent.	*Présent.* Racler.
Passé indéfini.	*Futur antérieur.*	Que je racle	*Passé.* Avoir raclé.
J'ai raclé	J'aurai raclé	que tu racles	**Participe.**
tu as raclé	tu auras raclé	qu'il racle	*Présent.* Raclant.
il a raclé	il aura raclé	que nous raclions	*Passé.* Raclé, ée,
nous avons raclé	nous aurons raclé	que vous racliez	és, ées.
vous avez raclé	vous aurez raclé	qu'ils raclent.	Ayant raclé.
ils ont raclé.	ils auront raclé.		

Ainsi se conjuguent : **Bâcler, boucler, cercler, débâcler, déboucler, sarcler,** etc.

N° 14.
CONJUGAISON DES VERBES EN CRER

Indicatif. Présent.	Passé antérieur.	Conditionnel. Présent.	Imparfait.
Je sucre	J'eus sucré	Je sucrerais	Que je sucrasse
tu sucres	tu eus sucré	tu sucrerais	que tu sucrasses
il sucre	il eut sucré	il sucrerait	qu'il sucrât
nous sucrons	nous eûmes sucré	nous sucrerions	que nous sucrassions
vous sucrez	vous eûtes sucré	vous sucreriez	que vous sucrassiez
ils sucrent.	ils eurent sucré.	ils sucreraient.	qu'ils sucrassent.
Imparfait.	*Plus-que-parfait.*	*Passé.* J'aurais sucré	*Passé.*
Je sucrais	J'avais sucré	tu aurais sucré	Que j'aie sucré
tu sucrais	tu avais sucré	il aurait sucré, etc.	que tu aies sucré
il sucrait	il avait sucré	*On dit aussi :*	qu'il ait sucré
nous sucrions	nous avions sucré	J'eusse sucré	que nous ayons sucré
vous sucriez	vous aviez sucré	tu eusses sucré	que vous ayez sucré
ils sucraient.	ils avaient sucré	il eût sucré, etc.	qu'ils aient sucré.
Passé défini.	*Futur.*	**Impératif.** *Présent.*	*Plus-que-parfait.*
Je sucrai	Je sucrerai	Sucre.	Que j'eusse sucré
tu sucras	tu sucreras	Sucrons.	que tu eusses sucré
il sucra	il sucrera	Sucrez.	qu'il eût sucré
nous sucrâmes	nous sucrerons	*Passé.*	q. n. eussions sucré
vous sucrâtes	vous sucrerez	Aie sucré.	q. v. eussiez sucré
ils sucrèrent.	ils sucreront.	Ayons sucré. Ayez sucré.	qu'ils eussent sucré.
Passé indéfini.	*Futur antérieur.*	**Subjonctif.** *Présent.*	**Infinitif.** *Présent.* Sucrer. *Passé.* Avoir sucré.
J'ai sucré	J'aurai sucré	Que je sucre	**Participe.**
tu as sucré	tu auras sucré	que tu sucres	*Présent.* Sucrant.
il a sucré	il aura sucré	qu'il sucre	*Passé.* Sucré, ée,
nous avons sucré	nous aurons sucré	que nous sucrions	és, ées.
vous avez sucré	vous aurez sucré	que vous sucriez	Ayant sucré.
ils ont sucré.	ils auront sucré.	qu'ils sucrent.	

Ainsi se conjuguent : **Ancrer, consacrer, désancrer, échancrer, massacrer,** etc.

N° 15.

CONJUGAISON DES VERBES EN ÉCRER.

Indicatif. Présent.	Passé antérieur.	Conditionnel. Présent.	Imparfait.
J'exècre tu exècres il exècre nous exécrons vous exécrez ils exècrent.	J'eus exécré tu eus exécré il eut exécré nous eûmes exécré vous eûtes exécré ils eurent exécré	J'exécrerais tu exécrerais il exécrerait nous exécrerions vous exécreriez ils exécreraient.	Que j'exécrasse que tu exécrasses qu'il exécrât que nous exécrassions que vous exécrassiez qu'ils exécrassent.
Imparfait. J'exécrais tu exécrais il exécrait nous exécrions vous exécriez ils exécraient.	Plus-que-parfait. J'avais exécré tu avais exécré il avait exécré nous avions exécré vous aviez exécré ils avaient exécré	Passé. J'aurais exécré tu aurais exécré il aurait exécré, etc. On dit aussi : J'eusse exécré tu eusses exécré il eût exécré, etc.	Passé. Que j'aie exécré que tu aies exécré qu'il ait exécré que nous ayons exécré que vous ayez exécré qu'ils aient exécré.
Passé défini. J'exécrai tu exécras il exécra nous exécrâmes vous exécrâtes ils exécrèrent.	Futur. J'exécrerai tu exécreras il exécrera nous exécrerons vous exécrerez ils exécreront.	Impératif. Présent. Exècre. Exécrons. Exécrez. Passé. Aie exécré. Ayons exécré. Ayez exécré.	Plus-que-parfait. Que j'eusse exécré que tu eusses exécré qu'il eût exécré q. n. eussions exécré q. v. eussiez exécré qu'ils eussent exécré.
Passé indéfini. J'ai exécré tu as exécré il a exécré nous avons exécré vous avez exécré ils ont exécré.	Futur antérieur. J'aurai exécré tu auras exécré il aura exécré nous aurons exécré vous aurez exécré ils auront exécré.	Subjonctif. Présent. Que j'exècre que tu exècres qu'il exècre que nous exécrions que vous exécriez qu'ils exècrent.	Infinitif. Présent. Exécrer. Passé. Avoir exécré. Participe. Présent. Exécrant. Passé. Exécré, ée, és, ées. Ayant exécré.

NOTA. Dans ce verbe, le seul de cette terminaison, l'**é** fermé de la dernière syllabe du radical se change en **è** ouvert devant les terminaisons **e, es, ent** seulement.

N° 16.
CONJUGAISON DES VERBES EN DER.

Indicatif.	Passé antérieur.	Conditionnel.	Imparfait.
Présent.		*Présent.*	Que je bordasse
Je borde	J'eus bordé	Je borderais	que tu bordasses
tu bordes	tu eus bordé	tu borderais	qu'il bordât
il borde	il eut bordé	il borderait	q. nous bordassions
nous bordons	nous eûmes bordé	nous borderions	que vous bordassiez
vous bordez	vous eûtes bordé	vous borderiez	qu'ils bordassent.
ils bordent.	ils eurent bordé.	ils borderaient.	
Imparfait.	*Plus-que-parfait.*	*Passé.*	*Passé.*
Je bordais	J'avais bordé	J'aurais bordé	Que j'aie bordé
tu bordais	tu avais bordé	tu aurais bordé	que tu aies bordé
il bordait	il avait bordé	il aurait bordé, etc.	qu'il ait bordé
nous bordions	nous avions bordé	*On dit aussi :*	que nous ayons bordé
vous bordiez	vous aviez bordé	J'eusse bordé	que vous ayez bordé
ils bordaient.	ils avaient bordé.	tu eusses bordé	qu'ils aient bordé.
		il eût bordé, etc.	
Passé défini.	*Futur.*	**Impératif.**	*Plus-que-parfait.*
Je bordai	Je borderai	*Présent.*	Que j'eusse bordé
tu bordas	tu borderas	Borde.	que tu eusses bordé
il borda	il bordera	Bordons.	qu'il eût bordé
nous bordâmes	nous borderons	Bordez.	q. n. eussions bordé
vous bordâtes	vous borderez	*Passé.*	q. v. eussiez bordé
ils bordèrent.	ils borderont.	Aie bordé.	qu'ils eussent bordé.
		Ayons bordé.	
		Ayez bordé.	
Passé indéfini.	*Futur antérieur.*	**Subjonctif.**	**Infinitif.**
J'ai bordé	J'aurai bordé	*Présent.*	*Présent.* Border.
tu as bordé	tu auras bordé	Que je borde	*Passé.* Avoir bordé.
il a bordé	il aura bordé	que tu bordes	**Participe.**
nous avons bordé	nous aurons bordé	qu'il borde	*Présent.* Bordant.
vous avez bordé	vous aurez bordé	que nous bordions	*Passé.* Bordé, ée, és, ées.
ils ont bordé.	ils auront bordé.	que vous bordiez	Ayant bordé.
		qu'ils bordent.	

Ainsi se conjuguent : **Abonder, aborder, accommoder, accorder, aider, appréhender, bavarder, bombarder, border, bouder, brider, carder, clabauder, coïncider, commander, concorder, consolider, corder, corroder, darder, décider, dégrader, demander, dévider, dilapider, dissuader, éluder, émonder, escalader, farder, fonder, garder, guider, hasarder, incommoder, lapider, mauder, persuader, recommander, attarder, rôder, souder, tarder, vider,** etc.

CONJUGAISON DES VERBES EN **ÉDER.**

Indicatif.	Passé antérieur.	Conditionnel.	Imparfait.
Présent.	J'eus cédé	*Présent.*	Que je cédasse
Je cède	tu eus cédé	Je céderais	que tu cédasses
tu cèdes	il eut cédé	tu céderais	qu'il cédât
il cède	nous eûmes cédé	il céderait	que nous cédassions
nous cédons	vous eûtes cédé	nous céderions	que vous cédassiez
vous cédez	ils eurent cédé.	vous céderiez	qu'ils cédassent.
ils cèdent.		ils céderaient.	
Imparfait.	*Plus-que-parfait.*	*Passé.*	*Passé.*
Je cédais	J'avais cédé	J'aurais cédé	Que j'aie cédé
tu cédais	tu avais cédé	tu aurais cédé	que tu aies cédé
il cédait	il avait cédé	il aurait cédé, etc.	qu'il ait cédé
nous cédions	nous avions cédé	*On dit aussi :*	que nous ayons cédé
vous cédiez	vous aviez cédé	J'eusse cédé	que vous ayez cédé
ils cédaient.	ils avaient cédé.	tu eusses cédé	qu'ils aient cédé.
		il eût cédé, etc.	
Passé défini.	*Futur.*	**Impératif.**	*Plus-que-parfait.*
		Présent.	
Je cédai	Je céderai	Cède.	Que j'eusse cédé
tu cédas	tu céderas	Cédons.	que tu eusses cédé
il céda	il cédera	Cédez.	qu'il eût cédé
nous cédâmes	nous céderons	*Passé.*	q. n. cussions cédé
vous cédâtes	vous céderez	Aie cédé.	q. v. eussiez cédé
ils cédèrent.	ils céderont.	Ayons cédé.	qu'ils eussent cédé.
		Ayez cédé.	
Passé indéfini.	*Futur antérieur.*	**Subjonctif.**	**Infinitif.**
		Présent.	*Présent.* Céder.
J'ai cédé	J'aurai cédé	Que je cède	*Passé.* Avoir cédé.
tu as cédé	tu auras cédé	que tu cèdes	**Participe.**
il a cédé	il aura cédé	qu'il cède	*Présent.* Cédant.
nous avons cédé	nous aurons cédé	que nous cédions	*Passé.* Cédé, ée, és, ées.
vous avez cédé	vous aurez cédé	que vous cédiez	Ayant cédé.
ils ont cédé	ils auront cédé.	qu'ils cèdent.	

Ainsi se conjuguent : Abcéder, accéder, concéder, décéder, déposséder, excéder, exhéréder, intercéder, posséder, précéder, procéder, succéder, etc. — NOTA. L'é fermé de la dernière syllabe du radical se change en **è** ouvert devant les terminaisons **e, es, ent** seulement.

N° 18.
CONJUGAISON DES VERBES EN **DRER**.

Indicatif.	Passé antérieur.	Conditionnel.	Imparfait.
Présent.		*Présent.*	Que je cadrasse
Je cadre	J'eus cadré	Je cadrerais	que tu cadrasses
tu cadres	tu eus cadré	tu cadrerais	qu'il cadrât
il cadre	il eut cadré	il cadrerait	que nous cadrassions
nous cadrons	nous eûmes cadré	nous cadrerions	que vous cadrassiez
vous cadrez	vous eûtes cadré	vous cadreriez	qu'ils cadrassent.
ils cadrent.	ils eurent cadré.	ils cadreraient.	
Imparfait.	*Plus-que-parfait.*	*Passé.*	*Passé.*
Je cadrais	J'avais cadré	J'aurais cadré	Que j'aie cadré
tu cadrais	tu avais cadré	tu aurais cadré	que tu aies cadré
il cadrait	il avait cadré	il aurait cadré, etc.	qu'il ait cadré
nous cadrions	nous avions cadré	*On dit aussi :*	que nous ayons cadré
vous cadriez	vous aviez cadré	J'eusse cadré	que vous ayez cadré
ils cadraient.	ils avaient cadré.	tu eusses cadré	qu'ils aient cadré.
		il eût cadré, etc.	
Passé défini.	*Futur.*	**Impératif.**	*Plus-que-parfait.*
		Présent.	
Je cadrai	Je cadrerai	Cadre.	Que j'eusse cadré
tu cadras	tu cadreras	Cadrons.	que tu eusses cadré
il cadra	il cadrera	Cadrez.	qu'il eût cadré
nous cadrâmes	nous cadrerons	*Passé.*	q. n. eussions cadré
vous cadrâtes	vous cadrerez	Aie cadré.	q. v. eussiez cadré
ils cadrèrent.	ils cadreront.	Ayons cadré.	qu'ils eussent cadré.
		Ayez cadré.	
Passé indéfini.	*Futur antérieur.*	**Subjonctif.**	**Infinitif.**
		Présent.	*Présent.* Cadrer.
J'ai cadré	J'aurai cadré	Que je cadre	*Passé.* Avoir cadré.
tu as cadré	tu auras cadré	que tu cadres	**Participe.**
il a cadré	il aura cadré	qu'il cadre	*Présent.* Cadrant.
nous avons cadré	nous aurons cadré	que nous cadrions	*Passé.* Cadré, ée, és, ées.
vous avez cadré	vous aurez cadré	que vous cadriez	Ayant cadré.
ils ont cadré.	ils auront cadré.	qu'ils cadrent.	

Ainsi se conjuguent : **Calandrer, cylindrer, dépoudrer, effondrer, encadrer engendrer, poudrer, saupoudrer**, etc.

N° 19.
CONJUGAISON DES VERBES EN ÉER.

Indicatif. Présent.	Passé antérieur.	Conditionnel. Présent.	Imparfait.
Je crée	J'eus créé	Je créerais	Que je créasse
tu crées	tu eus créé	tu créerais	que tu créasses
il crée	il eut créé	il créerait	qu'il créât
nous créons	nous cûmes créé	nous créerions	que nous créassions
vous créez	vous cûtes créé	vous créeriez	que vous créassiez
ils créent.	ils eurent créé.	ils créeraient.	qu'ils créassent.

Imparfait.	Plus-que-parfait.	Passé. J'aurais créé	Passé.
Je créais	J'avais créé	tu aurais créé	Que j'aie créé
tu créais	tu avais créé	il aurait créé, etc.	que tu aies créé
il créait	il avait créé	*On dit aussi :*	qu'il ait créé
nous créions	nous avions créé	J'eusse créé	que nous ayons créé
vous créiez	vous aviez créé	tu eusses créé	que vous ayez créé
ils créaient.	ils avaient créé.	il eût créé, etc.	qu'ils aient créé.

Passé défini.	Futur.	Impératif. Présent.	Plus-que-parfait.
Je créai	Je créerai	Crée.	Que j'eusse créé
tu créas	tu créeras	Créons.	que tu eusses créé
il créa	il créera	Créez.	qu'il eût créé
nous créâmes	nous créerons	*Passé.*	q. n. eussions créé
vous créâtes	vous créerez	Aie créé.	q. v. eussiez créé
ils créèrent.	ils créeront.	Ayons créé. Ayez créé.	qu'ils eussent créé.

Passé indéfini.	Futur antérieur.	Subjonctif. Présent.	Infinitif. Présent. Créer. Passé. Avoir créé.
J'ai créé	J'aurai créé	Que je crée	**Participe.**
tu as créé	tu auras créé	que tu crées	*Présent.* Créant.
il a créé	il aura créé	qu'il crée	*Passé.* Créé, ééc,
nous avons créé	nous aurons créé	que nous créions	és, ééps.
vous avez créé	vous aurez créé	que vous créiez	Ayant créé.
ils ont créé.	ils auront créé	qu'ils créent.	

Ainsi se conjuguent : **Agréer, dégréer, désagréer, gréer, guéer, maugréer, ragréer, récréer, suppléer**, etc. — NOTA. Ces verbes n'offrent d'autre particularité que la présence très-régulière de deux **ée** à l'indicatif présent, au passé défini, au futur, au conditionnel, à l'impératif, au subjonctif, et celle de trois **ééе** au participe féminin.

N° 20.
CONJUGAISON DES VERBES EN **FER**.

Indicatif. Présent.	Passé antérieur.	Conditionnel. Présent.	Imparfait.
J'agrafe	J'eus agrafé	J'agraferais	Que j'agrafasse
tu agrafes	tu eus agrafé	tu agraferais	que tu agrafasses
il agrafe	il eut agrafé	il agraferait	qu'il agrafât
nous agrafons	nous eûmes agrafé	nous agraferions	que nous agrafassions
vous agrafez	vous eûtes agrafé	vous agraferiez	que vous agrafassiez
ils agrafent.	ils eurent agrafé.	ils agraferaient.	qu'ils agrafassent.

Imparfait.	Plus-que-parfait.	Passé.	Passé.
J'agrafais	J'avais agrafé	J'aurais agrafé	Que j'aie agrafé
tu agrafais	tu avais agrafé	tu aurais agrafé	que tu aies agrafé
il agrafait	il avait agrafé	il aurait agrafé, etc.	qu'il ait agrafé
nous agrafions	nous avions agrafé	*On dit aussi :*	que n. ayons agrafé
vous agrafiez	vous aviez agrafé	J'eusse agrafé	que vous ayez agrafé
ils agrafaient.	ils avaient agrafé.	tu eusses agrafé	qu'ils aient agrafé.
		il eût agrafé, etc.	

Passé défini.	Futur.	Impératif. Présent.	Plus-que-parfait.
J'agrafai	J'agraferai	Agrafe.	Que j'eusse agrafé
tu agrafas	tu agraferas	Agrafons.	que tu eusses agrafé
il agrafa	il agrafera	Agrafez.	qu'il eût agrafé
nous agrafâmes	nous agraferons	*Passé.*	q. n. eussions agrafé
vous agrafâtes	vous agraferez	Aie agrafé	que v. eussiez agrafé
ils agrafèrent.	ils agraferont.	Ayons agrafé.	qu'ils eussent agrafé.
		Ayez agrafé.	

Passé indéfini.	Futur antérieur.	Subjonctif. Présent.	Infinitif.
J'ai agrafé	J'aurai agrafé		*Présent.* Agrafer
tu as agrafé	tu auras agrafé	Que j'agrafe	*Passé.* Avoir agrafé.
il a agrafé	il aura agrafé	que tu agrafes	**Participe.**
nous avons agrafé	nous aurons agrafé	qu'il agrafe	*Présent.* Agrafant.
vous avez agrafé	vous aurez agrafé	que nous agrafions	*Passé.* Agrafé, ée,
ils ont agrafé.	ils auront agrafé.	que vous agrafiez	és, ées.
		qu'ils agrafent.	Ayant agrafé.

Ainsi se conjuguent : **Agriffer, attifer, biffer, bouffer, coiffer, chauffer, décoiffer, dégrafer, échauffer, étoffer, étouffer, greffer, griffer, parafer, piaffer, pouffer, réchauffer,** etc.

N° 21.
CONJUGAISON DES VERBES EN **FLER**.

Indicatif. Présent.	Passé antérieur.	Conditionnel. Présent.	Imparfait.
Je siffle tu siffles il siffle nous sifflons vous sifflez ils sifflent.	J'eus sifflé tu eus sifflé il eut sifflé nous eûmes sifflé vous eûtes sifflé ils eurent sifflé.	Je sifflerais tu sifflerais il sifflerait nous sifflerions vous siffleriez ils siffleraient.	Que je sifflasse que tu sifflasses qu'il sifflât que nous sifflassions que vous sifflassiez qu'ils sifflassent.
Imparfait. Je sifflais tu sifflais il sifflait nous sifflions vous siffliez ils sifflaient.	*Plus-que-parfait.* J'avais sifflé tu avais sifflé il avait sifflé nous avions sifflé vous aviez sifflé ils avaient sifflé.	*Passé.* J'aurais sifflé tu aurais sifflé il aurait sifflé, etc. *On dit aussi :* J'eusse sifflé tu eusses sifflé il eût sifflé, etc.	*Passé.* Que j'aie sifflé que tu aies sifflé qu'il ait sifflé que nous ayons sifflé que vous ayez sifflé qu'ils aient sifflé.
Passé défini. Je sifflai tu sifflas il siffla nous sifflâmes vous sifflâtes ils sifflèrent.	*Futur.* Je sifflerai tu siffleras il sifflera nous sifflerons vous sifflerez ils siffleront.	**Impératif.** *Présent.* Siffle. Sifflons. Sifflez. *Passé.* Aie sifflé. Ayons sifflé. Ayez sifflé.	*Plus-que-parfait.* Que j'eusse sifflé que tu eusses sifflé qu'il eût sifflé que n. eussions sifflé que v. eussiez sifflé qu'ils eussent sifflé.
Passé indéfini. J'ai sifflé tu as sifflé il a sifflé nous avons sifflé vous avez sifflé ils ont sifflé.	*Futur antérieur.* J'aurai sifflé tu auras sifflé il aura sifflé nous aurons sifflé vous aurez sifflé ils auront sifflé.	**Subjonctif.** *Présent.* Que je siffle que tu siffles qu'il siffle que nous sifflions que vous siffliez qu'ils sifflent.	**Infinitif.** *Présent.* Siffler. *Passé.* Avoir sifflé. **Participe.** *Présent.* Sifflant. *Passé.* Sifflé, ée, és, ées. Ayant sifflé.

Ainsi se conjuguent : boursoufler, désenfler, écornifler, enfler, essouffler, gonfler, persifler, rafler, regonfler, renfler, renifler, roufler, souffler, etc.

N° 22.
CONJUGAISON DES VERBES EN FRER.

Indicatif. Présent.	Passé antérieur.	Conditionnel. Présent.	Imparfait.
Je soufre	J'eus soufré	Je soufrerais	Que je soufrasse
tu soufres	tu eus soufré	tu soufrerais	que tu soufrasses
il soufre	il eut soufré	il soufrerait	qu'il soufrât
nous soufrons	nous eûmes soufré	nous soufrerions	que n. soufrassions
vous soufrez	vous eûtes soufré	vous soufreriez	que vous soufrassiez
ils soufrent.	ils eurent soufré.	ils soufreraient.	qu'ils soufrassent.

Imparfait.	Plus-que-parfait.	Passé. J'aurais soufré tu aurais soufré il aurait soufré, etc. *On dit aussi :* J'eusse soufré tu eusses soufré il eût soufré, etc.	Passé.
Je soufrais	J'avais soufré		Que j'aie soufré
tu soufrais	tu avais soufré		que tu aies soufré
il soufrait	il avait soufré		qu'il ait soufré
nous soufrions	nous avions soufré		que n. ayons soufré
vous soufriez	vous aviez soufré		que v. ayez soufré
ils soufraient.	ils avaient soufré.		qu'ils aient soufré.

Passé défini.	Futur.	Impératif. Présent. Soufre. Soufrons. Soufrez. *Passé.* Aie soufré. Ayons soufré. Ayez soufré.	Plus-que-parfait.
Je soufrai	Je soufrerai		Que j'eusse soufré
tu soufras	tu soufreras		que tu eusses soufré
il soufra	il soufrera		qu'il eût soufré
nous soufrâmes	nous soufrerons		q. n. eussions soufré
vous soufrâtes	vous soufrerez		q. v. eussiez soufré
ils soufrèrent.	ils soufreront.		qu'ils eussent soufré.

Passé indéfini.	Futur antérieur.	Subjonctif. Présent.	Infinitif.
J'ai soufré	J'aurai soufré	Que je soufre	Présent. Soufrer.
tu as soufré	tu auras soufré	que tu soufres	Passé. Avoir soufré.
il a soufré	il aura soufré	qu'il soufre	**Participe.**
nous avons soufré	nous aurons soufré	que nous soufrions	Présent. Soufrant.
vous avez soufré	vous aurez soufré	que vous soufriez	Passé. Soufré, ée, és, ées.
ils ont soufré.	ils auront soufré.	qu'ils soufrent.	Ayant soufré.

Ainsi se conjuguent : bâfrer, balafrer, coffrer, chiffrer, déchiffrer, ensoufrer, empiffrer, encoffrer, engouffrer, gaufrer, etc.

N° 23.
CONJUGAISON DES VERBES EN GER.

Indicatif. Présent.	Passé antérieur.	Conditionnel. Présent.	Imparfait.
Je mange tu manges il mange nous mangeons vous mangez ils mangent.	J'eus mangé tu eus mangé il eut mangé nous eûmes mangé vous eûtes mangé ils eurent mangé.	Je mangerais tu mangerais il mangerait nous mangerions vous mangeriez ils mangeraient.	Que je mangeasse que tu mangeasses qu'il mangeât que n. mangeassions que vous mangeassiez qu'ils mangeassent.
Imparfait.	*Plus-que-parfait.*	*Passé.* J'aurais mangé tu aurais mangé il aurait mangé, etc. *On dit aussi :* J'eusse mangé tu eusses mangé il eût mangé, etc.	*Passé.*
Je mangeais tu mangeais il mangeait nous mangions vous mangiez ils mangeaient.	J'avais mangé tu avais mangé il avait mangé nous avions mangé vous aviez mangé ils avaient mangé.		Que j'aie mangé que tu aies mangé qu'il ait mangé que nous ayons mangé que vous ayez mangé qu'ils aient mangé.
Passé défini.	*Futur.*	**Impératif.** *Présent.* Mange. Mangeons. Mangez. *Passé.* Aie mangé. Ayons mangé. Ayez mangé.	*Plus-que-parfait.*
Je mangeai tu mangeas il mangea nous mangeâmes vous mangeâtes ils mangèrent.	Je mangerai tu mangeras il mangera nous mangerons vous mangerez ils mangeront.		Que j'eusse mangé que tu eusses mangé qu'il eût mangé q. n. eussions mangé que v. eussiez mangé qu'ils eussent mangé.
Passé indéfini.	*Futur antérieur.*	**Subjonctif.** *Présent.*	**Infinitif.** *Présent.* Manger. *Passé.* Avoir mangé. **Participe.** *Présent.* Mangeant. *Passé.* Mangé, ée, és, ées. Ayant mangé.
J'ai mangé tu as mangé il a mangé nous avons mangé vous avez mangé ils ont mangé.	J'aurai mangé tu auras mangé il aura mangé nous aurons mangé vous aurez mangé ils auront mangé.	Que je mange que tu manges qu'il mange que nous mangions que vous mangiez qu'ils mangent.	

Ainsi se conjuguent : Affliger, allonger, arranger, avantager, bouger, changer, charger, corriger, décourager, dédommager, dégager, diriger, égorger, égrager, émarger, ériger, exiger, fustiger, gager, héberger, interroger, juger, loger, ménager, négliger, obliger, outrager, partager, ravager, soulager, venger, etc. NOTA. On met un e après le *g* lorsque celui-ci doit être suivi des voyelles **a, o.**

N° 24.
CONJUGAISON DES VERBES EN ÉGER.

Indicatif. *Présent.*	*Passé antérieur.*	**Conditionnel.** *Présent.*	*Imparfait.*
J'assiége	J'eus assiégé	J'assiégerais	Que j'assiégeasse
tu assiéges	tu eus assiégé	tu assiégerais	que tu assiégeasses
il assiége	il eut assiégé	il assiégerait	qu'il assiégeât
nous assiégeons	nous eûmes assiégé	nous assiégerions	que n. assiégeassions
vous assiégez	vous eûtes assiégé	vous assiégeriez	que v. assiégeassiez
ils assiégent.	ils eurent assiégé.	ils assiégeraient.	qu'ils assiégeassent.

Imparfait.	*Plus-que-parfait.*	*Passé.* J'aurais assiégé tu aurais assiégé il aurait assiégé, etc. *On dit aussi :* J'eusse assiégé tu eusses assiégé il eût assiégé, etc.	*Passé.*
J'assiégeais	J'avais assiégé		Que j'aie assiégé
tu assiégeais	tu avais assiégé		que tu aies assiégé
il assiégeait	il avait assiégé		qu'il ait assiégé
nous assiégions	nous avions assiégé		que n. ayons assiégé
vous assiégiez	vous aviez assiégé		que vous ayez assiégé
ils assiégeaient.	ils avaient assiégé.		qu'ils aient assiégé.

Passé défini.	*Futur.*	**Impératif.** *Présent.*	*Plus-que-parfait.*
J'assiégeai	J'assiégerai	Assiége.	Que j'eusse assiégé
tu assiégeas	tu assiégeras	Assiégeons.	que tu eusses assiégé
il assiégea	il assiégera	Assiégez.	qu'il eût assiégé
nous assiégeâmes	nous assiégerons	*Passé.*	q. n. eussions assiégé
vous assiégeâtes	vous assiégerez	Aie assiégé.	q. v. eussiez assiégé
ils assiégèrent.	ils assiégeront.	Ayons assiégé. Ayez assiégé.	qu'ils eussent assiégé.

Passé indéfini.	*Futur antérieur.*	**Subjonctif.** *Présent.*	**Infinitif.** *Présent.* Assiéger. *Passé.* Avoir assiégé. **Participe.** *Présent.* Assiégeant. *Passé.* Assiégé, ée, és, ées. Ayant assiégé.
J'ai assiégé	J'aurai assiégé	Que j'assiége	
tu as assiégé	tu auras assiégé	que tu assiéges	
il a assiégé	il aura assiégé	qu'il assiége	
nous avons assiégé	nous aurons assiégé	que nous assiégions	
vous avez assiégé	vous aurez assiégé	que vous assiégiez	
ils ont assiégé.	ils auront assiégé.	qu'ils assiégent.	

Ainsi se conjuguent : **Abréger, agréger, alléger, protéger, siéger,** etc. — NOTA. Ces verbes conservent l'e fermé dans toute leur conjugaison.

N° 25.

CONJUGAISON DES VERBES EN GLER.

Indicatif. Présent.	Passé antérieur.	Conditionnel. Présent.	Imparfait.
Je sangle tu sangles il sangle nous sanglons vous sanglez ils sanglent.	J'eus sanglé tu eus sanglé il eut sanglé nous eûmes sanglé vous eûtes sanglé ils eurent sanglé.	Je sanglerais tu sanglerais il sanglerait nous sanglerions vous sangleriez ils sangleraient.	Que je sanglasse que tu sanglasses qu'il sanglât que nous sanglassions que vous sanglassiez qu'ils sanglassent.
Imparfait.	Plus-que-parfait.	Passé. J'aurais sanglé tu aurais sanglé il aurait sanglé, etc. On dit aussi: J'eusse sanglé tu eusses sanglé il eût sanglé, etc.	Passé.
Je sanglais tu sanglais il sanglait nous sanglions vous sangliez ils sanglaient.	J'avais sanglé tu avais sanglé il avait sanglé nous avions sanglé vous aviez sanglé ils avaient sanglé.		Que j'aie sanglé que tu aies sanglé qu'il ait sanglé que n. ayons sanglé que vous ayez sanglé qu'ils aient sanglé.
Passé défini.	Futur.	Impératif. Présent. Sangle. Sanglons. Sanglez. Passé. Aie sanglé. Ayons sanglé. Ayez sanglé.	Plus-que-parfait.
Je sanglai tu sanglas il sangla nous sanglâmes vous sanglâtes ils sanglèrent.	Je sanglerai tu sangleras il sanglera nous sanglerons vous sanglerez ils sangleront.		Que j'eusse sanglé que tu eusses sanglé qu'il eût sanglé q. n. eussions sanglé q. v. eussiez sanglé qu'ils eussent sanglé.
Passé indéfini.	Futur antérieur.	Subjonctif. Présent.	Infinitif. Présent. Sangler. Passé. Avoir sanglé. Participe. Présent. Sanglant. Passé. Sanglé, ée, és, ées. Ayant sanglé.
J'ai sanglé tu as sanglé il a sanglé nous avons sanglé vous avez sanglé ils ont sanglé.	J'aurai sanglé tu auras sanglé il aura sanglé nous aurons sanglé vous aurez sanglé ils auront sanglé.	Que je sangle que tu sangles qu'il sangle que nous sanglions que vous sangliez qu'ils sanglent.	

Ainsi se conjuguent: **Aveugler, beugler, bigler, cingler, dessangler, étrangler, meugler,** etc.

N° 26.
CONJUGAISON DES VERBES EN EGLER.

Indicatif. Présent.	Passé antérieur.	Conditionnel. Présent.	Imparfait.
Je règle	J'eus réglé	Je réglerais	Que je réglasse
tu règles	tu eus réglé	tu réglerais	que tu réglasses
il règle	il eut réglé	il réglerait	qu'il réglât
nous réglons	nous eûmes réglé	nous réglerions	que n. réglassions
vous réglez	vous eûtes réglé	vous régleriez	que vous réglassiez
ils règlent.	ils eurent réglé.	ils régleraient.	qu'ils réglassent.

Imparfait.	Plus-que-parfait.	Passé.	Passé.
Je réglais	J'avais réglé	J'aurais réglé	Que j'aie réglé
tu réglais	tu avais réglé	tu aurais réglé	que tu aies réglé
il réglait	il avait réglé	il aurait réglé, etc.	qu'il ait réglé
nous réglions	nous avions réglé	*On dit aussi :*	que nous ayons réglé
vous régliez	vous aviez réglé	J'eusse réglé	que vous ayez réglé
ils réglaient.	ils avaient réglé.	tu eusses réglé	qu'ils aient réglé.
		il eût réglé, etc.	

Passé défini.	Futur.	Impératif. Présent.	Plus-que-parfait.
Je réglai	Je réglerai	Règle.	Que j'eusse réglé
tu réglas	tu régleras	Réglons.	que tu eusses réglé
il régla	il réglera	Réglez.	qu'il eût réglé
nous réglâmes	nous réglerons	*Passé.*	que n. eussions réglé
vous réglâtes	vous réglerez	Aie réglé.	que v. eussiez réglé
ils réglèrent.	ils régleront.	Ayons réglé.	qu'ils eussent réglé.
		Ayez réglé.	

Passé indéfini.	Futur antérieur.	Subjonctif. Présent.	Infinitif.
J'ai réglé	J'aurai réglé	Que je règle	Présent. Régler.
tu as réglé	tu auras réglé	que tu règles	Passé. Avoir réglé.
il a réglé	il aura réglé	qu'il règle	**Participe.**
nous avons réglé	nous aurons réglé	que nous réglions	Présent. Réglant.
vous avez réglé	vous aurez réglé	que vous régliez	Passé. Réglé, ée,
ils ont réglé.	ils auront réglé.	qu'ils règlent.	és, ées.
			Ayant réglé.

Ainsi se conjugue : Dérégler. — Nota. L'é fermé de la dernière syllabe du radical se change en è ouvert devant les terminaisons e, es, ent seulement.

N° 27.
CONJUGAISON DES VERBES EN GNER.

Indicatif. Présent.	Passé antérieur.	Conditionnel. Présent.	Imparfait.
Je signe tu signes il signe nous signons vous signez ils signent.	J'eus signé tu eus signé il eut signé nous eûmes signé vous eûtes signé ils eurent signé.	Je signerais tu signerais il signerait nous signerions vous signeriez ils signeraient.	Que je signasse que tu signasses qu'il signât que nous signassions que vous signassiez qu'ils signassent.
Imparfait. Je signais tu signais il signait nous signions vous signiez ils signaient.	*Plus-que-parfait.* J'avais signé tu avais signé il avait signé nous avions signé vous aviez signé ils avaient signé.	*Passé.* J'aurais signé tu aurais signé il aurait signé, etc. *On dit aussi :* J'eusse signé tu eusses signé il eût signé, etc.	*Passé.* Que j'aie signé que tu aies signé qu'il ait signé q. nous ayons signé que vous ayez signé qu'ils aient signé.
Passé défini. Je signai tu signas il signa nous signâmes vous signâtes ils signèrent.	*Futur.* Je signerai tu signeras il signera nous signerons. vous signerez ils signeront.	**Impératif.** *Présent.* Signe. Signons. Signez. *Passé.* Aie signé. Ayons signé. Ayez signé.	*Plus-que-parfait.* Que j'eusse signé que tu eusses signé qu'il eût signé q. n. eussions signé q. v. eussiez signé qu'ils eussent signé.
Passé indéfini. J'ai signé tu as signé il a signé nous avons signé vous avez signé ils ont signé.	*Futur antérieur.* J'aurai signé tu auras signé il aura signé nous aurons signé vous aurez signé. ils auront signé.	**Subjonctif.** *Présent.* Que je signe que tu signes qu'il signe que nous signions que vous signiez qu'ils signent.	**Infinitif.** *Présent.* Signer. *Passé.* Avoir signé **Participe.** *Présent.* Signant. *Passé.* Signé, ée, és, ées. Ayant signé.

Ainsi se conjuguent : **Accompagner, aligner, assigner, baigner, cogner, consigner, daigner, dédaigner, désigner, éborgner, égratigner, éloigner, empoigner, enseigner, épargner, gagner, grogner, impugner, indigner, lorgner, peigner, provigner, regagner, rencogner, répugner, résigner, soigner, témoigner, trépigner,** etc.

N° 28.
CONJUGAISON DES VERBES EN ÉGNER.

Indicatif. *Présent.*	*Passé antérieur.*	Conditionnel. *Présent.*	*Imparfait.*
Je règne	J'eus régné	Je régnerais	Que je régnasse
tu règnes	tu eus régné	tu régnerais	que tu régnasses
il règne	il eut régné	il régnerait	qu'il régnât
nous régnons	nous eûmes régné	nous régnerions	que nous régnassions
vous régnez	vous eûtes régné	vous régneriez	que vous régnassiez
ils règnent.	ils eurent régné.	ils régneraient.	qu'ils régnassent.

Imparfait.	*Plus-que-parfait.*	*Passé.*	*Passé.*
Je régnais	J'avais régné	J'aurais régné	Que j'aie régné
tu régnais	tu avais régné	tu aurais régné	que tu aies régné
il régnait	il avait régné	il aurait régné, etc.	qu'il ait régné
nous régnions	nous avions régné	*On dit aussi :*	que nous ayons régné
vous régniez	vous aviez régné	J'eusse régné	que vous ayez régné
ils régnaient.	ils avaient régné.	tu eusses régné	qu'ils aient régné.
		il eût régné, etc.	

Passé défini.	*Futur.*	Impératif. *Présent.*	*Plus-que-parfait.*
Je régnai	Je régnerai	Règne.	Que j'eusse régné
tu régnas	tu régneras	Régnons.	que tu eusses régné
il régna	il régnera	Régnez.	qu'il eût régné
nous régnâmes	nous régnerons	*Passé.*	que n. eussions régné
vous régnâtes	vous régnerez	Aie régné.	que v. eussiez régné
ils régnèrent.	ils régneront.	Ayons régné.	qu'ils eussent régné.
		Ayez régné.	

Passé indéfini.	*Futur antérieur.*	Subjonctif. *Présent.*	Infinitif.
J'ai régné	J'aurai régné		*Présent.* Régner.
tu as régné	tu auras régné	Que je règne	*Passé.* Avoir régné
il a régné	il aura régné	que tu règnes	**Participe.**
nous avons régné	nous aurons régné	qu'il règne	*Présent.* Régnant.
vous avez régné	vous aurez régné	que nous régnions	*Passé.* Régné, ée,
ils ont régné.	ils auront régné.	que vous régniez	es, ées.
		qu'ils règnent.	Ayant régné.

Ainsi se conjugue : **Imprégner**. — L'é fermé de la dernière syllabe du radical change en è ouvert devant les terminaisons e, es, ent, seulement. Quant au futur et a conditionnel, nous avons suivi l'orthographe de l'Académie.

N° 29.
CONJUGAISON DES VERBES EN **GRER**.

Indicatif. Présent.	Passé antérieur.	Conditionnel. Présent.	Imparfait.
J'émigre	J'eus émigré	J'émigrerais	Que j'émigrasse
tu émigres	tu eus émigré	tu émigrerais	que tu émigrasses
il émigre	il eut émigré	il émigrerait	qu'il émigrât
nous émigrons	nous eûmes émigré	nous émigrerions	que n. émigrassions
vous émigrez	vous eûtes émigré	vous émigreriez	que vous émigrassiez
ils émigrent.	ils eurent émigré.	ils émigreraient.	qu'ils émigrassent.

Imparfait.	Plus-que-parfait.	Passé.	Passé.
J'émigrais	J'avais émigré	J'aurais émigré	Que j'aie émigré
tu émigrais	tu avais émigré	tu aurais émigré	que tu aies émigré
il émigrait	il avait émigré	il aurait émigré, etc.	qu'il ait émigré
nous émigrions	nous avions émigré	*On dit aussi:*	que n. ayons émigré
vous émigriez	vous aviez émigré	J'eusse émigré	que v. ayez émigré
ils émigraient.	ils avaient émigré.	tu eusses émigré	qu'ils aient émigré.
		il eût émigré, etc.	

Passé défini.	Futur.	Impératif. Présent.	Plus-que-parfait.
J'émigrai	J'émigrerai	Émigre.	Que j'eusse émigré
tu émigras	tu émigreras	Émigrons.	que tu eusses émigré
il émigra	il émigrera	Émigrez.	qu'il eût émigré
nous émigrâmes	nous émigrerons	*Passé.*	q. n. eussions émigré
vous émigrâtes	vous émigrerez	Aie émigré.	q. v. eussiez émigré
ils émigrèrent.	ils émigreront.	Ayons émigré.	qu'ils eussent émigré.
		Ayez émigré.	

Passé indéfini.	Futur antérieur.	Subjonctif. Présent.	Infinitif.
J'ai émigré	J'aurai émigré	Que j'émigre	*Présent.* Émigrer.
tu as émigré	tu auras émigré	que tu émigres	*Passé.* Avoir émigré.
il a émigré	il aura émigré	qu'il émigre	**Participe.**
nous avons émigré	nous aurons émigré	que nous émigrions	*Présent.* Émigrant.
vous avez émigré	vous aurez émigré	que vous émigriez	*Passé.* Émigré, ée,
ils ont émigré.	ils auront émigré.	qu'ils émigrent.	és, ées.
			Ayant émigré.

Ainsi se conjuguent : **Dénigrer, lougrer,** etc.

N° 30.
CONJUGAISON DES VERBES EN ÉGRER.

Indicatif. Présent.	Passé antérieur.	Conditionnel. Présent.	Imparfait.
Je réintègre	J'eus réintégré	Je réintégrerais	Que je réintégrasse
tu réintègres	tu eus réintégré	tu réintégrerais	que tu réintégrasses
il réintègre	il eut réintégré	il réintégrerait	qu'il réintégrât
nous réintégrons	nous eûmes réintégré	nous réintégrerions	que n. réintégrassions
vous réintégrez	vous eûtes réintégré	vous réintégreriez	que v. réintégrassiez
ils réintègrent	ils eurent réintégré.	ils réintégreraient.	qu'ils réintégrassent.

Imparfait.	Plus-que-parfait.	Passé. J'aurais réintégré tu aurais réintégré il aur. réintégré, etc. *On dit aussi :* J'eusse réintégré tu eusses réintégré il eût réintégré, etc.	Passé.
Je réintégrais	J'avais réintégré		Que j'aie réintégré
tu réintégrais	tu avais réintégré		que tu aies réintégré
il réintégrait	il avait réintégré		qu'il ait réintégré
nous réintégrions	nous avions réintégré		q. n. ayons réintégré
vous réintégriez	vous aviez réintégré		que v. ayez réintégré
ils réintégraient.	ils avaient réintégré.		qu'ils aient réintégré.

Passé défini.	Futur.	Impératif. Présent. Réintègre. Réintégrons. Réintégrez. *Passé.* Aie réintégré. Ayons réintégré. Ayez réintégré.	Plus-que-parfait.
Je réintégrai	Je réintégrerai		Que j'eusse réintégré
tu réintégras	tu réintégreras		q. tu eusses réintégré
il réintégra	il réintégrera		qu'il eût réintégré
nous réintégrâmes	nous réintégrerons		q. n. euss. réintégré
vous réintégrâtes	vous réintégrerez		q. v. euss. réintégré
ils réintégrèrent.	ils réintégreront.		q. eussent réintégré.

Passé indéfini.	Futur antérieur.	Subjonctif. Présent.	Infinitif. Présent. Réintégrer. Passé. Av. réintégré *Participe.* Présent. Réintégrant Passé. Réintégré, ée, és, ées. Ayant réintégré.
J'ai réintégré	J'aurai réintégré	Que je réintègre	
tu as réintégré	tu auras réintégré	que tu réintègres	
il a réintégré	il aura réintégré	qu'il réintègre	
nous avons réintégré	nous aurons réintégré	que nous réintégrions	
vous avez réintégré	vous aurez réintégré	que vous réintégriez	
ils ont réintégré.	ils auront réintégré.	qu'ils réintègrent.	

Ainsi se conjugue : **Intégrer.** — NOTA. L'é fermé de la dernière syllabe du radical se change en è ouvert devant les terminaisons **e, es, ent**, seulement. Mais au futur e au conditionnel ces verbes reprennent l'é fermé. Telle est du moins l'orthographe de l'Académie.

N° 31.
CONJUGAISON DES VERBES EN GUER.

Indicatif. Présent.	Passé antérieur.	Conditionnel. Présent.	Imparfait.
Je vogue	J'eus vogué	Je voguerais	Que je voguasse
tu vogues	tu eus vogué	tu voguerais	que tu voguasses
il vogue	il eut vogué	il voguerait	qu'il voguât
nous voguons	nous eûmes vogué	nous voguerions	que nous voguassions
vous voguez	vous eûtes vogué	vous vogueriez	que vous voguassiez
ils voguent.	ils eurent vogué.	ils vogueraient.	qu'ils voguassent

Imparfait.	Plus-que-parfait.	Passé.	Passé.
Je voguais	J'avais vogué	J'aurais vogué	Que j'aie vogué
tu voguais	tu avais vogué	tu aurais vogué	que tu aies vogué
il voguait	il avait vogué	il aurait vogué, etc.	qu'il ait vogué
nous voguions	nous avions vogué	*On dit aussi :*	que nous ayons vogué
vous voguiez	vous aviez vogué	J'eusse vogué	que vous ayez vogué
ils voguaient.	ils avaient vogué.	tu eusses vogué	qu'ils aient vogué.
		il eût vogué, etc.	

Passé défini.	Futur.	Impératif. Présent.	Plus-que-parfait.
Je voguai	Je voguerai	Vogue.	Que j'eusse vogué
tu voguas	tu vogueras	Voguons.	que tu eusses vogué
il vogua	il voguera	Voguez.	qu'il eût vogué
nous voguâmes	nous voguerons	*Passé.*	q. n. eussions vogué
vous voguâtes	vous voguerez	Aie vogué.	q. v. eussiez vogué
ils voguèrent.	ils vogueront.	Ayons vogué.	qu'ils eussent vogué.
		Ayez vogué	

Passé indéfini.	Futur antérieur.	Subjonctif. Présent.	Infinitif. Présent. Voguer.
J'ai vogué	J'aurai vogué	Que je vogue	Passé. Avoir vogué.
tu as vogué	tu auras vogué	que tu vogues	**Participe.**
il a vogué	il aura vogué	qu'il vogue	Présent. Voguant.
nous avons vogué	nous aurons vogué	que nous voguions	Passé. Vogué, ée,
vous avez vogué	vous aurez vogué	que vous voguiez	és, ées.
ils ont vogué	ils auront vogué.	qu'ils voguent.	Ayant vogué.

Ainsi se conjuguent : **Briguer, conjuguer, dialoguer, distinguer, divaguer divulguer, droguer, élaguer, épiloguer, extravaguer, fatiguer, haranguer, homologuer, liguer, naviguer, prodiguer, promulguer, seringuer, subjuguer, vaguer**, etc. — NOTA. Ces verbes ne prennent pas le tréma à la première et à la deuxième personne de l'imparfait de l'indicatif et du présent du subjonctif. Le participe présent conserve toujours l'u.

CONJUGAISON DES VERBES EN ÉGUER.

Indicatif. Présent.	Passé antérieur.	Conditionnel. Présent.	Imparfait.
Je lègue	J'eus légué	Je léguerais	Que je léguasse
tu lègues	tu eus légué	tu léguerais	que tu léguasses
il lègue	il eut légué	il léguerait	qu'il léguât
nous léguons	nous eûmes légué	nous léguerions	que nous léguassions
vous léguez	vous eûtes légué	vous légueriez	que vous léguassiez
ils lèguent.	ils eurent légué	ils légueraient.	qu'ils léguassent.

Imparfait.	Plus-que-parfait.	Passé.	Passé.
Je léguais	J'avais légué	J'aurais légué	Que j'aie légué
tu léguais	tu avais légué	tu aurais légué	que tu aies légué
il léguait	il avait légué	il aurait légué, etc.	qu'il ait légué
nous léguions	nous avions légué	*On dit aussi:*	que n. ayons légué
vous léguiez	vous aviez légué	J'eusse légué	que vous ayez légué
ils léguaient	ils avaient légué.	tu eusses légué	qu'ils aient légué.
		il eût légué, etc.	

Passé défini.	Futur.	Impératif. Présent.	Plus-que-parfait.
Je léguai	Je léguerai	Lègue.	Que j'eusse légué
tu léguas	tu légueras	Léguons.	que tu eusses légué
il légua	il léguera	Léguez.	qu'il eût légué
nous léguâmes	nous léguerons	*Passé.*	q. n. eussions légué
vous léguâtes	vous léguerez	Aie légué.	que v. eussiez légué
ils léguèrent.	ils légueront.	Ayons légué.	qu'ils eussent légué.
		Ayez légué.	

Passé indéfini.	Futur antérieur.	Subjonctif. Présent.	Infinitif. Présent. Léguer. Passé. Avoir légué.
J'ai légué	J'aurai légué	Que je lègue	Participe.
tu as légué	tu auras légué	que tu lègues	Présent. Léguant.
il a légué	il aura légué	qu'il lègue	Passé. Légué, ée,
nous avons légué	nous aurons légué	que nous léguions	és, ées.
vous avez légué	vous aurez légué	que vous léguiez	Ayant légué.
ils ont légué.	ils auront légué.	qu'ils lèguent.	

Ainsi se conjuguent : **Alléguer, déléguer, reléguer, préléguer, subdéléguer**, etc. — NOTA. L'é fermé de la dernière syllabe du radical se change en è ouvert devant les terminaisons e, es, ent, seulement. Partout ailleurs, même au futur et au conditionnel, ces verbes conservent l'é fermé. Telle est du moins l'orthographe de l'Académie.

Nº 33.
CONJUGAISON DU VERBE ARGUER.

Indicatif. Présent.	Passé antérieur.	Conditionnel. Présent.	Imparfait.
J'arguë tu arguës il arguë nous arguons vous arguez ils arguënt.	J'eus argué tu eus argué il eut argué nous eûmes argué vous eûtes argué ils eurent argué.	J'arguërais tu arguërais il arguërait nous arguërions vous arguëriez ils arguëraient.	Que j'arguasse que tu arguasses qu'il arguât que n. arguassions que v. arguassiez qu'ils arguassent.
Imparfait.	Plus-que-parfait.	Passé. J'aurais argué tu aurais argué il aurait argué, etc. On dit aussi : J'eusse argué tu eusses argué il eût argué, etc.	Passé. Que j'aie argué que tu aies argué qu'il ait argué que n. ayons argué que vous ayez argué qu'ils aient argué.
J'arguais tu arguais il arguait nous arguïons vous arguïez ils arguaient.	J'avais argué tu avais argué il avait argué nous avions argué vous aviez argué ils avaient argué		
Passé défini.	Futur.	Impératif. Présent. Arguë. Arguons. Arguez.. Passé. Aie argué. Ayons argué. Ayez argué.	Plus-que-parfait. Que j'eusse argué que tu eusses argué qu'il eût argué q. n. eussions argué q. v. eussiez argué qu'ils eussent argué.
J'arguai tu arguas il argua nous arguâmes vous arguâtes ils arguèrent.	J'arguërai tu arguëras il arguëra nous arguërons vous arguërez ils arguëront.		
Passé indéfini.	Futur antérieur.	Subjonctif. Présent.	Infinitif. Présent. Arguer. Passé. Avoir argué. Participe. Présent. Arguant. Passé. Argué, ée, és, ées. Ayant argué.
J'ai argué tu as argué il a argué nous avons argué vous avez argué ils ont argué.	J'aurai argué tu auras argué il aura argué nous aurons argué vous aurez argué ils auront argué.	Que j'arguë que tu arguës qu'il arguë que nous arguïons que vous arguïez qu'ils arguënt.	

NOTA. Dans ce verbe l'u se fait entendre dans la prononciation; de là l'obligation de mettre sur l'e des terminaisons un tréma, pour isoler le son de l'u, et lui rendre toute sa valeur phonique.

CONJUGAISON DES VERBES EN IER.

Indicatif.	Passé antérieur.	Conditionnel.	Imparfait.
Présent.		*Présent.*	
J'apprécie	J'eus apprécié	J'apprécierais	Que j'appréciasse
tu apprécies	tu eus apprécié	tu apprécierais	que tu appréciasses
il apprécie	il eut apprécié	il apprécierait	qu'il appréciât
nous apprécions	nous eûmes apprécié	nous apprécierions	que n. appréciassions
vous appréciez	vous eûtes apprécié	vous apprécieriez	que v. appréciassiez
ils apprécient.	ils eurent apprécié.	ils apprécieraient.	qu'ils appréciassent.
Imparfait.	*Plus-que-parfait.*	*Passé.*	*Passé.*
J'appréciais	J'avais apprécié	J'aurais apprécié	Que j'aie apprécié
tu appréciais	tu avais apprécié	tu aurais apprécié	que tu aies apprécié
il appréciait	il avait apprécié	il aurait apprécié, etc.	qu'il ait apprécié
nous appréciions	nous avions apprécié	*On dit aussi :*	que n. ayons apprécié
vous appréciiez	vous aviez apprécié	J'eusse apprécié	que v. ayez apprécié
ils appréciaient.	ils avaient apprécié.	tu eusses apprécié	qu'ils aient apprécié.
		il eût apprécié, etc.	
Passé défini.	*Futur.*	**Impératif.**	*Plus-que-parfait.*
		Présent.	
J'appréciai	J'apprécierai	Apprécie.	Que j'eusse apprécié
tu apprécias	tu apprécieras	Apprécions.	q. tu eusses apprécié
il apprécia	il appréciera	Appréciez.	qu'il eût apprécié
nous appréciâmes	nous apprécierons	*Passé.*	q. n. euss. apprécié
vous appréciâtes	vous apprécierez	Aie apprécié.	q. v. eussiez apprécié
ils apprécièrent.	ils apprécieront.	Ayons apprécié.	qu'ils eussent apprécié
		Ayez apprécié.	
Passé indéfini.	*Futur antérieur.*	**Subjonctif.**	**Infinitif.**
		Présent.	*Présent.* Apprécier.
J'ai apprécié	J'aurai apprécié	Que j'apprécie	*Passé.* Av. apprécié.
tu as apprécié	tu auras apprécié	que tu apprécies	**Participe.**
il a apprécié	il aura apprécié	qu'il apprécie	*Présent.* Appréciant.
nous avons apprécié	nous aurons apprécié	que nous appréciions	*Passé.* Apprécié, ée,
vous avez apprécié	vous aurez apprécié	que vous appréciiez	és, ées.
ils ont apprécié.	ils auront apprécié.	qu'ils apprécient.	Ayant apprécié.

Ainsi se conjuguent: **Allier, amplifier, associer, balloter, calomnier, certifier, colorier, copier, crier, défier, envier, épier, étudier, expier, fortifier, humilier, injurier, justifier, lier, mendier, négocier, nier, oublier, parier, plier, prier, qualifier, remercier, sacrifier, trier, varier,** etc. — NOTA. Ces verbes n'offrent d'autre particularité que les deux *i* à la 1re et à la 2e personne du pluriel de l'imparfait de l'indicatif et du présent du subjonctif : **appréciions, appréciiez;** ces deux *i* sont produits par la rencontre de l'*i* final du radical avec l'*i* initial de la terminaison.

N° 35.
CONJUGAISON DES VERBES EN LER.

Indicatif. Présent.	Passé antérieur.	Conditionnel. Présent.	Imparfait.
J'avale	J'eus avalé	J'avalerais	Que j'avalasse
tu avales	tu eus avalé	tu avalerais	que tu avalasses
il avale	il eut avalé	il avalerait	qu'il avalât.
nous avalons	nous eûmes avalé	nous avalerions	que nous avalassions
vous avalez	vous eûtes avalé	vous avaleriez	que vous avalassiez
ils avalent.	ils eurent avalé.	ils avaleraient.	qu'ils avalassent.
Imparfait.	*Plus-que-parfait.*	*Passé.* J'aurais avalé	*Passé.*
J'avalais	J'avais avalé	tu aurais avalé	Que j'aie avalé
tu avalais	tu avais avalé	il aurait avalé, etc.	que tu aies avalé
il avalait	il avait avalé	*On dit aussi :*	qu'il ait avalé
nous avalions	nous avions avalé	J'eusse avalé	que nous ayons avalé
vous avaliez	vous aviez avalé	tu eusses avalé	que vous ayez avalé
ils avalaient.	ils avaient avalé.	il eût avalé, etc.	qu'ils aient avalé.
Passé défini.	*Futur.*	**Impératif.** *Présent.*	*Plus-que-parfait.*
J'avalai	J'avalerai	Avale.	Que j'eusse avalé
tu avalas	tu avaleras	Avalons.	que tu eusses avalé
il avala	il avalera	Avalez.	qu'il eût avalé
nous avalâmes	nous avalerons	*Passé.*	que n. eussions avalé
vous avalâtes	vous avalerez	Aie avalé.	que v. eussiez avalé
ils avalèrent.	ils avaleront.	Ayons avalé. Ayez avalé.	qu'ils eussent avalé.
Passé indéfini.	*Futur antérieur.*	**Subjonctif.** *Présent.*	**Infinitif.** Présent. Avaler.
J'ai avalé	J'aurai avalé	Que j'avale	Passé. Avoir avalé.
tu as avalé	tu auras avalé	que tu avales	**Participe.**
il a avalé	il aura avalé.	qu'il avale	Présent. Avalant.
nous avons avalé	nous aurons avalé	que nous avalions	Passé. Avalé, ée,
vous avez avalé	vous aurez avalé	que vous avaliez	és, ées.
ils ont avalé.	ils auront avalé.	qu'ils avalent.	Ayant avalé.

Ainsi se conjuguent : Accoler, acculer, accumuler, annihiler, annuler, articuler, assimiler, barioler, bousculer, brûler, cabaler, cajoler, calculer, compiler, consoler, couler, crouler, défiler, dérouler, désoler, étaler, dévoiler, dissimuler, écrouler, éculer, égaler, enjôler, épiler, exhaler, exiler, fêler, fouler, installer, isoler, mutiler, mouler, mutiler, ourler, parler, piler, râler, régaler, reculer, refouler, rissoler, rouler, saler, signaler, stimuler, violer, voiler, voler, etc.

CONJUGAISON DU VERBE IRRÉGULIER **ALLER**.

Indicatif.	Passé antérieur.	Conditionnel.	Imparfait.
Présent.	Je fus allé	*Présent.*	Que j'allasse
Je vais *ou* je vas	tu fus allé	J'irais	que tu allasses
tu vas	il fut allé	tu irais	qu'il allât
il va	nous fûmes allés	il irait	que nous allassions
nous allons	vous fûtes allés	nous irions	que vous allassiez
vous allez	ils furent allés.	vous iriez	qu'ils allassent.
ils vont.		ils iraient.	
Imparfait.	*Plus-que-parfait.*	*Passé.*	*Passé.*
J'allais	J'étais allé	Je serais allé	Que je sois allé
tu allais	tu étais allé	tu serais allé	que tu sois allé
il allait	il était allé	il serait allé, etc.	qu'il soit allé
nous allions	nous étions allés	*On dit aussi :*	que nous soyons allés
vous alliez	vous étiez allés	Je fusse allé	que vous soyez allés
ils allaient.	ils étaient allés.	tu fusses allé	qu'ils soient allés.
		il fût allé, etc.	
Passé défini.	*Futur.*	**Impératif.**	*Plus-que-parfait.*
J'allai	J'irai	*Présent.*	Que je fusse allé
tu allas	tu iras		que tu fusses allé
il alla	il ira	Va.	qu'il fût allé
nous allâmes	nous irons	Allons.	q. n. fussions allés
vous allâtes	vous irez	Allez.	q. vous fussiez allés
ils allèrent.	ils iront.		qu'ils fussent allés.
Passé indéfini.	*Futur antérieur.*	**Subjonctif.**	**Infinitif.**
Je suis allé	Je serai allé	*Présent.*	*Présent.* Aller.
tu es allé	tu seras allé	Que j'aille	*Passé.* Être allé.
il est allé	il sera allé	que tu ailles	**Participe.**
nous sommes allés	nous serons allés	qu'il aille	*Présent.* Allant.
vous êtes allés	vous serez allés	que nous allions	*Passé.* Allé, lée,
ils sont allés.	ils seront allés.	que vous alliez	lés, lées.
		qu'ils aillent.	Étant allé.

Nota. Le présent de l'indicatif **je vas** ne s'emploie que rarement et dans le langage familier. A l'impératif, devant **y** et **en**, l'Académie écrit **vas-y**, **vas-en** savoir des nouvelles. Il serait mieux d'écrire **va-s-y**, **va-s-en**, comme on écrit **donne-s-en**, le **s** étant euphonique dans les deux cas. Sous la forme interrogative on écrit **va-t-il** à la troisième personne singulière du présent de l'indicatif. — **S'en aller** se conjugue comme **aller**. Aux temps composés, on met le verbe **être** entre **en** et **allé** : je m'en suis allé, et non je me suis en allé. L'impératif est : va-t'en (pour va-toi en), allons-nous-en, allez-vous-en.

CONJUGAISON DES VERBES EN ÉLER.

Indicatif. Présent.	Passé antérieur.	Conditionnel. Présent.	Imparfait.
Je révèle	J'eus révélé	Je révélerais	Que je révélasse
tu révèles	tu eus révélé	tu révélerais	que tu révélasses
il révèle	il eut révélé	il révélerait	qu'il révélât
nous révélons	nous eûmes révélé	nous révélerions	que nous révélassions
vous révélez	vous eûtes révélé	vous révéleriez	que vous révélassiez
ils révèlent.	ils eurent révélé.	ils révéleraient.	qu'ils révélassent.

Imparfait.	Plus-que-parfait.	Passé.	Passé.
Je révélais	J'avais révélé	J'aurais révélé	Que j'aie révélé
tu révélais	tu avais révélé	tu aurais révélé	que tu aies révélé
il révélait	il avait révélé	il aurait révélé, etc.	qu'il ait révélé
nous révélions	nous avions révélé	*On dit aussi :*	que nous ayons révélé
vous révéliez	vous aviez révélé	J'eusse révélé	que vous ayez révélé
ils révélaient.	ils avaient révélé.	tu eusses révélé	qu'ils aient révélé.
		il eût révélé, etc.	

Passé défini.	Futur.	Impératif. Présent.	Plus-que-parfait.
Je révélai	Je révélerai	Révèle.	que j'eusse révélé
tu révélas	tu révéleras	Révélons.	que tu eusses révélé
il révéla	il révélera	Révélez.	qu'il eût révélé
nous révélâmes	nous révélerons	*Passé.*	q. n. eussions révélé
vous révélâtes	vous révélerez	Aie révélé.	q. v. eussiez révélé
ils révélèrent.	ils révéleront.	Ayons révélé.	qu'ils eussent révélé.
		Ayez révélé.	

Passé indéfini.	Futur antérieur.	Subjonctif. Présent.	Infinitif. Présent. Révéler. Passé. Avoir révélé.
J'ai révélé	J'aurai révélé	Que je révèle	
tu as révélé	tu auras révélé	que tu révèles	**Participe.**
il a révélé	il aura révélé	qu'il révèle	*Présent.* Révélant.
nous avons révélé	nous aurons révélé	que nous révélions	*Passé.* Révélé, ée,
vous avez révélé	vous aurez révélé	que vous révéliez	és, ées.
ils ont révélé.	ils auront révélé.	qu'ils révèlent.	Ayant révélé.

Ainsi se conjuguent : **heler, receler.** — NOTA. L'é fermé de la dernière syllabe du radical se change en è ouvert devant les terminaisons e, es, ent seulement. Partout ailleurs, même au futur et au conditionnel, ces verbes, d'après l'Académie du moins, conservent l'é fermé.

3.

N° 38.
CONJUGAISON DES VERBES EN ÊLER.

Indicatif. Présent.	Passé antérieur.	Conditionnel. Présent.	Imparfait.
Je mêle	J'eus mêlé	Je mêlerais	Que je mêlasse
tu mêles	tu eus mêlé	tu mêlerais	que tu mêlasses
il mêle	il eut mêlé	il mêlerait	qu'il mêlât
nous mêlons	nous eûmes mêlé	nous mêlerions	que nous mêlassions
vous mêlez	vous eûtes mêlé	vous mêleriez	que vous mêlassiez
ils mêlent.	ils eurent mêlé.	ils mêleraient.	qu'ils mêlassent.

Imparfait.	Plus-que-parfait.	Passé.	Passé.
Je mêlais	J'avais mêlé	J'aurais mêlé	Que j'aie mêlé
tu mêlais	tu avais mêlé	tu aurais mêlé	que tu aies mêlé
il mêlait	il avait mêlé	il aurait mêlé, etc.	qu'il ait mêlé
nous mêlions	nous avions mêlé	*On dit aussi :*	que nous ayons mêlé
vous mêliez	vous aviez mêlé	J'eusse mêlé	que vous ayez mêlé
ils mêlaient.	ils avaient mêlé.	tu eusses mêlé	qu'ils aient mêlé.
		il eût mêlé, etc.	

Passé défini.	Futur.	Impératif. Présent.	Plus-que-parfait.
Je mêlai	Je mêlerai	Mêle.	Que j'eusse mêlé
tu mêlas	tu mêleras	Mêlons.	que tu eusses mêlé
il mêla	il mêlera	Mêlez.	qu'il eût mêlé
nous mêlâmes	nous mêlerons	*Passé.*	q. n. eussions mêlé
vous mêlâtes	vous mêlerez	Aie mêlé.	que v. eussiez mêlé
ils mêlèrent.	ils mêleront.	Ayons mêlé.	qu'ils eussent mêlé.
		Ayez mêlé.	

Passé indéfini.	Futur antérieur.	Subjonctif. Présent.	Infinitif.
J'ai mêlé	J'aurai mêlé	Que je mêle	Présent. Mêler.
tu as mêlé	tu auras mêlé	que tu mêles	Passé. Avoir mêlé.
il a mêlé	il aura mêlé	qu'il mêle	**Participe.**
nous avons mêlé	nous aurons mêlé	que nous mêlions	Présent. Mêlant.
vous avez mêlé	vous aurez mêlé	que vous mêliez	Passé. Mêlé, ée,
ils ont mêlé.	ils auront mêlé.	qu'ils mêlent.	és, ées.
			Ayant mêlé.

Ainsi se conjuguent : Bêler, démêler, entremêler, fêler, grêler, remêler, vêler, etc. — Ces verbes conservent l'accent circonflexe dans toute leur conjugaison.

N° 39.
CONJUGAISON DES VERBES EN ELER.

Indicatif. Présent.	Passé antérieur.	Conditionnel. Présent.	Imparfait.
Je modèle tu modèles il modèle nous modelons vous modelez ils modèlent.	J'eus modelé tu eus modelé il eut modelé nous eûmes modelé vous eûtes modelé ils eurent modelé.	Je modèlerais tu modèlerais il modèlerait nous modèlerions vous modèleriez ils modèleraient.	Que je modelasse que tu modelasses qu'il modelât que n. modelassions que vous modelassiez qu'ils modelassent.
Imparfait. Je modelais tu modelais il modelait nous modelions vous modeliez ils modelaient.	*Plus-que-parfait.* J'avais modelé tu avais modelé il avait modelé nous avions modelé vous aviez modelé ils avaient modelé.	*Passé.* J'aurais modelé tu aurais modelé il aurait modelé ; etc. *On dit aussi :* J'eusse modelé tu eusses modelé il eût modelé, etc.	*Passé.* Que j'aie modelé que tu aies modelé qu'il ait modelé que n. ayons modelé que v. ayez modelé qu'ils aient modelé.
Passé défini. Je modelai tu modelas il modela nous modelâmes vous modelâtes ils modelèrent.	*Futur.* Je modèlerai tu modèleras il modèlera nous modèlerons vous modèlerez ils modèleront.	**Impératif.** *Présent.* Modèle. Modelons. Modelez. *Passé.* Aie modelé. Ayons modelé. Ayez modelé.	*Plus-que-parfait.* Que j'eusse modelé que tu eusses modelé qu'il eût modelé q. n. euss. modelé q. v. cussiez modelé qu'ils eussent modelé.
Passé indéfini. J'ai modelé tu as modelé il a modelé nous avons modelé vous avez modelé ils ont modelé.	*Futur antérieur.* J'aurai modelé tu auras modelé il aura modelé nous aurons modelé vous aurez modelé ils auront modelé.	**Subjonctif.** *Présent.* Que je modèle que tu modèles qu'il modèle que nous modelions que vous modeliez qu'ils modèlent.	**Infinitif.** *Présent.* Modeler. *Passé.* Avoir modelé **Participe.** *Présent.* Modelant. *Passé.* Modelé, ée, és, ées. Ayant modelé.

Ainsi se conjuguent : Geler, créneler, décheveler, démanteler, écarteler, geler, griveler, harceler, marteler, modeler, museler, peler, pommeler.
— NOTA. L'e muet de la dernière syllabe du radical se change en è devant les terminaisons **e, es, ent, erai, erais.**

N° 40.
CONJUGAISON DES VERBES EN ELER.

Indicatif. Présent.	Passé antérieur.	Conditionnel. Présent.	Imparfait.
Je bossèle	J'eus bosselé	Je bosselerais	Que je bosselasse
tu bossèles	tu eus bosselé	tu bosselerais	que tu bosselasses
il bossèle	il eut bosselé	il bosselerait	qu'il bosselât
nous bosselons	nous eûmes bosselé	nous bosselerions	q. nous bosselassions
vous bosselez	vous eûtes bosselé	vous bosseleriez	que vous bosselassiez
ils bossèlent.	ils eurent bosselé.	ils bosseleraient.	qu'ils bosselassent.

Imparfait.	Plus-que-parfait.	Passé.	Passé.
Je bosselais	J'avais bosselé	J'aurais bosselé	
tu bosselais	tu avais bosselé	tu aurais bosselé	Que j'aie bosselé
il bosselait.	il avait bosselé	il aurait bosselé, etc.	que tu aies bosselé
nous bosselions	nous avions bosselé	*On dit aussi :*	qu'il ait bosselé
vous bosseliez	vous aviez bosselé	J'eusse bosselé.	que n. ayons bosselé
ils bosselaient.	ils avaient bosselé.	tu eusses bosselé	que vous ayez bosselé
		il eût bosselé, etc.	qu'ils aient bosselé.

Passé défini.	Futur.	Impératif. Présent.	Plus-que-parfait.
Je bosselai	Je bosselerai	Bossèle.	Que j'eusse bosselé
tu bosselas	tu bosseleras	Bosselons.	que tu eusses bosselé
il bossela	il bossèlera	Bosselez.	qu'il eût bosselé
nous bosselâmes	nous bosselerons	Passé.	q. n. eussions bosselé
vous bosselâtes	vous bosselerez	Aie bosselé.	q. v. eussiez bosselé
ils bosselèrent.	ils bosseleront.	Ayons bosselé.	qu'ils eussent bosselé
		Ayez bosselé.	

Passé indéfini.	Futur antérieur.	Subjonctif. Présent.	Infinitif.
J'ai bosselé	J'aurai bosselé		*Présent.* Bosseler.
tu as bosselé	tu auras bosselé	Que je bossèle	*Passé.* Avoir bosselé.
il a bosselé	il aura bosselé	que tu bossèles	**Participe.**
nous avons bosselé	nous aurons bosselé	qu'il bossèle	*Présent.* Bosselant.
vous avez bosselé	vous aurez bosselé	que nous bosselions	*Passé.* Bosselé, ée,
ils ont bosselé.	ils auront bosselé.	que vous bosseliez	és, ées.
		qu'ils bossèlent.	Ayant bosselé.

Ainsi se conjuguent : **Agneler, bosseler, botteler, bourreler, canneler, carreler, cordeler.** — NOTA. L'*e* muet de la dernière syllabe du radical se change en **è** ouvert devant les terminaisons **e, es, ent**; mais ces verbes conservent leur *e* muet devant les terminaisons **erai, erais**.

N° 41.
CONJUGAISON DES VERBES EN ELER.

Indicatif. *Présent.*	*Passé antérieur.*	Conditionnel. *Présent.*	*Imparfait.*
J'appelle	J'eus appelé.	J'appellerais	Que j'appelasse
tu appelles	tu eus appelé	tu appellerais	que tu appelasses
il appelle	il eut appelé	il appellerait	qu'il appelât
nous appelons	nous eûmes appelé	nous appellerions	que nous appelassions
vous appelez	vous eûtes appelé	vous appelleriez	que vous appelassiez
ils appellent.	ils eurent appelé.	ils appelleraient.	qu'ils appelassent.

Imparfait.	*Plus-que-parfait.*	*Passé.* J'aurais appelé tu aurais appelé il aurait appelé, etc. *On dit aussi :* J'eusse appelé tu eusses appelé il eût appelé, etc.	*Passé.*
J'appelais	J'avais appelé		Que j'aie appelé
tu appelais	tu avais appelé		que tu aies appelé
il appelait	il avait appelé		qu'il ait appelé
nous appelions	nous avions appelé		que n. ayons appelé
vous appeliez	vous aviez appelé		que v. ayez appelé
ils appelaient.	ils avaient appelé.		qu'ils aient appelé.

Passé défini.	*Futur.*	Impératif. *Présent.* Appelle. Appelons. Appelez. *Passé.* Aie appelé. Ayons appelé. Ayez appelé.	*Plus-que-parfait.*
J'appelai	J'appellerai		Que j'eusse appelé
tu appelas	tu appelleras		que tu eusses appelé
il appela	il appellera		qu'il eût appelé
nous appelâmes	nous appellerons		q. n. eussions appelé
vous appelâtes	vous appellerez		q. v. eussiez appelé
ils appelèrent.	ils appelleront.		qu'ils eussent appelé.

Passé indéfini.	*Futur antérieur.*	Subjonctif. *Présent.*	Infinitif. *Présent.* Appeler. *Passé.* Avoir appelé. Participe. *Présent.* Appelant. *Passé.* Appelé, ée, és, ées. Ayant appelé.
J'ai appelé	J'aurai appelé	Que j'appelle	
tu as appelé	tu auras appelé	que tu appelles	
il a appelé	il aura appelé	qu'il appelle	
nous avons appelé	nous aurons appelé	que nous appelions	
vous avez appelé	vous aurez appelé	que vous appeliez	
ils ont appelé.	ils auront appelé.	qu'ils appellent.	

Ainsi se conjuguent : Amonceler, atteler, chanceler, ensorceler, épeler, étinceler, ficeler, grommeler, javeler, morceler, niveler, renouveler, ressemeler, ruisseler, tonneler. — NOTA. Ce sont les seuls verbes en **eler** qui, au lieu de changer l'e muet du radical en **è** ouvert, redoublent la consonne.

N° 42.
CONJUGAISON DES VERBES EN ELLER.

Indicatif. Présent.	Passé antérieur.	Conditionnel. Présent.	Imparfait.
Je scelle	J'eus scellé	Je scellerais	Que je scellasse
tu scelles	tu eus scellé	tu scellerais	que tu scellasses
il scelle	il eut scellé	il scellerait	qu'il scellât
nous scellons	nous eûmes scellé	nous scellerions	que nous scellassions
vous scellez	vous eûtes scellé	vous scelleriez	que vous scellassiez
ils scellent.	ils eurent scellé.	ils scelleraient.	qu'ils scellassent.

Imparfait.	Plus-que-parfait.	Passé.	Passé.
Je scellais	J'avais scellé	J'aurais scellé	Que j'aie scellé
tu scellais	tu avais scellé	tu aurais scellé	que tu aies scellé
il scellait	il avait scellé	il aurait scellé, etc.	qu'il ait scellé
nous scellions	nous avions scellé	*On dit aussi :*	que nous ayons scellé
vous scelliez	vous aviez scellé	J'eusse scellé	que vous ayez scellé
ils scellaient.	ils avaient scellé.	tu eusses scellé	qu'ils aient scellé.
		il eût scellé, etc.	

Passé défini.	Futur.	Impératif. Présent.	Plus-que-parfait.
Je scellai	Je scellerai	Scelle.	Que j'eusse scellé
tu scellas	tu scelleras	Scellons.	que tu eusses scellé
il scella	il scellera	Scellez.	qu'il eût scellé
nous scellâmes	nous scellerons	*Passé.*	q. n. eussions scellé
vous scellâtes	vous scellerez	Aie scellé.	q. v. eussiez scellé
ils scellèrent.	ils scelleront.	Ayons scellé.	qu'ils eussent scellé.
		Ayez scellé.	

Passé indéfini.	Futur antérieur.	Subjonctif. Présent.	Infinitif.
J'ai scellé	J'aurai scellé	Que je scelle	Présent. Sceller.
tu as scellé	tu auras scellé	que tu scelles	Passé. Avoir scellé.
il a scellé	il aura scellé	qu'il scelle	**Participe.**
nous avons scellé	nous aurons scellé	que nous scellions	Présent. Scellant.
vous avez scellé	vous aurez scellé	que vous scelliez	Passé. Scellé, ée,
ils ont scellé.	ils auront scellé.	qu'ils scellent.	és, ées.
			Ayant scellé.

Ainsi se conjuguent : Desseller, flageller, interpeller, quereller, contre-sceller, desceller, emmieller, exceller, nageller, libeller, mieller, seller, etc. — NOTA. Ces verbes conservent les deux *ll* dans toute la conjugaison.

N° 45.
CONJUGAISON DES VERBES EN AILLER.

Indicatif. Présent.	Passé antérieur.	Conditionnel. Présent.	Imparfait.
Je taille tu tailles il taille nous taillons vous taillez ils taillent.	J'eus taillé tu eus taillé il eut taillé nous eûmes taillé vous eûtes taillé ils eurent taillé.	Je taillerais tu taillerais il taillerait nous taillerions vous tailleriez ils tailleraient.	Que je taillasse que tu taillasses qu'il taillât que nous taillassions que vous taillassiez qu'ils taillassent.
Imparfait.	Plus-que-parfait.	Passé. J'aurais taillé tu aurais taillé il aurait taillé, etc. *On dit aussi :* J'eusse taillé tu eusses taillé il eût taillé, etc.	Passé.
Je taillais tu taillais il taillait nous taillions vous tailliez ils taillaient.	J'avais taillé tu avais taillé il avait taillé nous avions taillé vous aviez taillé ils avaient taillé.		Que j'aie taillé que tu aies taillé qu'il ait taillé que nous ayons taillé que vous ayez taillé qu'ils aient taillé.
Passé défini.	Futur.	Impératif. Présent. Taille. Taillons Taillez. Passé. Aie taillé. Ayons taillé. Ayez taillé.	Plus-que-parfait.
Je taillai tu taillas il tailla nous taillâmes vous taillâtes ils taillèrent.	Je taillerai tu tailleras il taillera nous taillerons vous taillerez ils tailleront.		Que j'eusse taillé que tu eusses taillé qu'il eût taillé q. n. cussions taillé q. v. eussiez taillé qu'ils eussent taillé.
Passé indéfini.	Futur antérieur.	Subjonctif. Présent. Que je taille que tu tailles qu'il taille que nous taillions que vous tailliez qu'ils taillent.	Infinitif. Présent. Tailler. Passé. Avoir taillé. Participe. Présent. Taillant. Passé. Taillé, ée, és, ées. Ayant taillé.
J'ai taillé tu as taillé il a taillé nous avons taillé vous avez taillé ils ont taillé.	J'aurai taillé tu auras taillé il aura taillé nous aurons taillé vous aurez taillé ils auront taillé.		

Ainsi se conjuguent : **avitailler, bâiller, batailler, brailler, détailler, empailler, crailler, ferrailler, fouailler, godailler, mitrailler, piailler, railler, ravitailler, rempailler, rimailler, sonnailler, tenailler, tirailler, tournailler, travailler,** etc.

N° 44.
CONJUGAISON DES VERBES EN **EILLER**.

Indicatif. *Présent.*	*Passé antérieur.*	**Conditionnel.** *Présent.*	*Imparfait.*
J'éveille tu éveilles il éveille nous éveillons vous éveillez ils éveillent.	J'eus éveillé tu eus éveillé il eut éveillé nous eûmes éveillé vous eûtes éveillé ils eurent éveillé.	J'éveillerais tu éveillerais il éveillerait nous éveillerions vous éveilleriez ils éveilleraient.	Que j'éveillasse que tu éveillasses qu'il éveillât que nous éveillassions que vous éveillassiez qu'ils éveillassent.
Imparfait. J'éveillais tu éveillais il éveillait nous éveillions vous éveilliez ils éveillaient.	*Plus-que-parfait.* J'avais éveillé tu avais éveillé il avait éveillé nous avions éveillé vous aviez éveillé ils avaient éveillé.	*Passé.* J'aurais éveillé tu aurais éveillé il aurait éveillé, etc. *On dit aussi :* J'eusse éveillé tu eusses éveillé il eût éveillé, etc.	*Passé.* Que j'aie éveillé que tu aies éveillé qu'il ait éveillé que n. ayons éveillé que vous ayez éveillé qu'ils aient éveillé.
Passé défini. J'éveillai tu éveillas il éveilla nous éveillâmes vous eveillâtes ils éveillèrent.	*Futur.* J'éveillerai tu éveilleras il éveillera nous éveillerons vous éveillerez ils éveilleront.	**Impératif.** *Présent.* Éveille. Eveillons. Eveillez. *Passé.* Aie éveillé. Ayons éveillé. Ayez éveillé.	*Plus-que-parfait.* Que j'eusse éveillé que tu eusses éveillé qu'il eût éveillé q. n. eussions éveillé que v. eussiez éveillé qu'ils eussent éveillé.
Passé indéfini. J'ai éveillé tu as éveillé il a éveillé nous avons éveillé vous avez éveillé ils ont éveillé.	*Futur antérieur.* J'aurai éveillé tu auras éveillé il aura éveillé nous aurons éveillé vous aurez éveillé ils auront éveillé.	**Subjonctif.** *Présent.* Que j'éveille que tu éveilles qu'il éveille que nous éveillions que vous éveilliez qu'ils éveillent.	**Infinitif.** *Présent.* Eveiller. *Passé.* Avoir éveillé. **Participe.** *Présent.* Eveillant. *Passé.* Eveillé, ée, és, ées. Ayant éveillé.

Ainsi se conjuguent: **Appareiller, conseiller, dépareiller, désappareiller, émerveiller, réveiller, sommeiller, surveiller,** etc.

N° 45.
CONJUGAISON DES VERBES EN EUILLER.

Indicatif.	Passé antérieur.	Conditionnel.	Imparfait.
Présent.	J'eus effeuillé	**Présent.**	Que j'effeuillasse
J'effeuille	tu eus effeuillé	J'effeuillerais	que tu effeuillasses
tu effeuilles	il eut effeuillé	tu effeuillerais	qu'il effeuillât
il effeuille	nous eûmes effeuillé	il effeuillerait	que n. effeuillassions
nous effeuillons	vous eûtes effeuillé	nous effeuillerions	que vous effeuillassiez
vous effeuillez	ils eurent effeuillé.	vous effeuilleriez	qu'ils effeuillassent.
ils effeuillent.		ils effeuilleraient.	
Imparfait.	*Plus-que-parfait.*	*Passé.*	*Passé.*
J'effeuillais	J'avais effeuillé	J'aurais effeuillé	Que j'aie effeuillé
tu effeuillais	tu avais effeuillé	tu aurais effeuillé	que tu aies effeuillé
il effeuillait	il avait effeuillé	il aurait effeuillé, etc.	qu'il ait effeuillé
nous effeuillions	nous avions effeuillé	*On dit aussi :*	que n. ayons effeuillé
vous effeuilliez	vous aviez effeuillé	J'eusse effeuillé	que vous ayez effeuillé
ils effeuillaient.	ils avaient effeuillé.	tu eusses effeuillé	qu'ils aient effeuillé.
		il eût effeuillé, etc.	
Passé défini.	*Futur.*	**Impératif.**	*Plus-que-parfait.*
J'effeuillai	J'effeuillerai	**Présent.**	Que j'eusse effeuillé
tu effeuillas	tu effeuilleras	Effeuille	q. tu eusses effeuillé
il effeuilla	il effeuillera	Effeuillons.	qu'il eût effeuillé
nous effeuillâmes	nous effeuillerons.	Effeuillez.	q. n. eussions effeuillé
vous effeuillâtes	vous effeuillerez	*Passé.*	q. v. eussiez effeuillé
ils effeuillèrent.	ils effeuilleront.	Aie effeuillé.	qu'ils eussent effeuillé
		Ayons effeuillé.	
		Ayez effeuillé.	
Passé indéfini.	*Futur antérieur.*	**Subjonctif.**	**Infinitif.**
J'ai effeuillé	J'aurai effeuillé	**Présent.**	*Présent.* Effeuiller.
tu as effeuillé	tu auras effeuillé	Que j'effeuille	*Passé.* Avoir effeuillé
il a effeuillé	il aura effeuillé	que tu effeuilles	**Participe.**
nous avons effeuillé	nous aurons effeuillé	qu'il effeuille	*Présent.* Effeuillant.
vous avez effeuillé	vous aurez effeuillé	que nous effeuillions	*Passé.* Effeuillé, ée,
ils ont effeuillé.	ils auront effeuillé.	que vous effeuilliez	és, ées.
		qu'ils effeuillent.	Ayant effeuillé.

Ainsi se conjuguent : **Feuiller, breuiller,** *etc.*

CONJUGAISON DES VERBES EN ILLER.

Indicatif. Présent.	Passé antérieur.	Conditionnel. Présent.	Imparfait.
Je brille	J'eus brillé	Je brillerais	Que je brillasse
tu brilles	tu eus brillé	tu brillerais	que tu brillasses
il brille	il eut brillé	il brillerait	qu'il brillât
nous brillons	nous eûmes brillé	nous brillerions	que nous brillassions
vous brillez	vous eûtes brillé	vous brilleriez	que vous brillassiez
ils brillent.	ils eurent brillé.	ils brilleraient.	qu'ils brillassent.
Imparfait.	Plus-que-parfait.	Passé. J'aurais brillé	Passé.
Je brillais	J'avais brillé	tu aurais brillé	Que j'aie brillé
tu brillais	tu avais brillé	il aurait brillé, etc.	que tu aies brillé
il brillait	il avait brillé	On dit aussi :	qu'il ait brillé
nous brillions	nous avions brillé	J'eusse brillé	que nous ayons brillé
vous brilliez	vous aviez brillé	tu eusses brillé	que vous ayez brillé
ils brillaient.	ils avaient brillé.	il eût brillé, etc.	qu'ils aient brillé.
Passé défini.	Futur.	Impératif. Présent.	Plus-que-parfait.
Je brillai	Je brillerai	Brille.	Que j'eusse brillé
tu brillas	tu brilleras	Brillons.	que tu eusses brillé
il brilla	il brillera	Brillez.	qu'il eût brillé
nous brillâmes	nous brillerons	Passé.	q. n. eussions brillé
vous brillâtes	vous brillerez	Aie brillé.	q. vous eussiez brillé
ils brillèrent.	ils brilleront.	Ayons brillé. Ayez brillé.	qu'ils eussent brillé.
Passé indéfini.	Futur antérieur.	Subjonctif. Présent.	Infinitif. Présent. Briller. Passé. Avoir brillé.
J'ai brillé	J'aurai brillé	Que je brille	
tu as brillé	tu auras brillé	que tu brilles	Participe.
il a brillé	il aura brillé	qu'il brille	Présent. Brillant.
nous avons brillé	nous aurons brillé	que nous brillions	Passé. Brillé, ée, és, ées.
vous avez brillé	vous aurez brillé	que vous brilliez	Ayant brillé.
ils ont brillé.	ils auront brillé.	qu'ils brillent.	

Ainsi se conjuguent : Apostiller, bourriller, babiller, bousiller, brandiller, brésiller, cheviller, ciller, croustiller, déshabiller, dessiller, détortiller, entortiller, éparpiller, étriller, estampiller, fourmiller, frétiller, fusiller, gaspiller, grapiller, griller, habiller, houspiller, nasiller, pétiller, piller, pointiller, quiller, rhabiller, roupiller, sautiller, siller, sourciller, tortiller, etc.

Nº 47.
CONJUGAISON DES VERBES EN OUILLER.

Indicatif. Présent.	Passé antérieur.	Conditionnel. Présent.	Imparfait.
Je fouille tu fouilles il fouille nous fouillons vous fouillez ils fouillent.	J'eus fouillé tu eus fouillé il eut fouillé nous eûmes fouillé vous eûtes fouillé ils eurent fouillé.	Je fouillerais tu fouillerais il fouillerait nous fouillerions vous fouilleriez ils fouilleraient.	Que je fouillasse que tu fouillasses qu'il fouillât que nous fouillassions que vous fouillassiez qu'ils fouillassent.
Imparfait. Je fouillais tu fouillais il fouillait nous fouillions vous fouilliez ils fouillaient.	*Plus-que-parfait.* J'avais fouillé tu avais fouillé il avait fouillé nous avions fouillé vous aviez fouillé ils avaient fouillé.	*Passé.* J'aurais fouillé tu aurais fouillé il aurait fouillé, etc. *On dit aussi :* J'eusse fouillé tu eusses fouillé il eût fouillé, etc.	*Passé.* Que j'aie fouillé que tu aies fouillé qu'il ait fouillé que nous ayons fouillé que vous ayez fouillé qu'ils aient fouillé.
Passé défini. Je fouillai tu fouillas il fouilla nous fouillâmes vous fouillâtes ils fouillèrent.	*Futur.* Je fouillerai tu fouilleras il fouillera nous fouillerons vous fouillerez ils fouilleront.	**Impératif.** *Présent.* Fouille. Fouillons. Fouillez. *Passé.* Aie fouillé. Ayons fouillé. Ayez fouillé.	*Plus-que-parfait.* Que j'eusse fouillé que tu eusses fouillé qu'il eût fouillé q. n. eussions fouillé q. v. eussiez fouillé qu'ils eussent fouillé.
Passé indéfini. J'ai fouillé tu as fouillé il a fouillé nous avons fouillé vous avez fouillé ils ont fouillé.	*Futur antérieur.* J'aurai fouillé tu auras fouillé il aura fouillé nous aurons fouillé vous aurez fouillé ils auront fouillé.	**Subjonctif.** *Présent.* Que je fouille que tu fouilles qu'il fouille que nous fouillions que vous fouilliez qu'ils fouillent.	**Infinitif.** *Présent.* Fouiller. *Passé.* Avoir fouillé. **Participe.** *Présent.* Fouillant. *Passé.* Fouillé, ée, és, ées. Ayant fouillé.

Ainsi se conjuguent : **Barbouiller, bredouiller, brouiller, chatouiller, débrouiller, dépouiller, enrouiller, fouiller, gazouiller, mouiller, verrouiller, rouiller,** etc.

N° 48.
CONJUGAISON DES VERBES EN MER.

Indicatif. Présent.	Passé antérieur.	Conditionnel. Présent.	Imparfait.
J'aime	J'eus aimé	J'aimerais	Que j'aimasse
tu aimes	tu eus aimé	tu aimerais	que tu aimasses
il aime	il eut aimé	il aimerait	qu'il aimât
nous aimons	nous eûmes aimé	nous aimerions	que nous aimassions
vous aimez	vous eûtes aimé	vous aimeriez	que vous aimassiez
ils aiment.	ils eurent aimé.	ils aimeraient	qu'ils aimassent.

Imparfait.	Plus-que-parfait.	Passé.	Passé.
J'aimais	J'avais aimé	J'aurais aimé	Que j'aie aimé
tu aimais	tu avais aimé	tu aurais aimé	que tu aies aimé
il aimait	il avait aimé	il aurait aimé, etc.	qu'il ait aimé
nous aimions	nous avions aimé	*On dit aussi:*	que nous ayons aimé
vous aimiez	vous aviez aimé	J'eusse aimé	que vous ayez aimé
ils aimaient.	ils avaient aimé.	tu eusses aimé	qu'ils aient aimé.
		il eût aimé, etc.	

Passé défini.	Futur.	Impératif. Présent.	Plus-que-parfait.
J'aimai	J'aimerai	Aime.	Que j'eusse aimé
tu aimas	tu aimeras	Aimons.	que tu eusses aimé
il aima	il aimera	Aimez.	qu'il eût aimé
nous aimâmes	nous aimerons	*Passé.*	q. n. eussions aimé
vous aimâtes	vous aimerez	Aie aimé.	que v. eussiez aimé
ils aimèrent.	ils aimeront.	Ayons aimé.	qu'ils eussent aimé.
		Ayez aimé.	

Passé indéfini.	Futur antérieur.	Subjonctif. Présent.	Infinitif.
J'ai aimé	J'aurai aimé	Que j'aime	*Présent.* Aimer.
tu as aimé	tu auras aimé	que tu aimes	*Passé.* Avoir aimé.
il a aimé	il aura aimé	qu'il aime	**Participe.**
nous avons aimé	nous aurons aimé	que nous aimions	*Présent.* Aimant.
vous avez aimé	vous aurez aimé	que vous aimiez	*Passé.* Aimé, ée,
ils ont aimé.	ils auront aimé.	qu'ils aiment.	és, ées.
			Ayant aimé.

Ainsi se conjuguent : Abîmer, accoutumer, affamer, affermer, alarmer, allumer, amalgamer, animer, armer, blâmer, calmer, charmer, chômer, comprimer, confirmer, conformer, consumer, décimer, déclamer, déprimer, désaccoutumer, désarmer, diffamer, écumer, embaumer, emplumer, enfermer, enflammer, enfumer, enrhumer, entamer, enthousiasmer, envenimer, escrimer, estimer, étamer, exhumer, exprimer, fermer, former, fumer, germer, imprimer, informer, inhumer, légitimer, opprimer, pâmer, parfumer, parsemer, réprimer, résumer, rimer, supprimer, tramer, assommer, consommer, nommer, sommer, etc.

N° 49.
CONJUGAISON DES VERBES EN ÉMER.

Indicatif. Présent.	Passé antérieur.	Conditionnel. Présent.	Imparfait.
Je blasphème tu blasphèmes il blasphème nous blasphémons vous blasphémez ils blasphèment.	J'eus blasphémé tu eus blasphémé il eut blasphémé n. eûmes blasphémé vous eûtes blasphémé ils eurent blasphémé.	Je blasphémerais tu blasphémerais il blasphémerait nous blasphémerions vous blasphémeriez ils blasphémeraient.	Que je blasphémasse que tu blasphémasses qu'il blasphémât q. n. blasphémassions q. v. blasphémassiez q. blasphémassent.
Imparfait.	*Plus-que-parfait.*	*Passé.* J'aurais blasphémé tu aurais blasphémé il aur. blasphémé, etc. *On dit aussi :* J'eusse blasphémé tu eusses blasphémé il eût blasphémé, etc.	*Passé.*
Je blasphémais tu blasphémais il blasphémait nous blasphémions vous blasphémiez ils blasphémaient.	J'avais blasphémé tu avais blasphémé il avait blasphémé n. avions blasphémé vous aviez blasphémé ils avaient blasphémé.		Que j'aie blasphémé que tu aies blasphémé qu'il ait blasphémé q. n. ayons blasphémé q. v. ayez blasphémé q. aient blasphémé.
Passé défini.	*Futur.*	**Impératif.** *Présent.* Blasphème. Blasphémons. Blasphémez. *Passé.* Aie blasphémé. Ayons blasphémé. Ayez blasphémé.	*Plus-que-parfait.*
Je blasphémai tu blasphémas il blasphéma nous blasphémâmes vous blasphémâtes ils blasphémèrent.	Je blasphémerai tu blasphémeras il blasphémera nous blasphémerons vous blasphémerez ils blasphémeront.		Q. j'eusse blasphémé q. tu eusses blasphémé qu'il eût blasphémé q. n. euss. blasphémé q. v. euss. blasphémé q. euss. blasphémé.
Passé indéfini.	*Futur antérieur.*	**Subjonctif.** *Présent.*	**Infinitif.** *Prés.* Blasphémer. *Passé.* Av. blasphémé. **Participe.** *Prés.* Blasphémant. *Passé.* Blasphémé, ée, és, ées. Ayant blasphémé.
J'ai blasphémé tu as blasphémé il a blasphémé nous avons blasphémé vous avez blasphémé ils ont blasphémé.	J'aurai blasphémé tu auras blasphémé il aura blasphémé n. aurons blasphémé vous aurez blasphémé ils auront blasphémé.	Que je blasphème que tu blasphèmes qu'il blasphème q. nous blasphémions que vous blasphémiez qu'ils blasphèment.	

Ainsi se conjuguent : Écrémer, crémer, etc. — NOTA. L'é fermé de la dernière syllabe du radical se change en è ouvert devant les terminaisons **e**, **es**, **ent** seulement. Partout ailleurs, même au futur et au conditionnel, ces verbes conservent l'é fermé. — **Décarémer** conserve l'accent circonflexe dans toute la conjugaison.

CONJUGAISON DES VERBES EN EMER.

Indicatif. Présent.	Passé antérieur.	Conditionnel. Présent.	Imparfait.
Je sème	J'eus semé	Je semerais	Que je semasse
tu sèmes	tu eus semé	tu semerais	que tu semasses
il sème	il eut semé	il semerait	qu'il semât
nous semons	nous eûmes semé	nous semerions	que nous semassions
vous semez	vous eûtes semé	vous semeriez	que vous semassiez
ils sèment	ils eurent semé	ils semeraient.	qu'ils semassent.

Imparfait.	Plus-que-parfait.	Passé.	Passé.
Je semais	J'avais semé	J'aurais semé	Que j'aie semé
tu semais	tu avais semé	tu aurais semé	que tu aies semé
il semait	il avait semé	il aurait semé, etc.	qu'il ait semé
nous semions	nous avions semé	*On dit aussi :*	que nous ayons semé
vous semiez	vous aviez semé	J'eusse semé	que vous ayez semé
ils semaient.	ils avaient semé.	tu eusses semé	qu'ils aient semé.
		il eût semé, etc.	

Passé défini.	Futur.	Impératif. Présent.	Plus-que-parfait.
Je semai	Je semerai	Sème.	Que j'eusse semé
tu semas	tu semeras	Semons.	que tu eusses semé
il sema	il semera	Semez.	qu'il eût semé
nous semâmes	nous semerons	*Passé.*	q. n. eussions semé
vous semâtes	vous semerez	Aie semé.	q. v. eussiez semé
ils semèrent.	ils semeront.	Ayons semé.	qu'ils eussent semé.
		Ayez semé.	

Passé indéfini.	Futur antérieur.	Subjonctif. Présent.	Infinitif.
J'ai semé	J'aurai semé	Que je sème	Présent. Semer.
tu as semé	tu auras semé	que tu sèmes	Passé. Avoir semé.
il a semé	il aura semé	qu'il sème	**Participe.**
nous avons semé	nous aurons semé	que nous semions	Présent. Semant.
vous avez semé	vous aurez semé	que vous semiez	Passé. Semé, ée, és, ées.
ils ont semé.	ils auront semé.	qu'ils sèment.	Ayant semé.

Ainsi se conjuguent : **Parsemer, sursemer,** etc. — NOTA. L'e muet du radical se change en e ouvert devant les terminaisons **e, es, ent** seulement. Partout ailleurs, même au futur et au conditionnel, ces verbes conservent l'e muet. Telle est l'orthographe de l'Académie.

N° 51.

CONJUGAISON DES VERBES EN NER.

Indicatif. Présent.	Passé antérieur.	Conditionnel. Présent.	Imparfait.
Je badine	J'eus badiné	Je badinerais	Que je badinasse
tu badines	tu eus badiné	tu badinerais	que tu badinasses
il badine	il eut badiné	il badinerait	qu'il badinât
nous badinons	nous eûmes badiné	nous badinerions	q. nous badinassions
vous badinez	vous eûtes badiné	vous badineriez	q. vous badinassiez
ils badinent.	ils eurent badiné.	ils badineraient.	qu'ils badinassent.

Imparfait.	Plus-que-parfait.	Passé. J'aurais badiné	Passé.
Je badinais	J'avais badiné	tu aurais badiné	Que j'aie badiné
tu badinais	tu avais badiné	il aurait badiné, etc.	que tu aies badiné
il badinait	il avait badiné	*On dit aussi :*	qu'il ait badiné
nous badinions	nous avions badiné	J'eusse badiné	q. nous ayons badiné
vous badiniez	vous aviez badiné	tu eusses badiné	q. vous ayez badiné
ils badinaient.	ils avaient badiné.	il eût badiné, etc.	qu'ils aient badiné.

Passé défini.	Futur.	Impératif. Présent.	Plus-que-parfait.
Je badinai	Je badinerai	Badine.	Que j'eusse badiné
tu badinas	tu badineras	Badinons.	que tu eusses badiné
il badina	il badinera	Badinez.	qu'il eût badiné
nous badinâmes	nous badinerons	*Passé.*	q. n. eussions badiné
vous badinâtes	vous badinerez	Aie badiné.	q. v. eussiez badiné
ils badinèrent.	ils badineront.	Ayons badiné. Ayez badiné.	qu'ils eussent badiné.

Passé indéfini.	Futur antérieur.	Subjonctif. Présent.	Infinitif.
J'ai badiné	J'aurai badiné	Que je badine	*Présent.* Badiner.
tu as badiné	tu auras badiné	que tu badines	*Passé.* Avoir badiné.
il a badiné	il aura badiné	qu'il badine	**Participe.**
nous avons badiné	nous aurons badiné	que nous badinions	*Présent.* Badinant.
vous avez badiné	vous aurez badiné	que vous badiniez	*Passé.* Badiné, ée, és, ées.
ils ont badiné.	ils auront badiné.	qu'ils badinent.	Ayant badiné.

Ainsi se conjuguent : Abandonner, adonner, additionner, affectionner, ajourner, assassiner, badigeonner, baragouiner, bassiner, berner, borner, bourdonner, buriner, butiner, calciner, câliner, cerner, chagriner, chicaner, chiffonner, combiner, concerner, condamner, consterner, corner, damner, décerner, décharner, décliner, déjeuner, déraciner, dessiner, destiner, déterminer, détonner, détrôner, deviner, dîner, endoctriner, enraciner, entraîner, fasciner, glaner, gouverner, importuner, machiner, miner, peiner, patiner, prôner, prosterner, ricaner, ruminer, terminer, tourner, traîner, vacciner, etc.

N° 52.
CONJUGAISON DES VERBES EN ÉNER.

Indicatif. Présent.	Passé antérieur.	Conditionnel. Présent.	Imparfait.
J'aliène	J'eus aliéné	J'aliénerais	Que j'aliénasse
tu aliènes	tu eus aliéné	tu aliénerais	que tu aliénasses
il aliène	il eut aliéné	il aliénerait	qu'il aliénât
nous aliénons	nous eûmes aliéné	nous aliénerions	que nous aliénassions
vous aliénez	vous eûtes aliéné	vous aliéneriez	que vous aliénassiez
ils aliènent.	ils eurent aliéné.	ils aliéneraient.	qu'ils aliénassent.

Imparfait.	Plus-que-parfait.	Passé.	Passé.
J'aliénais	J'avais aliéné	J'aurais aliéné	Que j'aie aliéné
tu aliénais	tu avais aliéné	tu aurais aliéné	que tu aies aliéné
il aliénait	il avait aliéné	il aurait aliéné, etc.	qu'il ait aliéné
nous aliénions	nous avions aliéné	*On dit aussi :*	que nous ayons aliéné
vous aliéniez	vous aviez aliéné	J'eusse aliéné	que vous ayez aliéné
ils aliénaient.	ils avaient aliéné.	tu eusses aliéné	qu'ils aient aliéné.
		il eût aliéné, etc.	

Passé défini.	Futur.	Impératif. Présent.	Plus-que-parfait.
J'aliénai	J'aliénerai	Aliène.	Que j'eusse aliéné
tu aliénas	tu aliéneras	Aliénons.	que tu eusses aliéné
il aliéna	il aliénera	Aliénez.	qu'il eût aliéné
nous aliénâmes	nous aliénerons	*Passé.*	que n. eussions aliéné
vous aliénâtes	vous aliénerez	Aie aliéné.	que v. eussiez aliéné
ils aliénèrent.	ils aliéneront.	Ayons aliéné.	qu'ils eussent aliéné.
		Ayez aliéné.	

Passé indéfini.	Futur antérieur.	Subjonctif. Présent.	Infinitif.
J'ai aliéné	J'aurai aliéné	Que j'aliène	Présent. Aliéner.
tu as aliéné	tu auras aliéné	que tu aliènes	Passé. Avoir aliéné.
il a aliéné	il aura aliéné	qu'il aliène	**Participe.**
nous avons aliéné	nous aurons aliéné	que nous aliénions	Présent. Aliénant.
vous avez aliéné	vous aurez aliéné	que vous aliéniez	Passé. Aliéné, ée,
ils ont aliéné.	ils auront aliéné.	qu'ils aliènent.	és, ées.
			Ayant aliéné.

Ainsi se conjuguent : **Asséner, ébéner, écréner, refréner,** etc. — NOTA. L'é fermé de la dernière syllabe du radical se change en è ouvert devant les terminaisons **e, es, ent.** Partout ailleurs, même au futur et au conditionnel, ces verbes conservent l'é fermé.

N° 53.
CONJUGAISON DES VERBES EN ÊNER.

Indicatif. *Présent.*	*Passé antérieur.*	**Conditionnel.** *Présent.*	*Imparfait.*
Je gêne tu gênes il gêne nous gênons vous gênez ils gênent.	J'eus gêné tu eus gêné il eut gêné nous eûmes gêné vous eûtes gêné ils eurent gêné.	Je gênerais tu gênerais il gênerait nous gênerions vous gêneriez ils gêneraient.	Que je gênasse que tu gênasses qu'il gênât que nous gênassions que vous gênassiez qu'ils gênassent.
Imparfait. Je gênais tu gênais il gênait nous gênions vous gêniez ils gênaient.	*Plus-que-parfait.* J'avais gêné tu avais gêné il avait gêné nous avions gêné vous aviez gêné ils avaient gêné.	*Passé.* J'aurais gêné tu aurais gêné il aurait gêné, etc. *On dit aussi :* J'eusse gêné tu eusses gêné il eût gêné, etc.	*Passé.* Que j'aie gêné que tu aies gêné qu'il ait gêné que nous ayons gêné que vous ayez gêné qu'ils aient gêné.
Passé défini. Je gênai tu gênas il gêna nous gênâmes vous gênâtes ils gênèrent.	*Futur.* Je gênerai tu gêneras il gênera nous gênerons vous gênerez ils gêneront.	**Impératif.** *Présent.* Gêne. Gênons. Gênez. *Passé.* Aie gêné. Ayons gêné. Ayez gêné.	*Plus-que-parfait.* Que j'eusse gêné que tu eusses gêné qu'il eût gêné q. n. eussions gêné que v. eussiez gêné qu'ils eussent gêné.
Passé indéfini. J'ai gêné tu as gêné il a gêné nous avons gêné vous avez gêné ils ont gêné.	*Futur antérieur.* J'aurai gêné tu auras gêné il aura gêné nous aurons gêné vous aurez gêné ils auront gêné.	**Subjonctif.** *Présent.* Que je gêne que tu gênes qu'il gêne que nous gênions que vous gêniez qu'ils gênent.	**Infinitif.** *Présent.* Gêner. *Passé.* Avoir gêné. **Participe.** *Présent.* Gênant. *Passé.* Gêné, ée, és, ées. Ayant gêné.

NOTA. Dans ce verbe l'e conserve l'accent circonflexe dans toute la conjugaison.

N° 54.
CONJUGAISON DES VERBES EN ENER.

Indicatif. Présent.	Passé antérieur.	Conditionnel. Présent.	Imparfait.
J'amène	J'eus amené	J'amènerais	Que j'amenasse
tu amènes	tu eus amené	tu amènerais	que tu amenasses
il amène	il eut amené	il amènerait	qu'il amenât
nous amenons	nous eûmes amené	nous amènerions	que nous amenassions
vous amenez	vous eûtes amené	vous amèneriez	que vous amenassiez
ils amènent	ils eurent amené	ils amèneraient	qu'ils amenassent

Imparfait.	Plus-que-parfait.	Passé.	Passé.
J'amenais	J'avais amené	J'aurais amené	Que j'aie amené
tu amenais	tu avais amené	tu aurais amené	que tu aies amené
il amenait	il avait amené	il aurait amené, etc.	qu'il ait amené
nous amenions	nous avions amené	*On dit aussi :*	q. nous ayons amené
vous ameniez	vous aviez amené	J'eusse amené	que vous ayez amené
ils amenaient	ils avaient amené	tu eusses amené	qu'ils aient amené
		il eût amené, etc.	

Passé défini.	Futur.	Impératif. Présent.	Plus-que-parfait.
J'amenai	J'amènerai	Amène.	Que j'eusse amené
tu amenas	tu amèneras	Amenons.	que tu eusses amené
il amena	il amènera	Amenez.	qu'il eût amené
nous amenâmes	nous amènerons	Passé.	q. n. eussions amené
vous amenâtes	vous amènerez	Aie amené.	q. v. eussiez amené
ils amenèrent	ils amèneront	Ayons amené.	qu'ils eussent amené
		Ayez amené.	

Passé indéfini.	Futur antérieur.	Subjonctif. Présent.	Infinitif.
J'ai amené	J'aurai amené	Que j'amène	Présent. Amener.
tu as amené	tu auras amené	que tu amènes	Passé. Avoir amené.
il a amené	il aura amené	qu'il amène	Participe.
nous avons amené	nous aurons amené	que nous amenions	Présent. Amenant.
vous avez amené	vous aurez amené	que vous ameniez	Passé. Amené, ée,
ils ont amené	ils auront amené	qu'ils amènent	és, ées.
			Ayant amené.

Ainsi se conjuguent : Égrener, emmener, engrener, gangrener, grener, mener, promener, ramener, rengrener, surmener, malmener, etc. — NOTA. L'e muet de la dernière syllabe du radical se change en è devant les terminaisons e, es, ent, erai, eras, era, et erais, erais, erait, etc.

N° 55.
CONJUGAISON DES VERBES EN OUER.

Indicatif.	Passé antérieur.	Conditionnel.	Imparfait.
Présent.	J'eus loué	*Présent.*	Que je louasse
Je loue	tu eus loué	Je louerais	que tu louasses
tu loues	il eut loué	tu louerais	qu'il louât
il loue	nous eûmes loué	il louerait	que nous louassions
nous louons	vous eûtes loué	nous louerions	que vous louassiez
vous louez	ils eurent loué.	vous loueriez	qu'ils louassent.
ils louent.		ils loueraient.	
Imparfait.	*Plus-que-parfait.*	*Passé.*	*Passé.*
Je louais	J'avais loué	J'aurais loué	Que j'aie loué
tu louais	tu avais loué	tu aurais loué	que tu aies loué
il louait	il avait loué	il aurait loué, etc.	qu'il ait loué
nous louions	nous avions loué	*On dit aussi :*	que nous ayons loué
vous louiez	vous aviez loué	J'eusse loué	que vous ayez loué
ils louaient.	ils avaient loué.	tu eusses loué	qu'ils aient loué.
		il eût loué, etc.	
Passé défini.	*Futur.*	**Impératif.**	*Plus-que-parfait.*
Je louai	Je louerai	*Présent.*	Que j'eusse loué
tu louas	tu loueras	Loue.	que tu eusses loué
il loua	il louera	Louons.	qu'il eût loué
nous louâmes	nous louerons	Louez.	q. nous eussions loué
vous louâtes	vous louerez	*Passé.*	q. vous eussiez loué
ils louèrent.	ils loueront.	Aie loué.	qu'ils eussent loué.
		Ayons loué.	
		Ayez loué.	
Passé indéfini.	*Futur antérieur.*	**Subjonctif.**	**Infinitif.**
J'ai loué	J'aurai loué	*Présent.*	Présent. Louer.
tu as loué	tu auras loué	Que je loue	Passé. Avoir loué.
il a loué	il aura loué	que tu loues	**Participe.**
nous avons loué	nous aurons loué	qu'il loue	Présent. Louant.
vous avez loué	vous aurez loué	que nous louions	Passé. Loué, ée, és, ées.
ils ont loué.	ils auront loué.	que vous louiez	Ayant loué.
		qu'ils louent.	

Ainsi se conjuguent : Allouer, amadouer, avouer, bafouer, clouer, déclouer, déjouer, dénouer, désavouer, dévouer, douer, échouer, écrouer, enclouer, engouer, enrouer, jouer, louer, nouer, renouer, rouer, secouer, trouer, vouer, etc. — NOTA. Ces verbes se font remarquer 1° par la présence très-régulière de l'e qui, au futur et au conditionnel, se trouve à la suite de la voyelle u ; 2° du tréma placé sur l'i des terminaisons ions, iez à l'imparfait de l'indicatif et au présent du subjonctif.

N° 56.
CONJUGAISON DES VERBES EN PER.

Indicatif.	Passé antérieur.	Conditionnel.	Imparfait.
Présent.		*Présent.*	Que je groupasse
Je groupe	J'eus groupé	Je grouperais	que tu groupasses
tu groupes	tu eus groupé	tu grouperais	qu'il groupât
il groupe	il eut groupé	il grouperait	q. nous groupassions
nous groupons	nous eûmes groupé	nous grouperions	que vous groupassiez
vous groupez	vous eûtes groupé	vous grouperiez	qu'ils groupassent.
ils groupent.	ils eurent groupé	ils grouperaient.	
Imparfait.	*Plus-que-parfait.*	*Passé.*	*Passé.*
Je groupais	J'avais groupé	J'aurais groupé	Que j'aie groupé
tu groupais	tu avais groupé	tu aurais groupé	que tu aies groupé
il groupait	il avait groupé	il aurait groupé, etc.	qu'il ait groupé
nous groupions	nous avions groupé	*On dit aussi :*	que n. ayons groupé
vous groupiez	vous aviez groupé	J'eusse groupé.	que vous ayez groupé
ils groupaient.	ils avaient groupé.	tu eusses groupé	qu'ils aient groupé.
		il eût groupé, etc.	
Passé défini.	*Futur.*	**Impératif.**	*Plus-que-parfait.*
Je groupai	Je grouperai	*Présent.*	Que j'eusse groupé
tu groupas	tu grouperas	Groupe.	que tu eusses groupé
il groupa	il groupera	Groupons.	qu'il eût groupé
nous groupâmes	nous grouperons	Groupez.	q. n. eussions groupé
vous groupâtes	vous grouperez	*Passé.*	q. v. eussiez groupé
ils groupèrent.	ils grouperont.	Aie groupé.	qu'ils eussent groupé.
		Ayons groupé.	
		Ayez groupé.	
Passé indéfini.	*Futur antérieur.*	**Subjonctif.**	**Infinitif.**
J'ai groupé	J'aurai groupé	*Présent.*	*Présent.* Grouper.
tu as groupé	tu auras groupé	Que je groupe	*Passé.* Avoir groupé.
il a groupé	il aura groupé	que tu groupes	**Participe.**
nous avons groupé	nous aurons groupé	qu'il groupe	*Présent.* Groupant.
vous avez groupé	vous aurez groupé	que nous groupions	*Passé.* Groupé, ée,
ils ont groupé.	ils auront groupé.	que vous groupiez	és, ées.
		qu'ils groupent.	Ayant groupé.

Ainsi se conjuguent : **Anticiper, attraper, attrouper, camper, constiper, couper, crisper, décamper, découper, détremper, détromper, disculper, dissiper, draper, duper, écharper, émanciper, équiper, estamper, estomper, exciper, extirper, friper, galoper, grimper, grouper, inculper, jasper, occuper, palper, participer, piper, pomper, préoccuper, ramper, râper, rattraper, retaper, saper, souper, taper, tremper, usurper**, etc.

N° 57.
CONJUGAISON DES VERBES EN ÊPER.

Indicatif. *Présent.*	*Passé antérieur.*	Conditionnel. *Présent.*	*Imparfait.*
Je crêpe tu crêpes il crêpe nous crêpons vous crêpez ils crêpent.	J'eus crêpé tu eus crêpé il eut crêpé nous eûmes crêpé vous eûtes crêpé ils eurent crêpé.	Je crêperais tu crêperais il crêperait nous crêperions vous crêperiez ils crêperaient.	Que je crêpasse que tu crêpasses qu'il crêpât que nous crêpassions que vous crêpassiez qu'ils crêpassent.
Imparfait. Je crêpais tu crêpais il crêpait nous crêpions vous crêpiez ils crêpaient.	*Plus-que-parfait.* J'avais crêpé tu avais crêpé il avait crêpé nous avions crêpé vous aviez crêpé ils avaient crêpé.	*Passé.* J'aurais crêpé tu aurais crêpé il aurait crêpé, etc. *On dit aussi:* J'eusse crêpé tu eusses crêpé il eût crêpé, etc.	*Passé.* Que j'aie crêpé que tu aies crêpé qu'il ait crêpé que nous ayons crêpé que vous ayez crêpé qu'ils aient crêpé.
Passé défini. Je crêpai tu crêpas il crêpa nous crêpâmes vous crêpâtes ils crêpèrent.	*Futur.* Je crêperai tu crêperas il crêpera nous crêperons vous crêperez ils crêperont.	Impératif. *Présent.* Crêpe. Crêpons. Crêpez. *Passé.* Aie crêpé. Ayons crêpé. Ayez crêpé.	*Plus-que-parfait.* Que j'eusse crêpé que tu eusses crêpé qu'il eût crêpé q. n. eussions crêpé q. v. eussiez crêpé qu'ils eussent crêpé.
Passé indéfini. J'ai crêpé tu as crêpé il a crêpé nous avons crêpé vous avez crêpé ils ont crêpé.	*Futur antérieur.* J'aurai crêpé tu auras crêpé il aura crêpé nous aurons crêpé vous aurez crêpé ils auront crêpé.	Subjonctif. *Présent.* Que je crêpe que tu crêpes qu'il crêpe que nous crêpions que vous crêpiez qu'ils crêpent.	Infinitif. *Présent.* Crêper. *Passé.* Avoir crêpé. **Participe.** *Présent.* Crêpant. *Passé.* Crêpé, ée, és, ées. Ayant crêpé.

NOTA. Dans ce verbe l'e du radical **conserve** l'accent circonflexe dans toute la conjugaison.

N° 58.
CONJUGAISON DES VERBES EN EPER.

Indicatif. Présent.	Passé antérieur.	Conditionnel. Présent.	Imparfait.
Je recèpe	J'eus recepé	Je recèperais	Que je recepasse
tu recèpes	tu eus recepé	tu recèperais	que tu recepasses
il recèpe	il eut recepé	il recèperait	qu'il recepât
nous recepons	nous eûmes recepé	nous recèperions	que n. recepassions
vous recepez	vous eûtes recepé	vous recèperiez	que vous recepassiez
ils recèpent.	ils eurent recepé.	ils recèperaient.	qu'ils recepassent.
Imparfait.	Plus-que-parfait.	Passé. J'aurais recepé tu aurais recepé il aurait recepé, etc. On dit aussi: 'eusse recepé tu eusses recepé il eût recepé, etc.	Passé.
Je recepais	J'avais recepé		Que j'aie recepé
tu recepais	tu avais recepé		que tu aies recepé
il recepait	il avait recepé		qu'il ait recepé
nous recepions	nous avions recepé		que nous ayons recepé
vous recepiez	vous aviez recepé		que vous ayez recepé
ils recepaient.	ils avaient recepé.		qu'ils aient recepé.
Passé défini.	Futur.	Impératif. Présent.	Plus-que-parfait.
Je recepai	Je recèperai	Recèpe.	Que j'eusse recepé
tu recepas	tu recèperas	Recepons.	que tu eusses recepé
il recepa	il recèpera	Recepez.	qu'il eût recepé
nous recepâmes	nous recèperons	Passé.	que n. eussions recepé
vous recepâtes	vous recèperez	Aie recepé.	que v. eussiez recepé
ils recepèrent.	ils recèperont.	Ayons recepé. Ayez recepé.	qu'ils eussent recepé.
Passé indéfini.	Futur antérieur.	Subjonctif. Présent.	Infinitif. Présent. Receper. Passé. Avoir recepé. Participe. Présent. Recepant. Passé. Recepé, ée, és, ées. Ayant recepé.
J'ai recepé	J'aurai recepé	Que je recèpe	
tu as recepé	tu auras recepé	que tu recèpes	
il a recepé	il aura recepé	qu'il recèpe	
nous avons recepé	nous aurons recepé	que nous recepions	
vous avez recepé	vous aurez recepé	que vous recepiez	
ils ont recepé.	ils auront recepé.	qu'ils recèpent.	

NOTA. L'e muet de la dernière syllabe du radical se change en è ouvert devant les terminaisons e, es, ent, erai et erais.

N° 59.
CONJUGAISON DES VERBES EN **PHER.**

Indicatif.	Passé antérieur.	Conditionnel.	Imparfait.
Présent.		*Présent.*	Que je triomphasse
Je triomphe	J'eus triomphé	Je triompherais	que tu triomphasses
tu triomphes	tu eus triomphé	tu triompherais	qu'il triomphât
il triomphe	il eut triomphé	il triompherait	q. n. triomphassions
nous triomphons	nous eûmes triomphé	nous triompherions	que v. triomphassiez
vous triomphez	vous eûtes triomphé	vous triompheriez	qu'ils triomphassent.
ils triomphent.	ils eurent triomphé.	ils triompheraient.	
Imparfait.	*Plus-que-parfait.*	*Passé.*	*Passé.*
Je triomphais	J'avais triomphé	J'aurais triomphé	Que j'aie triomphé
tu triomphais	tu avais triomphé	tu aurais triomphé	que tu aies triomphé
il triomphait	il avait triomphé	il aurait triomphé, etc.	qu'il ait triomphé
nous triomphions	nous avions triomphé	*On dit aussi :*	q. n. ayons triomphé
vous triomphiez	vous aviez triomphé	J'eusse triomphé	que v. ayez triomphé
ils triomphaient.	ils avaient triomphé.	tu eusses triomphé	qu'ils aient triomphé.
		il eût triomphé, etc.	
Passé défini.	*Futur.*	**Impératif.**	*Plus-que-parfait.*
		Présent.	
Je triomphai	Je triompherai	Triomphe.	Que j'eusse triomphé
tu triomphas	tu triompheras	Triomphons.	q. tu eusses triomphé
il triompha	il triomphera	Triomphez.	qu'il eût triomphé
nous triomphâmes	nous triompherons	*Passé.*	q. n. euss. triomphé
vous triomphâtes	vous triompherez	Aie triomphé.	q. v. eussiez triomphé
ils triomphèrent.	ils triompheront.	Ayons triomphé.	q. eussent triomphé.
		Ayez triomphé.	
Passé indéfini.	*Futur antérieur.*	**Subjonctif.**	**Infinitif.**
		Présent.	Présent. Triomphé.
J'ai triomphé	J'aurai triomphé	Que je triomphe	Passé. Av. triomphé.
tu as triomphé	tu auras triomphé	que tu triomphes	**Participe.**
il a triomphé	il aura triomphé	qu'il triomphe	Présent. Triomphant
nous avons triomphé	nous aurons triomphé	que nous triomphions	Passé. Triomphé, ée,
vous avez triomphé	vous aurez triomphé	que vous triomphiez	és, ées.
ils ont triomphé.	ils auront triomphé.	qu'ils triomphent.	Ayant triomphé.

Ainsi se conjuguent : **Apostropher, philosopher, parapher,** etc.

Nº 60.
CONJUGAISON DES VERBES EN **PHRER**.

Indicatif. *Présent.*	*Passé antérieur.*	**Conditionnel.** *Présent.*	*Imparfait.*
Je camphre tu camphres il camphre nous camphrons vous camphrez ils camphrent.	J'eus camphré tu eus camphré il eut camphré nous eûmes camphré vous eûtes camphré ils eurent camphré.	Je camphrerais tu camphrerais il camphrerait nous camphrerions vous camphreriez ils camphreraient.	Que je camphrasse que tu camphrasses qu'il camphrât que n. camphrassions q. vous camphrassiez qu'ils camphrassent.
Imparfait. Je camphrais tu camphrais il camphrait nous camphrions vous camphriez ils camphraient.	*Plus-que-parfait.* J'avais camphré tu avais camphré il avait camphré nous avions camphré vous aviez camphré ils avaient camphré.	*Passé.* J'aurais camphré tu aurais camphré il aurait camphré, etc. *On dit aussi :* J'eusse camphré tu eusses camphré il eût camphré, etc.	*Passé.* Que j'aie camphré que tu aies camphré qu'il ait camphré que n. ayons camphré que v. ayez camphré qu'ils aient camphré.
Passé défini. Je camphrai tu camphras il camphra nous camphrâmes vous camphrâtes ils camphrèrent.	*Futur.* Je camphrerai tu camphreras il camphrera nous camphrerons vous camphrerez ils camphreront.	**Impératif.** *Présent.* Camphre. Camphrons. Camphrez. *Passé.* Aie camphré. Ayons camphré. Ayez camphré.	*Plus-que-parfait.* que j'eusse camphré que tu eusses camphré qu'il eût camphré q. n. euss. camphré q. v. eussiez camphré qu'ils euss. camphré.
Passé indéfini. J'ai camphré tu as camphré il a camphré nous avons camphré vous avez camphré ils ont camphré.	*Futur antérieur.* J'aurai camphré tu auras camphré il aura camphré nous aurons camphré vous aurez camphré ils auront camphré.	**Subjonctif.** *Présent.* Que je camphre que tu camphres qu'il camphre que nous camphrions que vous camphriez qu'ils camphrent.	**Infinitif.** *Présent.* Camphrer. *Passé.* Av. camphré. **Participe.** *Présent.* Camphrant. *Passé.* Camphré, ée, és, ées. Ayant camphré.

NOTA. C'est le seul verbe de cette terminaison.

N° 61.
CONJUGAISON DES VERBES EN PRER.

Indicatif. Présent.	Passé antérieur.	Conditionnel. Présent.	Imparfait.
J'empourpre tu empourpres il empourpre nous empourprons vous empourprez ils empourprent.	J'eus empourpré tu eus empourpré il eut empourpré n. eûmes empourpré vous eûtes empourpré ils eurent empourpré.	J'empourprerais tu empourprerais il empourprerait nous empourprerions vous empourpreriez ils empourpreraient.	Que j'empourprasse que tu empourprasses qu'il empourprât q. n. empourprassions q. v. empourprassiez q. empourprassent.

Imparfait.	Plus-que-parfait.	Passé.	Passé.
J'empourprais tu empourprais il empourprait nous empourprions vous empourpriez ils empourpraient.	J'avais empourpré tu avais empourpré il avait empourpré n. avions empourpré vous aviez empourpré ils av. empourpré.	J'aurais empourpré tu aurais empourpré il aur. empourpré, etc. *On dit aussi :* J'eusse empourpré tu eusses empourpré il eût empourpré, etc.	Que j'aie empourpré que tu aies empourpré qu'il ait empourpré q. n. ayons empourpré q. v. ayez empourpré q. aient empourpré.

Passé défini.	Futur.	Impératif. Présent.	Plus-que-parfait.
J'empourprai tu empourpras il empourpra nous empourprâmes vous empourprâtes ils empourprèrent.	J'empourprerai tu empourpreras il empourprera nous empourprerons vous empourprerez ils empourpreront.	Empourpre. Empourprons. Empourprez. *Passé.* Aie empourpré. Ayons empourpré. Ayez empourpré.	Q. j'eusse empourpré q. tu euss. empourpré qu'il eût empourpré q. n. euss. empourpré q. v. euss. empourpré q. euss. empourpré.

Passé indéfini.	Futur antérieur.	Subjonctif. Présent.	Infinitif.
J'ai empourpré tu as empourpré il a empourpré n. avons empourpré vous avez empourpré ils ont empourpré.	J'aurai empourpré tu auras empourpré il aura empourpré n. aurons empourpré vous aurez empourpré ils auront empourpré.	Que j'empourpre que tu empourpres qu'il empourpre que n. empourprions que vous empourpriez qu'ils empourprent.	Prés. Empourprer. Pass. Av. empourpré. **Participe.** Prés. Empourprant. Passé. Empourpré, ée, és, ées. Ayant empourpré.

Ainsi se conjuguent : **Épamprer**, etc.

N° 62.
CONJUGAISON DES VERBES EN PLER.

Indicatif. Présent.	Passé antérieur.	Conditionnel. Présent.	Imparfait.
J'accouple	J'eus accouplé	J'accouplerais	Que j'accouplasse
tu accouples	tu eus accouplé	tu accouplerais	que tu accouplasses
il accouple	il eut accouplé	il accouplerait	qu'il accouplât
nous accouplons	nous eûmes accouplé	nous accouplerions	que n. accouplassions
vous accouplez	vous eûtes accouplé	vous accoupleriez	que v. accouplassiez
ils accouplent.	ils eurent accouplé.	ils accoupleraient.	qu'ils accouplassent.

Imparfait.	Plus-que-parfait.	Passé.	Passé.
J'accouplais	J'avais accouplé	J'aurais accouplé	Que j'aie accouplé
tu accouplais	tu avais accouplé	tu aurais accouplé	que tu aies accouplé
il accouplait	il avait accouplé	il aurait accouplé, etc.	qu'il ait accouplé
nous accouplions	nous avions accouplé	*On dit aussi :*	q. n. ayons accouplé
vous accoupliez	vous aviez accouplé	J'eusse accouplé	que v. ayez accouplé
ils accouplaient.	ils avaient accouplé.	tu eusses accouplé	qu'ils aient accouplé.
		il eût accouplé, etc.	

Passé défini.	Futur.	Impératif. Présent.	Plus-que-parfait.
J'accouplai	J'accouplerai	Accouple.	Que j'eusse accouplé
tu accouplas	tu accoupleras	Accouplons.	q. tu eusses accouplé
il accoupla	il accouplera	Accouplez.	qu'il eût accouplé
nous accouplâmes	nous accouplerons	*Passé.*	q. n. euss. accouplé
vous accouplâtes	vous accouplerez	Aie accouplé.	q. v. euss. accouplé
ils accouplèrent.	ils accoupleront.	Ayons accouplé.	qu'ils euss. accouplé.
		Ayez accouplé.	

Passé indéfini.	Futur antérieur.	Subjonctif. Présent.	Infinitif.
J'ai accouplé	J'aurai accouplé	Que j'accouple	Présent. Accoupler.
tu as accouplé	tu auras accouplé	que tu accouples	Passé. Av. accouplé.
il a accouplé	il aura accouplé	qu'il accouple	*Participe.*
nous avons accouplé	nous aurons accouplé	que nous accouplions	Présent. Accouplant.
vous avez accouplé	vous aurez accouplé	que vous accoupliez	Passé. Accouplé, ée,
ils ont accouplé.	ils auront accouplé.	qu'ils accouplent.	és, ées.
			Ayant accouplé.

Ainsi se conjuguent : **Centupler, contempler, coupler, découpler, dépeupler, désaccoupler, nonupler,** etc.

N° 65.
CONJUGAISON DES VERBES EN **QUER**.

Indicatif. Présent.	Passé antérieur.	Conditionnel. Présent.	Imparfait.
J'abdique	J'eus abdiqué	J'abdiquerais	Que j'abdiquasse
tu abdiques	tu eus abdiqué	tu abdiquerais	que tu abdiquasses
il abdique	il eut abdiqué	il abdiquerait	qu'il abdiquât
nous abdiquons	nous cûmes abdiqué	nous abdiquerions	que n. abdiquassions
vous abdiquez	vous eûtes abdiqué	vous abdiqueriez	que v. abdiquassiez
ils abdiquent.	ils eurent abdiqué.	ils abdiqueraient.	qu'ils abdiquassent.

Imparfait.	Plus-que-parfait.	Passé.	Passé.
J'abdiquais	J'avais abdiqué	J'aurais abdiqué	Que j'aie abdiqué
tu abdiquais	tu avais abdiqué	tu aurais abdiqué	que tu aies abdiqué
il abdiquait	il avait abdiqué	il aurait abdiqué, etc.	qu'il ait abdiqué
nous abdiquions	nous avions abdiqué	*On dit aussi :*	que n. ayons abdiqué
vous abdiquiez	vous aviez abdiqué	J'eusse abdiqué	que v. ayez abdiqué
ils abdiquaient.	ils avaient abdiqué.	tu eusses abdiqué	qu'ils aient abdiqué.
		il eût abdiqué, etc.	

Passé défini.	Futur.	Impératif. Présent.	Plus-que-parfait.
J'abdiquai	J'abdiquerai	Abdique.	Que j'eusse abdiqué
tu abdiquas	tu abdiqueras	Abdiquons.	que tu eusses abdiqué
il abdiqua	il abdiquera	Abdiquez.	qu'il eût abdiqué
nous abdiquâmes	nous abdiquerons	*Passé.*	q. n. eussions abdiqué
vous abdiquâtes	vous abdiquerez	Aie abdiqué.	q. v. eussiez abdiqué
ils abdiquèrent.	ils abdiqueront.	Ayons abdiqué.	qu'ils eussent abdiqué
		Ayez abdiqué.	

Passé indéfini.	Futur antérieur.	Subjonctif. Présent.	Infinitif.
J'ai abdiqué	J'aurai abdiqué	Que j'abdique	Présent. Abdiquer.
tu as abdiqué	tu auras abdiqué	que tu abdiques	Passé. Avoir abdiqué.
il a abdiqué	il aura abdiqué	qu'il abdique	**Participe.**
nous avons abdiqué	nous aurons abdiqué	que nous abdiquions	Présent. Abdiquant.
vous avez abdiqué	vous aurez abdiqué	que vous abdiquiez	Passé. Abdiqué, ée,
ils ont abdiqué.	ils auront abdiqué.	qu'ils abdiquent.	és, ées.
			Ayant abdiqué.

Ainsi se conjuguent : Alambiquer, appliquer, attaquer, bivaquer, bloquer, braquer, brusquer, calquer, choquer, claquer, colleguer, communiquer, confisquer, convoquer, craquer, critiquer, croquer, décalquer, défalquer, démasquer, disséquer, embarquer, expliquer, fabriquer, indiquer, manquer, marquer, pratiquer, remarquer, risquer, suffoquer, trafiquer, vaquer, etc. — NOTA. Ces verbes dans lesquels l'**u** appartient à la consonne précédente, **q**, avec laquelle il ne forme en quelque sorte qu'une seule lettre **qu**, ne sauraient prendre de tréma aux premières et aux deuxièmes personnes de l'imparfait de l'indicatif et du présent du subjonctif.

N° 64.
CONJUGAISON DES VERBES EN RER.

Indicatif.	Passé antérieur.	Conditionnel.	Imparfait.
Présent.	J'eus admiré	*Présent.*	Que j'admirasse
J'admire	tu eus admiré	J'admirerais	que tu admirasses
tu admires	il eut admiré	tu admirerais	qu'il admirât
il admire	nous eûmes admiré	il admirerait	que nous admirassions
nous admirons	vous eûtes admiré	nous admirerions	que vous admirassiez
vous admirez	ils eurent admiré.	vous admireriez	qu'ils admirassent.
ils admirent		ils admireraient.	
Imparfait.	*Plus-que-parfait.*	*Passé.*	*Passé.*
J'admirais	J'avais admiré	J'aurais admiré	Que j'aie admiré
tu admirais	tu avais admiré	tu aurais admiré	que tu aies admiré
il admirait	il avait admiré	il aurait admiré, etc.	qu'il ait admiré
nous admirions	nous avions admiré	*On dit aussi :*	q. nous ayons admiré
vous admiriez	vous aviez admiré	J'eusse admiré	que vous ayez admiré
ils admiraient.	ils avaient admiré.	tu eusses admiré	qu'ils aient admiré.
		il eût admiré, etc.	
		Impératif.	
Passé défini.	*Futur.*	*Présent.*	*Plus-que-parfait.*
J'admirai	J'admirerai	Admire.	Que j'eusse admiré
tu admiras	tu admireras	Admirons.	q. tu eusses admiré
il admira	il admirera	Admirez.	qu'il eût admiré
nous admirâmes	nous admirerons	*Passé.*	q. n. eussions admiré
vous admirâtes	vous admirerez	Aie admiré.	q. v. eussiez admiré
ils admirèrent.	ils admireront.	Ayons admiré.	qu'ils eussent admiré.
		Ayez admiré.	
Passé indéfini.	*Futur antérieur.*	**Subjonctif.**	**Infinitif.**
J'ai admiré	J'aurai admiré	*Présent.*	*Présent.* Admirer.
tu as admiré	tu auras admiré	Que j'admire	*Passé.* Avoir admiré.
il a admiré	il aura admiré	que tu admires	**Participe.**
nous avons admiré	nous aurons admiré	qu'il admire	*Présent.* Admirant.
vous avez admiré	vous aurez admiré	que nous admirions	*Passé.* Admiré, ée,
ils ont admiré.	ils auront admiré.	que vous admiriez	és, ées.
		qu'ils admirent.	Ayant admiré.

Ainsi se conjuguent : Accaparer, adjurer, adorer, aspirer, assurer, attirer, censurer, colorer, comparer, conjurer, conspirer, curer, déchirer, déclarer, défigurer, dénaturer, déshonorer, dévorer, dorer, durer, éclairer, écurer, effleurer, épurer, implorer, procurer, rassurer, raturer, soupirer, séparer, torturer, triturer, voiturer, etc.

N° 65.
CONJUGAISON DES VERBES EN ÉRER.

Indicatif.	Passé antérieur.	Conditionnel.	Imparfait.
Présent.	J'eus espéré	*Présent.*	Que j'espérasse
J'espère	tu eus espéré	J'espérerais	que tu espérasses
tu espères	il eut espéré	tu espérerais	qu'il espérât
il espère	nous eûmes espéré	il espérerait	que n. espérassions
nous espérons	vous eûtes espéré	nous espérerions	que vous espérassiez
vous espérez	ils eurent espéré.	vous espéreriez	qu'ils espérassent.
ils espèrent.		ils espéreraient.	
Imparfait.	*Plus-que-parfait.*	*Passé.*	*Passé.*
J'espérais	J'avais espéré	J'aurais espéré	Que j'aie espéré
tu espérais	tu avais espéré	tu aurais espéré	que tu aies espéré
il espérait	il avait espéré	il aurait espéré, etc.	qu'il ait espéré
nous espérions	nous avions espéré	*On dit aussi :*	que nous ayons espéré
vous espériez	vous aviez espéré	J'eusse espéré	que vous ayez espéré
ils espéraient.	ils avaient espéré.	tu eusses espéré	qu'ils aient espéré.
		il eût espéré, etc.	
Passé défini.	*Futur.*	**Impératif.**	*Plus-que-parfait.*
J'espérai	J'espérerai	*Présent.*	Que j'eusse espéré
tu espéras	tu espéreras	Espère	q. tu eusses espéré
il espéra	il espérera	Espérons.	qu'il eût espéré
nous espérâmes	nous espérerons	Espérez.	q. n. eussions espéré
vous espérâtes	vous espérerez	*Passé.*	q. v. eussiez espéré
ils espérèrent.	ils espéreront.	Aie espéré.	qu'ils eussent espéré.
		Ayons espéré.	
		Ayez espéré.	
Passé indéfini.	*Futur antérieur.*	**Subjonctif.**	**Infinitif.**
J'ai espéré	J'aurai espéré	*Présent.*	*Présent.* Espérer.
tu as espéré	tu auras espéré	Que j'espère	*Passé.* Avoir espéré.
il a espéré	il aura espéré	que tu espères	**Participe.**
nous avons espéré	nous aurons espéré	qu'il espère	*Présent.* Espérant.
vous avez espéré	vous aurez espéré	que nous espérions	*Passé.* Espéré, ée,
ils ont espéré.	ils auront espéré.	que vous espériez	és, ées.
		qu'ils espèrent.	Ayant espéré.

Ainsi se conjuguent : **Accélérer, acérer, adhérer, aérer, agglomérer, altérer, arriérer, conférer, considérer, coopérer, dégénérer, délibérer, désaltérer, désespérer, différer, digérer, exagérer, exaspérer, gérer, incarcérer, invétérer, lacérer, libérer, obérer, opérer, prospérer, régénérer, suggérer, tolérer, ulcérer,** etc. — NOTA. L'é fermé de la dernière syllabe du radical se change en è ouvert devant les terminaisons **e, es, ent,** seulement.

CONJUGAISON DES VERBES EN **RRER**.

Indicatif. Présent.	Passé antérieur.	Conditionnel. Présent.	Imparfait.
Je serre	J'eus serré	Je serrerais	Que je serrasse
tu serres	tu eus serré	tu serrerais	que tu serrasses
il serre	il eut serré	il serrerait	qu'il serrât
nous serrons	nous eûmes serré	nous serrerions	que nous serrassions
vous serrez	vous eûtes serré	vous serreriez	que vous serrassiez
ils serrent.	ils eurent serré.	ils serreraient.	qu'ils serrassent

Imparfait.	Plus-que-parfait.	Passé.	Passé.
Je serrais	J'avais serré	J'aurais serré	Que j'aie serré
tu serrais	tu avais serré	tu aurais serré	que tu aies serré
il serrait	il avait serré	il aurait serré, etc.	qu'il ait serré
nous serrions	nous avions serré	*On dit aussi :*	que nous ayons serré
vous serriez	vous aviez serré	J'eusse serré	que vous ayez serré
ils serraient.	ils avaient serré.	tu eusses serré	qu'ils aient serré.
		il eût serré, etc.	

Passé défini.	Futur.	Impératif. Présent.	Plus-que-parfait.
Je serrai	Je serrerai	Serre.	Que j'eusse serré
tu serras	tu serreras	Serrons.	que tu eusses serré
il serra	il serrera	Serrez.	qu'il eût serré
nous serrâmes	nous serrerons	*Passé.*	q. n. eussions serré
vous serrâtes	vous serrerez	Aie serré.	q. vous eussiez serré
ils serrèrent.	ils serreront.	Ayons serré.	qu'ils eussent serré.
		Ayez serré	

Passé indéfini.	Futur antérieur.	Subjonctif. Présent.	Infinitif.
J'ai serré	J'aurai serré	Que je serre	*Présent.* Serrer.
tu as serré	tu auras serré	que tu serres	*Passé.* Avoir serré.
il a serré	il aura serré	qu'il serre	**Participe.**
nous avons serré	nous aurons serré	que nous serrions	*Présent.* Serrant.
vous avez serré	vous aurez serré	que vous serriez	*Passé.* Serré, ée, és, ées.
ils ont serré.	ils auront serré.	qu'ils serrent.	Ayant serré.

Ainsi se conjuguent : Déferrer, desserrer, déterrer, enferrer, enterrer, épierrer, errer, ferrer, resserrer, atterrer, barrer, bourrer, débourrer, fourrer, rembourrer, narrer, etc. — NOTA. Ces verbes conservent les deux **r** dans toute la conjugaison.

N° 67.

CONJUGAISON DES VERBES EN SER. (Prononcez ZER.)

Indicatif.	Passé antérieur.	Conditionnel.	Imparfait.
Présent.	J'eus rasé	*Présent.*	Que je rasasse
Je rase	tu eus rasé	Je raserais	que tu rasasses
tu rases	il eut rasé	tu raserais	qu'il rasât
il rase	nous eûmes rasé	il raserait	que nous rasassions
nous rasons	vous eûtes rasé	nous raserions	que vous rasassiez
vous rasez	ils eurent rasé.	vous raseriez	qu'ils rasassent.
ils rasent.		ils raseraient.	
Imparfait.	*Plus-que-parfait.*	*Passé.*	*Passé.*
Je rasais	J'avais rasé	J'aurais rasé	Que j'aie rasé
tu rasais	tu avais rasé	tu aurais rasé	que tu aies rasé
il rasait	il avait rasé	il aurait rasé, etc.	qu'il ait rasé
nous rasions	nous avions rasé	*On dit aussi :*	que nous ayons rasé
vous rasiez	vous aviez rasé	J'eusse rasé	que vous ayez rasé
ils rasaient.	ils avaient rasé.	tu eusses rasé	qu'ils aient rasé.
		il eût rasé, etc.	
Passé défini.	*Futur.*	**Impératif.**	*Plus-que-parfait.*
Je rasai	Je raserai	*Présent.*	Que j'eusse rasé
tu rasas	tu raseras	Rase.	que tu eusses rasé
il rasa	il rasera	Rasons.	qu'il eût rasé
nous rasâmes	nous raserons	Rasez.	que n. eussions rasé
vous rasâtes	vous raserez	*Passé.*	que vous eussiez rasé
ils rasèrent.	ils raseront.	Aie rasé.	qu'ils eussent rasé.
		Ayons rasé.	
		Ayez rasé.	
Passé indéfini.	*Futur antérieur.*	**Subjonctif.**	**Infinitif.**
J'ai rasé	J'aurai rasé	*Présent.*	*Présent.* Rase.
tu as rasé	tu auras rasé	Que je rase	*Passé.* Avoir rasé.
il a rasé	il aura rasé	que tu rases	**Participe.**
nous avons rasé	nous aurons rasé	qu'il rase	*Présent.* Rasant.
vous avez rasé	vous aurez rasé	que nous rasions	*Passé.* Rasé, ée,
ils ont rasé.	ils auront rasé.	que vous rasiez	és, ées.
		qu'ils rasent.	Ayant rasé.

Ainsi se conjuguent : Accuser, aiguiser, amuser, analyser, apaiser, apposer, apprivoiser, arroser, attiser, autoriser, aviser, baptiser, biaiser, blaser, briser, brutaliser, cicatriser, civiliser, composer, déguiser, dévaliser, économiser, écraser, épuiser, favoriser, fertiliser, friser, généraliser, herboriser, improviser, jaser, mépriser, opposer, organiser, paralyser, poser, puiser, priser, scandaliser, supposer, toiser, tranquilliser, tyranniser, user, viser, etc.

N° 68.
CONJUGAISON DES VERBES EN SER. (Prononcez CER.)

Indicatif. Présent.	Passé antérieur.	Conditionnel. Présent.	Imparfait.
Je danse	J'eus dansé	Je danserais	Que je dansasse
tu danses	tu eus dansé	tu danserais	que tu dansasses
il danse	il eut dansé	il danserait	qu'il dansât
nous dansons	nous eûmes dansé	nous danserions	que nous dansassions
vous dansez	vous eûtes dansé	vous danseriez	que vous dansassiez
ils dansent.	ils eurent dansé	ils danseraient.	qu'ils dansassent.

Imparfait.	Plus-que-parfait.	Passé.	Passé.
Je dansais	J'avais dansé	J'aurais dansé	
tu dansais	tu avais dansé	tu aurais dansé	Que j'aie dansé
il dansait	il avait dansé	il aurait dansé, etc.	que tu aies dansé
nous dansions	nous avions dansé	*On dit aussi :*	qu'il ait dansé
vous dansiez	vous aviez dansé	J'eusse dansé	que n. ayons dansé
ils dansaient	ils avaient dansé.	tu eusses dansé	que vous ayez dansé
		il eût dansé, etc.	qu'ils aient dansé.

Passé défini.	Futur.	Impératif. Présent.	Plus-que-parfait.
Je dansai	Je danserai	Danse.	Que j'eusse dansé
tu dansas	tu danseras	Dansons.	que tu eusses dansé
il dansa	il dansera	Dansez.	qu'il eût dansé
nous dansâmes	nous danserons	*Passé.*	q. n. eussions dansé
vous dansâtes	vous danserez	Aie dansé.	que v. eussiez dansé
ils dansèrent.	ils danseront.	Ayons dansé.	qu'ils eussent dansé.
		Ayez dansé.	

Passé indéfini.	Futur antérieur.	Subjonctif. Présent.	Infinitif.
J'ai dansé	J'aurai dansé	Que je danse	*Présent.* Danser.
tu as dansé	tu auras dansé	que tu danses	*Passé.* Avoir dansé.
il a dansé	il aura dansé	qu'il danse	**Participe.**
nous avons dansé	nous aurons dansé	que nous dansions	*Présent.* Dansant.
vous avez dansé	vous aurez dansé	que vous dansiez	*Passé.* Dansé, ée, és, ées.
ils ont dansé.	ils auront dansé.	qu'ils dansent.	Ayant dansé.

Ainsi se conjuguent : Bouleverser, compenser, compulser, condenser, converser, débourser, dépenser, déverser, dispenser, disperser, éclipser, encenser, expulser, herser, offenser, panser, penser, recenser, récompenser, rembourser, renverser, tergiverser, traverser, verser, etc.

N° 69.
CONJUGAISON DES VERBES EN ÉSER.

Indicatif. Présent.	Passé antérieur.	Conditionnel. Présent.	Imparfait.
Je lèse	J'eus lésé	Je léserais	Que je lésasse
tu lèses	tu eus lésé	tu léserais	que tu lésasses
il lèse	il eut lésé	il léserait	qu'il lésât
nous lésons	nous eûmes lésé	nous léserions	que nous lésassions
vous lésez	vous eûtes lésé	vous léseriez	que vous lésassiez
ils lèsent.	ils eurent lésé.	ils léseraient.	qu'ils lésassent.

Imparfait.	Plus-que-parfait.	Passé.	Passé.
Je lésais	J'avais lésé	J'aurais lésé	Que j'aie lésé
tu lésais	tu avais lésé	tu aurais lésé	que tu aies lésé
il lésait	il avait lésé	il aurait lésé, etc.	qu'il ait lésé
nous lésions	nous avions lésé	*On dit aussi :*	que nous ayons lésé
vous lésiez	vous aviez lésé	J'eusse lésé	que vous ayez lésé
ils lésaient.	ils avaient lésé.	tu eusses lésé	qu'ils aient lésé.
		il eût lésé, etc.	

Passé défini.	Futur.	Impératif. Présent.	Plus-que-parfait.
Je lésai	Je léserai	Lèse.	Que j'eusse lésé
tu lésas	tu léseras	Lésons.	que tu eusses lésé
il lésa	il lésera	Lésez.	qu'il eût lésé
nous lésâmes	nous léserons	*Passé.*	q. n. eussions lésé
vous lésâtes	vous léserez	Aie lésé.	que v. eussiez lésé
ils lésèrent.	ils léseront.	Ayons lésé.	qu'ils eussent lésé.
		Ayez lésé.	

Passé indéfini.	Futur antérieur.	Subjonctif. Présent.	Infinitif.
J'ai lésé	J'aurai lésé	Que je lèse	*Présent.* Léser.
tu as lésé	tu auras lésé	que tu lèses	*Passé.* Avoir lésé.
il a lésé	il aura lésé	qu'il lèse	**Participe.**
nous avons lésé	nous aurons lésé	que nous lésions	*Présent.* Lésant.
vous avez lésé	vous aurez lésé	que vous lésiez	*Passé.* Lésé, ée,
ils ont lésé.	ils auront lésé.	qu'ils lèsent.	és, ées.
			Ayant lésé.

Ainsi se conjuguent : Diéser, etc. — NOTA. L'é fermé du radical se change en è ouvert devant les terminaisons **e, es, ent**, seulement. Partout ailleurs ces verbes conservent l'é fermé dans toute leur conjugaison, même au futur et au conditionnel. Telle est du moins l'orthographe de l'Académie.

N° 70.
CONJUGAISON DES VERBES EN *ESER.*

Indicatif. *Présent.*	*Passé antérieur.*	**Conditionnel.** *Présent.*	*Imparfait.*
Je pèse	J'eus pesé	Je pèserais	Que je pesasse
tu pèses	tu eus pesé	tu pèserais	que tu pesasses
il pèse	il eut pesé	il pèserait	qu'il pesât
nous pesons	nous eûmes pesé	nous pèserions	q. nous pesassions
vous pesez	vous eûtes pesé	vous pèseriez	que vous pesassiez
ils pèsent.	ils eurent pesé	ils pèseraient.	qu'ils pesassent.

Imparfait.	*Plus-que-parfait.*	*Passé.* J'aurais pesé... *On dit aussi :* J'eusse pesé...	*Passé.*
Je pesais	J'avais pesé	J'aurais pesé	Que j'aie pesé
tu pesais	tu avais pesé	tu aurais pesé	que tu aies pesé
il pesait	il avait pesé	il aurait pesé, etc.	qu'il ait pesé
nous pesions	nous avions pesé	On dit aussi :	que n. ayons pesé
vous pesiez	vous aviez pesé	J'eusse pesé.	que vous ayez pesé
ils pesaient.	ils avaient pesé.	tu eusses pesé. il eût pesé, etc.	qu'ils aient pesé.

Passé défini.	*Futur.*	**Impératif.** *Présent.*	*Plus-que-parfait.*
Je pesai	Je pèserai	Pèse.	Que j'eusse pesé
tu pesas	tu pèseras	Pesons.	que tu eusses pesé
il pesa	il pèsera	Pesez.	qu'il eût pesé
nous pesâmes	nous pèserons	*Passé.*	que n. eussions pesé
vous pesâtes	vous pèserez	Aie pesé.	que vous eussiez pesé
ils pesèrent.	ils pèseront.	Ayons pesé. Ayez pesé.	qu'ils eussent pesé.

Passé indéfini.	*Futur antérieur.*	**Subjonctif.** *Présent.*	**Infinitif.** *Présent.* Peser. *Passé.* Avoir pesé. **Participe.** *Présent.* Pesant. *Passé.* Pesé, ée, és, ées. Ayant pesé.
J'ai pesé	J'aurai pesé	Que je pèse	
tu as pesé	tu auras pesé	que tu pèses	
il a pesé	il aura pesé	qu'il pèse	
nous avons pesé	nous aurons pesé	que nous pesions	
vous avez pesé	vous aurez pesé	que vous pesiez	
ils ont pesé.	ils auront pesé.	qu'ils pèsent.	

Ainsi se conjuguent : **Contrepeser, soupeser, empeser, soupeser,** etc.
NOTA. L'é fermé de la dernière syllabe du radical se change en è ouvert devant les terminaisons e, es, ent, ainsi que devant les terminaisons du futur et du conditionnel.

N° 71.
CONJUGAISON DES VERBES EN SSER.

Indicatif.	Passé antérieur.	Conditionnel.	Imparfait.
Présent.		*Présent.*	Que je cessasse
Je cesse	J'eus cessé	Je cesserais	que tu cessasses
tu cesses	tu eus cessé	tu cesserais	qu'il cessât
il cesse	il eut cessé	il cesserait	que nous cessassions
nous cessons	nous eûmes cessé	nous cesserions	que vous cessassiez
vous cessez	vous eûtes cessé	vous cesseriez	qu'ils cessassent.
ils cessent.	ils eurent cessé.	ils cesseraient	
Imparfait.	*Plus-que-parfait.*	*Passé.*	*Passé*
Je cessais	J'avais cessé	J'aurais cessé	Que j'aie cessé
tu cessais	tu avais cessé	tu aurais cessé	que tu aies cessé
il cessait	il avait cessé	il aurait cessé, etc.	qu'il ait cessé
nous cessions	nous avions cessé	*On dit aussi :*	que nous ayons cessé
vous cessiez	vous aviez cessé	J'eusse cessé	que vous ayez cessé
ils cessaient.	ils avaient cessé.	tu eusses cessé	qu'ils aient cessé.
		il eût cessé, etc.	
		Impératif.	
Passé défini.	*Futur.*	*Présent.*	*Plus-que-parfait.*
Je cessai	Je cesserai	Cesse.	Que j'eusse cessé
tu cessas	tu cesseras	Cessons.	que tu eusses cessé
il cessa	il cessera	Cessez.	qu'il eût cessé
nous cessâmes	nous cesserons	*Passé.*	q. n. eussions cessé
vous cessâtes	vous cesserez	Aie cessé.	q. v. eussiez cessé
ils cessèrent.	ils cesseront.	Ayons cessé.	qu'ils eussent cessé.
		Ayez cessé.	
Passé indéfini.	*Futur antérieur.*	**Subjonctif.**	**Infinitif.**
		Présent.	*Présent.* Cesser
J'ai cessé	J'aurai cessé	Que je cesse	*Passé.* Avoir cessé.
tu as cessé	tu auras cessé	que tu cesses	**Participe.**
il a cessé	il aura cessé	qu'il cesse	*Présent.* Cessant.
nous avons cessé	nous aurons cessé	que nous cessions	*Passé.* Cessé, ée,
vous avez cessé	vous aurez cessé	que vous cessiez	és, ées.
ils ont cessé.	ils auront cessé.	qu'ils cessent.	Ayant cessé.

Ainsi se conjuguent : **Adosser, adresser, affaisser, apetisser, baisser, blesser, brosser, caresser, casser, chasser, chausser, classer, confesser, débarrasser, délaisser, délasser, dépasser, déplisser, désintéresser, désosser, détrousser, dresser, éclabousser, écosser, embarrasser, engraisser, entasser, fracasser, froisser, glisser, graisser, harasser, hausser, intéresser, laisser, pousser, presser, redresser, repousser, rosser, surpasser, tapisser, tresser, tousser, viser, etc.** — NOTA. Ces verbes conservent les deux s dans toute la conjugaison.

N° 72.
CONJUGAISON DES VERBES EN TER.

Indicatif. Présent.	Passé antérieur.	Conditionnel. Présent.	Imparfait.
Je tâte	J'eus tâté	Je tâterais	Que je tâtasse
tu tâtes	tu eus tâté	tu tâterais	que tu tâtasses
il tâte	il eut tâté	il tâterait	qu'il tâtât
nous tâtons	nous eûmes tâté	nous tâterions	que nous tâtassions
vous tâtez	vous eûtes tâté	vous tâteriez	que vous tâtassiez
ils tâtent.	ils eurent tâté.	ils tâteraient.	qu'ils tâtassent.

Imparfait.	Plus-que-parfait.	Passé.	Passé.
Je tâtais	J'avais tâté	J'aurais tâté	Que j'aie tâté
tu tâtais	tu avais tâté	tu aurais tâté	que tu aies tâté
il tâtait	il avait tâté	il aurait tâté, etc.	qu'il ait tâté
nous tâtions	nous avions tâté	*On dit aussi :*	que nous ayons tâté
vous tâtiez	vous aviez tâté	J'eusse tâté	que vous ayez tâté
ils tâtaient.	ils avaient tâté.	tu eusses tâté	qu'ils aient tâté.
		il eût tâté, etc.	

Passé défini.	Futur.	Impératif. Présent.	Plus-que-parfait.
Je tâtai	Je tâterai	Tâte.	Que j'eusse tâté
tu tâtas	tu tâteras	Tâtons.	que tu eusses tâté
il tâta	il tâtera	Tâtez.	qu'il eût tâté
nous tâtâmes	nous tâterons	*Passé.*	que n. eussions tâté
vous tâtâtes	vous tâterez	Aie tâté.	q. vous eussiez tâté
ils tâtèrent.	ils tâteront.	Ayons tâté.	qu'ils eussent tâté.
		Ayez tâté.	

Passé indéfini.	Futur antérieur.	Subjonctif. Présent.	Infinitif.
J'ai tâté	J'aurai tâté	Que je tâte	*Présent.* Tâter.
tu as tâté	tu auras tâté	que tu tâtes	*Passé.* Avoir tâté.
il a tâté	il aura tâté	qu'il tâte	**Participe.**
nous avons tâté	nous aurons tâté	que nous tâtions	*Présent.* Tâtant.
vous avez tâté	vous aurez tâté	que vous tâtiez	*Passé.* Tâté, ée, és, ées.
ils ont tâté.	ils auront tâté.	qu'ils tâtent.	Ayant tâté.

Ainsi se conjuguent : **Abriter, accepter, accréditer, adopter, apporter, attrister, augmenter, boiter, citer, complimenter, consulter, contenter, conter, contester, dater, débiter, emprunter, exciter, exécuter, gâter, goûter, impatienter, irriter, maltraiter, noter, objecter, patienter, persécuter, réciter, représenter, rétracter, solliciter, supporter, susciter, tricoter, traiter, visiter,** etc.

N° 73.
CONJUGAISON DES VERBES EN ÉTER.

Indicatif. Présent.	Passé antérieur.	Conditionnel. Présent.	Imparfait.
Je répète tu répètes il répète nous répétons vous répétez ils répètent	J'eus répété tu eus répété il eut répété nous eûmes répété vous eûtes répété ils eurent répété.	Je répéterais tu répéterais il répéterait nous répéterions vous répéteriez ils répéteraient.	Que je répétasse que tu répétasses qu'il répétât que nous répétassions que vous répétassiez qu'ils répétassent.
Imparfait.	Plus-que-parfait.	Passé. J'aurais répété tu aurais répété il aurait répété, etc. *On dit aussi :* J'eusse répété tu eusses répété il eût répété, etc.	Passé.
Je répétais tu répétais il répétait nous répétions vous répétiez ils répétaient.	J'avais répété tu avais répété il avait répété nous avions répété vous aviez répété ils avaient répété.		Que j'aie répété que tu aies répété qu'il ait répété que nous ayons répété que vous ayez répété qu'ils aient répété.
Passé défini.	Futur.	Impératif. Présent. Répète. Répétons. Répétez. Passé. Aie répété. Ayons répété. Ayez répété.	Plus-que-parfait.
Je répétai tu répétas il répéta nous répétâmes vous répétâtes ils répétèrent.	Je répéterai tu répéteras il répétera nous répéterons vous répéterez ils répéteront.		Que j'eusse répété que tu eusses répété qu'il eût répété q. n. eussions répété q. v. eussiez répété qu'ils eussent répété.
Passé indéfini.	Futur antérieur.	Subjonctif. Présent.	Infinitif. *Présent.* Répéter. *Passé.* Avoir répété. **Participe.** *Présent.* Répétant. *Passé.* Répété, ée, és, ées. Ayant répété.
J'ai répété tu as répété il a répété nous avons répété vous avez répété ils ont répété.	J'aurai répété tu auras répété il aura répété nous aurons répété vous aurez répété ils auront répété.	Que je répète que tu répètes qu'il répète que nous répétions que vous répétiez qu'ils répètent.	

Ainsi se conjuguent : **Admonéter, appéter, compléter, décréter, empiéter, fréter, hébéter, inquiéter, interpréter, refléter, répéter, végéter,** etc. — NOTA. Ces verbes, qui ont un **é** fermé à la dernière syllabe du radical, le changent en **è** ouvert devant les terminaisons **e**, **es**, **ent**, seulement. Partout ailleurs, même au futur et au conditionnel, ils conservent l'**é** fermé

N° 74.
CONJUGAISON DES VERBES EN ÊTER.

Indicatif. Présent.	Passé antérieur.	Conditionnel. Présent.	Imparfait.
Je prête	J'eus prêté	Je prêterais	Que je prêtasse
tu prêtes	tu eus prêté	tu prêterais	que tu prêtasses
il prête	il eut prêté	il prêterait	qu'il prêtât
nous prêtons	nous eûmes prêté	nous prêterions	que nous prêtassions
vous prêtez	vous eûtes prêté	vous prêteriez	que vous prêtassiez
ils prêtent.	ils eurent prêté.	ils prêteraient.	qu'ils prêtassent.

Imparfait.	Plus-que-parfait.	Passé.	Passé.
Je prêtais	J'avais prêté	J'aurais prêté	Que j'aie prêté
tu prêtais	tu avais prêté	tu aurais prêté	que tu aies prêté
il prêtait	il avait prêté	il aurait prêté, etc.	qu'il ait prêté
nous prêtions	nous avions prêté	*On dit aussi :*	que nous ayons prêté
vous prêtiez	vous aviez prêté	J'eusse prêté	que vous ayez prêté
ils prêtaient.	ils avaient prêté.	tu eusses prêté	qu'ils aient prêté.
		il eût prêté, etc.	

Passé défini.	Futur.	Impératif. Présent.	Plus-que-parfait.
Je prêtai	Je prêterai	Prête.	Que j'eusse prêté
tu prêtas	tu prêteras	Prêtons.	que tu eusses prêté
il prêta	il prêtera	Prêtez.	qu'il eût prêté
nous prêtâmes	nous prêterons	*Passé.*	q. n. eussions prêté
vous prêtâtes	vous prêterez	Aie prêté.	que v. eussiez prêté
ils prêtèrent.	ils prêteront.	Ayons prêté.	qu'ils eussent prêté.
		Ayez prêté.	

Passé indéfini.	Futur antérieur.	Subjonctif. Présent.	Infinitif. Présent. Prêter.
J'ai prêté	J'aurai prêté	Que je prête	Passé. Avoir prêté.
tu as prêté	tu auras prêté	que tu prêtes	**Participe.**
il a prêté	il aura prêté	qu'il prête	Présent. Prêtant.
nous avons prêté	nous aurons prêté	que nous prêtions	Passé. Prêté, ée,
vous avez prêté	vous aurez prêté	que vous prêtiez	és, ées.
ils ont prêté.	ils auront prêté.	qu'ils prêtent.	Ayant prêté.

Ainsi se conjuguent : **Acquêter, affrêter, apprêter, arrêter, désentêter, entêter, étêter, fêter, quêter, tempêter,** etc.—NOTA. Ces verbes conservent l'ê circonflexe dans toute la conjugaison.

Nº 75.
CONJUGAISON DES VERBES EN ETER.

Indicatif. Présent.	Passé antérieur.	Conditionnel. Présent.	Imparfait.
J'achète tu achètes il achète nous achetons vous achetez ils achètent.	J'eus acheté tu eus acheté il eut acheté nous eûmes acheté vous eûtes acheté ils eurent acheté.	J'achèterais tu achèterais il achèterait nous achèterions vous achèteriez ils achèteraient	Que j'achetasse que tu achetasses qu'il achetât que nous achetassions que vous achetassiez qu'ils achetassent.
Imparfait.	Plus-que-parfait.	Passé. J'aurais acheté tu aurais acheté il aurait acheté, etc. *On dit aussi :* J'eusse acheté tu eusses acheté il eût acheté, etc.	Passé.
J'achetais tu achetais il achetait nous achetions vous achetiez ils achetaient.	J'avais acheté tu avais acheté il avait acheté nous avions acheté vous aviez acheté ils avaient acheté.		Que j'aie acheté que tu aies acheté qu'il ait acheté que nous ayons acheté que vous ayez acheté qu'ils aient acheté.
Passé défini.	Futur.	Impératif. Présent. Achète. Achetons. Achetez. Passé. Aie acheté. Ayons acheté. Ayez acheté.	Plus-que-parfait.
J'achetai tu achetas il acheta nous achetâmes vous achetâtes ils achetèrent.	J'achèterai tu achèteras il achètera nous achèterons vous achèterez ils achèteront.		Que j'eusse acheté que tu eusses acheté qu'il eût acheté q. n. eussions acheté que v. eussiez acheté qu'ils eussent acheté.
Passé indéfini.	Futur antérieur.	Subjonctif. Présent.	Infinitif. *Présent.* Acheter. *Passé.* Avoir acheté. Participe. *Présent.* Achetant. *Passé.* Acheté, ée, és, ées. Ayant acheté.
J'ai acheté tu as acheté il a acheté nous avons acheté vous avez acheté ils ont acheté.	J'aurai acheté tu auras acheté il aura acheté nous aurons acheté vous aurez acheté ils auront acheté.	Que j'achète que tu achètes qu'il achète que nous achetions que vous achetiez qu'ils achètent.	

Ainsi se conjuguent : **Banqueter, billeter, bonneter, breveter, décolleter, fureter, gobeter, haleter, louveter, marqueter, muleter, parqueter, saveter, suracheter, trompeter, valeter, voleter,** etc. — NOTA. Tous ces verbes changent l'e muet de la dernière syllabe du radical en **è** ouvert devant les terminaisons **e, es, ent, erai, erais,** etc.

N° 76.
CONJUGAISON DES VERBES EN ETER.

Indicatif. Présent.	Passé antérieur.	Conditionnel. Présent.	Imparfait.
J'époussète	J'eus épousseté	J'épousseterais	Que j'époussetasse
tu époussètes	tu eus épousseté	tu épousseterais	que tu époussetasses
il époussète	il eut épousseté	il épousseterait	qu'il époussetât
nous époussetons	nous eûmes épousseté	nous épousseterions	q. n. époussetassions
vous époussetez	vous eûtes épousseté	vous épousseteriez	q. v. époussetassiez
ils époussètent.	ils eurent épousseté.	ils époussèteraient.	qu'ils époussetassent.

Imparfait.	Plus-que-parfait.	Passé.	Passé.
J'époussetais	J'avais époussté	J'aurais époussté	Que j'aie époussté
tu époussetais	tu avais époussté	tu aurais époussté	que tu aies époussté
il époussetait	il avait époussté	il aurait époussté, etc.	qu'il ait époussté
nous époussetions	nous avions époussté	*On dit aussi :*	q. n. ayons époussté
vous époussetiez	vous aviez époussté	J'eusse époussté	q. v. ayez époussté
ils époussetaient.	ils avaient époussté.	tu eusses époussté	qu'ils aient époussté.
		il eût époussté, etc.	

Passé défini.	Futur.	Impératif. Présent.	Plus-que-parfait.
J'époussetai	J'époussèterai	Époussète.	Que j'eusse époussté
tu époussetas	tu époussèteras	Époussetons.	q. tu eusses époussté
il époussèta	il époussèterra	Époussetez.	qu'il eût époussté
nous époussetâmes	nous époussèterons	*Passé.*	q. n. euss. époussté
vous époussetâtes	vous époussèterez	Aie époussté.	q. v. euss. époussté
ils époussetèrent.	ils époussèteront.	Ayons époussté.	qu'ils euss. époussté.
		Ayez époussté.	

Passé indéfini.	Futur antérieur.	Subjonctif. Présent.	Infinitif.
J'ai époussté	J'aurai époussté	Que j'époussète	*Présent.* Épousseter.
tu as époussté	tu auras époussté	que tu époussètes	*Passé.* Av. époussté.
il a époussté	il aura époussté	qu'il époussète	**Participe.**
nous avons époussté	nous aurons époussté	que nous époussetions	*Présent.* Époussetant
vous avez époussté	vous aurez époussté	que vous époussetiez	*Passé.* Époussté, ée,
ils ont époussté.	ils auront époussté.	qu'ils époussètent.	és, ées.
			Ayant époussté.

Ainsi se conjuguent : **Becqueter, briqueter, cailleter, caqueter, colleter, crocheter, déchiqueter, dépaqueter, empaqueter, étiqueter, feuilleter, moucheter, pocheter, rapiéceter, tacheter.** — NOTA. Ces verbes, y compris **épousseter**, sont les seuls qui conservent leur e muet au futur et au conditionnel (on doit prononcer **j'époust'rai, tu colt'ras, il déchiqt'rait**) ; ils ne changent cet e muet en è ouvert que devant les terminaisons **e, es, ent.**

N° 77.
CONJUGAISON DES VERBES EN ETER.

Indicatif. *Présent.*	*Passé antérieur.*	Conditionnel. *Présent.*	*Imparfait.*
Je jette tu jettes il jette nous jetons vous jetez ils jettent.	J'eus jeté tu eus jeté il eut jeté nous eûmes jeté vous eûtes jeté ils eurent jeté.	Je jetterais tu jetterais il jetterait nous jetterions vous jetteriez ils jetteraient.	Que je jetasse que tu jetasses qu'il jetât que nous jetassions que vous jetassiez qu'ils jetassent.
Imparfait. Je jetais tu jetais il jetait nous jetions vous jetiez ils jetaient.	*Plus-que-parfait.* J'avais jeté tu avais jeté il avait jeté nous avions jeté vous aviez jeté ils avaient jeté.	*Passé.* J'aurais jeté tu aurais jeté il aurait jeté, etc. On dit aussi : J'eusse jeté tu eusses jeté il eût jeté, etc.	*Passé.* Que j'aie jeté que tu aies jeté qu'il ait jeté que nous ayons jeté que vous ayez jeté qu'ils aient jeté.
Passé défini. Je jetai tu jetas il jeta nous jetâmes vous jetâtes ils jetèrent.	*Futur.* Je jetterai tu jetteras il jettera nous jetterons vous jetterez ils jetteront.	Impératif. *Présent.* Jette. Jetons. Jetez. *Passé.* Aie jeté. Ayons jeté. Ayez jeté.	*Plus-que-parfait.* Que j'eusse jeté que tu eusses jeté qu'il eût jeté que nous euss. jeté que vous eussiez jeté qu'ils eussent jeté.
Passé indéfini. J'ai jeté tu as jeté il a jeté nous avons jeté vous avez jeté ils ont jeté.	*Futur antérieur.* J'aurai jeté tu auras jeté il aura jeté nous aurons jeté vous aurez jeté ils auront jeté.	Subjonctif. *Présent.* Que je jette que tu jettes qu'il jette que nous jetions que vous jetiez qu'ils jettent.	Infinitif. *Présent.* Jeter. *Passé.* Avoir jeté. **Participe.** *Présent.* Jetant. *Passé.* Jeté, ée, és, ées. Ayant jeté.

Ainsi se conjuguent : **Cacheter, coqueter, décacheter, déjeter, mugueter, rejeter, souffleter, teter** (qu'on écrit aussi **téter**), **vergeter**. — NOTA. Ce sont là les seuls verbes en **eter** qui redoublent la consonne **t** devant les terminaisons **e, es, ent, erai, erais**.

N° 78.
CONJUGAISON DES VERBES EN **ETTER**.

Indicatif. Présent.	Passé antérieur.	Conditionnel. Présent.	Imparfait.
Je regrette	J'eus regretté	Je regretterais	Que je regrettasse
tu regrettes	tu eus regretté	tu regretterais	que tu regrettasses
il regrette	il eut regretté	il regretterait	qu'il regrettât
nous regrettons	nous eûmes regretté	nous regretterions	que n. regrettassions
vous regrettez	vous eûtes regretté	vous regretteriez	que v. regrettassiez
ils regrettent.	ils eurent regretté.	ils regretteraient.	qu'ils regrettassent.

Imparfait.	Plus-que-parfait.	Passé.	Passé.
Je regrettais	J'avais regretté	J'aurais regretté	Que j'aie regretté
tu regrettais	tu avais regretté	tu aurais regretté	que tu aies regretté
il regrettait	il avait regretté	il aurait regretté, etc.	qu'il ait regretté
nous regrettions	nous avions regretté	*On dit aussi :*	que n. ayons regretté
vous regrettiez	vous aviez regretté	J'eusse regretté	que v. ayez regretté
ils regrettaient.	ils avaient regretté.	tu eusses regretté	qu'ils aient regretté.
		il eût regretté, etc.	

Passé défini.	Futur.	Impératif. Présent.	Plus-que-parfait.
Je regrettai	Je regretterai	Regrette.	Que j'eusse regretté
tu regrettas	tu regretteras	Regrettons.	q. tu eusses regretté
il regretta	il regrettera	Regrettez.	qu'il eût regretté
nous regrettâmes	nous regretterons	*Passé.*	q. n. euss. regretté
vous regrettâtes	vous regretterez	Aie regretté.	q. v. euss. regretté
ils regrettèrent.	ils regretteront.	Ayons regretté.	qu'ils euss. regretté.
		Ayez regretté.	

Passé indéfini.	Futur antérieur.	Subjonctif. Présent.	Infinitif.
J'ai regretté	J'aurai regretté	Que je regrette	Présent. Regretter.
tu as regretté	tu auras regretté	que tu regrettes	Passé. Av. regretté.
il a regretté	il aura regretté	qu'il regrette	**Participe.**
nous avons regretté	nous aurons regretté	que nous regrettions	Présent. Regrettant.
vous avez regretté	vous aurez regretté	que vous regrettiez	Passé. Regretté, ée,
ils ont regretté.	ils auront regretté.	qu'ils regrettent.	és, ées.
			Ayant regretté.

Ainsi se conjuguent : **Brouetter, émietter, endetter, facetter, fouetter, guetter, pirouetter, rejetter**, etc. — NOTA. Ces verbes, qui ont deux *tt* avant la terminaison de l'infinitif, les conservent dans toute la conjugaison.

N° 79
CONJUGAISON DES VERBES EN TRER.

Indicatif.	Passé antérieur.	Conditionnel.	Imparfait.
Présent.		*Présent.*	
Je montre	J'eus montré	Je montrerais	Que je montrasse
tu montres	tu eus montré	tu montrerais	que tu montrasses
il montre	il eut montré	il montrerait	qu'il montrât
nous montrons	nous eûmes montré	nous montrerions	q. nous montrassions
vous montrez	vous eûtes montré	vous montreriez	que vous montrassiez
ils montrent.	ils eurent montré.	ils montreraient.	qu'ils montrassent.
Imparfait.	*Plus-que-parfait.*	*Passé.*	*Passé.*
Je montrais	J'avais montré	J'aurais montré	Que j'aie montré
tu montrais	tu avais montré	tu aurais montré	que tu aies montré
il montrait	il avait montré	il aurait montré, etc.	qu'il ait montré
nous montrions	nous avions montré	*On dit aussi :*	q. n. ayons montré
vous montriez	vous aviez montré	J'eusse montré	que v. ayez montré
ils montraient.	ils avaient montré.	tu eusses montré	qu'ils aient montré.
		il eût montré, etc.	
Passé défini.	*Futur.*	**Impératif.**	*Plus-que-parfait.*
		Présent.	
Je montrai	Je montrerai	Montre.	Que j'eusse montré
tu montras	tu montreras	Montrons.	que tu eusses montré
il montra	il montrera	Montrez.	qu'il eût montré
nous montrâmes	nous montrerons	*Passé.*	q. n. eussions montré
vous montrâtes	vous montrerez	Aie montré.	q. v. eussiez montré
ils montrèrent.	ils montreront.	Ayons montré.	qu'ils eussent montré.
		Ayez montré.	
Passé indéfini.	*Futur antérieur.*	**Subjonctif.**	**Infinitif.**
		Présent.	*Présent.* Montrer.
J'ai montré	J'aurai montré	Que je montre	*Passé.* Avoir montré.
tu as montré	tu auras montré	que tu montres	**Participe.**
il a montré	il aura montré	qu'il montre	*Présent.* Montrant.
nous avons montré	nous aurons montré	que nous montrions	*Passé.* Montré, ée,
vous avez montré	vous aurez montré	que vous montriez	és, ées.
ils ont montré.	ils auront montré.	qu'ils montrent.	Ayant montré.

Ainsi se conjuguent : Accoutrer, administrer, arbitrer, attitrer, balustrer, calfeutrer, chapitrer, châtrer, cintrer, cloîtrer, concentrer, décintrer, démontrer, enregistrer, éventrer, feutrer, filtrer, folâtrer, frustrer, idolâtrer, illustrer, lustrer, opiniâtrer, outrer, plâtrer, raccoutrer, registrer, remontrer, rencontrer, séquestrer, titrer, vitrer, etc.

N° 80.
CONJUGAISON DES VERBES EN ÉTRER.

Indicatif. Présent.	Passé antérieur.	Conditionnel. Présent.	Imparfait.
J'impètre	J'eus impétré	J'impétrerais	Que j'impétrasse
tu impètres	tu eus impétré	tu impétrerais	que tu impétrasses
il impètre	il eut impétré	il impétrerait	qu'il impétrât
nous impétrons	nous eûmes impétré	nous impétrerions	que n. impétrassions
vous impétrez	vous eûtes impétré	vous impétreriez	que v. impétrassiez
ils impètrent.	ils eurent impétré.	ils impétreraient.	qu'ils impétrassent.

Imparfait.	Plus-que-parfait.	Passé.	Passé.
J'impétrais	J'avais impétré	J'aurais impétré	Que j'aie impétré
tu impétrais	tu avais impétré	tu aurais impétré	que tu aies impétré
il impétrait	il avait impétré	il aurait impétré, etc.	qu'il ait impétré
nous impétrions	nous avions impétré	*On dit aussi :*	que n. ayons impétré
vous impétriez	vous aviez impétré	J'eusse impétré	que v. ayez impétré
ils impétraient.	ils avaient impétré.	tu eusses impétré	qu'ils aient impétré.
		il eût impétré, etc.	

Passé défini.	Futur.	Impératif. Présent.	Plus-que-parfait.
J'impétrai	J'impétrerai	Impètre.	Que j'eusse impétré
tu impétras	tu impétreras	Impétrons.	que tu eusses impétré
il impétra	il impétrera	Impétrez.	qu'il eût impétré
nous impétrâmes	nous impétrerons	*Passé.*	que n. euss. impétré
vous impétrâtes	vous impétrerez	Aie impétré.	que v. euss. impétré
ils impétrèrent.	ils impétreront.	Ayons impétré.	qu'ils euss. impétré.
		Ayez impétré.	

Passé indéfini.	Futur antérieur.	Subjonctif. Présent.	Infinitif.
J'ai impétré	J'aurai impétré	Que j'impètre	*Présent.* Impétrer.
tu as impétré	tu auras impétré	que tu impètres	*Passé.* Av. impétré.
il a impétré	il aura impétré	qu'il impètre	**Participe.**
nous avons impétré	nous aurons impétré	que nous impétrions	*Présent.* Impétrant.
vous avez impétré	vous aurez impétré	que vous impétriez	*Passé.* Impétré, ée,
ils ont impétré.	ils auront impétré.	qu'ils impètrent.	és, ées.
			Ayant impétré.

Ainsi se conjuguent : **Dépétrer, pénétrer, perpétrer,** etc. — NOTA. Ces verbes, qui ont un **é** fermé à la dernière syllabe du radical, le changent en **è** ouvert devant les terminaisons **e, es, ent,** et jamais ailleurs.

N° 81.
CONJUGAISON DES VERBES EN ÉTRER.

Indicatif. Présent.	Passé antérieur.	Conditionnel. Présent.	Imparfait.
J'enchevêtre tu enchevêtres il enchevêtre nous enchevêtrons vous enchevêtrez ils enchevêtrent.	J'eus enchevêtré tu eus enchevêtré il eut enchevêtré n. eûmes enchevêtré vous eûtes enchevêtré ils eurent enchevêtré.	J'enchevêtrerais tu enchevêtrerais il enchevêtrerait nous enchevêtrerions vous enchevêtreriez ils enchevêtreraient.	Que j'enchevêtrasse que tu enchevêtrasses qu'il enchevêtrât q. n. enchevêtrassions que v. enchevêtrassiez qu. enchevêtrassent.
Imparfait.	*Plus-que-parfait.*	*Passé.* J'aurais enchevêtré tu aurais enchevêtré il au. enchevêtré, etc. *On dit aussi :* J'eusse enchevêtré tu eusses enchevêtré il eût enchevêtré, etc.	*Passé.*
J'enchevêtrais tu enchevêtrais il enchevêtrait nous enchevêtrions vous enchevêtriez ils enchevêtraient.	J'avais enchevêtré tu avais enchevêtré il avait enchevêtré n. avions enchevêtré vous aviez enchevêtré ils avaient enchevêtré.		Que j'aie enchevêtré que tu aies enchevêtré qu'il ait enchevêtré q. n. ayons enchevêtré que v. ayez enchevêtré qu. aient enchevêtré.
Passé défini.	*Futur.*	**Impératif.** *Présent.* Enchevêtre. Enchevêtrons. Enchevêtrez. *Passé.* Aie enchevêtré. Ayons enchevêtré. Ayez enchevêtré.	*Plus-que-parfait.*
J'enchevêtrai tu enchevêtras il enchevêtra nous enchevêtrâmes vous enchevêtrâtes ils enchevêtrèrent.	J'enchevêtrerai tu enchevêtreras il enchevêtrera nous enchevêtrerons vous enchevêtrerez ils enchevêtreront.		Q. j'eusse enchevêtré q. tu euss. enchevêtré qu'il eût enchevêtré q. n. euss. enchevêtré q. v. euss. enchevêtré q. euss. enchevêtré.
Passé indéfini.	*Futur antérieur.*	**Subjonctif.** *Présent.*	**Infinitif.** Prés. Enchevêtrer. Pas. Av. enchevêtré. **Participe.**
J'ai enchevêtré tu as enchevêtré il a enchevêtré nous avons enchevêtré vous avez enchevêtré ils ont enchevêtré.	J'aurai enchevêtré tu auras enchevêtré il aura enchevêtré n. aurons enchevêtré v. aurez enchevêtré ils auront enchevêtré.	Que j'enchevêtre que tu enchevêtres qu'il enchevêtre que n. enchevêtrions que vous enchevêtriez qu'ils enchevêtrent.	Prés. Enchevêtrant. Passé. Enchevêtré, ée, és, ées. Ayant enchevêtré.

Ainsi se conjuguent : **Empêtrer, guêtrer,** etc. — Nota. Ces verbes, qui ont un ê circonflexe à la dernière syllabe du radical, le conservent dans toute leur conjugaison.

N° 82.
CONJUGAISON DES VERBES EN UER.

Indicatif. *Présent.*	*Passé antérieur.*	Conditionnel. *Présent.*	*Imparfait.*
Je tue	J'eus tué	Je tuerais	Que je tuasse
tu tues	tu eus tué	tu tuerais	que tu tuasses
il tue	il eut tué	il tuerait	qu'il tuât
nous tuons	nous eûmes tué	nous tuerions	que nous tuassions
vous tuez	vous eûtes tué	vous tueriez	que vous tuassiez
ils tuent.	ils eurent tué.	ils tueraient.	qu'ils tuassent.

Imparfait.	*Plus-que-parfait.*	*Passé.*	*Passé.*
Je tuais	J'avais tué	J'aurais tué	Que j'aie tué
tu tuais	tu avais tué.	tu aurais tué	que tu aies tué
il tuait	il avait tué	il aurait tué, etc.	qu'il ait tué
nous tuions	nous avions tué	*On dit aussi :*	que nous ayons tué
vous tuiez	vous aviez tué	J'eusse tué	que vous ayez tué
ils tuaient.	ils avaient tué.	tu eusses tué	qu'ils aient tué.
		il eût tué, etc.	

Passé défini.	*Futur.*	Impératif. *Présent.*	*Plus-que-parfait.*
Je tuai	Je tuerai	Tue.	Que j'eusse tué
tu tuas	tu tueras	Tuons.	que tu eusses tué
il tua	il tuera	Tuez.	qu'il eût tué
nous tuâmes	nous tuerons	*Passé.*	q. nous eussions tué
vous tuâtes	vous tuerez	Aie tué.	que vous eussiez tué
ils tuèrent.	ils tueront.	Ayons tué.	qu'ils eussent tué.
		Ayez tué.	

Passé indéfini.	*Futur antérieur.*	Subjonctif. *Présent.*	Infinitif.
J'ai tué	J'aurai tué	Que je tue	*Présent.* Tuer.
tu as tué	tu auras tué	que tu tues	*Passé.* Avoir tué.
il a tué	il aura tué	qu'il tue	Participe.
nous avons tué.	nous aurons tué	que nous tuions	*Présent.* Tuant.
vous avez tué	vous aurez tué	que vous tuiez	*Passé.* Tué, ée, és, ées.
ils ont tué.	ils auront tué.	qu'ils tuent.	Ayant tué.

Ainsi se conjuguent : Abluer, accentuer, affluer, atténuer, attribuer, bossuer, commuer, conspuer, constituer, continuer, contribuer, dégluer, dénuer, déshabituer, diminuer, discontinuer, distribuer, effectuer, engluer, éternuer, évacuer, évaluer, gluer, graduer, habituer, huer, infatuer, influer, insinuer, instituer, muer, nuer, obstruer, puer, refluer, remuer, ressuer, restituer, ruer, saluer, situer, statuer, substituer, suer, tortuer, transmuer, etc.

N° 83.
CONJUGAISON DES VERBES EN VER.

Indicatif.	Passé antérieur.	Conditionnel.	Imparfait.
Présent. Je rêve tu rêves il rêve nous rêvons vous rêvez ils rêvent.	J'eus rêvé tu eus rêvé il eut rêvé nous eûmes rêvé vous eûtes rêvé ils eurent rêvé.	*Présent.* Je rêverais tu rêverais il rêverait nous rêverions vous rêveriez ils rêveraient.	Que je rêvasse que tu rêvasses qu'il rêvât que nous rêvassions que vous rêvassiez qu'ils rêvassent.
Imparfait. Je rêvais tu rêvais il rêvait nous rêvions vous rêviez ils rêvaient.	*Plus-que-parfait.* J'avais rêvé tu avais rêvé il avait rêvé nous avions rêvé vous aviez rêvé ils avaient rêvé.	*Passé.* J'aurais rêvé tu aurais rêvé il aurait rêvé, etc. *On dit aussi :* J'eusse rêvé tu eusses rêvé il eût rêvé, etc.	*Passé.* Que j'aie rêvé que tu aies rêvé qu'il ait rêvé que nous ayons rêvé que vous ayez rêvé qu'ils aient rêvé.
Passé défini. Je rêvai tu rêvas il rêva nous rêvâmes vous rêvâtes ils rêvèrent.	*Futur.* Je rêverai tu rêveras il rêvera nous rêverons vous rêverez ils rêveront.	**Impératif.** *Présent.* Rêve. Rêvons. Rêvez. *Passé.* Aie rêvé. Ayons rêvé. Ayez rêvé	*Plus-que-parfait.* Que j'eusse rêvé que tu eusses rêvé qu'il eût rêvé que n. eussions rêvé q. vous eussiez rêvé qu'ils eussent rêvé.
Passé indéfini. J'ai rêvé tu as rêvé il a rêvé nous avons rêvé vous avez rêvé ils ont rêvé.	*Futur antérieur.* J'aurai rêvé tu auras rêvé il aura rêvé nous aurons rêvé vous aurez rêvé ils auront rêvé.	**Subjonctif.** *Présent.* Que je rêve que tu rêves qu'il rêve que nous rêvions que vous rêviez qu'ils rêvent.	**Infinitif.** *Présent.* Rêver. *Passé.* Avoir rêvé. **Participe.** *Présent.* Rêvant. *Passé.* Rêvé, ée, és, ées. Ayant rêvé.

Ainsi se conjuguent : **Abreuver, aggraver, approuver, baver, braver, captiver, conserver, controuver, couver, cultiver, cuver, dépaver, dépraver, dériver, désapprouver, enclaver, énerver, engraver, enjoliver, entraver, éprouver, esquiver, étuver, graver, improuver, innover, invectiver, laver, motiver, observer, paver, préserver, priver, prouver, raviver, récidiver, relaver, réprouver, réserver, retrouver, river, saliver, sauver,** etc.

CONJUGAISON DES VERBES EN **EVER**.

Indicatif. Présent.	Passé antérieur.	Conditionnel. Présent.	Imparfait.
Je lève	J'eus levé	Je lèverais	Que je levasse
tu lèves	tu eus levé	tu lèverais	que tu levasses
il lève	il eut levé	il lèverait	qu'il levât
nous levons	nous eûmes levé	nous lèverions	que nous levassions
vous levez	vous eûtes levé	vous lèveriez	que vous levassiez
ils lèvent.	ils eurent levé.	ils lèveraient.	qu'ils levassent.

Imparfait.	Plus-que-parfait.	Passé.	Passé.
Je levais	J'avais levé	J'aurais levé	Que j'aie levé
tu levais	tu avais levé	tu aurais levé	que tu aies levé
il levait	il avait levé	il aurait levé, etc.	qu'il ait levé
nous levions	nous avions levé	*On dit aussi :*	que nous ayons levé
vous leviez	vous aviez levé	J'eusse levé	que vous ayez levé
ils levaient.	ils avaient levé.	tu eusses levé	qu'ils aient levé.
		il eût levé, etc.	

Passé défini.	Futur.	Impératif. Présent.	Plus-que-parfait.
Je levai	Je lèverai	Lève.	Que j'eusse levé
tu levas	tu lèveras	Levons.	que tu eusses levé
il leva	il lèvera	Levez.	qu'il eût levé
nous levâmes	nous lèverons	*Passé.*	que nous euss. levé
vous levâtes	vous lèverez	Aie levé.	que vous eussiez levé
ils levèrent.	ils lèveront.	Ayons levé.	qu'ils eussent levé.
		Ayez levé.	

Passé indéfini.	Futur antérieur.	Subjonctif. Présent.	Infinitif.
J'ai levé	J'aurai levé	Que je lève	Présent. Lever.
tu as levé	tu auras levé	que tu lèves	Passé. Avoir levé.
il a levé	il aura levé	qu'il lève	**Participe.**
nous avons levé	nous aurons levé	que nous levions	Présent. Levant.
vous avez levé	vous aurez levé	que vous leviez	Passé. Levé, ée,
ils ont levé.	ils auront levé.	qu'ils lèvent.	és, ées.
			Ayant levé.

Ainsi se conjuguent : **Achever, crever, élever, enlever, grever, parachever, prélever, relever, soulever,** etc. — NOTA. Ces verbes, qui ont un *e* muet à la dernière syllabe du radical, le changent en *è* ouvert devant les terminaisons *e, es, ent, erai* et *erais.*

N° 85.
CONJUGAISON DES VERBES EN ÈVER.

Indicatif. Présent.	Passé antérieur.	Conditionnel. Présent.	Imparfait.
J'endêve tu endêves il endêve nous endêvons vous endêvez ils endêvent.	J'eus endêvé tu eus endêvé il eut endêvé nous eûmes endêvé vous eûtes endêvé ils eurent endêvé.	J'endêverais tu endêverais il endêverait nous endêverions vous endêveriez ils endêveraient.	Que j'endêvasse que tu endêvasses qu'il endêvât que nous endêvassions que vous endêvassiez qu'ils endêvassent.
Imparfait. J'endêvais tu endêvais il endêvait nous endêvions vous endêviez ils endêvaient.	**Plus-que-parfait.** J'avais endêvé tu avais endêvé il avait endêvé nous avions endêvé vous aviez endêvé ils avaient endêvé.	**Passé.** J'aurais endêvé tu aurais endêvé il aurait endêvé, etc. *On dit aussi :* J'eusse endêvé tu eusses endêvé il eût endêvé, etc.	**Passé.** Que j'aie endêvé que tu aies endêvé qu'il ait endêvé que n. ayons endêvé que vous ayez endêvé qu'ils aient endêvé.
Passé défini. J'endêvai tu endêvas il endêva nous endêvâmes vous endêvâtes ils endêvèrent.	**Futur.** J'endêverai tu endêveras il endêvera nous endêverons vous endêverez ils endêveront.	**Impératif.** *Présent.* Endêve. Endêvons. Endêvez. *Passé.* Aie endêvé. Ayons endêvé. Ayez endêvé.	**Plus-que-parfait.** Que j'eusse endêvé que tu eusses endêvé qu'il eût endêvé q. n. eussions endêvé que v. eussiez endêvé qu'ils eussent endêvé.
Passé indéfini. J'ai endêvé tu as endêvé il a endêvé nous avons endêvé vous avez endêvé ils ont endêvé.	**Futur antérieur.** J'aurai endêvé tu auras endêvé il aura endêvé nous aurons endêvé vous aurez endêvé ils auront endêvé.	**Subjonctif.** *Présent.* Que j'endêve que tu endêves qu'il endêve que nous endêvions que vous endêviez qu'ils endêvent.	**Infinitif.** *Présent.* Endêver. *Passé.* Avoir endêvé. **Participe.** *Présent.* Endêvant. *Passé.* Endêvé, ée, és, ées. Ayant endêvé.

Ainsi se conjugue : **Rêver.** — NOTA. Ces deux verbes, qui ont un **e** circonflexe à la dernière syllabe du radical, le conservent dans toute leur conjugaison.

N° 86.
CONJUGAISON DES VERBES EN **VRER.**

Indicatif. Présent.	Passé antérieur.	Conditionnel. Présent.	Imparfait.
Je livre	J'eus livré	Je livrerais	Que je livrasse
tu livres	tu eus livré	tu livrerais	que tu livrasses
il livre	il eut livré	il livrerait.	qu'il livrât
nous livrons	nous eûmes livré	nous livrerions	que nous livrassions
vous livrez	vous eûtes livré	vous livreriez	que vous livrassiez
ils livrent.	ils eurent livré.	ils livreraient.	qu'ils livrassent.

Imparfait.	Plus-que-parfait.	Passé. J'aurais livré tu aurais livré il aurait livré, etc. *On dit aussi :* J'eusse livré tu eusses livré il eût livré, etc.	Passé.
Je livrais	J'avais livré		Que j'aie livré
tu livrais	tu avais livré		que tu aies livré
il livrait	il avait livré		qu'il ait livré
nous livrions	nous avions livré		que nous ayons livré
vous livriez	vous aviez livré		que vous ayez livré
ils livraient.	ils avaient livré.		qu'ils aient livré.

Passé défini.	Futur.	Impératif. Présent.	Plus-que-parfait.
Je livrai	Je livrerai	Livre.	Que j'eusse livré
tu livras	tu livreras	Livrons.	que tu eusses livré
il livra	il livrera	Livrez.	qu'il eût livré
nous livrâmes	nous livrerons	*Passé.*	que n. eussions livré
vous livrâtes	vous livrerez	Aie livré.	que vous eussiez livré
ils livrèrent.	ils livreront.	Ayons livré. Ayez livré.	qu'ils eussent livré.

Passé indéfini.	Futur antérieur.	Subjonctif. Présent.	Infinitif. Présent. Livrer. Passé. Avoir livré. Participe. Présent. Livrant. Passé. Livré, ée, és, ées. Ayant livré.
J'ai livré	J'aurai livré	Que je livre	
tu as livré	tu auras livré	que tu livres	
il a livré	il aura livré	qu'il livre	
nous avons livré	nous aurons livré	que nous livrions	
vous avez livré	vous aurez livré	que vous livriez	
ils ont livré.	ils auront livré.	qu'ils livrent.	

Ainsi se conjuguent : **Délivrer,** désenivrer, enivrer, **manœuvrer, navrer, ouvrer, recouvrer,** etc.

Nº 87.
CONJUGAISON DES VERBES EN **EVRER**.

Indicatif. Présent.	Passé antérieur.	Conditionnel. Présent.	Imparfait.
Je sèvre	J'eus sevré	Je sèvrerais	Que je sevrasse
tu sèvres	tu eus sevré	tu sèvrerais	que tu sevrasses
il sèvre	il eut sevré	il sèvrerait	qu'il sevrât
nous sevrons	nous eûmes sevré	nous sèvrerions	que n. sevrassions
vous sevrez	vous eûtes sevré	vous sèvreriez	que vous sevrassiez
ils sèvrent.	ils eurent sevré.	ils sèvreraient.	qu'ils sevrassent.

Imparfait.	Plus-que-parfait.	Passé.	Passé.
Je sevrais	J'avais sevré	J'aurais sevré	Que j'aie sevré
tu sevrais	tu avais sevré	tu aurais sevré	que tu aies sevré
il sevrait	il avait sevré	il aurait sevré, etc.	qu'il ait sevré
nous sevrions	nous avions sevré	*On dit aussi :*	que nous ayons sevré
vous sevriez	vous aviez sevré	J'eusse sevré	que vous ayez sevré
ils sevraient.	ils avaient sevré.	tu eusses sevré	qu'ils aient sevré.
		il eût sevré, etc.	

Passé défini.	Futur.	Impératif. Présent.	Plus-que-parfait.
Je sevrai	Je sèvrerai	Sèvre	Que j'eusse sevré
tu sevras	tu sèvreras	Sevrons.	que tu eusses sevré
il sevra	il sèvrera	Sevrez.	qu'il eût sevré
nous sevrâmes	nous sèvrerons	*Passé.*	que n. eussions sevré
vous sevrâtes	vous sèvrerez	Aie sevré.	que v. eussiez sevré
ils sevrèrent.	ils sèvreront.	Ayons sevré.	qu'ils eussent sevré.
		Ayez sevré.	

Passé indéfini.	Futur antérieur.	Subjonctif. Présent.	Infinitif.
J'ai sevré	J'aurai sevré	Que je sèvre	*Présent.* Sevrer.
tu as sevré	tu auras sevré	que tu sèvres	*Passé.* Avoir sevré.
il a sevré	il aura sevré	qu'il sèvre	**Participe.**
nous avons sevré	nous aurons sevré	que nous sevrions	*Présent.* Sevrant.
vous avez sevré	vous aurez sevré	que vous sevriez	*Passé.* Sevré, ée,
ils ont sevré.	ils auront sevré.	qu'ils sèvrent.	és, ées.
			Ayant sevré.

NOTA. Ce verbe, le seul de cette terminaison, change l'e muet de la dernière syllabe du radical en **è** ouvert devant les terminaisons **e, es, ent, erai** et **erais**.

N° 88.
CONJUGAISON DES VERBES EN XER.

Indicatif. Présent.	Passé antérieur.	Conditionnel. Présent.	Imparfait.
Je taxe	J'eus taxé	Je taxerais	Que je taxasse
tu taxes	tu eus taxé	tu taxerais	que tu taxasses
il taxe	il eut taxé	il taxerait	qu'il taxât
nous taxons	nous eûmes taxé	nous taxerions	que nous taxassions
vous taxez	vous eûtes taxé	vous taxeriez	que vous taxassiez
ils taxent.	ils eurent taxé.	ils taxeraient.	qu'ils taxassent.

Imparfait.	Plus-que-parfait.	Passé. J'aurais taxé	Passé.
Je taxais	J'avais taxé	tu aurais taxé	Que j'aie taxé
tu taxais	tu avais taxé	il aurait taxé, etc.	que tu aies taxé
il taxait	il avait taxé	*On dit aussi :*	qu'il ait taxé
nous taxions	nous avions taxé	J'eusse taxé	que nous ayons taxé
vous taxiez	vous aviez taxé	tu eusses taxé	que vous ayez taxé
ils taxaient.	ils avaient taxé.	il eût taxé, etc.	qu'ils aient taxé.

Passé défini.	Futur.	Impératif. Présent.	Plus-que-parfait.
Je taxai	Je taxerai	Taxe.	Que j'eusse taxé
tu taxas	tu taxeras	Taxons.	que tu eusses taxé
il taxa	il taxera	Taxez.	qu'il eût taxé
nous taxâmes	nous taxerons	*Passé.*	q. n. eussions taxé.
vous taxâtes	vous taxerez	Aie taxé.	q. v. eussiez taxé.
ils taxèrent.	ils taxeront.	Ayons taxé. Ayez taxé.	qu'ils eussent taxé.

Passé indéfini.	Futur antérieur.	Subjonctif. Présent.	Infinitif.
J'ai taxé	J'aurai taxé	Que je taxe	*Présent.* Taxer. *Passé.* Avoir taxé.
tu as taxé	tu auras taxé	que tu taxes	**Participe.**
il a taxé	il aura taxé	qu'il taxe	*Présent.* Taxant.
nous avons taxé	nous aurons taxé	que nous taxions	*Passé.* Taxé, ée, és, ées.
vous avez taxé	vous aurez taxé	que vous taxiez	Ayant taxé.
ils ont taxé.	ils auront taxé.	qu'ils taxent.	

Ainsi se conjuguent : **Annexer, détaxer, fixer, luxer, malaxer, relaxer, vexer,** etc. — NOTA. L'e du verbe **annexer** ne subit pas de changement devant les terminaisons **e, es, ent, erai** et **erais,** parce que l'e ne prend jamais d'accent devant l'x.

N° 89.
CONJUGAISON DES VERBES EN AYER.

Indicatif.	Passé antérieur.	Conditionnel.	Imparfait.
Présent.		*Présent.*	Que je payasse
Je paye	J'eus payé	Je payerais	que tu payasses
tu payes	tu eus payé	tu payerais	qu'il payât
il paye	il eut payé	il payerait	que nous payassions
nous payons	nous eûmes payé	nous payerions	que vous payassiez
vous payez	vous eûtes payé	vous payeriez	qu'ils payassent.
ils payent.	ils eurent payé	ils payeraient.	
Imparfait.	*Plus-que-parfait.*	*Passé.*	*Passé.*
Je payais	J'avais payé	J'aurais payé	Que j'aie payé
tu payais	tu avais payé	tu aurais payé	que tu aies payé
il payait	il avait payé	il aurait payé, etc.	qu'il ait payé
nous payions	nous avions payé	*On dit aussi:*	que nous ayons payé
vous payiez	vous aviez payé	J'eusse payé	que vous ayez payé
ils payaient	ils avaient payé.	tu eusses payé	qu'ils aient payé.
		il eût payé, etc.	
		Impératif.	
Passé défini.	*Futur.*	*Présent.*	*Plus-que-parfait.*
Je payai	Je payerai	Paye.	Que j'eusse payé
tu payas	tu payeras	Payons.	que tu eusses payé
il paya	il payera	Payez.	qu'il eût payé
nous payâmes	nous payerons	*Passé.*	que n. eussions payé
vous payâtes	vous payerez	Aie payé.	que v. eussiez payé
ils payèrent.	ils payeront.	Ayons payé.	qu'ils eussent payé.
		Ayez payé.	
Passé indéfini.	*Futur antérieur.*	**Subjonctif.**	**Infinitif.**
		Présent.	*Présent.* Payer.
J'ai payé	J'aurai payé	Que je paye	*Passé.* Avoir payé.
tu as payé	tu auras payé	que tu payes	**Participe.**
il a payé	il aura payé	qu'il paye	*Présent.* Payant.
nous avons payé	nous aurons payé	que nous payions	*Passé.* Payé, ée,
vous avez payé	vous aurez payé	que vous payiez	és, ées.
ils ont payé.	ils auront payé.	qu'ils payent.	Ayant payé.

Ainsi se conjuguent: Aiguayer, balayer, bayer, bégayer, cartayer, déblayer, défrayer, délayer, effrayer, égayer, enrayer, essayer, étayer, frayer, layer, monnayer, rayer, relayer, remblayer, etc. — L'Académie conserve l'y devant e, es, ent, erai, erais, dans tous les verbes en ayer; elle n'admet que secondairement le changement de l'y en i devant ces mêmes terminaisons.

6

N° 90.
CONJUGAISON DES VERBES EN EYER.

Indicatif. Présent.	Passé antérieur.	Conditionnel. Présent.	Imparfait.
Je grasseye	J'eus grasseyé	Je grasseyerais	Que je grasseyasse
tu grasseyes	tu eus grasseyé	tu grasseyerais	que tu grasseyasses
il grasseye	il eut grasseyé	il grasseyerait	qu'il grasseyât
nous grasseyons	nous eûmes grasseyé	nous grasseyerions	que n. grasseyassions
vous grasseyez	vous eûtes grasseyé	vous grasseyeriez	que v. grasseyassiez
ils grasseyent.	ils eurent grasseyé	ils grasseyeraient.	qu'ils grasseyassent.

Imparfait.	Plus-que-parfait.	Passé.	Passé.
Je grasseyais	J'avais grasseyé	J'aurais grasseyé	Que j'aie grasseyé
tu grasseyais	tu avais grasseyé	tu aurais grasseyé	que tu aies grasseyé
il grasseyait	il avait grasseyé	il aurait grasseyé, etc.	qu'il ait grasseyé
nous grasseyions	nous avions grasseyé	*On dit aussi :*	q. n. ayons grasseyé
vous grasseyiez	vous aviez grasseyé	J'eusse grasseyé	que v. ayez grasseyé
ils grasseyaient.	ils avaient grasseyé.	tu eusses grasseyé	qu'ils aient grasseyé.
		il eût grasseyé, etc.	

Passé défini.	Futur.	Impératif. Présent.	Plus-que-parfait.
Je grasseyai	Je grasseyerai	Grasseye.	Que j'eusse grasseyé
tu grasseyas	tu grasseyeras	Grasseyons.	q. tu eusses grasseyé
il grasseya	il grasseyera	Grasseyez.	qu'il eût grasseyé
nous grasseyâmes	nous grasseyerons	*Passé.*	que n. euss. grasseyé
vous grasseyâtes	vous grasseyerez	Aie grasseyé.	q. v. eussiez grasseyé
ils grasseyèrent.	ils grasseyeront.	Ayons grasseyé.	qu'ils euss. grasseyé.
		Ayez grasseyé.	

Passé indéfini.	Futur antérieur.	Subjonctif. Présent.	Infinitif.
J'ai grasseyé	J'aurai grasseyé	Que je grasseye	Présent. Grasseyer.
tu as grasseyé	tu auras grasseyé	que tu grasseyes	Passé. Av. grasseyé.
il a grasseyé	il aura grasseyé	qu'il grasseye	**Participe.**
nous avons grasseyé	nous aurons grasseyé	que nous grasseyions	Présent. Grasseyant.
vous avez grasseyé	vous aurez grasseyé	que vous grasseyiez	Passé. Grasseyé.
ils ont grasseyé.	ils auront grasseyé.	qu'ils grasseyent.	Ayant grasseyé.

Ainsi se conjugue : **Langueyer.** — NOTA. Ces deux verbes, d'après l'Académie, conservent l'y dans toute leur conjugaison, même devant les terminaisons **e, es, ent, eral, erais.**

N° 91.
CONJUGAISON DES VERBES EN OYER.

Indicatif.	Passé antérieur.	Conditionnel.	Imparfait.
Présent.	J'eus broyé	*Présent.*	Que je broyasse
Je broie	tu eus broyé	Je broierais	que tu broyasses
tu broies	il eut broyé	tu broierais	qu'il broyât
il broie	nous eûmes broyé	il broierait	que nous broyassions
nous broyons	vous eûtes broyé	nous broierions	que vous broyassiez
vous broyez	ils eurent broyé.	vous broieriez	qu'ils broyassent.
ils broient.		ils broieraient.	
Imparfait.	*Plus-que-parfait.*	*Passé.*	*Passé.*
Je broyais	J'avais broyé	J'aurais broyé	Que j'aie broyé
tu broyais	tu avais broyé	tu aurais broyé	que tu aies broyé
il broyait	il avait broyé	il aurait broyé, etc.	qu'il ait broyé
nous broyions	nous avions broyé	*On dit aussi :*	que nous ayons broyé
vous broyiez	vous aviez broyé	J'eusse broyé	que vous ayez broyé
ils broyaient.	ils avaient broyé.	tu eusses broyé	qu'ils aient broyé.
		il eût broyé, etc.	
Passé défini.	*Futur.*	**Impératif.**	*Plus-que-parfait.*
Je broyai	Je broierai	*Présent.*	Que j'eusse broyé
tu broyas	tu broieras	Broie.	que tu eusses broyé
il broya	il broiera	Broyons.	qu'il eût broyé
nous broyâmes	nous broierons	Broyez.	q. nous eussions broyé
vous broyâtes	vous broierez	*Passé.*	q. vous eussiez broyé
ils broyèrent.	ils broieront.	Aie broyé.	qu'ils eussent broyé.
		Ayons broyé.	
		Ayez broyé.	
Passé indéfini.	*Futur antérieur.*	**Subjonctif.**	**Infinitif.**
J'ai broyé	J'aurai broyé	*Présent.*	*Présent.* Broyer.
tu as broyé	tu auras broyé	Que je broie	*Passé.* Avoir broyé.
il a broyé	il aura broyé	que tu broies	**Participe.**
nous avons broyé	nous aurons broyé	qu'il broie	*Présent.* Broyant.
vous avez broyé	vous aurez broyé	que nous broyions	*Passé.* Broyé, ée,
ils ont broyé.	ils auront broyé.	que vous broyiez	és, ées.
		qu'ils broient.	Ayant broyé.

Ainsi se conjuguent : Aboyer, apitoyer, atermoyer, bornoyer, charroyer, choyer, convoyer, corroyer, côtoyer, déployer, dévoyer, employer, fétoyer, flamboyer, fossoyer, foudroyer, fourvoyer, giboyer, grossoyer, guerroyer, jointoyer, larmoyer, louvoyer, nettoyer, noyer, octroyer, ondoyer, ployer, rudoyer, soudoyer, tutoyer, verdoyer, etc. — NOTA. Tous ces verbes, pour adoucir la prononciation, changent l'y du radical en i devant les terminaisons e, es, ent, erai, erais. Il n'y a d'excepté qu'envoyer et renvoyer, qui sont irréguliers. (V. ci-après).

N° 92.
CONJUGAISON DES VERBES EN **VOYER**.

Indicatif.	Passé antérieur.	Conditionnel.	Imparfait.
Présent.		*Présent.*	
J'envoie	J'eus envoyé	J'enverrais	Que j'envoyasse
tu envoies	tu eus envoyé	tu enverrais	que tu envoyasses
il envoie	il eut envoyé	il enverrait	qu'il envoyât
nous envoyons	nous eûmes envoyé	nous enverrions	que n. envoyassions
vous envoyez	vous eûtes envoyé	vous enverriez	que vous envoyassiez
ils envoyent.	ils eurent envoyé.	ils enverraient.	qu'ils envoyassent.
Imparfait.	*Plus-que-parfait.*	*Passé.*	*Passé.*
		J'aurais envoyé	
J'envoyais	J'avais envoyé	tu aurais envoyé	Que j'aie envoyé
tu envoyais	tu avais envoyé	il aurait envoyé, etc.	que tu aies envoyé
il envoyait	il avait envoyé	*On dit aussi :*	qu'il ait envoyé
nous envoyions	nous avions envoyé	J'eusse envoyé	que n. ayons envoyé
vous envoyiez	vous aviez envoyé	tu eusses envoyé	que vous ayez envoyé
ils envoyaient.	ils avaient envoyé.	il eût envoyé, etc.	qu'ils aient envoyé.
Passé défini.	*Futur.*	**Impératif.**	*Plus-que-parfait.*
		Présent.	
		Envoie.	
J'envoyai	J'enverrai	Envoyons.	Que j'eusse envoyé
tu envoyas	tu enverras	Envoyez.	que tu eusses envoyé
il envoya	il enverra	*Passé.*	qu'il eût envoyé
nous envoyâmes	nous enverrons	Aie envoyé.	q. n. eussions envoyé
vous envoyâtes	vous enverrez	Ayons envoyé.	que v. eussiez envoyé
ils envoyèrent.	ils enverront.	Ayez envoyé.	qu'ils eussent envoyé.
Passé indéfini.	*Futur antérieur.*	**Subjonctif.**	**Infinitif.**
		Présent.	*Présent.* Envoyer.
J'ai envoyé	J'aurai envoyé	Que j'envoie	*Passé.* Avoir envoyé.
tu as envoyé	tu auras envoyé	que tu envoies	**Participe.**
il a envoyé	il aura envoyé	qu'il envoie	*Présent.* Envoyant.
nous avons envoyé	nous aurons envoyé	que nous envoyions	*Passé.* Envoyé, ée,
vous avez envoyé	vous aurez envoyé	que vous envoyiez	és, ées.
ils ont envoyé.	ils auront envoyé	qu'ils envoyent.	Ayant envoyé.

Ainsi se conjugue : **Renvoyer.** — NOTA. Ces verbes se conjuguent comme **broyer**, excepté au futur et au conditionnel. Cette irrégularité est due à la corruption de la diphthongue **oi**. On a d'abord écrit **j'envoierai**, qu'on a prononcé **j'envairai**, puis on est arrivé de là à **j'enverrai**.

N° 93.
CONJUGAISON DES VERBES EN UYER.

Indicatif. Présent.	Passé antérieur.	Conditionnel. Présent.	Imparfait.
J'essuie tu essuies il essuie nous essuyons vous essuyez ils essuient.	J'eus essuyé tu eus essuyé il eut essuyé nous eûmes essuyé vous eûtes essuyé ils eurent essuyé	J'essuierais tu essuierais il essuierait nous essuierions vous essuieriez ils essuieraient.	Que j'essuyasse que tu essuyasses qu'il essuyât que nous essuyassions que vous essuyassiez qu'ils essuyassent.

Imparfait.	Plus-que-parfait.	Passé.	Passé.
J'essuyais tu essuyais il essuyait nous essuyions vous essuyiez ils essuyaient.	J'avais essuyé tu avais essuyé il avait essuyé nous avions essuyé vous aviez essuyé ils avaient essuyé.	J'aurais essuyé tu aurais essuyé il aurait essuyé, etc. *On dit aussi :* J'eusse essuyé tu eusses essuyé il eût essuyé, etc.	Que j'aie essuyé que tu aies essuyé qu'il ait essuyé que n. ayons essuyé que vous ayez essuyé qu'ils aient essuyé

Passé défini.	Futur.	Impératif. Présent.	Plus-que-parfait.
J'essuyai tu essuyas il essuya nous essuyâmes vous essuyâtes ils essuyèrent.	J'essuierai tu essuieras il essuiera nous essuierons vous essuierez ils essuieront.	Essuie. Essuyons. Essuyez. *Passé.* Aie essuyé. Ayons essuyé. Ayez essuyé.	Que j'eusse essuyé que tu eusses essuyé qu'il eût essuyé q. n. eussions essuyé que v. eussiez essuyé qu'ils eussent essuyé

Passé indéfini.	Futur antérieur.	Subjonctif. Présent.	Infinitif.
J'ai essuyé tu as essuyé il a essuyé nous avons essuyé vous avez essuyé ils ont essuyé.	J'aurai essuyé tu auras essuyé il aura essuyé nous aurons essuyé vous aurez essuyé ils auront essuyé	Que j'essuie que tu essuies qu'il essuie que nous essuyions que vous essuyiez qu'ils essuient.	*Présent.* Essuyer. *Passé.* Avoir essuyé. **Participe.** *Présent.* Essuyant. *Passé.* Essuyé, ée, és, ées. Ayant essuyé.

Ainsi se conjuguent : **Appuyer, désennuyer, ennuyer, ressuyer,** etc. — NOTA. Ces verbes, pour adoucir la prononciation, changent l'**y** du radical en **i** devant les terminaisons **e, es, ent, erai, erais.**

N° 94.
CONJUGAISON DES VERBES EN ZER.

Indicatif. Présent.	Passé antérieur.	Conditionnel. Présent.	Imparfait.
Je bronze	J'eus bronzé	Je bronzerais	Que je bronzasse
tu bronzes	tu eus bronzé	tu bronzerais	que tu bronzasses
il bronze	il eut bronzé	il bronzerait	qu'il bronzât
nous bronzons	nous eûmes bronzé	nous bronzerions	que n. bronzassions
vous bronzez	vous eûtes bronzé	vous bronzeriez	que vous bronzassiez
ils bronzent.	ils eurent bronzé.	ils bronzeraient.	qu'ils bronzassent.

Imparfait.	Plus-que-parfait.	Passé.	Passé.
Je bronzais	J'avais bronzé	J'aurais bronzé	Que j'aie bronzé
tu bronzais	tu avais bronzé	tu aurais bronzé	que tu aies bronzé
il bronzait	il avait bronzé	il aurait bronzé, etc.	qu'il ait bronzé
nous bronzions	nous avions bronzé	*On dit aussi :*	que nous ayons bronzé
vous bronziez	vous aviez bronzé	J'eusse bronzé	que vous ayez bronzé
ils bronzaient.	ils avaient bronzé.	tu eusses bronzé	qu'ils aient bronzé.
		il eût bronzé, etc.	

Passé défini.	Futur.	Impératif. Présent.	Plus-que-parfait.
Je bronzai	Je bronzerai	Bronze.	Que j'eusse bronzé
tu bronzas	tu bronzeras	Bronzons.	que tu eusses bronzé
il bronza	il bronzera	Bronzez.	qu'il eût bronzé
nous bronzâmes	nous bronzerons	*Passé.*	que n. eussions bronzé
vous bronzâtes	vous bronzerez	Aie bronzé.	que v. eussiez bronzé
ils bronzèrent.	ils bronzeront.	Ayons bronzé.	qu'ils eussent bronzé.
		Ayez bronzé.	

Passé indéfini.	Futur antérieur.	Subjonctif. Présent.	Infinitif.
J'ai bronzé	J'aurai bronzé	Que je bronze	Présent. Bronzer.
tu as bronzé	tu auras bronzé	que tu bronzes	Passé. Avoir bronzé.
il a bronzé	il aura bronzé	qu'il bronze	**Participe.**
nous avons bronzé	nous aurons bronzé	que nous bronzions	Présent. Bronzant.
vous avez bronzé	vous aurez bronzé	que vous bronziez	Passé. Bronzé, ée,
ils ont bronzé.	ils auront bronzé.	qu'ils bronzent.	és, ées.
			Ayant bronzé.

Ainsi se conjugue : **Gazer.**

N° 95.
CONJUGAISON DES VERBES EN BIR.

Indicatif.	Passé antérieur.	Conditionnel.	Imparfait.
Présent.		*Présent.*	Que je subisse
Je subis	J'eus subi	Je subirais	que tu subisses
tu subis	tu eus subi	tu subirais	qu'il subît
il subit	il eut subi	il subirait	que nous subissions
nous subissons	nous eûmes subi	nous subirions	que vous subissiez
vous subissez	vous eûtes subi	vous subiriez	qu'ils subissent.
ils subissent.	ils eurent subi.	ils subiraient.	
Imparfait.	*Plus-que-parfait.*	*Passé.*	*Passé.*
Je subissais	J'avais subi	J'aurais subi	Que j'aie subi
tu subissais	tu avais subi	tu aurais subi	que tu aies subi
il subissait	il avait subi	il aurait subi, etc.	qu'il ait subi
nous subissions	nous avions subi	*On dit aussi :*	que nous ayons subi
vous subissiez	vous aviez subi	J'eusse subi	que vous ayez subi
ils subissaient.	ils avaient subi.	tu eusses subi	qu'ils aient subi.
		il eût subi, etc.	
Passé défini.	*Futur.*	**Impératif.**	*Plus-que-parfait.*
Je subis	Je subirai	*Présent.*	Que j'eusse subi
tu subis	tu subiras	Subis.	que tu eusses subi
il subit	il subira	Subissons.	qu'il eût subi
nous subîmes	nous subirons	Subissez.	que n. eussions subi.
vous subîtes	vous subirez	*Passé.*	que v. eussiez subi
ils subirent.	ils subiront.	Aie subi.	qu'ils eussent subi
		Ayons subi.	
		Ayez subi.	
Passé indéfini.	*Futur antérieur.*	**Subjonctif.**	**Infinitif.**
J'ai subi	J'aurai subi	*Présent.*	*Présent.* Subir.
tu as subi	tu auras subi	Que je subisse	*Passé.* Avoir subi.
il a subi	il aura subi	que tu subisses	**Participe.**
nous avons subi	nous aurons subi	qu'il subisse	*Présent.* Subissant.
vous avez subi	vous aurez subi	que nous subissions	*Passé.* Subi, ie, is,
ils ont subi.	ils auront subi.	que vous subissiez	ies.
		qu'ils subissent.	Ayant subi.

Ainsi se conjugue : **Fourbir.**

N° 96.
CONJUGAISON DES VERBES EN **BLIR**.

Indicatif. *Présent.*	*Passé antérieur.*	Conditionnel. *Présent.*	*Imparfait.*
J'anoblis	J'eus anobli	J'anoblirais	Que j'anoblisse
tu anoblis	tu eus anobli	tu anoblirais	que tu anoblisses
il anoblit	il eut anobli	il anoblirait	qu'il anoblît
nous anoblissons	nous eûmes anobli	nous anoblirions	que nous anoblissions
vous anoblissez	vous eûtes anobli	vous anobliriez	que vous anoblissiez
ils anoblissent.	ils eurent anobli.	ils anobliraient.	qu'ils anoblissent.

Imparfait.	*Plus-que-parfait.*	*Passé.* J'aurais anobli tu aurais anobli il aurait anobli, etc. *On dit aussi :* J'eusse anobli tu eusses anobli il eût anobli, etc.	*Passé.*
J'anoblissais	J'avais anobli		Que j'aie anobli
tu anoblissais	tu avais anobli		que tu aies anobli
il anoblissait	il avait anobli		qu'il ait anobli
nous anoblissions	nous avions anobli		que nous ayons anobli
vous anoblissiez	vous aviez anobli		que vous ayez anobli
ils anoblissaient.	ils avaient anobli.		qu'ils aient anobli.

Passé défini.	*Futur.*	Impératif. *Présent.* Anoblis. Anoblissons. Anoblissez. *Passé.* Aie anobli. Ayons anobli. Ayez anobli.	*Plus-que-parfait.*
J'anoblis	J'anoblirai		Que j'eusse anobli
tu anoblis	tu anobliras		que tu eusses anobli
il anoblit	il anoblira		qu'il eût anobli
nous anoblîmes	nous anoblirons		q. n. eussions anobli
vous anoblîtes	vous anoblirez		que v. eussiez anobli
ils anoblirent.	ils anobliront.		qu'ils euss. anobli.

Passé indéfini.	*Futur antérieur.*	Subjonctif. *Présent.*	Infinitif. *Présent.* Anoblir. *Passé.* Avoir anobli. **Participe.** *Présent.* Anoblissant. *Passé.* Anobli, ie, is, ies. Ayant anobli.
J'ai anobli	J'aurai anobli	Que j'anoblisse	
tu as anobli	tu auras anobli	que tu anoblisses	
il a anobli	il aura anobli	qu'il anoblisse	
nous avons anobli	nous aurons anobli	que nous anoblissions	
vous avez anobli	vous aurez anobli	que vous anoblissiez	
ils ont anobli.	ils auront anobli.	qu'ils anoblissent.	

Ainsi se conjuguent : **Affaiblir, ennoblir, établir, faiblir, rétablir,** etc.

N° 97.
CONJUGAISON DES VERBES EN **CHIR**.

Indicatif. Présent.	Passé antérieur.	Conditionnel. Présent.	Imparfait.
Je blanchis tu blanchis il blanchit nous blanchissons vous blanchissez ils blanchissent.	J'eus blanchi tu eus blanchi il eut blanchi nous eûmes blanchi vous eûtes blanchi ils eurent blanchi.	Je blanchirais tu blanchirais il blanchirait nous blanchirions vous blanchiriez ils blanchiraient.	Que je blanchisse que tu blanchisses qu'il blanchît que n. blanchissions que vous blanchissiez qu'ils blanchissent.
Imparfait. Je blanchissais tu blanchissais il blanchissait nous blanchissions vous blanchissiez ils blanchissaient.	*Plus-que-parfait.* J'avais blanchi tu avais blanchi il avait blanchi nous avions blanchi vous aviez blanchi ils avaient blanchi.	*Passé.* J'aurais blanch tu aurais blanchi il aurait blanchi, etc. *On dit aussi :* J'eusse blanchi tu eusses blanchi il eût blanchi, etc.	*Passé.* Que j'aie blanchi que tu aies blanchi qu'il ait blanchi q. n. ayons blanchi que v. ayez blanchi qu'ils aient blanchi.
Passé défini. Je blanchis tu blanchis il blanchit nous blanchîmes vous blanchîtes ils blanchirent.	*Futur.* Je blanchirai tu blanchiras il blanchira nous blanchirons vous blanchirez ils blanchiront.	**Impératif.** *Présent.* Blanchis. Blanchissons. Blanchissez. *Passé.* Aie blanchi. Ayons blanchi. Ayez blanchi.	*Plus-que-parfait.* Que j'eusse blanchi q. tu eusses blanchi qu'il eût blanchi que n. euss. blanchi que v. euss. blanchi qu'ils euss. blanchi.
Passé indéfini. J'ai blanchi tu as blanchi il a blanchi nous avons blanchi vous avez blanchi ils ont blanchi.	*Futur antérieur.* J'aurai blanchi tu auras blanchi il aura blanchi nous aurons blanchi vous aurez blanchi ils auront blanchi.	**Subjonctif.** *Présent.* Que je blanchisse que tu blanchisses qu'il blanchisse que n. blanchissions que vous blanchissiez qu'ils blanchissent.	**Infinitif.** *Présent.* Blanchir. *Passé.* Avoir blanchi. **Participe.** *Prés.* Blanchissant. *Passé.* Blanchi, ie, is, ies. Ayant blanchi.

Ainsi se conjuguent : **Affranchir, blêchir, dégauchir, enrichir, franchir, déchir, gauchir, rafraîchir, reblanchir, réfléchir,** etc.

CONJUGAISON DES VERBES EN CIR.

Indicatif. Présent.	Passé antérieur.	Conditionnel. Présent.	Imparfait.
Je noircis	J'eus noirci	Je noircirais	Que je noircisse
tu noircis	tu eus noirci	tu noircirais	que tu noircisses
il noircit	il eut noirci	il noircirait	qu'il noircît
nous noircissons	nous eûmes noirci	nous noircirions	que nous noircissions
vous noircissez	vous eûtes noirci	vous noirciriez	que vous noircissiez
ils noircissent.	ils eurent noirci.	ils noirciraient.	qu'ils noircissent.

Imparfait.	Plus-que-parfait.	Passé. J'aurais noirci tu aurais noirci il aurait noirci, etc. On dit aussi : J'eusse noirci tu eusses noirci il eût noirci, etc.	Passé.
Je noircissais	J'avais noirci		Que j'aie noirci
tu noircissais	tu avais noirci		que tu aies noirci
il noircissait	il avait noirci		qu'il ait noirci
nous noircissions	nous avions noirci		que nous ayons noirci
vous noircissiez	vous aviez noirci		que vous ayez noirci
ils noircissaient.	ils avaient noirci.		qu'ils aient noirci.

Passé défini.	Futur.	Impératif. Présent. Noircis. Noircissons. Noircissez. Passé. Aie noirci. Ayons noirci. Ayez noirci.	Plus-que-parfait.
Je noircis	Je noircirai		Que j'eusse noirci
tu noircis	tu noirciras		que tu eusses noirci
il noircit	il noircira		qu'il eût noirci
nous noircîmes	nous noircirons		q. n. eussions noirci
vous noircîtes	vous noircirez		que v. eussiez noirci
ils noircirent.	ils noirciront.		qu'ils eussent noirci.

Passé indéfini.	Futur antérieur.	Subjonctif. Présent.	Infinitif.
J'ai noirci	J'aurai noirci	Que je noircisse	Présent. Noircir. Passé. Avoir noirci.
tu as noirci	tu auras noirci	que tu noircisses	**Participe.**
il a noirci	il aura noirci	qu'il noircisse	Présent. Noircissant.
nous avons noirci	nous aurons noirci	que nous noircissions	Passé. Noirci, ie, is, ies.
vous avez noirci	vous aurez noirci	que vous noircissiez	Ayant noirci.
ils ont noirci.	ils auront noirci.	qu'ils noircissent.	

Ainsi se conjuguent : **Accourcir, amincir, durcir, éclaircir, endurcir, enforcir, étrécir, farcir, obscurcir, raccourcir, radoucir, rancir, rétrécir, sancir,** etc. — NOTA. **Étrécir** et **rétrécir** conservent l'é fermé dans toute la conjugaison.

N° 99.
CONJUGAISON DES VERBES EN DIR.

Indicatif.	Passé antérieur.	Conditionnel.	Imparfait.
Présent.	J'eus étourdi	*Présent.*	Que j'étourdisse
J'étourdis	tu eus étourdi	J'étourdirais	que tu étourdisses
tu étourdis	il eut étourdi	tu étourdirais	qu'il étourdît
il étourdit	nous eûmes étourdi	il étourdirait	q. nous étourdissions
nous étourdissons	vous eûtes étourdi	nous étourdirions	que vous étourdissiez
vous étourdissez	ils eurent étourdi.	vous étourdiriez	qu'ils étourdissent.
ils étourdissent.		ils étourdiraient.	
Imparfait.	*Plus-que-parfait.*	*Passé.*	*Passé.*
J'étourdissais	J'avais étourdi	J'aurais étourdi	Que j'aie étourdi
tu étourdissais	tu avais étourdi	tu aurais étourdi	que tu aies étourdi
il étourdissait	il avait étourdi	il aurait étourdi, etc.	qu'il ait étourdi
nous étourdissions	nous avions étourdi	*On dit aussi :*	que n. ayons étourdi
vous étourdissiez	vous aviez étourdi	J'eusse étourdi	que v. ayez étourdi
ils étourdissaient.	ils avaient étourdi.	tu eusses étourdi	qu'ils aient étourdi.
		il eût étourdi, etc.	
		Impératif.	
Passé défini.	*Futur.*	*Présent.*	*Plus-que-parfait.*
J'étourdis	J'étourdirai	Étourdis.	Que j'eusse étourdi
tu étourdis	tu étourdiras	Etourdissons.	q. tu eusses étourdi
il étourdit	il étourdira	Etourdissez.	qu'il eût étourdi
nous étourdîmes	nous étourdirons	*Passé.*	que n. euss. étourdi
vous étourdîtes	vous étourdirez	Aie étourdi.	que v. euss. étourdi
ils étourdirent.	ils étourdiront.	Ayons etourdi.	qu'ils eussent étourdi.
		Ayez étourdi.	
Passé indéfini.	*Futur antérieur.*	**Subjonctif.**	**Infinitif.**
J'ai étourdi	J'aurai étourdi	*Présent.*	*Présent.* Étourdir.
tu as étourdi	tu auras étourdi	Que j'étourdisse	*Passé.* Avoir étourdi.
il a étourdi	il aura étourdi	que tu étourdisses	**Participe.**
nous avons étourdi	nous aurons étourdi	qu'il étourdisse	*Prés.* Étourdissant.
vous avez étourdi	vous aurez étourdi	que n. étourdissions	*Passé.* Étourdi, ie,
ils ont étourdi.	ils auront étourdi.	que vous étourdissiez	is, ies.
		qu'ils étourdissent.	Ayant étourdi.

Ainsi se conjuguent : **Abasourdir, abâtardir, affadir, agrandir, alourdir, applaudir, approfondir, arrondir, assourdir, attiédir, bondir, brandir, candir, dégourdir, déroidir, engourdir, enhardir, enlaidir, étourdir, froidir, ourdir, ragaillardir, ragrandir, rebondir, refroidir, resplendir, reverdir, roidir, tiédir, verdir,** etc. — NOTA. Les verbes qui ont un é fermé à la dernière syllabe du radical, tels que **attiédir, tiédir,** le conservent dans toute leur conjugaison.

Nº 100.
CONJUGAISON DES VERBES EN **DRIR**.

Indicatif.
Présent.
J'amoindris
tu amoindris
il amoindrit
nous amoindrissons
vous amoindrissez
ils amoindrissent.

Imparfait.
J'amoindrissais
tu amoindrissais
il amoindrissait
nous amoindrissions
vous amoindrissiez
ils amoindrissaient.

Passé défini.
J'amoindrirai
tu amoindriras
il amoindrira
nous amoindrirons
vous amoindrirez
ils amoindriront.

Passé indéfini.
J'ai amoindri
tu as amoindri
il a amoindri
nous avons amoindri
vous avez amoindri
ils ont amoindri.

Passé antérieur.
J'eus amoindri
tu eus amoindri
il eut amoindri
nous eûmes amoindri
vous eûtes amoindri
ils eurent amoindri.

Plus-que-parfait.
J'avais amoindri
tu avais amoindri
il avait amoindri
nous avions amoindri
vous aviez amoindri
ils avaient amoindri.

Futur.
J'amoindrirai
tu amoindriras
il amoindrira
nous amoindrirons
vous amoindrirez
ils amoindriront.

Futur antérieur.
J'aurai amoindri
tu auras amoindri
il aura amoindri
nous aurons amoindri
vous aurez amoindri
ils auront amoindri.

Conditionnel.
Présent.
J'amoindrirais
tu amoindrirais
il amoindrirait
nous amoindririons
vous amoindririez
ils amoindriraient.

Passé.
J'aurais amoindri
tu aurais amoindri
il aurait amoindri, etc.

On dit aussi :
J'eusse amoindri
tu eusses amoindri
il eût amoindri, etc.

Impératif.
Présent.
Amoindris.
Amoindrissons.
Amoindrissez.

Passé.
Aie amoindri.
Ayons amoindri.
Ayez amoindri.

Subjonctif.
Présent.
Que j'amoindrisse
que tu amoindrisses
qu'il amoindrisse
que n. amoindrissions
que v. amoindrissiez
qu'ils amoindrissent.

Imparfait.
Que j'amoindrisse
que tu amoindrisses
qu'il amoindrît
que n. amoindrissions
que v. amoindrissiez
qu'ils amoindrissent.

Passé.
Que j'aie amoindri
que tu aies amoindri
qu'il ait amoindri
q. n. ayons amoindri
que v. ayez amoindri
qu'ils aient amoindri.

Plus-que-parfait.
Que j'eusse amoindri
q. tu euss. amoindri
qu'il eût amoindri
q. n. euss. amoindri
q. v. euss. amoindri
qu'ils euss. amoindri.

Infinitif.
Présent. Amoindrir.
Passé. Avoir amoindri.

Participe.
Prés. Amoindrissant.
Passé. Amoindri, ie, is, ies.
Ayant amoindri.

Ainsi se conjugue : **Attendrir**, etc.

N° 101.
CONJUGAISON DES VERBES EN FIR.

Indicatif. Présent.	Passé antérieur.	Conditionnel. Présent.	Imparfait.
Je bouffis tu bouffis il bouffit nous bouffissons vous bouffissez ils bouffissent.	J'eus bouffi tu eus bouffi il eut bouffi nous eûmes bouffi vous eûtes bouffi ils eurent bouffi.	Je bouffirais tu bouffirais il bouffirait nous bouffirions vous bouffiriez ils bouffiraient.	Que je bouffisse que tu bouffisses qu'il bouffît q. nous bouffissions que vous bouffissiez qu'ils bouffissent.
Imparfait.	Plus-que-parfait.	Passé.	Passé.
Je bouffissais tu bouffissais il bouffissait nous bouffissions vous bouffissiez ils bouffissaient.	J'avais bouffi tu avais bouffi il avait bouffi nous avions bouffi vous aviez bouffi ils avaient bouffi.	J'aurais bouffi tu aurais bouffi il aurait bouffi, etc. *On dit aussi :* J'eusse bouffi tu eusses bouffi il eût bouffi, etc.	Que j'aie bouffi que tu aies bouffi qu'il ait bouffi que nous ayons bouffi que vous ayez bouffi qu'ils aient bouffi.
Passé défini.	Futur.	Impératif. Présent. Passé.	Plus-que-parfait.
Je bouffis tu bouffis il bouffit nous bouffîmes vous bouffîtes ils bouffirent.	Je bouffirai tu bouffiras il bouffira nous bouffirons vous bouffirez ils bouffiront.		Que j'eusse bouffi que tu eusses bouffi qu'il eût bouffi q. n. eussions bouffi que v. eussiez bouffi qu'ils eussent bouffi.
Passé indéfini.	Futur antérieur.	Subjonctif. Présent.	Infinitif. Présent. Bouffir. Passé. Avoir bouffi. Participe. Présent. Bouffissant. Passé. Bouffi, ie, is, ies. Ayant bouffi.
J'ai bouffi tu as bouffi il a bouffi nous avons bouffi vous avez bouffi ils ont bouffi.	J'aurai bouffi tu auras bouffi il aura bouffi nous aurons bouffi vous aurez bouffi ils auront bouffi.	Que je bouffisse que tu bouffisses qu'il bouffisse que nous bouffissions que vous bouffissiez qu'ils bouffissent.	

NOTA. A l'impératif ce verbe ne s'emploie qu'avec **faire : fais bouffir ce hareng**, etc.

N° 102.
CONJUGAISON DES VERBES EN FRIR.

Indicatif. Présent.	Passé antérieur.	Conditionnel. Présent.	Imparfait.
Je souffre	J'eus souffert	Je souffrirais	Que je souffrisse
tu souffres	tu eus souffert	tu souffrirais	que tu souffrisses
il souffre	il eut souffert	il souffrirait	qu'il souffrît
nous souffrons	nous eûmes souffert	nous souffririons	que nous souffrissions
vous souffrez	vous eûtes souffert	vous souffririez	que vous souffrissiez
ils souffrent.	ils eurent souffert.	ils souffriraient.	qu'ils souffrissent.

Imparfait.	Plus-que-parfait.	Passé.	Passé.
Je souffrais	J'avais souffert	J'aurais souffert	Que j'aie souffert
tu souffrais	tu avais souffert	tu aurais souffert	que tu aies souffert
il souffrait	il avait souffert	il aurait souffert, etc.	qu'il ait souffert
nous souffrions	nous avions souffert	*On dit aussi :*	que n. ayons souffert
vous souffriez	vous aviez souffert	J'eusse souffert	que v. ayez souffert
ils souffraient.	ils avaient souffert.	tu eusses souffert	qu'ils aient souffert.
		il eût souffert, etc.	

Passé défini.	Futur.	Impératif. Présent.	Plus-que-parfait.
Je souffris	Je souffrirai	Souffre.	Que j'eusse souffert
tu souffris	tu souffriras	Souffrons.	que tu eusses souffert
il souffrit	il souffrira	Souffrez.	qu'il eût souffert
nous souffrîmes	nous souffrirons	*Passé.*	que n. euss. souffert
vous souffrîtes	vous souffrirez	Aie souffert.	que v. euss. souffert
ils souffrirent.	ils souffriront.	Ayons souffert.	qu'ils euss. souffert.
		Ayez souffert.	

Passé indéfini.	Futur antérieur.	Subjonctif. Présent.	Infinitif.
J'ai souffert	J'aurai souffert	Que je souffre	*Présent.* Souffrir.
tu as souffert	tu auras souffert	que tu souffres	*Passé.* Av. souffert.
il a souffert	il aura souffert	qu'il souffre	**Participe.**
nous avons souffert	nous aurons souffert	que nous souffrions	*Présent.* Souffrant.
vous avez souffert	vous aurez souffert	que vous souffriez	*Passé.* Souffert, te, ts, tes.
ils ont souffert.	ils auront souffert.	qu'ils souffrent.	Ayant souffert.

Ainsi se conjuguent : **Offrir, mésoffrir,** etc.

CONJUGAISON DES VERBES EN **GIR**.

Indicatif. Présent.	Passé antérieur.	Conditionnel. Présent.	Imparfait.
J'agis tu agis il agit nous agissons vous agissez ils agissent.	J'eus agi tu eus agi il eut agi nous eûmes agi vous eûtes agi ils eurent agi.	J'agirais tu agirais il agirait nous agirions vous agiriez ils agiraient.	Que j'agisse que tu agisses qu'il agît que nous agissions que vous agissiez qu'ils agissent.
Imparfait.	*Plus-que-parfait.*	*Passé.* J'aurais agi tu aurais agi il aurait agi, etc. *On dit aussi :* J'eusse agi tu eusses agi il eût agi, etc.	*Passé.*
J'agissais tu agissais il agissait nous agissions vous agissiez ils agissaient.	J'avais agi tu avais agi il avait agi nous avions agi vous aviez agi ils avaient agi.		Que j'aie agi que tu aies agi qu'il ait agi que nous ayons agi que vous ayez agi qu'ils aient agi.
Passé défini.	*Futur.*	**Impératif.** *Présent.* Agis. Agissons. Agissez. *Passé.* Aie agi. Ayons agi. Ayez agi.	*Plus-que-parfait.*
J'agis tu agis il agit nous agîmes vous agîtes ils agirent.	J'agirai tu agiras il agira nous agirons vous agirez ils agiront.		Que j'eusse agi que tu eusses agi qu'il eût agi que nous eussions agi que vous eussiez agi qu'ils eussent agi.
Passé indéfini.	*Futur antérieur.*	**Subjonctif.** *Présent.*	**Infinitif.** *Présent.* Agir. *Passé.* Avoir agi **Participe.** *Présent.* Agissant. *Passé.* Agi. Ayant agi.
J'ai agi tu as agi il a agi nous avons agi vous avez agi ils ont agi.	J'aurai agi tu auras agi il aura agi nous aurons agi vous aurez agi ils auront agi.	Que j'agisse que tu agisses qu'il agisse que nous agissions que vous agissiez qu'ils agissent.	

Ainsi se conjuguent : **Élargir, mugir, réagir, régir, rugir.** — NOTA. Le verbe régir, qui a un **é** fermé au radical, le conserve dans toute la conjugaison.

N° 104.
CONJUGAISON DES VERBES EN **GRIR**.

Indicatif. Présent.	Passé antérieur.	Conditionnel. Présent.	Imparfait.
J'aigris	J'eus aigri	J'aigrirais	Que j'aigrisse
tu aigris	tu eus aigri	tu aigrirais	que tu aigrisses
il aigrit	il eut aigri	il aigrirait	qu'il aigrît
nous aigrissons	nous eûmes aigri	nous aigririons	que n. aigrissions
vous aigrissez	vous eûtes aigri	vous aigririez	que v. aigrissiez
ils aigrissent.	ils eurent aigri.	ils aigriraient.	qu'ils aigrissent.

Imparfait.	Plus-que-parfait.	Passé. J'aurais aigri tu aurais aigri il aurait aigri, etc. *On dit aussi :* J'eusse aigri tu eusses aigri il eût aigri, etc.	Passé.
J'aigrissais	J'avais aigri		Que j'aie aigri
tu aigrissais	tu avais aigri		que tu aies aigri
il aigrissait	il avait aigri		qu'il ait aigri
nous aigrissions	nous avions aigri		que nous ayons aigri
vous aigrissiez	vous aviez aigri		que vous ayez aigri
ils aigrissaient.	ils avaient aigri.		qu'ils aient aigri.

Passé défini.	Futur.	Impératif. Présent. Aigris. Aigrissons. Aigrissez. Passé. Aie aigri. Ayons aigri. Ayez aigri.	Plus-que-parfait.
J'aigris	J'aigrirai		Que j'eusse aigri
tu aigris	tu aigriras		que tu eusses aigri
il aigrit	il aigrira		qu'il eût aigri
nous aigrîmes	nous aigrirons		que n. eussions aigri
vous aigrîtes	vous aigrirez		que vous eussiez aigri
ils aigrirent.	ils aigriront.		qu'ils eussent aigri.

Passé indéfini.	Futur antérieur.	Subjonctif. Présent.	Infinitif. Présent. Aigrir. Passé. Avoir aigri. Participe. Présent. Aigrissant. Passé. Aigri, ie, is, ies. Ayant aigri.
J'ai aigri	J'aurai aigri	Que j'aigrisse	
tu as aigri	tu auras aigri	que tu aigrisses	
il a aigri	il aura aigri	qu'il aigrisse	
nous avons aigri	nous aurons aigri	que nous aigrissions	
vous avez aigri	vous aurez aigri	que vous aigrissiez	
ils ont aigri.	ils auront aigri.	qu'ils aigrissent.	

Ainsi se conjuguent : **Amaigrir, démaigrir, emmaigrir, maigrir, rabougrir, ramaigrir,** etc.

N° 105.

CONJUGAISON DES VERBES EN GUIR.

Indicatif. Présent.	Passé antérieur.	Conditionnel. Présent.	Imparfait.
Je languis tu languis il languit nous languissons vous languissez ils languissent.	J'eus langui tu eus langui il eut langui nous eûmes langui vous eûtes langui ils eurent langui.	Je languirais tu languirais il languirait nous languirions vous languiriez ils languiraient.	Que je languisse que tu languisses qu'il languît que nous languissions que vous languissiez qu'ils languissent.
Imparfait.	Plus-que-parfait.	Passé.	Passé.
Je languissais tu languissais il languissait nous languissions vous languissiez ils languissaient.	J'avais langui tu avais langui il avait langui nous avions langui vous aviez langui ils avaient langui.	J'aurais langui tu aurais langui il aurait langui, etc. *On dit aussi :* J'eusse langui tu eusses langui il eût langui, etc.	Que j'aie langui que tu aies langui qu'il ait langui que nous ayons langui que vous ayez langui qu'ils aient langui.
Passé défini.	Futur.	Impératif. Présent.	Plus-que-parfait.
Je languis tu languis il languit nous languîmes vous languîtes ils languirent.	Je languirai tu languiras il languira nous languirons vous languirez ils languiront.	Languis. Languissons. Languissez. *Passé.* Aie langui. Ayons langui. Ayez langui.	Que j'eusse langui que tu eusses langui qu'il eût langui q. n. eussions langui que v. eussiez langui qu'ils eussent langui.
Passé indéfini.	Futur antérieur.	Subjonctif. Présent.	Infinitif.
J'ai langui tu as langui il a langui nous avons langui vous avez langui ils ont langui.	J'aurai langui tu auras langui il aura langui nous aurons langui vous aurez langui ils auront langui.	Que je languisse que tu languisses qu'il languisse que nous languissions que vous languissiez qu'ils languissent.	*Présent.* Languir. *Passé.* Avoir langui. **Participe.** *Présent.* Languissant *Passé.* Langui. Ayant langui.

NOTA. C'est le seul verbe de cette terminaison. Le participe passé est invariable.

CONJUGAISON DES VERBES EN HIR.

Indicatif. Présent.	Passé antérieur.	Conditionnel. Présent.	Imparfait.
Je trahis tu trahis il trahit nous trahissons vous trahissez ils trahissent.	J'eus trahi tu eus trahi il eut trahi nous eûmes trahi vous eûtes trahi ils eurent trahi.	Je trahirais tu trahirais il trahirait nous trahirions vous trahiriez ils trahiraient.	Que je trahisse que tu trahisses qu'il trahît que nous trahissions que vous trahissiez qu'ils trahissent.
Imparfait.	Plus-que-parfait.	Passé. J'aurais trahi tu aurais trahi il aurait trahi, etc. On dit aussi : J'eusse trahi tu eusses trahi il eût trahi, etc.	Passé.
Je trahissais tu trahissais il trahissait nous trahissions vous trahissiez ils trahissaient.	J'avais trahi tu avais trahi il avait trahi nous avions trahi vous aviez trahi ils avaient trahi.		Que j'aie trahi que tu aies trahi qu'il ait trahi que nous ayons trahi que vous ayez trahi qu'ils aient trahi.
Passé défini.	Futur.	Impératif. Présent. Trahis. Trahissons. Trahissez. Passé. Aie trahi. Ayons trahi. Ayez trahi.	Plus-que-parfait.
Je trahis tu trahis il trahit nous trahîmes vous trahîtes ils trahirent.	Je trahirai tu trahiras il trahira nous trahirons vous trahirez ils trahiront.		Que j'eusse trahi que tu eusses trahi qu'il eût trahi que n. eussions trahi que v. eussiez trahi qu'ils eussent trahi.
Passé indéfini.	Futur antérieur.	Subjonctif. Présent.	Infinitif. Présent. Trahir. Passé. Avoir trahi. Participe. Présent. Trahissant. Passé. Trahi, ie, is, ies. Ayant trahi.
J'ai trahi tu as trahi il a trahi nous avons trahi vous avez trahi ils ont trahi.	J'aurai trahi tu auras trahi il aura trahi nous aurons trahi vous aurez trahi ils auront trahi.	Que je trahisse que tu trahisses qu'il trahisse que nous trahissions que vous trahissiez qu'ils trahissent.	

Ainsi se conjuguent : Ébahir, envahir.

N° 107.
CONJUGAISON DES VERBES EN ÏR.

Indicatif. Présent.	Passé antérieur.	Conditionnel. Présent.	Imparfait.
Je hais tu hais il hait nous haïssons vous haïssez ils haïssent.	J'eus haï tu eus haï il eut haï nous eûmes haï vous eûtes haï ils eurent haï.	Je haïrais tu haïrais il haïrait nous haïrions vous haïriez ils haïraient.	Que je haïsse que tu haïsses qu'il haït q. nous haïssions que vous haïssiez qu'ils haïssent.

Imparfait.	Plus-que-parfait.	Passé.	Passé.
Je haïssais tu haïssais il haïssait nous haïssions vous haïssiez ils haïssaient.	J'avais haï tu avais haï il avait haï, nous avions haï vous aviez haï ils avaient haï.	J'aurais haï tu aurais haï il aurait haï, etc. *On dit aussi :* J'eusse haï tu eusses haï il eût haï, etc.	Que j'aie haï que tu aies haï qu'il ait haï que nous ayons haï que vous ayez haï qu'ils aient haï

Passé défini.	Futur.	Impératif. Présent.	Plus-que-parfait.
Je haïs tu haïs il haït nous haïmes vous haïtes ils haïrent.	Je haïrai tu haïras il haïra nous haïrons vous haïrez ils haïront.	Hais. Haïssons. Haïssez. *Passé.* Aie haï. Ayons haï. Ayez haï.	Que j'eusse haï que tu eusses haï qu'il eût haï que nous eussions haï que vous eussiez haï qu'ils eussent haï.

Passé indéfini.	Futur antérieur.	Subjonctif. Présent.	Infinitif.
J'ai haï tu as haï il a haï nous avons haï vous avez haï ils ont haï.	J'aurai haï tu auras haï il aura haï nous aurons haï vous aurez haï ils auront haï.	Que je haïsse que tu haïsses qu'il haïsse que nous haïssions que vous haïssiez qu'ils haïssent.	*Présent.* Haïr. *Passé.* Avoir haï. **Participe.** *Présent.* Haïssant. *Passé.* Haï, ïe, ïs, ïes. Ayant haï.

NOTA. C'est le seul verbe de cette terminaison ; il prend un tréma sur l'i dans toute sa conjugaison, excepté aux trois personnes du singulier du présent de l'indicatif, et à la première personne du singulier de l'impératif.

N° 108.
CONJUGAISON DES VERBES EN ÉIR.

Indicatif. Présent.	Passé antérieur.	Conditionnel. Présent.	Imparfait.
J'obéis tu obéis il obéit nous obéissons vous obéissez ils obéissent.	J'eus obéi tu eus obéi il eut obéi nous eûmes obéi vous eûtes obéi ils eurent obéi.	J'obéirais tu obéirais il obéirait nous obéirions vous obéiriez ils obéiraient.	Que j'obéisse que tu obéisses qu'il obéît que nous obéissions que vous obéissiez qu'ils obéissent.
Imparfait.	Plus-que-parfait.	Passé. J'aurais obéi tu aurais obéi il aurait obéi, etc. *On dit aussi :* J'eusse obéi tu eusses obéi il eût obéi, etc.	Passé.
J'obéissais tu obéissais il obéissait nous obéissions vous obéissiez ils obéissaient.	J'avais obéi tu avais obéi il avait obéi nous avions obéi vous aviez obéi ils avaient obéi.		Que j'aie obéi que tu aies obéi qu'il ait obéi que nous ayons obéi que vous ayez obéi qu'ils aient obéi.
Passé défini.	Futur.	Impératif. Présent. Obéis. Obéissons. Obéissez. Passé. Aie obéi. Ayons obéi. Ayez obéi.	Plus-que-parfait.
J'obéis tu obéis il obéit nous obéîmes vous obéîtes ils obéirent.	J'obéirai tu obéiras il obéira nous obéirons vous obéirez ils obéiront.		Que j'eusse obéi que tu eusses obéi qu'il eût obéi que n. eussions obéi que vous eussiez obéi qu'ils eussent obéi.
Passé indéfini.	Futur antérieur.	Subjonctif. Présent.	Infinitif.
J'ai obéi tu as obéi il a obéi nous avons obéi vous avez obéi ils ont obéi.	J'aurai obéi tu auras obéi il aura obéi nous aurons obéi vous aurez obéi ils auront obéi.	Que j'obéisse que tu obéisses qu'il obéisse que nous obéissions que vous obéissiez qu'ils obéissent.	Présent. Obéir. Passé. Avoir obéi. **Participe.** Présent. Obéissant. Passé. Obéi, ie, is, ies. Ayant obéi.

NOTA. C'est le seul verbe de cette terminaison.

N° 109.

CONJUGAISON DES VERBES EN LIR.

Indicatif. *Présent.*	*Passé antérieur.*	**Conditionnel.** *Présent.*	*Imparfait.*
Je polis tu polis il polit nous polissons vous polissez ils polissent.	J'eus poli tu eus poli il eut poli nous eûmes poli vous eûtes poli ils eurent poli.	Je polirais tu polirais il polirait nous polirions vous poliriez ils poliraient.	Que je polisse que tu polisses qu'il polît que nous polissions que vous polissiez qu'ils polissent.
Imparfait. Je polissais tu polissais il polissait nous polissions vous polissiez ils polissaient.	*Plus-que-parfait.* J'avais poli tu avais poli il avait poli nous avions poli vous aviez poli ils avaient poli.	*Passé.* J'aurais poli tu aurais poli il aurait poli, etc. *On dit aussi :* J'eusse poli tu eusses poli il eût poli, etc.	*Passé.* Que j'aie poli que tu aies poli qu'il ait poli que nous ayons poli que vous ayez poli qu'ils aient poli.
Passé défini. Je polis tu polis il polit nous polîmes vous polîtes ils polirent.	*Futur.* Je polirai tu poliras il polira nous polirons vous polirez ils poliront.	**Impératif.** *Présent.* Polis. Polissons. Polissez. *Passé.* Aie poli. Ayons poli. Ayez poli.	*Plus-que-parfait.* Que j'eusse poli que tu eusses poli qu'il eût poli que nous eussions poli que vous eussiez poli qu'ils eussent poli.
Passé indéfini. J'ai poli tu as poli il a poli nous avons poli vous avez poli ils ont poli.	*Futur antérieur.* J'aurai poli tu auras poli il aura poli nous aurons poli vous aurez poli ils auront poli.	**Subjonctif.** *Présent.* Que je polisse que tu polisses qu'il polisse que nous polissions que vous polissiez qu'ils polissent.	**Infinitif.** *Présent.* Polir. *Passé.* Avoir poli. **Participe.** *Présent.* Polissant. *Passé.* Poli, ie, is, ies. Ayant poli.

Ainsi se conjuguent : **Avilir, démolir, dépolir, ensevelir, pâlir, salir,** etc. — NOTA. Le verbe **ensevelir,** qui a un e muet à la dernière syllabe du radical, le conserve dans toute sa conjugaison.

7.

N° 110.
CONJUGAISON DES VERBES EN **LLIR**. (Non mouillé.)

Indicatif. Présent.	Passé antérieur.	Conditionnel. Présent.	Imparfait.
J'embellis tu embellis il embellit nous embellissons vous embellissez ils embellissent.	J'eus embelli tu eus embelli il eut embelli nous eûmes embelli vous eûtes embelli ils eurent embelli.	J'embellirais tu embellirais il embellirait nous embellirions vous embelliriez ils embelliraient.	Que j'embellisse que tu embellisses qu'il embellît que n. embellissions que vous embellissiez qu'ils embellissent.
Imparfait.	Plus-que-parfait.	Passé. J'aurais embelli tu aurais embelli il aurait embelli, etc. *On dit aussi :* J'eusse embelli tu eusses embelli il eût embelli, etc.	Passé.
J'embellissais tu embellissais il embellissait nous embellissions vous embellissiez ils embellissaient.	J'avais embelli tu avais embelli il avait embelli nous avions embelli vous aviez embelli ils avaient embelli.		Que j'aie embelli que tu aies embelli qu'il ait embelli que n. ayons embelli que v. ayez embelli qu'ils aient embelli.
Passé défini.	Futur.	Impératif. Présent. Embellis. Embellissons. Embellissez. Passé. Aie embelli. Ayons embelli. Ayez embelli.	Plus-que-parfait.
J'embellis tu embellis il embellit nous embellîmes vous embellîtes ils embellirent.	J'embellirai tu embelliras il embellira nous embellirons vous embellirez ils embelliront.		Que j'eusse embelli que tu eusses embelli qu'il eût embelli que n. euss. embelli que v. euss. embelli qu'ils euss. embelli.
Passé indéfini.	Futur antérieur.	Subjonctif. Présent.	Infinitif. Présent. Embellir. Passé. Avoir embelli. Participe. Prés. Embellissant. Passé. Embelli, ie, is, ies. Ayant embelli.
J'ai embelli tu as embelli il a embelli nous avons embelli vous avez embelli ils ont embelli.	J'aurai embelli tu auras embelli il aura embelli nous aurons embelli vous aurez embelli ils auront embelli.	Que j'embellisse que tu embellisses qu'il embellisse que n. embellissions que vous embellissiez qu'ils embellissent.	

Ainsi se conjuguent : **Amollir, mollir, ramollir,** etc.

Nº 111.

CONJUGAISON DES VERBES EN **AILLIR**.

Indicatif. Présent.	*Passé antérieur.*	**Conditionnel.** Présent.	*Imparfait*
J'assaille	J'eus assailli	J'assaillirais	Que j'assaillisse
tu assailles	tu eus assailli	tu assaillirais	que tu assaillisses
il assaille	il eut assailli	il assaillirait	qu'il assaillît
nous assaillons	nous eûmes assailli	nous assaillirions	que nous assaillissions
vous assaillez	vous eûtes assailli	vous assailliriez	que vous assaillissiez
ils assaillent.	ils eurent assailli.	ils assailliraient.	qu'ils assaillissent.
Imparfait.	*Plus-que-parfait.*	*Passé.* J'aurais assailli	*Passé.*
J'assaillais	J'avais assailli	tu aurais assailli	Que j'aie assailli
tu assaillais	tu avais assailli	il aurait assailli, etc.	que tu aies assailli
il assaillait	il avait assailli	*On dit aussi :*	qu'il ait assailli
nous assaillions	nous avions assailli	J'eusse assailli	que n. ayons assailli
vous assailliez	vous aviez assailli	tu eusses assailli	que vous ayez assailli
ils assaillaient.	ils avaient assailli.	il eût assailli, etc.	qu'ils aient assailli.
Passé défini.	*Futur.*	**Impératif.** Présent. Assaille. Assaillons. Assaillez.	*Plus-que-parfait.*
J'assaillis	J'assaillirai		Que j'eusse assailli
tu assaillis	tu assailliras		que tu eusses assailli
il assaillit	il assaillira		qu'il eût assailli
nous assaillîmes	nous assaillirons	*Passé.*	que nous euss. assailli
vous assaillîtes	vous assaillirez	Aie assailli.	que v. eussiez assailli
ils assaillirent.	ils assailliront.	Ayons assailli. Ayez assailli.	qu'ils eussent assailli.
Passé indéfini.	*Futur antérieur.*	**Subjonctif.** Présent.	**Infinitif.** Présent. Assaillir. Passé. Avoir assailli.
J'ai assailli	J'aurai assailli	Que j'assaille	**Participe.**
tu as assailli	tu auras assailli	que tu assailles	
il a assailli	il aura assailli	qu'il assaille	*Prés.* Assaillant.
nous avons assailli	nous aurons assailli	que n. assaillions	*Passé.* Assailli, ie, is, ies.
vous avez assailli	vous aurez assailli	que vous assailliez	Ayant assailli.
ils ont assailli.	ils auront assailli.	qu'ils assaillent.	

Ainsi se conjuguent : **Défaillir, saillir, tressaillir.**

CONJUGAISON DES VERBES EN **AILLIR**. (Mouillé.)

Indicatif. Présent.	Passé antérieur.	Conditionnel. Présent.	Imparfait.
Je jaillis	J'eus jailli	Je jaillirais	Que je jaillisse
tu jaillis	tu eus jailli	tu jaillirais	que tu jaillisses
il jaillit	il eut jailli	il jaillirait	qu'il jaillît
nous jaillissons	nous eûmes jailli	nous jaillirions	que nous jaillissions
vous jaillissez	vous eûtes jailli	vous jailliriez	que vous jaillissiez
ils jaillissent.	ils eurent jailli.	ils jailliraient.	qu'ils jaillissent.

Imparfait.	Plus-que-parfait.	Passé.	Passé.
Je jaillissais	J'avais jailli	J'aurais jailli	Que j'aie jailli
tu jaillissais	tu avais jailli	tu aurais jailli	que tu aies jailli
il jaillissait	il avait jailli	il aurait jailli, etc.	qu'il ait jailli
nous jaillissions	nous avions jailli	*On dit aussi :*	que n. ayons jailli
vous jaillissiez	vous aviez jailli	J'eusse jailli	que v. ayez jailli
ils jaillissaient.	ils avaient jailli.	tu eusses jailli	qu'ils aient jailli.
		il eût jailli, etc.	

Passé défini.	Futur.	Impératif. Présent.	Plus-que-parfait.
Je jaillis	Je jaillirai	Jaillis.	Que j'eusse jailli
tu jaillis	tu jailliras	Jaillissons.	que tu eusses jailli
il jaillit	il jaillira	Jaillissez.	qu'il eût jailli
nous jaillîmes	nous jaillirons	*Passé.*	que n. eussions jailli
vous jaillîtes	vous jaillirez	Aie jailli.	que v. eussiez jailli
ils jaillirent.	ils jailliront.	Ayons jailli.	qu'ils eussent jailli.
		Ayez jailli.	

Passé indéfini.	Futur antérieur.	Subjonctif. Présent.	Infinitif.
J'ai jailli	J'aurai jailli	Que je jaillisse	Présent. Jaillir.
tu as jailli	tu auras jailli	que tu jaillisses	Passé. Avoir jailli.
il a jailli	il aura jailli	qu'il jaillisse	**Participe.**
nous avons jailli	nous aurons jailli	que nous jaillissions	Présent. Jaillissant.
vous avez jailli	vous aurez jailli	que vous jaillissiez	Passé. Jailli.
ils ont jailli.	ils auront jailli.	qu'ils jaillissent.	Ayant jailli.

Ainsi se conjugue : **Saillir** (dans le sens de *jaillir*).

N° 113.
CONJUGAISON DES VERBES EN AILLIR.

Indicatif. *Présent.*	*Passé antérieur.*	**Conditionnel.** *Présent.*	*Imparfait.*
Je faux	J'eus failli	Je faudrais	Que je faillisse
tu faux	tu eus failli	tu faudrais	que tu faillisses
il faut	il eut failli	il faudrait	qu'il faillît
nous faillons	nous eûmes failli	nous faudrions	que nous faillissions
vous faillez	vous eûtes failli	vous faudriez	que vous faillissiez
ils faillent.	ils eurent failli.	ils faudraient.	qu'ils faillissent.
Imparfait.	*Plus-que-parfait.*	*Passé.* J'aurais failli, tu aurais failli, il aurait failli, etc. *On dit aussi :* J'eusse failli, tu eusses failli, il eût failli, etc.	*Passé.*
Je faillais	J'avais failli		Que j'aie failli
tu faillais	tu avais failli		que tu aies failli
il faillait	il avait failli		qu'il ait failli
nous faillions	nous avions failli		que nous ayons failli
vous failliez	vous aviez failli		que vous ayez failli
ils faillaient.	ils avaient failli.		qu'ils aient failli.
Passé défini.	*Futur.*	**Impératif.** *Présent.* *Passé.*	*Plus-que-parfait.*
Je faillis	Je faudrai		Que j'eusse failli
tu faillis	tu faudras		que tu eusses failli
il faillit	il faudra		qu'il eût failli
nous faillîmes	nous faudrons		que n. eussions failli
vous faillîtes	vous faudrez		que vous eussiez failli
ils faillirent.	ils faudront.		qu'ils eussent failli.
Passé indéfini.	*Futur antérieur.*	**Subjonctif.** *Présent.*	**Infinitif.** *Présent.* Faillir. *Passé.* Avoir failli. **Participe.** *Présent.* Faillant. *Passé.* Failli, ie, is, ies. Ayant failli.
J'ai failli	J'aurai failli		
tu as failli	tu auras failli		
il a failli	il aura failli		
nous avons failli	nous aurons failli		
vous avez failli	vous aurez failli		
ils ont failli.	ils auront failli.		

NOTA. Ce verbe n'est guère en usage qu'au passé défini, aux temps composés et à l'infinitif après un autre verbe. Cependant on dit : **Cet ami ne lui faudra pas au besoin, le cœur me faut.** — **Défaillir** n'est plus guère utile qu'au pluriel du présent de l'indicatif : **nous défaillons** ; à l'imparfait **je défaillais** ; au passé défini **je défaillis, j'ai défailli**, et à l'infinitif **défaillir : ses forces défaillaient tous les jours.**

CONJUGAISON DES VERBES EN **EILLIR**. (Mouillé.)

Indicatif. Présent.	Passé antérieur.	Conditionnel. Présent.	Imparfait.
Je vieillis tu vieillis il vieillit nous vieillissons vous vieillissez ils vieillissent.	J'eus vieilli tu eus vieilli il eut vieilli nous eûmes vieilli vous eûtes vieilli ils eurent vieilli.	Je vieillirais tu vieillirais il vieillirait nous vieillirions vous vieilliriez ils vieilliraient.	Que je vieillisse que tu vieillisses qu'il vieillît que nous vieillissions que vous vieillissiez qu'ils vieillissent.
Imparfait.	Plus-que-parfait.	Passé. J'aurais vieilli tu aurais vieilli il aurait vieilli, etc. *On dit aussi :* J'eusse vieilli tu eusses vieilli il eût vieilli, etc.	Passé. Que j'aie vieilli que tu aies vieilli qu'il ait vieilli que nous ayons vieilli que vous ayez vieilli qu'ils aient vieilli.
Je vieillissais tu vieillissais il vieillissait nous vieillissions vous vieillissiez ils vieillissaient.	J'avais vieilli tu avais vieilli il avait vieilli nous avions vieilli vous aviez vieilli ils avaient vieilli.		
Passé défini.	Futur.	Impératif. Présent. Vieillis. Vieillissons. Vieillissez. Passé. Aie vieilli. Ayons vieilli. Ayez vieilli.	Plus-que-parfait. Que j'eusse vieilli que tu eusses vieilli qu'il eût vieilli q. n. eussions vieilli que v. eussiez vieilli qu'ils eussent vieilli.
Je vieillis tu vieillis il vieillit nous vieillîmes vous vieillîtes ils vieillirent.	Je vieillirai tu vieilliras il vieillira nous vieillirons vous vieillirez ils vieilliront.		
Passé indéfini.	Futur antérieur.	Subjonctif. Présent.	Infinitif. *Présent.* Vieillir. *Passé.* Avoir vieilli. **Participe.** *Présent.* Vieillissant. *Passé.* Vieilli, ie, is, ies. Ayant vieilli.
J'ai vieilli tu as vieilli il a vieilli nous avons vieilli vous avez vieilli ils ont vieilli.	J'aurai vieilli tu auras vieilli il aura vieilli nous aurons vieilli vous aurez vieilli ils auront vieilli.	Que je vieillisse que tu vieillisses qu'il vieillisse que nous vieillissions que vous vieillissiez qu'ils vieillissent.	

Ainsi se conjugue : **Enorgueillir.**

N° 115.

CONJUGAISON DES VERBES EN **EILLIR**. (Mouillé.)

Indicatif. Présent.	Passé antérieur.	Conditionnel. Présent.	Imparfait.
Je cueille tu cueilles il cueille nous cueillons vous cueillez ils cueillent.	J'eus cueilli tu eus cueilli il eut cueilli nous eûmes cueilli vous eûtes cueilli ils eurent cueilli.	Je cueillerais tu cueillerais il cueillerait nous cueillerions vous cueilleriez ils cueilleraient.	Que je cueillisse que tu cueillisses qu'il cueillît que nous cueillissions que vous cueillissiez qu'ils cueillissent.
Imparfait.	Plus-que-parfait.	Passé.	Passé.
Je cueillais tu cueillais il cueillait nous cueillions vous cueilliez ils cueillaient.	J'avais cueilli tu avais cueilli il avait cueilli nous avions cueilli vous aviez cueilli ils avaient cueilli.	J'aurais cueilli tu aurais cueilli il aurait cueilli, etc. On dit aussi : J'eusse cueilli tu eusses cueilli il eût cueilli, etc.	Que j'aie cueilli que tu aies cueilli qu'il ait cueilli que nous ayons cueilli que vous ayez cueilli qu'ils aient cueilli.
Passé défini.	Futur.	Impératif. Présent.	Plus-que-parfait.
Je cueillis tu cueillis il cueillit nous cueillîmes vous cueillîtes ils cueillirent.	Je cueillerai tu cueilleras il cueillera nous cueillerons vous cueillerez ils cueilleront.	Cueille. Cueillons. Cueillez. Passé. Aie cueilli. Ayons cueilli. Ayez cueilli.	Que j'eusse cueilli que tu eusses cueilli qu'il eût cueilli que n. eussions cueilli que v. eussiez cueilli qu'ils eussent cueilli.
Passé indéfini.	Futur antérieur.	Subjonctif. Présent.	Infinitif.
J'ai cueilli tu as cueilli il a cueilli nous avons cueilli vous avez cueilli ils ont cueilli.	J'aurai cueilli tu auras cueilli il aura cueilli nous aurons cueilli vous aurez cueilli ils auront cueilli.	Que je cueille que tu cueilles qu'il cueille que nous cueillions que vous cueilliez qu'ils cueillent.	*Présent.* Cueillir. *Passé.* Avoir cueilli. **Participe.** *Présent* Cueillant. *Passé.* Cueilli, ie, is, ies. Ayant cueilli.

Ainsi se conjuguent : **Accueillir, recueillir.**

N° 116.
CONJUGAISON DES VERBES EN ILLIR.

Indicatif. *Présent.*	*Passé antérieur.*	Conditionnel. *Présent.*	*Imparfait.*
Je bous tu bous il bout nous bouillons vous bouillez ils bouillent.	J'eus bouilli tu eus bouilli il eut bouilli nous eûmes bouilli vous eûtes bouilli ils eurent bouilli.	Je bouillirais tu bouillirais il bouillirait nous bouillirions vous bouilliriez ils bouilliraient.	Que je bouillisse que tu bouillisses qu'il bouillît q. nous bouillissions que vous bouillissiez qu'ils bouillissent.
Imparfait.	*Plus-que-parfait.*	*Passé.*	*Passé.*
Je bouillais tu bouillais il bouillait nous bouillions vous bouilliez ils bouillaient.	J'avais bouilli tu avais bouilli il avait bouilli nous avions bouilli vous aviez bouilli ils avaient bouilli.	J'aurais bouilli tu aurais bouilli il aurait bouilli, etc. *On dit aussi :* J'eusse bouilli tu eusses bouilli il eût bouilli, etc.	Que j'aie bouilli que tu aies bouilli qu'il ait bouilli que n. ayons bouilli que vous ayez bouilli qu'ils aient bouilli.
Passé défini.	*Futur.*	Impératif. *Présent.*	*Plus-que-parfait.*
Je bouillis tu bouillis il bouillit nous bouillîmes vous bouillîtes ils bouillirent.	Je bouillirai tu bouilliras il bouillira nous bouillirons vous bouillirez ils bouilliront.	Bous. Bouillons. Bouillez. *Passé.* Aie bouilli. Ayons bouilli. Ayez bouilli.	Que j'eusse bouilli que tu eusses bouilli qu'il eût bouilli que n. eussions bouilli que v. eussiez bouilli qu'ils eussent bouilli.
Passé indéfini.	*Futur antérieur.*	Subjonctif. *Présent.*	Infinitif. *Présent.* Bouillir. *Passé.* Avoir bouilli. Participe. *Présent.* Bouillant. *Passé.* Bouilli, ie, is, ies. Ayant bouilli.
J'ai bouilli tu as bouilli il a bouilli nous avons bouilli vous avez bouilli ils ont bouilli.	J'aurai bouilli tu auras bouilli il aura bouilli nous aurons bouilli vous aurez bouilli ils auront bouilli.	Que je bouille que tu bouilles qu'il bouille que nous bouillions que vous bouilliez qu'ils bouillent.	

Ainsi se conjuguent : Débouillir, ébouillir, rebouillir.

N° 117.
CONJUGAISON DES VERBES EN MIR.

Indicatif. Présent.	Passé antérieur.	Conditionnel. Présent.	Imparfait.
e frémis	J'eus frémi	Je frémirais	Que je frémisse
frémis	tu eus frémi	tu frémirais	que tu frémisses
frémit	il eut frémi	il frémirait	qu'il frémît
ous frémissons	nous eûmes frémi	nous frémirions	que nous frémissions
ous frémissez	vous eûtes frémi	vous frémiriez	que vous frémissiez
s frémissent.	ils eurent frémi.	ils frémiraient.	qu'ils frémissent.

Imparfait.	Plus-que-parfait.	Passé.	Passé.
e frémissais	J'avais frémi	J'aurais frémi	Que j'aie frémi
frémissais	tu avais frémi	tu aurais frémi	que tu aies frémi
frémissait	il avait frémi	il aurait frémi, etc.	qu'il ait frémi
ous frémissions	nous avions frémi	*On dit aussi :*	que nous ayons frémi
ous frémissiez	vous aviez frémi	J'eusse frémi	que vous ayez frémi
s frémissaient.	ils avaient frémi.	tu eusses frémi	qu'ils aient frémi.
		il eût frémi, etc.	

Passé défini.	Futur.	Impératif. Présent.	Plus-que-parfait.
e frémis	Je frémirai	Frémis.	Que j'eusse frémi
u frémis	tu frémiras	Frémissons.	que tu eusses frémi
frémit	il frémira	Frémissez.	qu'il eût frémi
ous frémîmes	nous frémirons	*Passé.*	q. n. eussions frémi
ous frémîtes	vous frémirez	Aie frémi.	que v. eussiez frémi
s frémirent.	ils frémiront.	Ayons frémi.	qu'ils eussent frémi.
		Ayez frémi.	

Passé indéfini.	Futur antérieur.	Subjonctif. Présent.	Infinitif.
'ai frémi	J'aurai frémi	Que je frémisse	*Présent.* Frémir.
u as frémi	tu auras frémi	que tu frémisses	*Passé.* Avoir frémi.
l a frémi	il aura frémi	qu'il frémisse	**Participe.**
ous avons frémi	nous aurons frémi	que nous frémissions	*Présent.* Frémissant.
ous avez frémi	vous aurez frémi	que vous frémissiez	*Passé.* Frémi, ie, is, ies.
ls ont frémi.	ils auront frémi.	qu'ils frémissent.	Ayant frémi.

Ainsi se conjuguent : **Affermir, gémir, raffermir, revomir, vomir,** etc., xcepté **dormir, endormir, rendormir.** V. le modèle suivant.

N° 118.
CONJUGAISON DES VERBES EN MIR.

Indicatif. Présent.	Passé antérieur.	Conditionnel. Présent.	Imparfait.
Je dors tu dors il dort nous dormons vous dormez ils dorment.	J'eus dormi tu eus dormi il eut dormi nous eûmes dormi vous eûtes dormi ils eurent dormi.	Je dormirais tu dormirais il dormirait nous dormirions vous dormiriez ils dormiraient.	Que je dormisse que tu dormisses qu'il dormît que nous dormissions que vous dormissiez qu'ils dormissent.
Imparfait.	*Plus-que-parfait.*	*Passé.* J'aurais dormi tu aurais dormi il aurait dormi, etc. *On dit aussi :* J'eusse dormi tu eusses dormi il eût dormi, etc.	*Passé.*
Je dormais tu dormais il dormait nous dormions vous dormiez ils dormaient.	J'avais dormi tu avais dormi il avait dormi nous avions dormi vous aviez dormi ils avaient dormi.		Que j'aie dormi que tu aies dormi qu'il ait dormi que nous ayons dormi que vous ayez dormi qu'ils aient dormi.
Passé défini.	*Futur.*	**Impératif.** Présent. Dors. Dormons. Dormez. *Passé.* Aie dormi. Ayons dormi. Ayez dormi.	*Plus-que-parfait.*
Je dormis tu dormis il dormit nous dormîmes vous dormîtes ils dormirent.	Je dormirai tu dormiras il dormira nous dormirons vous dormirez ils dormiront.		Que j'eusse dormi que tu eusses dormi qu'il eût dormi que n. eussions dormi q. vous eussiez dormi qu'ils eussent dormi.
Passé indéfini.	*Futur antérieur.*	**Subjonctif.** Présent.	**Infinitif.** *Présent.* Dormir. *Passé.* Avoir dormi. **Participe.** *Présent,* Dormant. *Passé.* Dormi. Ayant dormi.
J'ai dormi tu as dormi il a dormi nous avons dormi vous avez dormi ils ont dormi.	J'aurai dormi tu auras dormi il aura dormi nous aurons dormi vous aurez dormi ils auront dormi.	Que je dorme que tu dormes qu'il dorme que nous dormions que vous dormiez qu'ils dorment.	

Ainsi se conjuguent : **Endormir, rendormir.** — NOTA. Ces deux verbes ont le participe passé variable, **endormi, endormie.** S'endormir, verbe pronominal, prend l'auxiliaire **être** dans ses temps composés : **je me suis endormi, elle s'est endormie,** etc.

N° 119.
CONJUGAISON DES VERBES EN NIR.

Indicatif. Présent.	Passé antérieur.	Conditionnel. Présent.	Imparfait.
je finis	J'eus fini	Je finirais	Que je finisse
tu finis	tu eus fini	tu finirais	que tu finisses
il finit	il eut fini	il finirait	qu'il finît
nous finissons	nous eûmes fini	nous finirions	que nous finissions
vous finissez	vous eûtes fini	vous finiriez	que vous finissiez
ils finissent.	ils eurent fini.	ils finiraient.	qu'ils finissent.

Imparfait.	Plus-que-parfait.	Passé.	Passé.
je finissais	J'avais fini	J'aurais fini	Que j'aie fini
tu finissais	tu avais fini	tu aurais fini	que tu aies fini
il finissait	il avait fini	il aurait fini, etc.	qu'il ait fini
nous finissions	nous avions fini	*On dit aussi :*	que nous ayons fini
vous finissiez	vous aviez fini	J'eusse fini	que vous ayez fini
ils finissaient.	ils avaient fini.	tu eusses fini	qu'ils aient fini.
		il eût fini, etc.	

Passé défini.	Futur.	Impératif. Présent.	Plus-que-parfait.
je finis	Je finirai	Finis.	Que j'eusse fini
tu finis	tu finiras	Finissons.	que tu eusses fini
il finit	il finira	Finissez.	qu'il eût fini
nous finîmes	nous finirons	*Passé.*	que n. eussions fini
vous finîtes	vous finirez	Aie fini.	que v. eussiez fini
ils finirent.	ils finiront.	Ayons fini.	qu'ils eussent fini.
		Ayez fini.	

Passé indéfini.	Futur antérieur.	Subjonctif. Présent.	Infinitif.
J'ai fini	J'aurai fini	Que je finisse	*Présent.* Finir.
tu as fini	tu auras fini	que tu finisses	*Passé.* Avoir fini.
il a fini	il aura fini	qu'il finisse	**Participe.**
nous avons fini	nous aurons fini	que nous finissions	*Présent.* Finissant.
vous avez fini	vous aurez fini	que vous finissiez	*Passé.* Fini, ie, is, ies.
ils ont fini.	ils auront fini.	qu'ils finissent.	Ayant fini.

Ainsi se conjuguent : Aplanir, assainir, brunir, définir, dégarnir, démunir, fournir, garnir, jaunir, munir, préfinir, prémunir, punir, racornir, rajeunir, rembrunir, réunir, ternir, unir, vernir, etc.

Nº 120.
CONJUGAISON DES VERBES EN **ENIR**.

Indicatif. Présent.	Passé antérieur.	Conditionnel. Présent.	Imparfait.
Je tiens	J'eus tenu	Je tiendrais	Que je tinsse
tu tiens	tu eus tenu	tu tiendrais	que tu tinsses
il tient	il eut tenu	il tiendrait	qu'il tînt
nous tenons	nous eûmes tenu	nous tiendrions	que nous tinssions
vous tenez	vous eûtes tenu	vous tiendriez	que vous tinssiez
ils tiennent.	ils eurent tenu.	ils tiendraient.	qu'ils tinssent.

Imparfait.	Plus-que-parfait.	Passé.	Passé.
Je tenais	J'avais tenu	J'aurais tenu	Que j'aie tenu
tu tenais	tu avais tenu	tu aurais tenu	que tu aies tenu
il tenait	il avait tenu	il aurait tenu, etc.	qu'il ait tenu
nous tenions	nous avions tenu	*On dit aussi :*	que nous ayons tenu
vous teniez	vous aviez tenu	J'eusse tenu	que vous ayez tenu
ils tenaient.	ils avaient tenu.	tu eusses tenu	qu'ils aient tenu.
		il eût tenu, etc.	

Passé défini.	Futur.	Impératif. Présent.	Plus-que-parfait.
Je tins	Je tiendrai	Tiens.	Que j'eusse tenu
tu tins	tu tiendras	Tenons.	que tu eusses tenu
il tint	il tiendra	Tenez.	qu'il eût tenu
nous tînmes	nous tiendrons	*Passé.*	que n. eussions tenu
vous tîntes	vous tiendrez	Aie tenu.	que v. eussiez tenu
ils tinrent.	ils tiendront.	Ayons tenu.	qu'ils eussent tenu.
		Ayez tenu.	

Passé indéfini.	Futur antérieur.	Subjonctif. Présent.	Infinitif.
J'ai tenu	J'aurai tenu	Que je tienne	*Présent.* Tenir.
tu as tenu	tu auras tenu	que tu tiennes	*Passé.* Avoir tenu.
il a tenu	il aura tenu	qu'il tienne	**Participe.**
nous avons tenu	nous aurons tenu	que n. tenions	*Présent.* Tenant.
vous avez tenu	vous aurez tenu	que vous teniez	*Passé.* Tenu, ue, us, ues.
ils ont tenu.	ils auront tenu.	qu'ils tiennent.	Ayant tenu.

Ainsi se conjuguent : **Abstenir, appartenir, circonvenir, contenir, contrevenir, détenir, entretenir, maintenir, obtenir, prévenir, retenir, soutenir, subvenir.**

N° 121.
CONJUGAISON DES VERBES EN ENIR.

Indicatif. Présent.	Passé antérieur.	Conditionnel. Présent.	Imparfait.
Je viens	Je fus venu	Je viendrais	Que je vinsse
tu viens	tu fus venu	tu viendrais	que tu vinsses
il vient	il fut venu	il viendrait	qu'il vînt
nous venons	nous fûmes venus	nous viendrions	q. nous vinssions
vous venez	vous fûtes venus	vous viendriez	que vous vinssiez
ils viennent.	ils furent venus.	ils viendraient.	qu'ils vinssent.

Imparfait.	Plus-que-parfait.	Passé.	Passé.
Je venais	J'étais venu	Je serais venu	Que je sois venu
tu venais	tu étais venu	tu serais venu	que tu sois venu
il venait	il était venu	il serait venu, etc.	qu'il soit venu
nous venions	nous étions venus	*On dit aussi :*	que nous soyons venus
vous veniez	vous étiez venus	Je fusse venu	que vous soyez venus
ils venaient.	ils étaient venus.	tu fusses venu	qu'ils soient venus.
		il fût venu, etc.	

Passé défini.	Futur.	Impératif. Présent.	Plus-que-parfait.
Je vins	Je viendrai	Viens.	Que je fusse venu
tu vins	tu viendras	Venons.	que tu fusses venu
il vint	il viendra	Venez.	qu'il fût venu
nous vînmes	nous viendrons	*Passé.*	q. n. fussions venus
vous vîntes	vous viendrez	Sois venu.	que vous fussiez venus
ils vinrent.	ils viendront.	Soyons venus.	qu'ils fussent venus.
		Soyez venus	

Passé indéfini.	Futur antérieur.	Subjonctif. Présent.	Infinitif. Présent. Venir. Passé. Être venu.
Je suis venu	Je serai venu	Que je vienne	**Participe.**
tu es venu	tu seras venu	que tu viennes	Présent. Venant.
il est venu	il sera venu	qu'il vienne	Passé. Venu, ue,
nous sommes venus	nous serons venus	que nous venions	us, ues.
vous êtes venus	vous serez venus	que vous veniez	Étant venu.
ils sont venus.	ils seront venus.	qu'ils viennent.	

Ainsi se conjuguent : **Convenir, devenir, disconvenir, intervenir, parvenir, provenir, redevenir, revenir, survenir, se souvenir, se ressouvenir.** — NOTA. On double la lettre **n** devant un **e** muet; cette consonne est suivie de deux **s** à l'imparfait du subjonctif. **Convenir** prend l'un ou l'autre auxiliaire, selon le sens.

N° 122.
CONJUGAISON DES VERBES EN OUIR.

Indicatif. Présent.	Passé antérieur.	Conditionnel. Présent.	Imparfait.
Je jouis tu jouis il jouit nous jouissons vous jouissez ils jouissent.	J'eus joui tu eus joui il eut joui nous eûmes joui vous eûtes joui ils eurent joui.	Je jouirais tu jouirais il jouirait nous jouirions vous jouiriez ils jouiraient.	Que je jouisse que tu jouisses qu'il jouît que nous jouissions que vous jouissiez qu'ils jouissent.
Imparfait. Je jouissais tu jouissais il jouissait nous jouissions vous jouissiez ils jouissaient.	Plus-que-parfait. J'avais joui tu avais joui il avait joui nous avions joui vous aviez joui ils avaient joui.	Passé. J'aurais joui tu aurais joui il aurait joui, etc. On dit aussi: J'eusse joui tu eusses joui il eût joui, etc.	Passé. Que j'aie joui que tu aies joui qu'il ait joui que nous ayons joui que vous ayez joui qu'ils aient joui.
Passé défini. Je jouis tu jouis il jouit nous jouîmes vous jouîtes ils jouirent.	Futur. Je jouirai tu jouiras il jouira nous jouirons vous jouirez ils jouiront.	Impératif. Présent. Jouis. Jouissons. Jouissez. Passé. Aie joui. Ayons joui. Ayez joui	Plus-que-parfait. Que j'eusse joui que tu eusses joui qu'il eût joui que nous euss. joui que vous euss. joui qu'ils eussent joui.
Passé indéfini. J'ai joui tu as joui il a joui nous avons joui vous avez joui ils ont joui.	Futur antérieur. J'aurai joui tu auras joui il aura joui nous aurons joui vous aurez joui ils auront joui.	Subjonctif. Présent. Que je jouisse que tu jouisses qu'il jouisse que nous jouissions que vous jouissiez qu'ils jouissent.	Infinitif. Présent. Jouir. Passé. Avoir joui. Participe. Présent. Jouissant. Passé. Joui. Ayant joui.

Ainsi se conjuguent : **Brouir, éblouir, écrouir, enfouir, épanouir (s'), évanouir (s'), fouir, réjouir, rouir,** etc. Ceux d'entre ces verbes qui sont actifs ont leur participe passé variable : **Ébloui, éblouie; éblouis, éblouies.**

Nº 123.
CONJUGAISON DU VERBE OUIR.

Indicatif. Présent.	Passé antérieur.	Conditionnel. Présent.	Imparfait.
'ois	J'eus ouï	J'oirais	Que j'ouïsse
u ois	tu eus ouï	tu oirais	que tu ouïsses
l oit	il eut ouï	il oirait	qu'il ouït
ious oyons	nous eûmes ouï	nous oirions	que nous ouïssions
'ous oyez	vous eûtes ouï	vous oiriez	que vous ouïssiez
ls oient.	ils eurent ouï.	ils oiraient.	qu'ils ouïssent.

Imparfait.	Plus-que-parfait.	Passé.	Passé.
'oyais	J'avais ouï	J'aurais ouï	Que j'aie ouï
u oyais	tu avais ouï	tu aurais ouï	que tu aies ouï
l oyait	il avait ouï	il aurait ouï, etc.	qu'il ait ouï
ious oyions	nous avions ouï	*On dit aussi:*	que nous ayons ouï
'ous oyiez	vous aviez ouï	J'eusse ouï	que vous ayez ouï
ls oyaient.	ils avaient ouï.	tu eusses ouï	qu'ils aient ouï.
		il eût ouï, etc.	

Passé défini.	Futur.	Impératif. Présent.	Plus-que-parfait.
'ouïs	J'oirai	Oyons.	Que j'eusse ouï
u ouïs	tu oiras	Oyez.	que tu eusses ouï
l ouït	il oira	*Passé.*	qu'il eût ouï
ious ouïmes	nous oirons	Aie ouï.	que nous eussions ouï
'ous ouïtes	vous oirez	Ayons ouï.	que vous eussiez ouï
ls ouïrent.	ils oiront.	Ayez ouï.	qu'ils eussent ouï.

Passé indéfini.	Futur antérieur.	Subjonctif. Présent.	Infinitif.
'ai ouï	J'aurai ouï	Que j'oie (1)	*Présent.* Ouïr.
u as ouï	tu auras ouï	que tu oies	*Passé.* Avoir ouï.
l a ouï	il aura ouï	qu'il oie	**Participe.**
ious avons ouï	nous aurons ouï	que nous oyions	*Présent.* Oyant.
'ous avez ouï	vous aurez ouï	que vous oyiez	*Passé.* Ouï, ïe, ïs, ïes.
ls ont ouï.	ils auront ouï	qu'ils oient.	Ayant ouï.

(1) Var. **que j'oye, que tu oyes, qu'il oye, que nous oyions, que vous oyiez, qu'ils oyent.** — NOTA. On ne se sert plus guère de ce verbe qu'à l'infinitif, au participe et aux temps composés.

N° 124.
CONJUGAISON DES VERBES EN **PIR**.

Indicatif. *Présent.*	*Passé antérieur.*	Conditionnel. *Présent.*	*Imparfait.*
Je croupis tu croupis il croupit nous croupissons vous croupissez ils croupissent.	J'eus croupi tu eus croupi il eut croupi nous eûmes croupi vous eûtes croupi ils eurent croupi.	Je croupirais tu croupirais il croupirait nous croupirions vous croupiriez ils croupiraient.	Que je croupisse que tu croupisses qu'il croupît que n. croupissions que vous croupissiez qu'ils croupissent.

Imparfait.	*Plus-que-parfait.*	*Passé.*	*Passé.*
Je croupissais tu croupissais il croupissait nous croupissions vous croupissiez ils croupissaient.	J'avais croupi tu avais croupi. il avait croupi nous avions croupi vous aviez croupi ils avaient croupi.	J'aurais croupi tu aurais croupi il aurait croupi, etc. *On dit aussi :* J'eusse croupi tu eusses croupi il eût croupi, etc.	Que j'aie croupi que tu aies croupi qu'il ait croupi que n. ayons croupi que v. ayez croupi qu'ils aient croupi.

Passé défini.	*Futur.*	Impératif. *Présent.*	*Plus-que-parfait.*
Je croupis tu croupis il croupit nous croupîmes vous croupîtes ils croupirent.	Je croupirai tu croupiras il croupira nous croupirons vous croupirez ils croupiront.	Croupis. Croupissons. Croupissez. *Passé.* Aie croupi. Ayons croupi. Ayez croupi.	Que j'eusse croupi que tu eusses croupi qu'il eût croupi que n. euss. croupi que v. euss. croupi qu'ils euss. croupi.

Passé indéfini.	*Futur antérieur.*	Subjonctif. *Présent.*	Infinitif.
J'ai croupi tu as croupi il a croupi nous avons croupi vous avez croupi ils ont croupi.	J'aurai croupi tu auras croupi il aura croupi nous aurons croupi vous aurez croupi ils auront croupi.	Que je croupisse que tu croupisses qu'il croupisse que n. croupissions que vous croupissiez qu'ils croupissent.	*Présent.* Croupir. *Passé.* Avoir croupi. **Participe.** *Prés.* Croupissant. *Passé.* Croupi, ie, is, ies. Ayant croupi.

Ainsi se conjuguent : **Assoupir, clapir, crépir, déguerpir, échampir, glapir, réchampir, recrépir** et **s'accroupir.**

N° 125.
CONJUGAISON DES VERBES EN PLIR.

Indicatif. *Présent.*	*Passé antérieur.*	**Conditionnel.** *Présent.*	*Imparfait.*
Je remplis tu remplis il remplit nous remplissons vous remplissez ils remplissent.	J'eus rempli tu eus rempli il eut rempli. nous eûmes rempli vous eûtes rempli ils eurent rempli.	Je remplirais tu remplirais il remplirait nous remplirions vous rempliriez ils rempliraient.	Que je remplisse que tu remplisses qu'il remplît que nous remplissions que vous remplissiez qu'ils remplissent.
Imparfait.	*Plus-que-parfait.*	*Passé.* J'aurais rempli tu aurais rempli il aurait rempli, etc. *On dit aussi :* J'eusse rempli tu eusses rempli il eût rempli, etc.	*Passé.*
Je remplissais tu remplissais il remplissait nous remplissions vous remplissiez ils remplissaient.	J'avais rempli tu avais rempli il avait rempli nous avions rempli vous aviez rempli ils avaient rempli.		Que j'aie rempli que tu aies rempli qu'il ait rempli que n. ayons rempli que vous ayez rempli qu'ils aient rempli.
Passé défini.	*Futur.*	**Impératif.** *Présent.* Remplis. Remplissons. Remplissez. *Passé.* Aie rempli. Ayons rempli. Ayez rempli.	*Plus-que-parfait.*
Je remplis tu remplis il remplit nous remplîmes vous remplîtes ils remplirent.	Je remplirai tu rempliras il remplira nous remplirons vous remplirez ils rempliront.		Que j'eusse rempli que tu eusses rempli qu'il eût rempli q. n. eussions rempli q. v. eussiez rempli qu'ils eussent rempli.
Passé indéfini.	*Futur antérieur.*	**Subjonctif.** *Présent.* Que je remplisse que tu remplisses qu'il remplisse que nous remplissions que vous remplissiez qu'ils remplissent.	**Infinitif.** *Présent.* Remplir. *Passé.* Avoir rempli **Participe.** *Prés.* Remplissant. *Passé.* Rempli, ie, is, ies. Ayant rempli.
J'ai rempli tu as rempli il a rempli nous avons rempli vous avez rempli ils ont rempli.	J'aurai rempli tu auras rempli il aura rempli nous aurons rempli vous aurez rempli ils auront rempli.		

Ainsi se conjuguent : **Accomplir, assouplir, emplir.**

N° 126.
CONJUGAISON DES VERBES EN RIR.

Indicatif.	Passé antérieur.	Conditionnel.	Imparfait.
Présent.		*Présent.*	Que je chérisse
Je chéris	J'eus chéri	Je chérirais	que tu chérisses
tu chéris	tu eus chéri	tu chérirais	qu'il chérît
il chérit	il eut chéri	il chérirait	que nous chérissions
nous chérissons	nous eûmes chéri	nous chéririons	que vous chérissiez
vous chérissez	vous eûtes chéri	vous chéririez	qu'ils chérissent.
ils chérissent.	ils eurent chéri.	ils chériraient.	
Imparfait.	*Plus-que-parfait.*	*Passé.*	*Passé.*
Je chérissais	J'avais chéri	J'aurais chéri	Que j'aie chéri
tu chérissais	tu avais chéri	tu aurais chéri	que tu aies chéri
il chérissait	il avait chéri	il aurait chéri, etc.	qu'il ait chéri
nous chérissions	nous avions chéri	*On dit aussi :*	que nous ayons chéri
vous chérissiez	vous aviez chéri	J'eusse chéri	que vous ayez chéri
ils chérissaient.	ils avaient chéri.	tu eusses chéri	qu'ils aient chéri.
		il eût chéri, etc.	
Passé défini.	*Futur.*	**Impératif.**	*Plus-que-parfait.*
		Présent.	
Je chéris	Je chérirai	Chéris.	Que j'eusse chéri
tu chéris	tu chériras	Chérissons.	que tu eusses chéri
il chérit	il chérira	Chérissez.	qu'il eût chéri
nous chérîmes	nous chérirons	*Passé.*	que n. eussions chéri
vous chérîtes	vous chérirez	Aie chéri.	que v. eussiez chéri
ils chérirent.	ils chériront.	Ayons chéri.	qu'ils eussent chéri.
		Ayez chéri.	
Passé indéfini.	*Futur antérieur.*	**Subjonctif.**	**Infinitif.**
		Présent.	*Présent.* Chérir.
J'ai chéri	J'aurai chéri	Que je chérisse	*Passé.* Avoir chéri.
tu as chéri	tu auras chéri	que tu chérisses	**Participe.**
il a chéri	il aura chéri	qu'il chérisse	*Présent.* Chérissant.
nous avons chéri	nous aurons chéri	que nous chérissions	*Passé.* Chéri, ie, is,
vous avez chéri	vous aurez chéri	que vous chérissiez	ies.
ils ont chéri.	ils auront chéri.	qu'ils chérissent.	Ayant chéri.

Ainsi se conjuguent : **Aguerrir, aburir, attérir, défleurir, dépérir, effleurir, enchérir, équarrir, fleurir, guérir, mûrir, nourrir, périr, pourrir, refleurir, renchérir, surenchérir, tarir** et **terrir.** — NOTA. Le verbe **fleurir**, régulier dans le sens propre, fait à l'imparfait de l'indicatif **florissait**, et au participe présent **florissant**, dans le sens de **être dans la prospérité, dans la splendeur, être en honneur, en réputation : Athènes florissait sous Périclès.**

N° 127.
CONJUGAISON DES VERBES EN ÉRIR.

Indicatif.		Conditionnel.	
Présent.	*Passé antérieur.*	*Présent.*	*Imparfait.*
J'acquiers	J'eus acquis	J'acquerrais	Que j'acquisse
tu acquiers	tu eus acquis	tu acquerrais	que tu acquisses
il acquiert	il eut acquis	il acquerrait	qu'il acquît
nous acquérons	nous eûmes acquis	nous acquerrions	que nous acquissions
vous acquérez	vous eûtes acquis	vous acquerriez	que vous acquissiez
ils acquièrent.	ils eurent acquis.	ils acquerraient.	qu'ils acquissent.
Imparfait.	*Plus-que-parfait.*	*Passé.*	*Passé.*
J'acquérais	J'avais acquis	J'aurais acquis	Que j'aie acquis
tu acquérais	tu avais acquis	tu aurais acquis	que tu aies acquis
il acquérait	il avait acquis	il aurait acquis, etc.	qu'il ait acquis
nous acquérions	nous avions acquis	*On dit aussi :*	que nous ayons acquis
vous acquériez	vous aviez acquis	J'eusse acquis	que vous ayez acquis
ils acquéraient.	ils avaient acquis.	tu eusses acquis	qu'ils aient acquis.
		il eût acquis, etc.	
		Impératif.	
Passé défini.	*Futur.*	*Présent.*	*Plus-que-parfait.*
J'acquis	J'acquerrai	Acquiers.	Que j'eusse acquis.
tu acquis	tu acquerras	Acquérons.	que tu eusses acquis
il acquit	il acquerra	Acquérez.	qu'il eût acquis
nous acquîmes	nous acquerrons	*Passé.*	que nous euss. acquis
vous acquîtes	vous acquerrez	Aie acquis	que v. eussiez acquis
ils acquirent.	ils acquerront.	Ayons acquis.	qu'ils eussent acquis.
		Ayez acquis.	
Passé indéfini.	*Futur antérieur.*	**Subjonctif.**	**Infinitif.**
		Présent.	*Présent.* Acquérir.
J'ai acquis	J'aurai acquis	Que j'acquière	*Passé.* Avoir acquis.
tu as acquis	tu auras acquis	que tu acquières	**Participe.**
il a acquis	il aura acquis	qu'il acquière	*Présent.* Acquérant.
nous avons acquis	nous aurons acquis	que nous acquérions	*Passé.* Acquis, ise,
vous avez acquis	vous aurez acquis	que vous acquériez	is, ises.
ils ont acquis.	ils auront acquis.	qu'ils acquièrent.	Ayant acquis.

Ainsi se conjuguent : **Conquérir, enquérir, reconquérir** et **quérir**. — Nota. Les verbes **conquérir** et **reconquérir** ne sont guère usités qu'à l'impératif, au passé défini et aux temps composés; **s'enquérir**, verbe pronominal, fait à l'impératif **enquiers-toi**. Quérir ne s'emploie qu'à l'infinitif et précédé des verbes **aller, venir, envoyer** : *Allez me quérir du vin,* etc.

N° 128.
CONJUGAISON DES VERBES EN OURIR.

Indicatif. Présent.	Passé antérieur.	Conditionnel. Présent.	Imparfait.
Je cours	J'eus couru	Je courrais	Que je courusse
tu cours	tu eus couru	tu courrais	que tu courusses
il court	il eut couru	il courrait	qu'il courût
nous courons	nous eûmes couru	nous courrions	que nous courussions
vous courez	vous eûtes couru	vous courriez	que vous courussiez
ils courent.	ils eurent couru.	ils courraient.	qu'ils courussent.

Imparfait.	Plus-que-parfait.	Passé.	Passé.
Je courais	J'avais couru	J'aurais couru	Que j'aie couru
tu courais	tu avais couru	tu aurais couru	que tu aies couru
il courait	il avait couru	il aurait couru, etc.	qu'il ait couru
nous courions	nous avions couru	*On dit aussi :*	que nous ayons couru
vous couriez	vous aviez couru	J'eusse couru	que vous ayez couru
ils couraient.	ils avaient couru.	tu eusses couru	qu'ils aient couru.
		il eût couru, etc.	

Passé défini.	Futur.	Impératif. Présent.	Plus-que-parfait.
Je courus	Je courrai	Cours.	Que j'eusse couru
tu courus	tu courras	Courons.	que tu eusses couru
il courut	il courra	Courez.	qu'il eût couru
nous courûmes	nous courrons	*Passé.*	que n. eussions couru
vous courûtes	vous courrez	Aie couru.	que v. eussiez couru
ils coururent.	ils courront.	Ayons couru.	qu'ils eussent couru.
		Ayez couru.	

Passé indéfini.	Futur antérieur.	Subjonctif. Présent.	Infinitif.
J'ai couru	J'aurai couru	Que je coure	*Présent.* Courir.
tu as couru	tu auras couru	que tu coures	*Passé.* Avoir couru.
il a couru	il aura couru	qu'il coure	**Participe.**
nous avons couru	nous aurons couru	que nous courions	*Présent.* Courant.
vous avez couru	vous aurez couru	que vous couriez	*Passé.* Couru, ue, us, ues.
ils ont couru.	ils auront couru.	qu'ils courent.	Ayant couru.

Ainsi se conjuguent : **Accourir, concourir, discourir, parcourir, recourir.** — NOTA. Le verbe **accourir** prend également l'un ou l'autre des verbes auxiliaires: **J'ai accouru, je suis accouru.**

Nº 129.
CONJUGAISON DU VERBE MOURIR.

Indicatif.	Passé antérieur.	Conditionnel.	Imparfait.
Présent.	Je fus mort	*Présent.*	Que je mourusse
Je meurs	tu fus mort	Je mourrais	que tu mourusses
tu meurs	il fut mort	tu mourrais	qu'il mourût
il meurt	nous fûmes morts	il mourrait	que n. mourussions
nous mourons	vous fûtes morts	nous mourrions	que vous mourussiez
vous mourez	ils furent morts.	vous mourriez	qu'ils mourussent.
ils meurent.		ils mourraient.	
Imparfait.	*Plus-que-parfait.*	*Passé.*	*Passé.*
Je mourais	J'étais mort	Je serais mort	Que je sois mort
tu mourais	tu étais mort	tu serais mort	que tu sois mort
il mourait	il était mort	il serait mort, etc.	qu'il soit mort
nous mourions	nous étions morts	*On dit aussi :*	que nous soyons morts
vous mouriez	vous étiez morts	Je fusse mort	que vous soyez morts
ils mouraient.	ils étaient morts.	tu fusses mort	qu'ils soient morts.
		il fût mort, etc.	
Passé défini.	*Futur.*	**Impératif.**	*Plus-que-parfait.*
Je mourus	Je mourrai	*Présent.*	Que je fusse mort
tu mourus	tu mourras	Meurs.	que tu fusses mort
il mourut	il mourra	Mourons.	qu'il fût mort
nous mourûmes	nous mourrons	Mourez.	que n. fussions morts
vous mourûtes	vous mourrez	*Passé.*	que v. fussiez morts
ils moururent.	ils mourront.	Sois mort.	qu'ils fussent morts.
		Soyons morts.	
		Soyez morts.	
Passé indéfini.	*Futur antérieur.*	**Subjonctif.**	**Infinitif.**
Je suis mort	Je serai mort	*Présent.*	*Présent.* Mourir.
tu es mort	tu seras mort	Que je meure	*Passé.* Être mort.
il est mort	il sera mort	que tu meures	**Participe.**
nous sommes morts	nous serons morts	qu'il meure	*Présent.* Mourant.
vous êtes morts	vous serez morts	que nous mourions	*Passé.* Mort, te, ts, tes.
ils sont morts.	ils seront morts.	que vous mouriez	Étant mort.
		qu'ils meurent.	

NOTA. C'est le seul verbe de cette terminaison qui suive ce modèle.

CONJUGAISON DES VERBES EN SIR. (Prononcez ZIR.)

Indicatif. Présent.	Passé antérieur.	Conditionnel: Présent.	Imparfait.
Je choisis	J'eus choisi	Je choisirais	Que je choisisse
tu choisis	tu eus choisi	tu choisirais	que tu choisisses
il choisit	il eut choisi	il choisirait	qu'il choisît
nous choisissons	nous eûmes choisi	nous choisirions	que nous choisissions
vous choisissez	vous eûtes choisi	vous choisiriez	que vous choisissiez
ils choisissent.	ils eurent choisi.	ils choisiraient.	qu'ils choisissent.

Imparfait.	Plus-que-parfait.	Passé.	Passé.
Je choisissais	J'avais choisi	J'aurais choisi	Que j'aie choisi
tu choisissais	tu avais choisi	tu aurais choisi	que tu aies choisi
il choisissait	il avait choisi	il aurait choisi, etc.	qu'il ait choisi
nous choisissions	nous avions choisi	*On dit aussi:*	que nous ayons choisi
vous choisissiez	vous aviez choisi	J'eusse choisi	que vous ayez choisi
ils choisissaient.	ils avaient choisi.	tu eusses choisi	qu'ils aient choisi.
		il eût choisi, etc.	

Passé défini.	Futur.	Impératif. Présent.	Plus-que-parfait.
Je choisis	Je choisirai	Choisis.	Que j'eusse choisi
tu choisis	tu choisiras	Choisissons.	que tu eusses choisi
il choisit	il choisira	Choisissez.	qu'il eût choisi
nous choisîmes	nous choisirons	*Passé.*	q. n. eussions choisi
vous choisîtes	vous choisirez	Aie choisi.	que v. eussiez choisi
ils choisirent.	ils choisiront.	Ayons choisi.	qu'ils eussent choisi.
		Ayez choisi.	

Passé indéfini.	Futur antérieur.	Subjonctif. Présent.	Infinitif.
J'ai choisi	J'aurai choisi	Que je choisisse	Présent. Choisir.
tu as choisi	tu auras choisi	que tu choisisses	Passé. Avoir choisi.
il a choisi	il aura choisi	qu'il choisisse	**Participe.**
nous avons choisi	nous aurons choisi	que nous choisissions	Présent. Choisissant.
vous avez choisi	vous aurez choisi	que vous choisissiez	Passé. Choisi, ie,
ils ont choisi.	ils auront choisi.	qu'ils choisissent.	is, ies.
			Ayant choisi.

Ainsi se conjuguent : Dessaisir, ressaisir, saisir. — NOTA. Le verbe gésir, qui n'est plus usité à l'infinitif, et qui signifie être couché, ne s'emploie qu'à la troisième personne du présent de l'indicatif : il gît. On dit encore : nous gisons, vous gisez, ils gisent ; je gisais, tu gisais, il gisait, nous gisions, vous gisiez, ils gisaient ; gisant.

N° 151.
CONJUGAISON DES VERBES EN SIR. (Prononcez CIR.)

Indicatif.	Passé antérieur.	Conditionnel.	Imparfait.
Présent.		*Présent.*	Que je transisse
Je transis	J'eus transi	Je transirais	que tu transisses
tu transis	tu eus transi	tu transirais	qu'il transît
il transit	il eut transi	il transirait	que nous transissions
nous transissons	nous eûmes transi	nous transirions	que vous transissiez
vous transissez	vous eûtes transi	vous transiriez	qu'ils transissent.
ils transissent.	ils eurent transi.	ils transiraient.	
Imparfait.	*Plus-que-parfait.*	*Passé.*	*Passé.*
Je transissais	J'avais transi	J'aurais transi	Que j'aie transi
tu transissais	tu avais transi	tu aurais transi	que tu aies transi
il transissait	il avait transi	il aurait transi, etc.	qu'il ait transi
nous transissions	nous avions transi	*On dit aussi :*	que nous ayons transi
vous transissiez	vous aviez transi	J'eusse transi	que vous ayez transi
ils transissaient.	ils avaient transi.	tu eusses transi	qu'ils aient transi.
		il eût transi, etc.	
		Impératif.	
Passé défini.	*Futur.*	*Présent.*	*Plus-que-parfait.*
		Transis.	
Je transis	Je transirai	Transissons.	Que j'eusse transi
tu transis	tu transiras	Transissez.	que tu eusses transi
il transit	il transira	*Passé.*	qu'il eût transi
nous transîmes	nous transirons	Aie transi.	que n. eussions transi
vous transîtes	vous transirez	Ayons transi.	que v. eussiez transi
ils transirent.	ils transiront.	Ayez transi.	qu'ils eussent transi.
Passé indéfini.	*Futur antérieur.*	**Subjonctif.**	**Infinitif.**
		Présent.	*Présent.* Transir.
J'ai transi	J'aurai transi	Que je transisse	*Passé.* Avoir transi.
tu as transi	tu auras transi	que tu transisses	**Participe.**
il a transi	il aura transi	qu'il transisse	*Présent.* Transissant.
nous avons transi	nous aurons transi	que nous transissions	*Passé.* Transi, ie, is,
vous avez transi	vous aurez transi	que vous transissiez	ies.
ils ont transi.	ils auront transi.	qu'ils transissent.	Ayant transi.

N° 132.
CONJUGAISON DES VERBES EN **SSIR**.

Indicatif. *Présent.*	*Passé antérieur.*	Conditionnel. *Présent.*	*Imparfait.*
Je grossis tu grossis il grossit nous grossissons vous grossissez ils grossissent.	J'eus grossi tu eus grossi il eut grossi nous eûmes grossi vous eûtes grossi ils eurent grossi.	Je grossirais tu grossirais il grossirait nous grossirions vous grossiriez ils grossiraient.	Que je grossisse que tu grossisses qu'il grossît q. nous grossissions que vous grossissiez qu'ils grossissent.
Imparfait. Je grossissais tu grossissais il grossissait nous grossissions vous grossissiez ils grossissaient.	*Plus-que-parfait.* J'avais grossi tu avais grossi il avait grossi nous avions grossi vous aviez grossi ils avaient grossi.	*Passé.* J'aurais grossi tu aurais grossi il aurait grossi, etc. *On dit aussi :* J'eusse grossi tu eusses grossi il eût grossi, etc.	*Passé.* Que j'aie grossi que tu aies grossi qu'il ait grossi que n. ayons grossi que vous ayez grossi qu'ils aient grossi.
Passé défini. Je grossis tu grossis il grossit nous grossîmes vous grossîtes ils grossirent.	*Futur.* Je grossirai tu grossiras il grossira nous grossirons vous grossirez ils grossiront.	Impératif. *Présent.* Grossis. Grossissons. Grossissez. *Passé.* Aie grossi. Ayons grossi. Ayez grossi.	*Plus-que-parfait.* Que j'eusse grossi que tu eusses grossi qu'il eût grossi que n. eussions grossi que v. eussiez grossi qu'ils eussent grossi.
Passé indéfini. J'ai grossi tu as grossi il a grossi nous avons grossi vous avez grossi ils ont grossi.	*Futur antérieur.* J'aurai grossi tu auras grossi il aura grossi nous aurons grossi vous aurez grossi ils auront grossi.	Subjonctif. *Présent.* Que je grossisse que tu grossisses qu'il grossisse que nous grossissions que vous grossissiez qu'ils grossissent.	Infinitif. *Présent.* Grossir. *Passé.* Avoir grossi. Participe. *Présent.* Grossissant. *Passé.* Grossi, ie, is, ies. Ayant grossi.

Ainsi se conjuguent : **Dégrossir**, épaissir, réussir, roussir. NOTA. Le verbe **issir** n'est plus en usage ; on ne se sert que du participe passé **issu, issue** : de ce mariage sont **issus** tant d'enfants ; elle est **issue** des comtes de.....

N° 133.

CONJUGAISON DES VERBES EN **TIR**.

Indicatif.	Passé antérieur.	Conditionnel.	Imparfait.
Présent.		*Présent.*	Que je bâtisse
Je bâtis	J'eus bâti	Je bâtirais	que tu bâtisses
tu bâtis	tu eus bâti	tu bâtirais	qu'il bâtît
il bâtit	il eut bâti	il bâtirait	que nous bâtissions
nous bâtissons	nous eûmes bâti	nous bâtirions	que vous bâtissiez
vous bâtissez	vous eûtes bâti	vous bâtiriez	qu'ils bâtissent.
ils bâtissent.	ils eurent bâti.	ils bâtiraient.	
Imparfait.	*Plus-que-parfait.*	*Passé.*	*Passé.*
Je bâtissais	J'avais bâti	J'aurais bâti	Que j'aie bâti
tu bâtissais	tu avais bâti	tu aurais bâti	que tu aies bâti
il bâtissait	il avait bâti	il aurait bâti, etc.	qu'il ait bâti
nous bâtissions	nous avions bâti	*On dit aussi :*	que n. ayons bâti
vous bâtissiez	vous aviez bâti	J'eusse bâti	que vous ayez bâti
ils bâtissaient.	ils avaient bâti.	tu eusses bâti	qu'ils aient bâti.
		il eût bâti, etc.	
Passé défini.	*Futur.*	**Impératif.**	*Plus-que-parfait.*
		Présent.	
Je bâtis	Je bâtirai	Bâtis.	Que j'eusse bâti
tu bâtis	tu bâtiras	Bâtissons.	que tu eusses bâti
il bâtit	il bâtira	Bâtissez.	qu'il eût bâti
nous bâtîmes	nous bâtirons	*Passé.*	que n. eussions bâti
vous bâtîtes	vous bâtirez	Aie bâti.	que v. eussiez bâti
ils bâtirent.	ils bâtiront.	Ayons bâti.	qu'ils eussent bâti.
		Ayez bâti.	
Passé indéfini.	*Futur antérieur.*	**Subjonctif.**	**Infinitif.**
		Présent.	*Présent.* Bâtir.
J'ai bâti	J'aurai bâti	Que je bâtisse	*Passé.* Avoir bâti.
tu as bâti	tu auras bâti	que tu bâtisses	**Participe.**
il a bâti	il aura bâti	qu'il bâtisse	*Présent.* Bâtissant.
nous avons bâti	nous aurons bâti	que nous bâtissions	*Passé.* Bâti, ie, is,
vous avez bâti	vous aurez bâti	que vous bâtissiez	ies.
ils ont bâti.	ils auront bâti.	qu'ils bâtissent.	Ayant bâti.

Ainsi se conjuguent : **Abêtir, aboutir, abrutir, anéantir, aplatir, appesantir, assortir, avertir, catir, clatir, compatir, convertir, débrutir, désassortir, dessertir, divertir, empuantir, engloutir, garantir, intervertir, divertir, lotir, matir, nantir, partir** (diviser), **pâtir, rabêtir, ralentir, ramoitir, rebâtir, répartir** (distribuer), **ressortir** (dépendre), **retentir, rôtir, sertir, sortir,** (signifiant, en termes de jurisprudence, *obtenir, avoir : Cette sentence sortira son plein et entier effet*), **subvertir, travestir.**

N° 134.
CONJUGAISON DES VERBES EN TIR.

Indicatif. *Présent.*	*Passé antérieur.*	**Conditionnel.** *Présent.*	*Imparfait.*
Je mens	J'eus menti	Je mentirais	Que je mentisse
tu mens	tu eus menti	tu mentirais	que tu mentisses
il ment	il eut menti	il mentirait	qu'il mentît
nous mentons	nous eûmes menti	nous mentirions	que nous mentissions
vous mentez	vous eûtes menti	vous mentiriez	que vous mentissiez
ils mentent.	ils eurent menti.	ils mentiraient.	qu'ils mentissent.

Imparfait.	*Plus-que-parfait.*	*Passé.*	*Passé.*
Je mentais	J'avais menti	J'aurais menti	Que j'aie menti
tu mentais	tu avais menti	tu aurais menti	que tu aies menti
il mentait	il avait menti	il aurait menti, etc.	qu'il ait menti
nous mentions	nous avions menti	*On dit aussi :*	que nous ayons menti
vous mentiez	vous aviez menti	J'eusse menti	que vous ayez menti
ils mentaient.	ils avaient menti.	tu eusses menti	qu'ils aient menti.
		il eût menti, etc.	

Passé défini.	*Futur.*	**Impératif.** *Présent.*	*Plus-que-parfait.*
Je mentis	Je mentirai	Mens.	Que j'eusse menti
tu mentis	tu mentiras	Mentons.	que tu eusses menti
il mentit	il mentira	Mentez.	qu'il eût menti
nous mentîmes	nous mentirons	*Passé.*	que nous euss. menti
vous mentîtes	vous mentirez	Aie menti.	que v. eussiez menti
ils mentirent.	ils mentiront.	Ayons menti.	qu'ils eussent menti.
		Ayez menti.	

Passé indéfini.	*Futur antérieur.*	**Subjonctif.** *Présent.*	**Infinitif.** *Présent.* Mentir. *Passé.* Avoir menti. **Participe.** *Présent.* mentant. *Passé.* Menti, ie, is, ies. Ayant menti.
J'ai menti	J'aurai menti	Que je mente	
tu as menti	tu auras menti	que tu mentes	
il a menti	il aura menti	qu'il mente	
nous avons menti	nous aurons menti	que nous mentions	
vous avez menti	vous aurez menti	que vous mentiez	
ils ont menti.	ils auront menti.	qu'ils mentent.	

Ainsi se conjuguent : **Démentir, repentir, sentir.**

N° 135.
CONJUGAISON DES VERBES EN ÊTIR.

Indicatif. Présent.	Passé antérieur.	Conditionnel. Présent.	Imparfait.
Je vêts tu vêts il vêt nous vêtons vous vêtez ils vêtent.	J'eus vêtu tu eus vêtu il eut vêtu n. eûmes vêtu vous eûtes vêtu ils eurent vêtu.	Je vêtirais tu vêtirais il vêtirait nous vêtirions vous vêtiriez ils vêtiraient.	Que je vêtisse que tu vêtisses qu'il vêtît que nous vêtissions que vous vêtissiez qu'ils vêtissent.

Imparfait.	Plus-que-parfait.	Passé.	Passé.
Je vêtais tu vêtais il vêtait nous vêtions vous vêtiez ils vêtaient.	J'avais vêtu tu avais vêtu il avait vêtu n. avions vêtu vous aviez vêtu ils avaient vêtu.	J'aurais vêtu tu aurais vêtu il aurait vêtu, etc. *On dit aussi:* J'eusse vêtu tu eusses vêtu il eût vêtu, etc.	Que j'aie vêtu que tu aies vêtu qu'il ait vêtu que nous ayons vêtu que vous ayez vêtu qu'ils aient vêtu.

Passé défini.	Futur.	Impératif. Présent.	Plus-que-parfait.
Je vêtis tu vêtis il vêtit nous vêtîmes vous vêtîtes ils vêtirent.	Je vêtirai tu vêtiras il vêtira nous vêtirons vous vêtirez ils vêtiront.	Vêts. Vêtons. Vêtez. *Passé.* Aie vêtu. Ayons vêtu. Ayez vêtu.	Que j'eusse vêtu que tu eusses vêtu qu'il eût vêtu que n. eussions vêtu que vous eussiez vêtu qu'ils eussent vêtu.

Passé indéfini.	Futur antérieur.	Subjonctif. Présent.	Infinitif.
J'ai vêtu tu as vêtu il a vêtu nous avons vêtu vous avez vêtu ils ont vêtu.	J'aurai vêtu tu auras vêtu il aura vêtu nous aurons vêtu vous aurez vêtu ils auront vêtu.	Que je vête que tu vêtes qu'il vête que nous vêtions que vous vêtiez qu'ils vêtent.	*Présent.* Vêtir. *Passé.* Avoir vêtu. **Participe.** *Présent.* Vêtant. *Passé.* Vêtu, us, ue, ues. Ayant vêtu.

Ainsi se conjuguent : **Revêtir** et **dévêtir**.

N° 136.
CONJUGAISON DES VERBES EN TIR.

Indicatif. Présent.	Passé antérieur.	Conditionnel. Présent.	Imparfait.
Je sors	Je fus sorti	Je sortirais	Que je sortisse
tu sors	tu fus sorti	tu sortirais	que tu sortisses
il sort	il fut sorti	il sortirait	qu'il sortît
nous sortons	nous fûmes sortis	nous sortirions	que nous sortissions
vous sortez	vous fûtes sortis	vous sortiriez	que vous sortissiez
ils sortent.	ils furent sortis.	ils sortiraient.	qu'ils sortissent.

Imparfait.	Plus-que-parfait.	Passé.	Passé.
Je sortais	J'étais sorti	Je serais sorti	Que je sois sorti
tu sortais	tu étais sorti	tu serais sorti	que tu sois sorti
il sortait	il était sorti	il serait sorti, etc.	qu'il soit sorti
nous sortions	nous étions sortis	*On dit aussi :*	que nous soyons sortis
vous sortiez	vous étiez sortis	Je fusse sorti	que vous soyez sortis
ils sortaient.	ils étaient sortis.	tu fusses sorti	qu'ils soient sortis.
		il fût sorti, etc.	

Passé défini.	Futur.	Impératif. Présent.	Plus-que-parfait.
Je sortis	Je sortirai	Sors.	Que je fusse sorti
tu sortis	tu sortiras	Sortons.	que tu fusses sorti
il sortit	il sortira	Sortez.	qu'il fût sorti
nous sortîmes	nous sortirons	*Passé.*	que n. fussions sortis
vous sortîtes	vous sortirez	Sois sorti.	q. vous fussiez sortis
ils sortirent.	ils sortiront.	Soyons sortis.	qu'ils fussent sortis.
		Soyez sortis.	

Passé indéfini.	Futur antérieur.	Subjonctif. Présent.	Infinitif.
Je suis sorti	Je serai sorti	Que je sorte	*Présent.* Sortir.
tu es sorti	tu seras sorti	que tu sortes	*Passé.* Être sorti.
il est sorti	il sera sorti	qu'il sorte	**Participe.**
nous sommes sortis	nous serons sortis	que nous sortions	*Présent.* Sortant.
vous êtes sortis	vous serez sortis	que vous sortiez	*Passé.* Sorti, ie, is, ies.
ils sont sortis.	ils seront sortis.	qu'ils sortent.	Etant sorti.

Ainsi se conjugue : **Ressortir** (sortir de nouveau).

N° 137.
CONJUGAISON DES VERBES EN TRIR.

Indicatif. Présent.	Passé antérieur.	Conditionnel. Présent.	Imparfait.
Je flétris tu flétris il flétrit nous flétrissons vous flétrissez ils flétrissent.	J'eus flétri tu eus flétri il eut flétri nous eûmes flétri vous eûtes flétri ils eurent flétri.	Je flétrirais tu flétrirais il flétrirait nous flétririons vous flétririez ils flétriraient.	Que je flétrisse que tu flétrisses qu'il flétrît que nous flétrissions que vous flétrissiez qu'ils flétrissent.
Imparfait. Je flétrissais tu flétrissais il flétrissait nous flétrissions vous flétrissiez ils flétrissaient.	*Plus-que-parfait.* J'avais flétri tu avais flétri il avait flétri nous avions flétri vous aviez flétri ils avaient flétri.	*Passé.* J'aurais flétri tu aurais flétri il aurait flétri, etc. *On dit aussi :* J'eusse flétri tu eusses flétri il eût flétri, etc.	*Passé.* Que j'aie flétri que tu aies flétri qu'il ait flétri que nous ayons flétri que vous ayez flétri qu'ils aient flétri.
Passé défini. Je flétris tu flétris il flétrit nous flétrîmes vous flétrîtes ils flétrirent.	*Futur.* Je flétrirai tu flétriras il flétrira nous flétrirons vous flétrirez ils flétriront.	**Impératif.** *Présent.* Flétris. Flétrissons. Flétrissez. *Passé.* Aie flétri. Ayons flétri. Ayez flétri.	*Plus-que-parfait.* Que j'eusse flétri que tu eusses flétri qu'il eût flétri q. nous eussions flétri q. vous eussiez flétri qu'ils eussent flétri.
Passé indéfini. J'ai flétri tu as flétri il a flétri nous avons flétri vous avez flétri ils ont flétri.	*Futur antérieur.* J'aurai flétri tu auras flétri il aura flétri nous aurons flétri vous aurez flétri ils auront flétri.	**Subjonctif.** *Présent.* Que je flétrisse que tu flétrisses qu'il flétrisse que nous flétrissions que vous flétrissiez qu'ils flétrissent.	**Infinitif.** *Présent.* Flétrir. *Passé.* Avoir flétri. **Participe.** *Présent.* Flétrissant. *Passé.* Flétri, ie, is, ies. Ayant flétri.

Ainsi se conjuguent : **Meurtrir** et **pétrir**.

N° 138.
CONJUGAISON DES VERBES EN UIR.

Indicatif. Présent.	Passé antérieur.	Conditionnel. Présent.	Imparfait.
Je fuis	J'eus fui	Je fuirais	Que je fuisse
tu fuis	tu eus fui	tu fuirais	que tu fuisses
il fuit	il eut fui	il fuirait	qu'il fuît
nous fuyons	nous eûmes fui	nous fuirions	que nous fuissions
vous fuyez	vous eûtes fui	vous fuiriez	que vous fuissiez
ils fuient.	ils eurent fui.	ils fuiraient.	qu'ils fuissent.

Imparfait.	Plus-que-parfait.	Passé. J'aurais fui	Passé.
Je fuyais	J'avais fui	tu aurais fui	Que j'aie fui
tu fuyais	tu avais fui	il aurait fui, etc.	que tu aies fui
il fuyait	il avait fui	*On dit aussi :*	qu'il ait fui
nous fuyions	nous avions fui	J'eusse fui	que nous ayons fui
vous fuyiez	vous aviez fui	tu eusses fui	que vous ayez fui
ils fuyaient.	ils avaient fui.	il eût fui, etc.	qu'ils aient fui.

Passé défini.	Futur.	Impératif. Présent.	Plus-que-parfait.
Je fuis	Je fuirai	Fuis.	Que j'eusse fui
tu fuis	tu fuiras	Fuyons.	que tu eusses fui
il fuit	il fuira	Fuyez.	qu'il eût fui
nous fuîmes	nous fuirons	Passé.	que nous euss. fui
vous fuîtes	vous fuirez	Aie fui.	que vous eussiez fui
ils fuirent.	ils fuiront.	Ayons fui. Ayez fui.	qu'ils eussent fui.

Passé indéfini.	Futur antérieur.	Subjonctif. Présent.	Infinitif. Présent. Fuir. Passé. Avoir fui.
J'ai fui	J'aurai fui	Que je fuie	**Participe.**
tu as fui	tu auras fui	que tu fuies	Prés. Fuyant.
il a fui	il aura fui	qu'il fuie	Passé. Fui, ie, is, ies.
nous avons fui	nous aurons fui	que nous fuyions	Ayant fui.
vous avez fui	vous aurez fui	que vous fuyiez	
ils ont fui.	ils auront fui.	qu'ils fuient.	

Ainsi se conjugue : **s'enfuir**, impératif : **enfuis-toi**. Seulement ce verbe, comme tous les verbes pronominaux, prend l'auxiliaire **être** dans ses temps composés.

N° 139.
CONJUGAISON DES VERBES EN VIR.

Indicatif. Présent.	Passé antérieur.	Conditionnel. Présent.	Imparfait.
Je sévis	J'eus sévi	Je sévirais	Que je sévisse
tu sévis	tu eus sévi	tu sévirais	que tu sévisses
il sévit	il eut sévi	il sévirait	qu'il sévît
nous sévissons	nous eûmes sévi	nous sévirions	que nous sévissions
vous sévissez	vous eûtes sévi	vous séviriez	que vous sévissiez
ils sévissent.	ils eurent sévi.	ils séviraient.	qu'ils sévissent.

Imparfait.	Plus-que-parfait.	Passé. J'aurais sévi	Passé.
Je sévissais	J'avais sévi	tu aurais sévi	Que j'aie sévi
tu sévissais	tu avais sévi	il aurait sévi, etc.	que tu aies sévi
il sévissait	il avait sévi	*On dit aussi :*	qu'il ait sévi
nous sévissions	nous avions sévi	J'eusse sévi	que nous ayons sévi
vous sévissiez	vous aviez sévi	tu eusses sévi	que vous ayez sévi
ils sévissaient.	ils avaient sévi.	il eût sévi, etc.	qu'ils aient sévi.

Passé défini.	Futur.	Impératif. Présent.	Plus-que-parfait.
Je sévis	Je sévirai	Sévis.	Que j'eusse sévi
tu sévis	tu séviras	Sévissons.	que tu eusses sévi
il sévit	il sévira	Sévissez.	qu'il eût sévi
nous sévîmes	nous sévirons	Passé.	que n. eussions sévi
vous sévîtes	vous sévirez	Aie sévi.	que vous eussiez sévi
ils sévirent.	ils séviront.	Ayons sévi. Ayez sévi.	qu'ils eussent sévi.

Passé indéfini.	Futur antérieur.	Subjonctif. Présent.	Infinitif.
J'ai sévi	J'aurai sévi	Que je sévisse	Présent. Sévir.
tu as sévi	tu auras sévi	que tu sévisses	Passé. Avoir sévi.
il a sévi	il aura sévi	qu'il sévisse	**Participe**
nous avons sévi	nous aurons sévi	que nous sévissions	Présent. Sévissant.
vous avez sévi	vous aurez sévi	que vous sévissiez	Passé. Sévi.
ils ont sévi	ils auront sévi.	qu'ils sévissent.	Ayant sévi.

Ainsi se conjuguent : **Asservir, assouvir, gravir, ravir,** etc. — NOTA. Le participe passé de ces verbes est variable : **Asservi, ie, is, ies.**

Nº 140.
CONJUGAISON DES VERBES EN **VIR**.

Indicatif. *Présent.*	*Passé antérieur.*	**Conditionnel.** *Présent.*	*Imparfait.*
Je sers tu sers il sert nous servons vous servez ils servent.	J'eus servi tu eus servi il eut servi nous eûmes servi vous eûtes servi ils eurent servi.	Je servirais tu servirais il servirait nous servirions vous serviriez ils serviraient.	Que je servisse que tu servisses qu'il servît que nous servissions que vous servissiez qu'ils servissent.
Imparfait.	*Plus-que-parfait.*	*Passé.* J'aurais servi tu aurais servi il aurait servi, etc. *On dit aussi :* J'eusse servi tu eusses servi il eût servi, etc.	*Passé.*
Je servais tu servais il servait nous servions vous serviez ils servaient.	J'avais servi tu avais servi il avait servi nous avions servi vous aviez servi ils avaient servi.		Que j'aie servi que tu aies servi qu'il ait servi que nous ayons servi que vous ayez servi qu'ils aient servi.
Passé défini.	*Futur.*	**Impératif.** *Présent.* Sers. Servons. Servez. *Passé.* Aie servi. Ayons servi. Ayez servi.	*Plus-que-parfait.*
Je servis tu servis il servit nous servîmes vous servîtes ils servirent.	Je servirai tu serviras il servira nous servirons vous servirez ils serviront.		Que j'eusse servi que tu eusses servi qu'il eût servi que n. eussions servi que v. eussiez servi qu'ils eussent servi.
Passé indéfini.	*Futur antérieur.*	**Subjonctif.** *Présent.*	**Infinitif.** *Présent.* Servir. *Passé.* Avoir servi. **Participe.** *Présent.* Servant. *Passé.* Servi, ie, is, ies. Ayant servi.
J'ai servi tu as servi il a servi nous avons servi vous avez servi ils ont servi.	J'aurai servi tu auras servi il aura servi nous aurons servi vous aurez servi ils auront servi.	Que je serve que tu serves qu'il serve que nous servions que vous serviez qu'ils servent.	

Ainsi se conjugue : **Desservir.**

N° 141.
CONJUGAISON DES VERBES EN VRIR.

Indicatif. Présent.	Passé antérieur.	Conditionnel. Présent.	Imparfait.
J'appauvris tu appauvris il appauvrit nous appauvrissons vous appauvrissez ils appauvrissent.	J'eus appauvri tu eus appauvri il eut appauvri nous eûmes appauvri vous eûtes appauvri ils eurent appauvri.	J'appauvrirais tu appauvrirais il appauvrirait nous appauvririons vous appauvririez ils appauvriraient.	Que j'appauvrisse que tu appauvrisses qu'il appauvrît que n. appauvrissions que v. appauvrissiez qu'ils appauvrissent.

Imparfait.	Plus-que-parfait.	Passé.	Passé.
J'appauvrissais tu appauvrissais il appauvrissait nous appauvrissions vous appauvrissiez ils appauvrissaient.	J'avais appauvri tu avais appauvri il avait appauvri nous avions appauvri vous aviez appauvri ils avaient appauvri.	J'aurais appauvri tu aurais appauvri il aurait appauvri, etc. *On dit aussi :* J'eusse appauvri tu eusses appauvri il eût appauvri, etc.	Que j'aie appauvri que tu aies appauvri qu'il ait appauvri que n. ayons appauvri que v. ayez appauvri qu'ils aient appauvri.

Passé défini.	Futur.	Impératif. Présent.	Plus-que-parfait.
J'appauvris tu appauvris il appauvrit nous appauvrîmes vous appauvrîtes ils appauvrirent.	J'appauvrirai tu appauvriras il appauvrira nous appauvrirons vous appauvrirez ils appauvriront.	Appauvris. Appauvrissons. Appauvrissez. *Passé.* Aie appauvri. Ayons appauvri. Ayez appauvri.	Que j'eusse appauvri q. tu eusses appauvri qu'il eût appauvri que n. euss. appauvri que v. euss. appauvri qu'ils euss. appauvri.

Passé indéfini.	Futur antérieur.	Subjonctif. Présent.	Infinitif.
J'ai appauvri tu as appauvri il a appauvri nous avons appauvri vous avez appauvri ils ont appauvri.	J'aurai appauvri tu auras appauvri il aura appauvri nous aurons appauvri vous aurez appauvri ils auront appauvri.	Que j'appauvrisse que tu appauvrisses qu'il appauvrisse que n. appauvrissions que v. appauvrissiez qu'ils appauvrissent.	*Présent.* Appauvrir. *Pas.* Avoir appauvri. **Participe.** *Prés.* Appauvrissant. *Passé.* Appauvri, ie, is, ies. Ayant appauvri.

Nº 142.
CONJUGAISON DES VERBES EN VRIR.

Indicatif. Présent.	Passé antérieur.	Conditionnel. Présent.	Imparfait.
J'ouvre tu ouvres il ouvre nous ouvrons vous ouvrez ils ouvrent.	J'eus ouvert tu eus ouvert il eut ouvert nous eûmes ouvert vous eûtes ouvert ils eurent ouvert.	J'ouvrirais tu ouvrirais il ouvrirait nous ouvririons vous ouvririez ils ouvriraient.	Que j'ouvrisse que tu ouvrisses qu'il ouvrît que n. ouvrissions que vous ouvrissiez qu'ils ouvrissent.
Imparfait.	Plus-que-parfait.	Passé. J'aurais ouvert tu aurais ouvert il aurait ouvert, etc. On dit aussi : J'eusse ouvert tu eusses ouvert il eût ouvert, etc.	Passé.
J'ouvrais tu ouvrais il ouvrait nous ouvrions vous ouvriez ils ouvraient.	J'avais ouvert tu avais ouvert il avait ouvert nous avions ouvert vous aviez ouvert ils avaient ouvert.		Que j'aie ouvert que tu aies ouvert qu'il ait ouvert que nous ayons ouvert que vous ayez ouvert qu'ils aient ouvert.
Passé défini.	Futur.	Impératif. Présent. Ouvre. Ouvrons. Ouvrez. Passé. Aie ouvert. Ayons ouvert. Ayez ouvert.	Plus-que-parfait.
J'ouvris tu ouvris il ouvrit nous ouvrîmes vous ouvrîmes ils ouvrirent.	J'ouvrirai tu ouvriras il ouvrira nous ouvrirons vous ouvrirez ils ouvriront.		Que j'eusse ouvert que tu eusses ouvert qu'il eût ouvert q. n. eussions ouvert que v. eussiez ouvert qu'ils eussent ouvert.
Passé indéfini.	Futur antérieur.	Subjonctif. Présent.	Infinitif. Présent. Ouvrir. Passé. Avoir ouvert. Participe. Présent. Ouvrant. Passé. Ouvert, te, ts, es. Ayant ouvert.
J'ai ouvert tu as ouvert il a ouvert nous avons ouvert vous avez ouvert ils ont ouvert.	J'aurai ouvert tu auras ouvert il aura ouvert nous aurons ouvert vous aurez ouvert ils auront ouvert.	Que j'ouvre que tu ouvres qu'il ouvre que nous ouvrions que vous ouvriez qu'ils ouvrent.	

Ainsi se conjuguent : **Couvrir, découvrir, recouvrir, rouvrir.**

N° 143.

CONJUGAISON DES VERBES EN CHOIR.

Indicatif. Présent.	Passé antérieur.	Conditionnel. Présent.	Imparfait.
Je déchois tu déchois il déchoit nous déchoyons vous déchoyez ils déchoient.	J'eus déchu tu eus déchu il eut déchu nous eûmes déchu vous eûtes déchu ils eurent déchu.	Je décherrais tu décherrais il décherrait nous décherrions vous décherriez ils décherraient.	Que je déchusse que tu déchusses qu'il déchût que n. déchussions que vous déchussiez qu'ils déchussent.
Imparfait.	Plus-que-parfait.	Passé. J'aurais déchu tu aurais déchu il aurait déchu, etc. On dit aussi: J'eusse déchu tu eusses déchu il eût déchu, etc.	Passé.
Je déchoyais tu déchoyais il déchoyait nous déchoyions vous déchoyiez ils déchoyaient.	J'avais déchu tu avais déchu il avait déchu nous avions déchu vous aviez déchu ils avaient déchu.		Que j'aie déchu que tu aies déchu qu'il ait déchu que n. ayons déchu que vous ayez déchu. qu'ils aient déchu.
Passé défini.	Futur.	Impératif. Présent. Déchois. Déchoyons. Déchoyez. Passé. Aie déchu. Ayons déchu. Ayez déchu.	Plus-que-parfait.
Je déchus tu déchus il déchut nous déchûmes vous déchûtes ils déchurent.	Je décherrai tu décherras il décherra nous décherrons vous décherrez ils décherront.		Que j'eusse déchu que tu eusses déchu qu'il eût déchu q. n. eussions déchu que v. eussiez déchu qu'ils eussent déchu.
Passé indéfini.	Futur antérieur.	Subjonctif. Présent.	Infinitif.
J'ai déchu tu as déchu il a déchu nous avons déchu vous avez déchu ils ont déchu.	J'aurai déchu tu auras déchu il aura déchu nous aurons déchu vous aurez déchu ils auront déchu.	Que je déchoie que tu déchoies qu'il déchoie que nous déchoyions que vous déchoyiez qu'ils déchoient.	Présent. Déchoir. Passé. Avoir déchu. **Participe.** Passé. Déchu, ue, us, ues. Ayant déchu.

NOTA. Le verbe **choir** ne se dit guère qu'à l'infinitif et au participe passé : chu, chue. **Échoir**, au présent de l'indicatif, n'est guère usité qu'à la troisième personne du singulier : **il échoit**, qu'on prononce et qu'on écrit même quelquefois **il échet, j'échus, j'écherrai, j'écherrais, que j'échusse, échéant, échu, échue.**

N° 144.
CONJUGAISON DES VERBES EN LOIR.

Indicatif. Présent.	Passé antérieur.	Conditionnel. Présent.	Imparfait.
Je vaux	J'eus valu	Je vaudrais	Que je valusse
tu vaux	tu eus valu	tu vaudrais	que tu valusses
il vaut	il eut valu	il vaudrait	qu'il valût
nous valons	nous eûmes valu	nous vaudrions	que nous valussions
vous valez	vous eûtes valu	vous vaudriez	que vous valussiez
ils valent.	ils eurent valu.	ils vaudraient.	qu'ils valussent.
Imparfait.	*Plus-que-parfait.*	*Passé.* J'aurais valu tu aurais valu il aurait valu, etc. *On dit aussi :* J'eusse valu tu eusses valu il eût valu, etc.	*Passé.* Que j'aie valu. que tu aies valu qu'il ait valu que nous ayons valu que vous ayez valu qu'ils aient valu.
Je valais	J'avais valu		
tu valais	tu avais valu		
il valait	il avait valu		
nous valions	nous avions valu		
vous valiez	vous aviez valu		
ils valaient.	ils avaient valu.		
Passé défini.	*Futur.*	**Impératif.** *Présent.* Vaux. Valons. Valez. *Passé.* Aie valu. Ayons valu. Ayez valu.	*Plus-que-parfait.* Que j'eusse valu que tu eusses valu qu'il eût valu que n. eussions valu que v. eussiez valu qu'ils eussent valu.
Je valus	Je vaudrai		
tu valus	tu vaudras		
il valut	il vaudra		
nous valûmes	nous vaudrons		
vous valûtes	vous vaudrez		
ils valurent.	ils vaudront.		
Passé indéfini.	*Futur antérieur.*	**Subjonctif.** *Présent.* Que je vaille. que tu vailles qu'il vaille que nous vaillions que vous vailliez qu'ils vaillent.	**Infinitif.** *Présent.* Valoir. *Passé.* Avoir valu. **Participe.** *Présent.* Valant. *Passé.* Valu, ue, us, ues. Ayant valu.
J'ai valu	J'aurai valu		
tu as valu	tu auras valu		
il a valu	il aura valu		
nous avons valu	nous aurons valu		
vous avez valu	vous aurez valu		
ils ont valu.	ils auront valu.		

Ainsi se conjuguent : **Équivaloir, revaloir, prévaloir.** — NOTA. Ce dernier fait au subjonctif **que je prévale, qu'il prévale, que nous prévalions**, etc. — **Souloir**, avoir coutume, n'est plus usité qu'à l'imparfait : *Louis XII soulait dîner de bonne heure.*

N° 145.
CONJUGAISON DES VERBES EN LOIR.

Indicatif.	Passé antérieur.	Conditionnel.	Imparfait.
Présent.	J'eus voulu	*Présent.*	Que je voulusse
Je veux	tu eus voulu	Je voudrais	que tu voulusses
tu veux	il eut voulu	tu voudrais	qu'il voulût
il veut	nous eûmes voulu	il voudrait	que n. voulussions
nous voulons	vous eûtes voulu	nous voudrions	que vous voulussiez
vous voulez	ils eurent voulu.	vous voudriez	qu'ils voulussent.
ils veulent.		ils voudraient.	
Imparfait.	*Plus-que-parfait.*	*Passé.*	*Passé.*
Je voulais	J'avais voulu	J'aurais voulu	Que j'aie voulu
tu voulais	tu avais voulu	tu aurais voulu	que tu aies voulu
il voulait	il avait voulu	il aurait voulu, etc.	qu'il ait voulu
nous voulions	nous avions voulu	*On dit aussi :*	q. n. ayons voulu
vous vouliez	vous aviez voulu	J'eusse voulu	que v. ayez voulu
ils voulaient.	ils avaient voulu.	tu eusses voulu	qu'ils aient voulu.
		il eût voulu, etc.	
		Impératif.	
Passé défini.	*Futur.*	*Présent.*	*Plus-que-parfait.*
		Veux.	
Je voulus	Je voudrai	Voulons.	Que j'eusse voulu
tu voulus	tu voudras	Voulez.	q. tu eusses voulu
il voulut	il voudra	*Passé.*	qu'il eût voulu
nous voulûmes	nous voudrons	Aie voulu.	q. n. eussions voulu
vous voulûtes	vous voudrez	Ayons voulu.	q. v. eussiez voulu
ils voulurent.	ils voudront.	Ayez voulu.	qu'ils eussent voulu.
Passé indéfini.	*Futur antérieur.*	**Subjonctif.**	**Infinitif.**
		Présent.	*Présent.* Vouloir.
J'ai voulu	J'aurai voulu	Que je veuille	*Passé.* Avoir voulu.
tu as voulu	tu auras voulu	que tu veuilles	**Participe.**
il a voulu	il aura voulu	qu'il veuille	*Présent.* Voulant.
nous avons voulu	nous aurons voulu	que nous voulions	*Passé.* Voulu, lue,
vous avez voulu	vous aurez voulu	que vous vouliez	lus, lues.
ils ont voulu.	ils auront voulu.	qu'ils veuillent.	Ayant voulu.

NOTA. L'impératif **veux, voulons, voulez** n'est d'usage que dans certaines occasions très-rares : **Puisque ton salut dépend de ta volonté, VEUX donc, malheureux et tu te sauveras. Pour apprendre, il ne faut que vouloir ; VOULONS donc, et nous parviendrons à nous instruire. Faites un effort ; VOULEZ seulement :** celui qui donne le bon vouloir, vous donnera aussi celui de l'accomplir. On dit aussi **veuillez** pour dire ayez la bonté, la complaisance de....... **Veuillez me faire ce plaisir.** On dirait de même au singulier : **Veuille bien, je te prie, me rendre ce service** ; mais on dit : **Ne m'en veux pas, ne lui en voulez pas, ne leur en voulons pas.**

N° 146.
CONJUGAISON DES VERBES EN LLOIR.

Indicatif. Présent.	Passé antérieur.	Conditionnel. Présent.	Imparfait.
Il faut.	Il eut fallu.	Il faudrait.	Qu'il fallût.
Imparfait.	Plus-que-parfait.	Passé. Il aurait fallu. *On dit aussi :* Il eût fallu.	Passé. Qu'il ait fallu.
Il fallait.	Il avait fallu.		
Passé défini.	Futur.	Impératif. Présent. Passé.	Plus-que-parfait.
Il fallut.	Il faudra.		Qu'il eût fallu.
Passé indéfini.	Futur antérieur.	Subjonctif. Présent.	Infinitif. Falloir. Participe. Passé. Fallu.
Il a fallu.	Il aura fallu.	Qu'il faille.	

N° 147.
CONJUGAISON DES VERBES EN **SEOIR**.

Indicatif. Présent.	Passé antérieur.	Conditionnel. Présent.	Imparfait.
Je sursois	J'eus sursis	Je surseoirais	Que je sursisse
tu sursois	tu eus sursis	tu surseoirais	que tu sursisses
il sursoit	il eut sursis	il surseoirait	qu'il sursît
nous sursoyons	nous eûmes sursis	nous surseoirions	que nous sursissions
vous sursoyez	vous eûtes sursis	vous surseoiriez	que vous sursissiez
ils sursoient.	ils eurent sursis.	ils surseoiraient.	qu'ils sursissent.

Imparfait.	Plus-que-parfait.	Passé.	Passé.
Je sursoyais	J'avais sursis	J'aurais sursis	Que j'aie sursis
tu sursoyais	tu avais sursis	tu aurais sursis	que tu aies sursis
il sursoyait	il avait sursis	il aurait sursis, etc.	qu'il ait sursis
nous sursoyions	nous avions sursis	*On dit aussi :*	que n. ayons sursis
vous sursoyiez	vous aviez sursis	J'eusse sursis	que vous ayez sursis
ils sursoyaient.	ils avaient sursis.	tu eusses sursis	qu'ils aient sursis.
		il eût sursis, etc.	

Passé défini.	Futur.	Impératif. Présent.	Plus-que-parfait.
Je sursis	Je surseoirai	Sursois.	Que j'eusse sursis
tu sursis	tu surseoiras	Sursoyons.	que tu eusses sursis
il sursit	il surseoira	Sursoyez.	qu'il eût sursis
nous sursîmes	nous surseoirons	*Passé.*	q. n. eussions sursis
vous sursîtes	vous surseoirez	Aie sursis	que v. eussiez sursis
ils sursirent.	ils surseoiront.	Ayons sursis.	qu'ils eussent sursis.
		Ayez sursis.	

Passé indéfini.	Futur antérieur.	Subjonctif. Présent.	Infinitif.
			Présent. Surseoir.
			Passé. Avoir sursis.
J'ai sursis	J'aurai sursis	Que je surseoie	**Participe.**
tu as sursis	tu auras sursis	que tu surseoies	
il a sursis	il aura sursis	qu'il surseoit	Présent. Sursoyant.
nous avons sursis	nous aurons sursis	que nous sursoyions	Passé. Sursis, ise,
vous avez sursis	vous aurez sursis	que vous sursoyiez	is, ises.
ils ont sursis.	ils auront sursis.	qu'ils surseoient.	Ayant sursis.

N° 148.
CONJUGAISON DU VERBE ASSEOIR.

Indicatif. Présent.	Passé antérieur.	Conditionnel. Présent.	Imparfait.
J'assieds	J'eus assis	J'assiérais	Que j'assisse
tu assieds	tu eus assis	tu assiérais	que tu assisses
il assied	il eut assis	il assiérait	qu'il assît
nous asseyons	nous eûmes assis	nous assiérions	que nous assissions
vous asseyez	vous eûtes assis	vous assiériez	que vous assissiez
ils asseyent.	ils eurent assis.	ils assiéraient.	qu'ils assissent.

Imparfait.	Plus-que-parfait.	Passé.	Passé.
J'asseyais	J'avais assis	J'aurais assis	Que j'aie assis
tu asseyais	tu avais assis	tu aurais assis	que tu aies assis
il asseyait	il avait assis	il aurait assis, etc.	qu'il ait assis
nous asseyions	nous avions assis	*On dit aussi :*	que n. ayons assis
vous asseyiez	vous aviez assis	J'eusse assis	que v. ayez assis
ils asseyaient.	ils avaient assis.	tu eusses assis	qu'ils aient assis.
		il eût assis, etc.	

Passé défini.	Futur.	Impératif. Présent.	Plus-que-parfait.
J'assis	J'assiérai	Assieds.	Que j'eusse assis
tu assis	tu assiéras	Asseyons	que tu eusses assis
il assit	il assiéra	Asseyez.	qu'il eût assis
nous assîmes	nous assiérons	*Passé.*	que nous euss. assis
vous assîtes	vous assiérez	Aie assis	que v. eussiez assis
ils assirent.	ils assiéront.	Ayons assis.	qu'ils eussent assis
		Ayez assis.	

Passé indéfini.	Futur antérieur.	Subjonctif. Présent.	Infinitif.
J'ai assis	J'aurai assis	Que j'asseye	*Présent.* Asseoir.
tu as assis	tu auras assis	que tu asseyes	*Passé.* Avoir assis.
il a assis	il aura assis	qu'il asseye	**Participe.**
nous avons assis	nous aurons assis	que nous asseyions	*Présent.* Asseyant.
vous avez assis	vous aurez assis	que vous asseyiez	*Passé.* Assis, ise, is, ises.
ils ont assis.	ils auront assis.	qu'ils asseyent.	Ayant assis.

NOTA. Ce verbe se conjugue encore, mais beaucoup plus rarement, de la manière suivante, en supprimant l'e du radical devant o : **J'assois, tu assois, il assoit, nous assoyons, vous assoyez, ils assoient.** J'assoyais, etc. J'assoirai, etc. J'assoirais, etc. Assois, assoyons, assoyez. Que j'assoie, etc. Assoyant. Il s'emploie le plus ordinairement sous la forme pronominale : **Je m'assieds, tu t'assieds,** etc. **Je me suis assis,** etc.

N° 149.
CONJUGAISON DES VERBES EN SEOIR.

Indicatif. Présent.	Passé antérieur.	Conditionnel. Présent.	Imparfait.
Il sied.		Il siérait.	
Ils siéent.		Ils siéraient.	
Imparfait.	*Plus-que-parfait.*	*Passé.*	*Passé.*
Il seyait.			
		On dit aussi :	
Ils seyaient.			
Passé défini.	*Futur.*	**Impératif.** *Présent.*	*Plus-que-parfait.*
	Il siéra.		
		Passé.	
	Ils siéront.		
Passé indéfini.	*Futur antérieur.*	**Subjonctif.** *Présent.* Qu'il siée.	**Infinitif.** *Présent.* Seoir.
			Participe. *Présent.* Séyant. *Passé.* Sis, sise, ises.
		Qu'ils siéent.	

Ainsi se conjugue : **Messeoir** (n'être pas convenable). — NOTA. Dans le sens d'être assis, situé, le verbe **seoir** n'est plus guère en usage qu'à ses participes **séant** et **sis, sise**. Quelquefois on dit encore et dans le langage familier, **sieds-toi**. Dans le sens d'être convenable à la personne, au temps, etc., il ne s'emploie qu'à la troisième personne. Il n'a point de temps composés. **Les couleurs trop voyantes ne vous siéront pas. Cette coiffure lui seyait mal.** — Quant à **messeoir**, ce verbe s'emploie dans les mêmes temps que **seoir**, mais il n'est plus en usage à l'infinitif. **Cette coutume messied à votre âge. Cet ajustement ne vous messiéra pas.**

N° 150.
CONJUGAISON DES VERBES EN **VOIR**.

Indicatif. Présent.	Passé antérieur.	Conditionnel. Présent.	Imparfait.
Je reçois	J'eus reçu	Je recevrais	Que je reçusse
tu reçois	tu eus reçu	tu recevrais	que tu reçusses
il reçoit	il eut reçu	il recevrait	qu'il reçût
nous recevons	nous eûmes reçu	nous recevrions	que nous reçussions
vous recevez	vous eûtes reçu	vous recevriez	que vous reçussiez
ils reçoivent.	ils eurent reçu.	ils recevraient.	qu'ils reçussent.

Imparfait.	Plus-que-parfait.	Passé.	Passé.
Je recevais	J'avais reçu	J'aurais reçu	Que j'aie reçu
tu recevais	tu avais reçu	tu aurais reçu	que tu aies reçu
il recevait	il avait reçu	il aurait reçu, etc.	qu'il ait reçu
nous recevions	nous avions reçu	*On dit aussi :*	que nous ayons reçu
vous receviez	vous aviez reçu	J'eusse reçu	que vous ayez reçu
ils recevaient.	ils avaient reçu.	tu eusses reçu	qu'ils aient reçu.
		il eût reçu, etc.	

Passé défini.	Futur.	Impératif. Présent.	Plus-que-parfait.
Je reçus	Je recevrai	Reçois.	Que j'eusse reçu
tu reçus	tu recevras	Recevons.	que tu eusses reçu
il reçut	il recevra	Recevez.	qu'il eût reçu
nous reçûmes	nous recevrons	*Passé.*	q. n. eussions reçu
vous reçûtes	vous recevrez	Aie reçu.	que v. eussiez reçu
ils reçurent.	ils recevront.	Ayons reçu.	qu'ils eussent reçu.
		Ayez reçu.	

Passé indéfini.	Futur antérieur.	Subjonctif. Présent.	Infinitif.
J'ai reçu	J'aurai reçu	Que je reçoive	*Présent.* Recevoir.
tu as reçu	tu auras reçu	que tu reçoives	*Passé.* Avoir reçu.
il a reçu	il aura reçu	qu'il reçoive	**Participe.**
nous avons reçu	nous aurons reçu	que nous recevions	*Présent.* Recevant.
vous avez reçu	vous aurez reçu	que vous receviez	*Passé.* Reçu, ue, us, ues.
ils ont reçu.	ils auront reçu.	qu'ils reçoivent.	Ayant reçu.

Ainsi se conjuguent : **Apercevoir, concevoir, décevoir, percevoir.**

N° 151.
CONJUGAISON DES VERBES EN VOIR.

Indicatif. *Présent.*	*Passé antérieur.*	Conditionnel. *Présent.*	*Imparfait.*
Je meus	J'eus mû	Je mouvrais	Que je musse
tu meus	tu eus mû	tu mouvrais	que tu musses
il meut	il eut mû	il mouvrait	qu'il mût
nous mouvons	nous eûmes mû	nous mouvrions	que nous mussions
vous mouvez	vous eûtes mû	vous mouvriez	que vous mussiez
ils meuvent.	ils eurent mû.	ils mouvraient.	qu'ils mussent.

Imparfait.	*Plus-que-parfait.*	*Passé.*	*Passé.*
Je mouvais	J'avais mû	J'aurais mû	Que j'aie mû
tu mouvais	tu avais mû	tu aurais mû	que tu aies mû
il mouvait	il avait mû	il aurait mû, etc.	qu'il ait mû
nous mouvions	nous avions mû	*On dit aussi :*	que nous ayons mû
vous mouviez	vous aviez mû	J'eusse mû	que vous ayez mû
ils mouvaient.	ils avaient mû.	tu eusses mû	qu'ils aient mû.
		il eût mû, etc.	

Passé défini.	*Futur.*	Impératif. *Présent.*	*Plus-que-parfait.*
Je mus	Je mouvrai	Meus.	Que j'eusse mû
tu mus	tu mouvras	Mouvons.	que tu eusses mû
il mut	il mouvra	Mouvez.	qu'il eût mû
nous mûmes	nous mouvrons	*Passé.*	q. n. eussions mû
vous mûtes	vous mouvrez	Aie mû.	que v. eussiez mû
ils murent.	ils mouvront.	Ayons mû.	qu'ils eussent mû.
		Ayez mû.	

Passé indéfini.	*Futur antérieur.*	Subjonctif. *Présent.*	Infinitif.
J'ai mû	J'aurai mû	Que je meuve	*Présent.* Mouvoir.
tu as mû	tu auras mû	que tu meuves	*Passé.* Avoir mû.
il a mû	il aura mû	qu'il meuve	Participe.
nous avons mû	nous aurons mû	que nous mouvions	*Présent.* Mouvant.
vous avez mû	vous aurez mû	que vous mouviez	*Passé.* Mû, ue,
ils ont mû.	ils auront mû.	qu'ils meuvent.	us, ues.
			Ayant mû.

Ainsi se conjuguent : **Émouvoir, promouvoir.** — Nota. Le participe passé **mû** prend un accent circonflexe au masculin singulier seulement. **Ému** et **promu** n'en prennent point. **Promouvoir** ne s'emploie guère qu'à l'infinitif et aux temps composés. On dit cependant : **Cet ecclésiastique méritait que le pape le promût à la dignité de cardinal.** Quant à **démouvoir**, il n'est guère usité qu'à l'infinitif, et il est vieux.

Nº 152.
CONJUGAISON DES VERBES EN VOIR.

Indicatif. Présent.	Passé antérieur.	Conditionnel. Présent.	Imparfait.
Je pourvois	J'eus pourvu	Je pourvoirais	Que je pourvusse
tu pourvois	tu eus pourvu	tu pourvoirais	que tu pourvusses
il pourvoit	il eut pourvu	il pourvoirait	qu'il pourvût
nous pourvoyons	nous eûmes pourvu	nous pourvoirions	que n. pourvussions
vous pourvoyez	vous eûtes pourvu	vous pourvoiriez	que v. pourvussiez
ils pourvoient.	ils eurent pourvu.	ils pourvoiraient.	qu'ils pourvussent.

Imparfait.	Plus-que-parfait.	Passé.	Passé.
Je pourvoyais	J'avais pourvu	J'aurais pourvu	Que j'aie pourvu
tu pourvoyais	tu avais pourvu	tu aurais pourvu	que tu aies pourvu
il pourvoyait	il avait pourvu	il aurait pourvu, etc.	qu'il ait pourvu
nous pourvoyions	nous avions pourvu	*On dit aussi :*	que n. ayons pourvu
vous pourvoyiez	vous aviez pourvu	J'eusse pourvu	que v. ayez pourvu
ils pourvoyaient.	ils avaient pourvu.	tu eusses pourvu	qu'ils aient pourvu.
		il eût pourvu, etc.	

Passé défini.	Futur.	Impératif. Présent.	Plus-que-parfait.
Je pourvus	Je pourvoirai	Pourvois.	Que j'eusse pourvu
tu pourvus	tu pourvoiras	Pourvoyons.	q. tu eusses pourvu
il pourvut	il pourvoira	Pourvoyez.	qu'il eût pourvu
nous pourvûmes	nous pourvoirons	*Passé.*	que n. euss. pourvu
vous pourvûtes	vous pourvoirez	Aie pourvu.	que v. euss. pourvu
ils pourvurent.	ils pourvoiront.	Ayons pourvu.	qu'ils euss. pourvu.
		Ayez pourvu.	

Passé indéfini.	Futur antérieur.	Subjonctif. Présent.	Infinitif.
J'ai pourvu	J'aurai pourvu	Que je pourvoie	*Présent.* Pourvoir.
tu as pourvu	tu auras pourvu	que tu pourvoies	*Pas.* Avoir pourvu.
il a pourvu	il aura pourvu	qu'il pourvoie	**Participe.**
nous avons pourvu	nous aurons pourvu	que n. pourvoyions	*Prés.* Pourvoyant.
vous avez pourvu	vous aurez pourvu	que vous pourvoyiez	*Passé.* Pourvu, ue,
ils ont pourvu.	ils auront pourvu.	qu'ils pourvoient.	us, ues.
			Ayant pourvu.

Ainsi se conjugue : **Dépourvoir**, qui ne s'emploie qu'au passé défini, à l'infinitif et au participe passé : **Il le dépourvut de tout. Il nous a dépourvus de tout. Dépourvoir de tout une place de guerre.** Il s'emploie aussi pronominalement : **Je me suis dépourvu pour vous de tout.**

N° 153.
CONJUGAISON DES VERBES EN VOIR.

Indicatif.
Présent.
Je sais
tu sais
il sait
nous savons
vous savez
ils savent.

Imparfait.
Je savais
tu savais
il savait
nous savions
vous saviez
ils savaient.

Passé défini.
Je sus
tu sus
il sut
nous sûmes
vous sûtes
ils surent.

Passé indéfini.
J'ai su
tu as su
il a su
nous avons su
vous avez su
ils ont su.

Passé antérieur.
J'eus su
tu eus su
il eut su
nous eûmes su
vous eûtes su
ils eurent su.

Plus-que-parfait.
J'avais su
tu avais su
il avait su
nous avions su
vous aviez su
ils avaient su.

Futur.
Je saurai
tu sauras
il saura
nous saurons
vous saurez
ils sauront.

Futur antérieur.
J'aurai su
tu auras su
il aura su
nous aurons su
vous aurez su
ils auront su.

Conditionnel.
Présent.
Je saurais
tu saurais
il saurait
nous saurions
vous sauriez
ils sauraient.

Passé.
J'aurais su
tu aurais su
il aurait su, etc.

On dit aussi :
J'eusse su
tu eusses su
il eût su, etc.

Impératif.
Présent.
Sache
Sachons.
Sachez.

Passé.
Aie su.
Ayons su.
Ayez su.

Subjonctif.
Présent.
Que je sache
que tu saches
qu'il sache
que nous sachions
que vous sachiez
qu'ils sachent.

Imparfait.
Que je susse
que tu susses
qu'il sût
que nous sussions
que vous sussiez
qu'ils sussent.

Passé.
Que j'aie su
que tu aies su
qu'il ait su
que nous ayons su
que vous ayez su
qu'ils aient su.

Plus-que-parfait.
Que j'eusse su
que tu eusses su
qu'il eût su
que n. eussions su
que v. eussiez su
qu'ils eussent su.

Infinitif.
Présent. Savoir.
Passé. Avoir su.

Participe.
Présent. Sachant.
Passé. Su, ue, us, ues.
Ayant su.

CONJUGAISON DES VERBES EN **VOIR.**

Indicatif. Présent.	Passé antérieur.	Conditionnel. Présent.	Imparfait.
Je vois	J'eus vu	Je verrais	Que je visse
tu vois	tu eus vu	tu verrais	que tu visses
il voit	il eut vu	il verrait	qu'il vît
nous voyons	nous eûmes vu	nous verrions	que n. vissions
vous voyez	vous eûtes vu	vous verriez	que vous vissiez
ils voient.	ils eurent vu.	ils verraient.	qu'ils vissent.

Imparfait.	Plus-que-parfait.	Passé.	Passé.
Je voyais	J'avais vu	J'aurais vu	Que j'aie vu
tu voyais	tu avais vu	tu aurais vu	que tu aies vu
il voyait	il avait vu	il aurait vu, etc.	qu'il ait vu
nous voyions	nous avions vu	*On dit aussi:*	q. nous ayons vu
vous voyiez	vous aviez vu	J'eusse vu	que vous ayez vu
ils voyaient.	ils avaient vu.	tu eusses vu	qu'ils aient vu.
		il eût vu, etc.	

Passé défini.	Futur.	Impératif. Présent.	Plus-que-parfait.
Je vis	Je verrai	Vois.	Que j'eusse vu
tu vis	tu verras	Voyons.	que tu eusses vu
il vit	il verra	Voyez.	qu'il eût vu
nous vîmes	nous verrons	*Passé.*	q. n. eussions vu
vous vîtes	vous verrez	Aie vu.	q. vous eussiez vu
ils virent.	ils verront.	Ayons vu.	qu'ils eussent vu.
		Ayez vu.	

Passé indéfini.	Futur antérieur.	Subjonctif. Présent.	Infinitif. Présent. Voir. Passé. Avoir vu.
J'ai vu	J'aurai vu	Que je voie	**Participe.**
tu as vu	tu auras vu	que tu voies	Présent. Voyant.
il a vu	il aura vu	qu'il voie	Passé. Vu, ue, us,
nous avons vu	nous aurons vu	que nous voyions	ues
vous avez vu	vous aurez vu	que vous voyiez	Ayant vu.
ils ont vu.	ils auront vu.	qu'ils voient.	

Ainsi se conjuguent : **Entrevoir, revoir.** — NOTA. **Prévoir** fait au futur **je prévoirai**, et au conditionnel **je prévoirais**.

N° 155.
CONJUGAISON DES VERBES EN VOIR.

Indicatif. Présent.	Passé antérieur.	Conditionnel. Présent.	Imparfait.
Je dois	J'eus dû	Je devrais	Que je dusse
tu dois	tu eus dû	tu devrais	que tu dusses
il doit	il eut dû	il devrait	qu'il dût
nous devons	nous eûmes dû	nous devrions	que nous dussions
vous devez	vous eûtes dû	vous devriez	que vous dussiez
ils doivent.	ils eurent dû.	ils devraient.	qu'ils dussent.

Imparfait.	Plus-que-parfait.	Passé.	Passé.
		J'aurais dû	
Je devais	J'avais dû	tu aurais dû	Que j'aie dû
tu devais	tu avais dû	il aurait dû, etc.	que tu aies dû
il devait	il avait dû	*On dit aussi :*	qu'il ait dû
nous devions	nous avions dû	J'eusse dû	que nous ayons dû
vous deviez	vous aviez dû	tu eusses dû	que vous ayez dû
ils devaient.	ils avaient dû.	il eût dû, etc.	qu'ils aient dû.

Passé défini.	Futur.	Impératif. Présent.	Plus-que-parfait.
		Dois.	
Je dus	Je devrai	Devons.	Que j'eusse dû
tu dus	tu devras	Devez.	que tu eusses dû
il dut	il devra	*Passé.*	qu'il eût dû
nous dûmes	nous devrons		q. nous eussions dû
vous dûtes	vous devrez	Aie dû.	que v. eussiez dû
ils durent.	ils devront.	Ayons dû.	qu'ils eussent dû.
		Ayez dû.	

Passé indéfini.	Futur antérieur.	Subjonctif. Présent.	Infinitif. *Présent.* Devoir. *Passé.* Avoir dû.
J'ai dû	J'aurai dû	Que je doive	**Participe.**
tu as dû	tu auras dû	que tu doives	*Présent.* Devant
il a dû	il aura dû	qu'il doive	*Passé.* Dû, ue, us,
nous avons dû	nous aurons dû	que nous devions	ues.
vous avez dû	vous aurez dû	que vous deviez	Ayant dû.
ils ont dû.	ils auront dû.	qu'ils doivent.	

Ainsi se conjugue : **Redevoir.**

N° 156.
CONJUGAISON DES VERBES EN **VOIR**.

Indicatif.	Passé antérieur.	Conditionnel.	Imparfait.
Présent.	J'eus pu	*Présent.*	Que je pusse
Je peux *ou* je puis	tu eus pu	Je pourrais	que tu pusses
tu peux	il eut pu	tu pourrais	qu'il pût
il peut	nous eûmes pu	il pourrait	que nous pussions
nous pouvons	vous eûtes pu	nous pourrions	que vous pussiez
vous pouvez	ils eurent pu.	vous pourriez	qu'ils pussent.
ils peuvent.		ils pourraient.	
Imparfait.	*Plus-que-parfait.*	*Passé.*	*Passé.*
Je pouvais	J'avais pu	J'aurais pu	Que j'aie pu
tu pouvais	tu avais pu	tu aurais pu	que tu aies pu
il pouvait	il avait pu	il aurait pu, etc.	qu'il ait pu
nous pouvions	nous avions pu	*On dit aussi :*	que nous ayons pu
vous pouviez	vous aviez pu	J'eusse pu	que vous ayez pu
ils pouvaient.	ils avaient pu.	tu eusses pu	qu'ils aient pu.
		il eût pu, etc.	
Passé défini.	*Futur.*	**Impératif.**	*Plus-que-parfait.*
Je pus	Je pourrai	*Présent.*	Que j'eusse pu
tu pus	tu pourras		que tu eusses pu
il put	il pourra		qu'il eût pu
nous pûmes	nous pourrons	*Passé.*	que n. eussions pu
vous pûtes	vous pourrez		que vous eussiez pu
ils purent.	ils pourront.		qu'ils eussent pu.
Passé indéfini.	*Futur antérieur.*	**Subjonctif.**	**Infinitif.**
J'ai pu	J'aurai pu	*Présent.*	*Présent.* Pouvoir.
tu as pu	tu auras pu	Que je puisse	*Passé.* Avoir pu.
il a pu	il aura pu	que tu puisses	**Participe.**
nous avons pu	nous aurons pu	qu'il puisse	*Présent.* Pouvant.
vous avez pu	vous aurez pu	que nous puissions	*Passé.* Pu.
ils ont pu.	ils auront pu.	que vous puissiez	Ayant pu.
		qu'ils puissent.	

NOTA. **Je puis** est beaucoup plus usité que **je peux**. Dans l'interrogation, la seule forme en usage est **puis-je?**

CONJUGAISON DES VERBES EN **VOIR**.

Indicatif. Présent.	Passé antérieur.	Conditionnel. Présent.	Imparfait.
Il pleut.	Il eut plu.	Il pleuvrait.	Qu'il plût.
Imparfait.	*Plus-que-parfait.*	*Passé.*	*Passé.*
Il pleuvait.	Il avait plu.	Il aurait plu. *On dit aussi :*	Qu'il ait plu.
Passé défini.	*Futur.*	**Impératif.** *Présent.* *Passé.*	*Plus-que-parfait.*
Il plut.	Il pleuvra.		Qu'il eût plu.
Passé indéfini.	*Futur antérieur.*	**Subjonctif.** *Présent.* Qu'il pleuve.	**Infinitif.** *Présent.* Pleuvoir. *Passé.* Avoir plu. **Participe.** *Présent.* Pleuvant. *Passé.* Plu. Ayant plu.
Il a plu.	Il aura plu.		

NOTA. Quoique impersonnel, ce verbe s'emploie au pluriel, mais dans le sens figuré : **les coups de fusil y pleuvent, les sarcasmes pleuvent sur lui, les honneurs pleuvaient sur lui.**

N° 158.
CONJUGAISON DES VERBES EN AINCRE.

Indicatif. *Présent.*	*Passé antérieur.*	Conditionnel. *Présent.*	*Imparfait.*
Je vaincs tu vaincs il vainc nous vainquons vous vainquez ils vainquent.	J'eus vaincu tu eus vaincu il eut vaincu nous eûmes vaincu vous eûtes vaincu ils eurent vaincu.	Je vaincrais tu vaincrais il vaincrait nous vaincrions vous vaincriez ils vaincraient.	Que je vainquisse que tu vainquisses qu'il vainquît q. nous vainquissions que vous vainquissiez qu'ils vainquissent.
Imparfait. Je vainquais tu vainquais il vainquait nous vainquions vous vainquiez ils vainquaient.	*Plus-que-parfait.* J'avais vaincu tu avais vaincu il avait vaincu nous avions vaincu vous aviez vaincu ils avaient vaincu.	*Passé.* J'aurais vaincu tu aurais vaincu il aurait vaincu, etc. *On dit aussi :* J'eusse vaincu tu eusses vaincu il eût vaincu, etc.	*Passé.* Que j'aie vaincu que tu aies vaincu qu'il ait vaincu q. nous ayons vaincu que vous ayez vaincu qu'ils aient vaincu.
Passé défini. Je vainquis tu vainquis il vainquit nous vainquîmes vous vainquîtes ils vainquirent.	*Futur.* Je vaincrai tu vaincras il vaincra nous vaincrons vous vaincrez ils vaincront.	Impératif. *Présent.* Vaincs. Vainquons. Vainquez. *Passé.* Aie vaincu Ayons vaincu. Ayez vaincu.	*Plus-que-parfait.* Que j'eusse vaincu que tu eusses vaincu qu'il eût vaincu q. n. eussions vaincu que v. eussiez vaincu qu'ils eussent vaincu.
Passé indéfini. J'ai vaincu tu as vaincu il a vaincu nous avons vaincu vous avez vaincu ils ont vaincu.	*Futur antérieur.* J'aurai vaincu tu auras vaincu il aura vaincu nous aurons vaincu vous aurez vaincu ils auront vaincu.	Subjonctif. *Présent.* Que je vainque que tu vainques qu'il vainque que nous vainquions que vous vainquiez qu'ils vainquent.	Infinitif. *Présent.* Vaincre. *Passé.* Avoir vaincu. Participe. *Présent.* Vainquant. *Passé.* Vaincu, ue, us, ues. Ayant vaincu.

Ainsi se conjugue : **Convaincre.**

N° 159.
CONJUGAISON DES VERBES EN AINDRE.

Indicatif. Présent.	Passé antérieur.	Conditionnel. Présent.	Imparfait.
Je crains	J'eus craint	Je craindrais	Que je craignisse
tu crains	tu eus craint	tu craindrais	que tu craignisses
il craint	il eut craint	il craindrait	qu'il craignît
nous craignons	nous eûmes craint	nous craindrions	q. nous craignissions
vous craignez	vous eûtes craint	vous craindriez	que vous craignissiez
ils craignent.	ils eurent craint.	ils craindraient.	qu'ils craignissent.

Imparfait.	Plus-que-parfait.	Passé. J'aurais craint tu aurais craint il aurait craint, etc. *On dit aussi :* J'eusse craint tu eusses craint il eût craint, etc.	Passé.
Je craignais	J'avais craint		Que j'aie craint
tu craignais	tu avais craint		que tu aies craint
il craignait	il avait craint		qu'il ait craint
nous craignions	nous avions craint		que n. ayons craint
vous craigniez	vous aviez craint		que vous ayez craint
ils craignaient.	ils avaient craint.		qu'ils aient craint.

Passé défini.	Futur.	Impératif. Présent. Crains. Craignons. Craignez. Passé. Aie craint. Ayons craint. Ayez craint.	Plus-que-parfait.
Je craignis	Je craindrai		Que j'eusse craint
tu craignis	tu craindras		que tu eusses craint
il craignit	il craindra		qu'il eût craint
nous craignîmes	nous craindrons		que n. eussions craint
vous craignîtes	vous craindrez		que v. eussiez craint
ils craignirent.	ils craindront.		qu'ils eussent craint.

Passé indéfini.	Futur antérieur.	Subjonctif. Présent.	Infinitif.
J'ai craint	J'aurai craint	Que je craigne	Présent. Craindre.
tu as craint	tu auras craint	que tu craignes	Passé. Avoir craint.
il a craint	il aura craint	qu'il craigne	**Participe.**
nous avons craint	nous aurons craint	que nous craignions	Présent. Craignant.
vous avez craint	vous aurez craint	que vous craigniez	Passé. Craint, ainte, ts, tes.
ils ont craint.	ils auront craint.	qu'ils craignent.	Ayant craint.

Ainsi se conjuguent : Contraindre, plaindre.

N° 160.
CONJUGAISON DES VERBES EN **AIRE**.

Indicatif. Présent.	Passé antérieur.	Conditionnel. Présent.	Imparfait.
Je fais	J'eus fait	Je ferais	Que je fisse
tu fais	tu eus fait	tu ferais	que tu fisses
il fait	il eut fait	il ferait	qu'il fît
nous faisons	nous eûmes fait	nous ferions	que nous fissions
vous faites	vous eûtes fait	vous feriez	que vous fissiez
ils font.	ils eurent fait.	ils feraient.	qu'ils fissent.

Imparfait.	Plus-que-parfait.	Passé.	Passé.
Je faisais	J'avais fait	J'aurais fait	Que j'aie fait
tu faisais	tu avais fait	tu aurais fait	que tu aies fait
il faisait	il avait fait	il aurait fait, etc.	qu'il ait fait
nous faisions	nous avions fait	*On dit aussi :*	que nous ayons fait
vous faisiez	vous aviez fait	J'eusse fait	que vous ayez fait
ils faisaient.	ils avaient fait.	tu eusses fait	qu'ils aient fait.
		il eût fait, etc.	

Passé défini.	Futur.	Impératif. Présent.	Plus-que-parfait.
Je fis	Je ferai	Fais.	Que j'eusse fait
tu fis	tu feras	Faisons.	que tu eusses fait
il fit	il fera	Faites.	qu'il eût fait
nous fîmes	nous ferons	*Passé.*	que nous euss. fait
vous fîtes	vous ferez	Aie fait	que v. eussiez fait
ils firent.	ils feront.	Ayons fait.	qu'ils eussent fait.
		Ayez fait.	

Passé indéfini.	Futur antérieur.	Subjonctif. Présent.	Infinitif.
J'ai fait	J'aurai fait	Que je fasse	*Présent.* Faire.
tu as fait	tu auras fait	que tu fasses	*Passé.* Avoir fait.
il a fait	il aura fait	qu'il fasse	**Participe.**
nous avons fait	nous aurons fait	que nous fassions	*Présent.* Faisant.
vous avez fait	vous aurez fait	que vous fassiez	*Passé.* Fait, te, faits, faites.
ils ont fait.	ils auront fait.	qu'ils fassent.	Ayant fait.

Ainsi se conjuguent : **Contrefaire**, défaire, refaire, satisfaire, surfaire. — Nota. Le verbe **malfaire** n'est usité qu'à l'infinitif. Être enclin à malfaire. Il ne se plaît qu'à malfaire. Quant à **méfaire**, il est familier et peu usité : **Il ne faut ni méfaire, ni médire.**

CONJUGAISON DES VERBES EN AIRE.

Indicatif. Présent.	Passé antérieur.	Conditionnel. Présent.	Imparfait.
Je plais	J'eus plu	Je plairais	Que je plusse
tu plais	tu eus plu	tu plairais	que tu plusses
il plaît	il eut plu	il plairait	qu'il plût
nous plaisons	nous eûmes plu	nous plairions	que nous plussions
vous plaisez	vous eûtes plu	vous plairiez	que vous plussiez
ils plaisent.	ils eurent plu.	ils plairaient.	qu'ils plussent.

Imparfait.	Plus-que-parfait.	Passé.	Passé.
Je plaisais	J'avais plu	J'aurais plu	Que j'aie plu
tu plaisais	tu avais plu	tu aurais plu	que tu aies plu
il plaisait	il avait plu	il aurait plu, etc.	qu'il ait plu
nous plaisions	nous avions plu	*On dit aussi :*	que n. ayons plu
vous plaisiez	vous aviez plu	J'eusse plu	que vous ayez plu.
ils plaisaient.	ils avaient plu.	tu eusses plu	qu'ils aient plu.
		il eût plu, etc.	

Passé défini.	Futur.	Impératif. Présent.	Plus-que-parfait.
Je plus	Je plairai	Plais.	Que j'eusse plu
tu plus	tu plairas	Plaisons.	que tu eusses plu
il plut	il plaira	Plaisez.	qu'il eût plu
nous plûmes	nous plairons	Passé.	que n. eussions plu
vous plûtes	vous plairez	Aie plu.	que v. eussiez plu
ils plurent.	ils plairont.	Ayons plu.	qu'ils eussent plu.
		Ayez plu.	

Passé indéfini.	Futur antérieur.	Subjonctif. Présent.	Infinitif.
J'ai plu	J'aurai plu	Que je plaise	*Présent.* Plaire.
tu as plu	tu auras plu	que tu plaises	*Passé.* Avoir plu.
il a plu	il aura plu	qu'il plaise	**Participe.**
nous avons plu	nous aurons plu	que nous plaisions	*Présent.* Plaisant.
vous avez plu	vous aurez plu	que vous plaisiez	*Passé.* Plu.
ils ont plu.	ils auront plu.	qu'ils plaisent.	Ayant plu.

Ainsi se conjuguent : **Complaire et déplaire.**

N° 162.
CONJUGAISON DES VERBES EN AIRE.

Indicatif.	Passé antérieur.	Conditionnel.	Imparfait.
Présent.	J'eus tu	**Présent.**	Que je tusse
Je tais	tu eus tu	Je tairais	que tu tusses
tu tais	il eut tu	tu tairais	qu'il tût
il tait	nous eûmes tu	il tairait	que nous tussions
nous taisons	vous eûtes tu	nous tairions	que vous tussiez
vous taisez	ils eurent tu.	vous tairiez	qu'ils tussent.
ils taisent.		ils tairaient.	
Imparfait.	**Plus-que-parfait.**	**Passé.**	**Passé.**
Je taisais	J'avais tu	J'aurais tu	Que j'aie tu
tu taisais	tu avais tu	tu aurais tu	que tu aies tu
il taisait	il avait tu	il aurait tu, etc.	qu'il ait tu
nous taisions	nous avions tu	**On dit aussi :**	que nous ayons tu
vous taisiez	vous aviez tu	J'eusse tu	que vous ayez tu
ils taisaient.	ils avaient tu.	tu eusses tu	qu'ils aient tu.
		il eût tu, etc.	
Passé défini.	**Futur.**	**Impératif.**	**Plus-que-parfait.**
Je tus	Je tairai	**Présent.**	Que j'eusse tu
tu tus	tu tairas	Tais	que tu eusses tu
il tut	il taira	Taisons	qu'il eût tu
nous tûmes	nous tairons	Taisez	que nous eussions tu
vous tûtes	vous tairez	**Passé.**	que vous eussiez tu
ils turent	ils tairont.	Aie tu.	qu'ils eussent tu.
		Ayons tu.	
		Ayez tu.	
Passé indéfini.	**Futur antérieur.**	**Subjonctif.**	**Infinitif.**
J'ai tu	J'aurai tu	**Présent.**	Présent. Taire.
tu as tu	tu auras tu	Que je taise	Passé. Avoir tu.
il a tu	il aura tu	que tu taises	**Participe.**
nous avons tu	nous aurons tu	qu'il taise	Présent. Taisant.
vous avez tu	vous aurez tu	que nous taisions	Passé. Tu, tue, tus, tues.
ils ont tu.	ils auront tu.	que vous taisiez	Ayant tu.
		qu'ils taisent.	

N° 163.
CONJUGAISON DES VERBES EN AIRE.

Indicatif. *Présent.*	*Passé antérieur.*	Conditionnel. *Présent.*	*Imparfait.*
Je trais tu trais il trait nous trayons vous trayez ils traient.	J'eus trait tu eus trait il eut trait nous cûmes trait vous cûtes trait ils eurent trait.	Je trairais tu trairais il trairait nous trairions vous trairiez ils trairaient.	
Imparfait.	*Plus-que-parfait.*	*Passé.* J'aurais trait tu aurais trait il aurait trait, etc. *On dit aussi:* J'eusse trait tu eusses trait il eût trait, etc.	*Passé.*
Je trayais tu trayais il trayait nous trayions vous trayiez ils trayaient	J'avais trait tu avais trait il avait trait nous avions trait vous aviez trait ils avaient trait.		Que j'aie trait que tu aies trait qu'il ait trait que nous ayons trait que vous ayez trait qu'ils aient trait.
Passé défini.	*Futur.*	Impératif. *Présent.* Trais Trayons. Trayez. *Passé.* Aie trait. Ayons trait. Ayez trait.	*Plus-que-parfait.*
	Je trairai tu trairas il traira nous trairons vous trairez ils trairont.		Que j'eusse trait que tu eusses trait qu'il eût trait que nous euss. trait que vous euss. trait qu'ils eussent trait.
Passé indéfini.	*Futur antérieur.*	Subjonctif. *Présent.*	Infinitif. *Présent.* Traire. *Passé.* Avoir trait. **Participe.** *Prés.* Trayant. *Passé.* Trait, aite, aits, aites. Ayant trait.
J'ai trait tu as trait il a trait nous avons trait vous avez trait ils ont trait.	J'aurai trait tu auras trait il aura trait nous aurons trait vous aurez trait ils auront trait.	Que je traie que tu traies qu'il traie que nous trayions que vous trayiez qu'ils traient.	

Ainsi se conjuguent : Abstraire, distraire, extraire, rentraire, retraire, soustraire. — NOTA. Le verbe **braire** ne s'emploie guère qu'à l'infinitif, et aux troisièmes personnes du présent de l'indicatif, du futur et du conditionnel : **son âne se mit à braire. Il brait, ils braient; il braira, ils brairont; il brairait, ils brairaient.**

N° 164.
CONJUGAISON DES VERBES EN **AITRE**.

Indicatif. *Présent.*	*Passé antérieur.*	**Conditionnel.** *Présent.*	*Imparfait.*
Je connais	J'eus connu	Je connaîtrais	Que je connusse
tu connais	tu eus connu	tu connaîtrais	que tu connusses
il connaît	il eut connu	il connaîtrait	qu'il connût
nous connaissons	nous eûmes connu	nous connaîtrions	que nous connussions
vous connaissez	vous eûtes connu	vous connaîtriez	que vous connussiez
ils connaissent.	ils eurent connu.	ils connaîtraient.	qu'ils connussent.
Imparfait.	*Plus-que-parfait.*	*Passé.* J'aurais connu, tu aurais connu, il aurait connu, etc. *On dit aussi :* J'eusse connu, tu eusses connu, il eût connu, etc.	*Passé.*
Je connaissais	J'avais connu		Que j'aie connu
tu connaissais	tu avais connu		que tu aies connu
il connaissait	il avait connu		qu'il ait connu
nous connaissions	nous avions connu		que n. ayons connu
vous connaissiez	vous aviez connu		que vous ayez connu
ils connaissaient.	ils avaient connu.		qu'ils aient connu.
Passé défini.	*Futur.*	**Impératif.** *Présent.* Connais. Connaissons. Connaissez. *Passé.* Aie connu. Ayons connu. Ayez connu.	*Plus-que-parfait.*
Je connus	Je connaîtrai		Que j'eusse connu
tu connus	tu connaîtras		que tu eusses connu
il connut	il connaîtra		qu'il eût connu
nous connûmes	nous connaîtrons		q. n. eussions connu
vous connûtes	vous connaîtrez		q. v. eussiez connu
ils connurent.	ils connaîtront.		qu'ils eussent connu.
Passé indéfini.	*Futur antérieur.*	**Subjonctif.** *Présent.*	**Infinitif.** *Présent.* Connaître. *Passé.* Avoir connu. **Participe.** *Prés.* Connaissant. *Passé.* Connu, ue, us, ues. Ayant connu.
J'ai connu	J'aurai connu	Que je connaisse	
tu as connu	tu auras connu	que tu connaisses	
il a connu	il aura connu	qu'il connaisse	
nous avons connu	nous aurons connu	que nous connaissions	
vous avez connu	vous aurez connu	que vous connaissiez	
ils ont connu.	ils auront connu.	qu'ils connaissent.	

Ainsi se conjuguent : **Méconnaître** et **reconnaître**.

N° 165.

CONJUGAISON DES VERBES EN AITRE.

Indicatif.	Passé antérieur.	Conditionnel.	Imparfait.
Présent.	Je fus né.	*Présent.*	Que je naquisse
Je nais	tu fus né	Je naîtrais	que tu naquisses
tu nais	il fut né	tu naîtrais	qu'il naquît
il naît	nous fûmes nés	il naîtrait	q. nous naquissions
nous naissons	vous fûtes nés	nous naîtrions	que vous naquissiez
vous naissez	ils furent nés.	vous naîtriez	qu'ils naquissent.
ils naissent.		ils naîtraient.	
Imparfait.	*Plus-que-parfait.*	*Passé.*	*Passé.*
Je naissais	J'étais né	Je serais né	Que je sois né
tu naissais	tu étais né	tu serais né	que tu sois né
il naissait	il était né	il serait né, etc.	qu'il soit né
nous naissions	nous étions nés	*On dit aussi :*	que nous soyons nés
vous naissiez	vous étiez nés	Je fusse né	que vous soyez nés
ils naissaient.	ils étaient nés.	tu fusses né	qu'ils soient nés.
		il fût né, etc.	
Passé défini.	*Futur.*	**Impératif.**	*Plus-que-parfait.*
Je naquis	Je naîtrai	*Présent.*	Que je fusse né
tu naquis	tu naîtras	Nais.	que tu fusses né
il naquit	il naîtra	Naissons.	qu'il fût né
nous naquîmes	nous naîtrons	Naissez.	q. nous fussions nés
vous naquîtes	vous naîtrez	*Passé.*	que vous fussiez nés
ils naquirent.	ils naîtront.	Sois né.	qu'ils fussent nés.
		Soyons nés.	
		Soyez nés.	
Passé indéfini.	*Futur antérieur.*	**Subjonctif.**	**Infinitif.**
Je suis né	Je serai né	*Présent.*	*Présent.* Naître.
tu es né	tu seras né	Que je naisse	*Passé.* Être né.
il est né	il sera né	que tu naisses	**Participe.**
nous sommes nés	nous serons nés	qu'il naisse	*Présent.* Naissant.
vous êtes nés	vous serez nés	que nous naissions	*Passé.* Né, ée, és, ées.
ils sont nés.	ils seront nés.	que vous naissiez	Étant né.
		qu'ils naissent.	

N° 166.
CONJUGAISON DES VERBES EN AITRE.

Indicatif. Présent.	Passé antérieur.	Conditionnel. Présent.	Imparfait.
Je pais tu pais il paît nous paissons vous paissez ils paissent.	J'eus pu tu eus pu il eut pu nous eûmes pu vous eûtes pu ils eurent pu.	Je paîtrais tu paîtrais il paîtrait nous paîtrions vous paîtriez ils paîtraient.	
Imparfait.	*Plus-que-parfait.*	*Passé.* J'aurais pu tu aurais pu il aurait pu, etc. *On dit aussi :* J'eusse pu tu eusses pu il eût pu, etc.	*Passé.* Que j'aie pu que tu aies pu qu'il ait pu que nous ayons pu que vous ayez pu qu'ils aient pu
Je paissais tu paissais il paissait nous paissions vous paissiez ils paissaient.	J'avais pu tu avais pu il avait pu nous avions pu vous aviez pu ils avaient pu.		
Passé défini.	*Futur.*	**Impératif.** *Présent.*	*Plus-que-parfait.*
	Je paîtrai tu paîtras il paîtra nous paîtrons vous paîtrez ils paîtront.	Pais. Paissons. Paissez. *Passé.* Aie pu. Ayons pu. Ayez pu.	Que j'eusse pu que tu eusses pu qu'il eût pu que n. eussions pu que vous eussiez pu qu'ils eussent pu
Passé indéfini.	*Futur antérieur.*	**Subjonctif.** *Présent.*	**Infinitif.** *Présent.* Paître. *Passé.* Avoir pu.
J'ai pu tu as pu il a pu nous avons pu vous avez pu ils ont pu.	J'aurai pu tu auras pu il aura pu nous aurons pu vous aurez pu ils auront pu.	Que je paisse que tu paisses qu'il paisse que nous paissions que vous paissiez qu'ils paissent.	**Participe.** *Présent.* Paissant. *Passé.* Pu. Ayant pu.

Ainsi se conjugue : Repaître, qui a de plus un passé défini et un passé indéfini : Je repus, j'ai repu. Le participe passé est variable : repu, repue; ils se sont bien repus.

N° 167.
CONJUGAISON DES VERBES EN AITRE.

Indicatif. Présent.	Passé antérieur.	Conditionnel. Présent.	Imparfait.
Je parais	J'eus paru	Je paraîtrais	Que je parusse
tu parais	tu eus paru	tu paraîtrais	que tu parusses
il paraît	il eut paru	il paraîtrait	qu'il parût
nous paraissons	nous eûmes paru	nous paraîtrions	que nous parussions
vous paraissez	vous eûtes paru	vous paraîtriez	que vous parussiez
ils paraissent.	ils eurent paru.	ils paraîtraient.	qu'ils parussent.

Imparfait.	Plus-que-parfait.	Passé.	Passé.
Je paraissais	J'avais paru	J'aurais paru	Que j'aie paru
tu paraissais	tu avais paru	tu aurais paru	que tu aies paru
il paraissait	il avait paru	il aurait paru, etc.	qu'il ait paru
nous paraissions	nous avions paru	*On dit aussi :*	que nous ayons paru
vous paraissiez	vous aviez paru	J'eusse paru	que vous ayez paru
ils paraissaient.	ils avaient paru.	tu eusses paru	qu'ils aient paru.
		il eût paru, etc.	

Passé défini.	Futur.	Impératif. Présent.	Plus-que-parfait.
Je parus	Je paraîtrai	Parais.	Que j'eusse paru
tu parus	tu paraîtras	Paraissons.	que tu eusses paru
il parut	il paraîtra	Paraissez.	qu'il eût paru
nous parûmes	nous paraîtrons	*Passé.*	que n. cussions paru
vous parûtes	vous paraîtrez	Aie paru.	que v. eussiez paru
ils parurent.	ils paraîtront.	Ayons paru.	qu'ils eussent paru.
		Ayez paru.	

Passé indéfini.	Futur antérieur.	Subjonctif. Présent.	Infinitif.
J'ai paru	J'aurai paru	Que je paraisse	Présent. Paraître.
tu as paru	tu auras paru	que tu paraisses	Passé. Avoir paru.
il a paru	il aura paru	qu'il paraisse	**Participe.**
nous avons paru	nous aurons paru	que nous paraissions	Présent. Paraissant.
vous avez paru	vous aurez paru	que vous paraissiez	Passé. Paru.
ils ont paru.	ils auront paru.	qu'ils paraissent.	Ayant paru.

Ainsi se conjuguent : **Apparaître, comparaître, disparaître, reparaître.** — NOTA. Les verbes **apparaître** et **disparaître** emploient les deux auxiliaires **être** et **avoir**, et leurs participes passés sont variables.

N° 168.
CONJUGAISON DES VERBES EN ANDRE.

Indicatif. *Présent.*	*Passé antérieur.*	**Conditionnel.** *Présent.*	*Imparfait.*
Je répands tu répands il répand nous répandons vous répandez ils répandent.	J'eus répandu tu eus répandu il eut répandu. nous eûmes répandu vous eûtes répandu ils eurent répandu.	Je répandrais tu répandrais il répandrait nous répandrions vous répandriez ils répandraient.	Que je répandisse que tu répandisses qu'il répandît que n. répandissions que vous répandissiez qu'ils répandissent.
Imparfait.	*Plus-que-parfait.*	*Passé.* J'aurais répandu tu aurais répandu il aurait répandu, etc. *On dit aussi:* J'eusse répandu tu eusses répandu il eût répandu, etc.	*Passé.*
Je répandais tu répandais il répandait nous répandions vous répandiez ils répandaient.	J'avais répandu tu avais répandu il avait répandu nous avions répandu vous aviez répandu ils avaient répandu.		Que j'aie répandu que tu aies répandu qu'il ait répandu que n. ayons répandu que v. ayez répandu qu'ils aient répandu.
Passé défini.	*Futur.*	**Impératif.** *Présent.* Répands. Répandons. Répandez. *Passé.* Aie répandu. Ayons répandu. Ayez répandu.	*Plus-que-parfait.*
Je répandis tu répandis il répandit nous répandîmes vous répandîtes ils répandirent.	Je répandrai tu répandras il répandra nous répandrons vous répandrez ils répandront.		Que j'eusse répandu que tu eusses répandu qu'il eût répandu que n. euss. répandu que v. euss. répandu qu'ils eussent répandu
Passé indéfini.	*Futur antérieur.*	**Subjonctif.** *Présent.*	**Infinitif.** *Présent.* Répandre. *Passé.* Avoir répandu **Participe.**
J'ai répandu tu as répandu il a répandu nous avons répandu vous avez répandu ils ont répandu.	J'aurai répandu tu auras répandu il aura répandu nous aurons répandu vous aurez répandu ils auront répandu.	Que je répande que tu répandes qu'il répande que nous répandions que vous répandiez qu'ils répandent.	*Présent.* Répandant. *Passé.* Répandu, ue, us, ues. Ayant répandu.

Ainsi se conjugue : **Épandre.**

N° 169.
CONJUGAISON DES VERBES EN ATTRE.

Indicatif. Présent.	Passé antérieur.	Conditionnel. Présent.	Imparfait.
Je bats tu bats il bat nous battons vous battez ils battent.	J'eus battu tu eus battu il eut battu nous eûmes battu vous eûtes battu ils eurent battu.	Je battrais tu battrais il battrait nous battrions vous battriez ils battraient.	Que je battisse que tu battisses qu'il battît que nous battissions
que vous battissiez qu'ils battissent.
Imparfait. Je battais tu battais il battait nous battions vous battiez ils battaient.	*Plus-que-parfait.* J'avais battu tu avais battu il avait battu nous avions battu vous aviez battu ils avaient battu	*Passé.* J'aurais battu tu aurais battu il aurait battu, etc. *On dit aussi :* J'eusse battu tu eusses battu il eût battu, etc.	*Passé.* Que j'aie battu que tu aies battu qu'il ait battu que nous ayons battu que vous ayez battu qu'ils aient battu.
Passé défini. Je battis tu battis il battit nous battîmes vous battîtes ils battirent.	*Futur.* Je battrai tu battras il battra nous battrons vous battrez ils battront.	**Impératif.** *Présent.* Bats. Battons. Battez. *Passé.* Aie battu. Ayons battu. Ayez battu.	*Plus-que-parfait.* Que j'eusse battu que tu eusses battu qu'il eût battu q. nous eussions battu q. vous eussiez battu qu'ils eussent battu.
Passé indéfini. J'ai battu tu as battu il a battu nous avons battu vous avez battu ils ont battu.	*Futur antérieur.* J'aurai battu tu auras battu il aura battu nous aurons battu vous aurez battu ils auront battu.	**Subjonctif.** *Présent.* Que je batte que tu battes qu'il batte que nous battions que vous battiez qu'ils battent.	**Infinitif.** *Présent.* Battre. *Passé.* Avoir battu. **Participe.** *Présent.* Battant. *Passé.* Battue, ue, us, ues. Ayant battu.

Ainsi se conjuguent : **Abattre, combattre, débattre, embattre, rabattre, rebattre** et **s'ébattre.**

N° 170.
CONJUGAISON DES VERBES EN **EINDRE**.

Indicatif. Présent.	Passé antérieur.	**Conditionnel.** Présent.	Imparfait.
Je peins	J'eus peint	Je peindrais	Que je peignisse
tu peins	tu eus peint	tu peindrais	que tu peignisses
il peint	il eut peint	il peindrait	qu'il peignît
nous peignons	nous eûmes peint	nous peindrions	que nous peignissions
vous peignez	vous eûtes peint	vous peindriez	que vous peignissiez
ils peignent.	ils eurent peint.	ils peindraient.	qu'ils peignissent.
Imparfait.	Plus-que-parfait.	Passé. J'aurais peint tu aurais peint il aurait peint, etc. *On dit aussi :* J'eusse peint tu eusses peint il eût peint, etc.	Passé.
Je peignais	J'avais peint		Que j'aie peint
tu peignais	tu avais peint		que tu aies peint
il peignait	il avait peint		qu'il ait peint
nous peignions	nous avions peint		que nous ayons peint
vous peigniez	vous aviez peint		que vous ayez peint
ils peignaient.	ils avaient peint.		qu'ils aient peint.
Passé défini.	Futur.	**Impératif.** Présent. Peins. Peignons. Peignez. Passé. Aie peint. Ayons peint. Ayez peint.	Plus-que-parfait.
Je peignis	Je peindrai		Que j'eusse peint
tu peignis	tu peindras		que tu eusses peint
il peignit	il peindra		qu'il eût peint
nous peignîmes	nous peindrons		que nous euss. peint
vous peignîtes	vous peindrez		que v. eussiez peint
ils peignirent.	ils peindront.		qu'ils eussent peint.
Passé indéfini.	Futur antérieur.	**Subjonctif.** Présent.	**Infinitif.** Présent. Peindre. Passé. Avoir peint. **Participe.** Prés. Peignant. Passé. Peint, einte, eints, eintes. Ayant peint.
J'ai peint	J'aurai peint	Que je peigne	
tu as peint	tu auras peint	que tu peignes	
il a peint	il aura peint	qu'il peigne	
nous avons peint	nous aurons peint	que nous peignions	
vous avez peint	vous aurez peint	que vous peigniez	
ils ont peint.	ils auront peint.	qu'ils peignent.	

Ainsi se conjuguent : **Atteindre, astreindre, aveindre, dépeindre, déteindre, empreindre, enceindre, enfreindre, épreindre, éteindre, étreindre, rateindre, repeindre, restreindre, teindre.**

N° 171.
CONJUGAISON DES VERBES EN ENDRE.

Indicatif. Présent.	Passé antérieur.	Conditionnel. Présent.	Imparfait.
Je rends tu rends il rend nous rendons vous rendez ils rendent.	J'eus rendu tu eus rendu il eut rendu nous eûmes rendu vous eûtes rendu ils eurent rendu.	Je rendrais tu rendrais il rendrait nous rendrions vous rendriez ils rendraient.	Que je rendisse que tu rendisses qu'il rendît que nous rendissions que vous rendissiez qu'ils rendissent.

Imparfait.	Plus-que-parfait.	Passé.	Passé.
Je rendais tu rendais il rendait nous rendions vous rendiez ils rendaient.	J'avais rendu tu avais rendu il avait rendu nous avions rendu vous aviez rendu ils avaient rendu.	J'aurais rendu tu aurais rendu il aurait rendu, etc. *On dit aussi :* J'eusse rendu tu eusses rendu il eût rendu, etc.	Que j'aie rendu que tu aies rendu qu'il ait rendu que nous ayons rendu que vous ayez rendu qu'ils aient rendu.

Passé défini.	Futur.	Impératif. Présent.	Plus-que-parfait.
Je rendis tu rendis il rendit nous rendîmes vous rendîtes ils rendirent.	Je rendrai tu rendras il rendra nous rendrons vous rendrez ils rendront.	Rends. Rendons. Rendez. *Passé.* Aie rendu. Ayons rendu. Ayez rendu.	Que j'eusse rendu que tu eusses rendu qu'il eût rendu que n. eussions rendu que v. eussiez rendu qu'ils eussent rendu.

Passé indéfini.	Futur antérieur.	Subjonctif. Présent.	Infinitif.
J'ai rendu tu as rendu il a rendu nous avons rendu vous avez rendu ils ont rendu.	J'aurai rendu tu auras rendu il aura rendu nous aurons rendu vous aurez rendu ils auront rendu.	Que je rende que tu rendes qu'il rende que nous rendions que vous rendiez qu'ils rendent.	*Présent.* Rendre. *Passé.* Avoir rendu. **Participe.** *Présent.* Rendant. *Passé.* Rendu, ue, us, ues. Ayant rendu.

Ainsi se conjuguent: Attendre, condescendre, défendre, dépendre, descendre, détendre, distendre, entendre, étendre, fendre, prétendre, redescendre, refendre, rendre, revendre, sous-entendre, survendre, suspendre, tendre.

N° 172.
CONJUGAISON DES VERBES EN ENDRE.

Indicatif. Présent.	Passé antérieur.	Conditionnel. Présent.	Imparfait.
Je prends	J'eus pris	Je prendrais	Que je prisse
tu prends	tu eus pris	tu prendrais	que tu prisses
il prend	il eut pris	il prendrait	qu'il prît
nous prenons	nous eûmes pris	nous prendrions	que nous prissions
vous prenez	vous eûtes pris	vous prendriez	que vous prissiez
ils prennent.	ils eurent pris.	ils prendraient.	qu'ils prissent.

Imparfait.	Plus-que-parfait.	Passé.	Passé.
Je prenais	J'avais pris	J'aurais pris	Que j'aie pris
tu prenais	tu avais pris	tu aurais pris	que tu aies pris
il prenait	il avait pris	il aurait pris, etc.	qu'il ait pris
nous prenions	nous avions pris	*On dit aussi :*	que nous ayons pris
vous preniez	vous aviez pris	J'eusse pris	que vous ayez pris
ils prenaient.	ils avaient pris.	tu eusses pris	qu'ils aient pris.
		il eût pris, etc.	

Passé défini.	Futur.	Impératif. Présent.	Plus-que-parfait.
Je pris	Je prendrai	Prends.	Que j'eusse pris
tu pris	tu prendras	Prenons.	que tu eusses pris
il prit	il prendra	Prenez.	qu'il eût pris
nous prîmes	nous prendrons	*Passé.*	que n. eussions pris
vous prîtes	vous prendrez	Aie pris.	que vous eussiez pris
ils prirent.	ils prendront.	Ayons pris.	qu'ils eussent pris.
		Ayez pris.	

Passé indéfini.	Futur antérieur.	Subjonctif. Présent.	Infinitif.
J'ai pris	J'aurai pris	Que je prenne	*Présent.* Prendre.
tu as pris	tu auras pris	que tu prennes	*Passé.* Avoir pris.
il a pris	il aura pris	qu'il prenne	**Participe.**
nous avons pris	nous aurons pris	que nous prenions	*Présent.* Prenant.
vous avez pris	vous aurez pris	que vous preniez	*Passé.* Pris, prise,
ils ont pris.	ils auront pris.	qu'ils prennent.	pris, prises.
			Ayant pris.

Ainsi se conjuguent : **Apprendre, comprendre, déprendre, désapprendre, entreprendre, rapprendre, reprendre, suspendre, tendre.**

N° 173.
CONJUGAISON DES VERBES EN ERDRE.

Indicatif. Présent.	Passé antérieur.	Conditionnel. Présent.	Imparfait.
Je perds tu perds il perd nous perdons vous perdez ils perdent.	J'eus perdu tu eus perdu il eut perdu nous eûmes perdu vous eûtes perdu ils eurent perdu.	Je perdrais tu perdrais il perdrait nous perdrions vous perdriez ils perdraient.	Que je perdisse que tu perdisses qu'il perdît que nous perdissions que vous perdissiez qu'ils perdissent.

Imparfait.	Plus-que-parfait.	Passé.	Passé.
Je perdais tu perdais il perdait nous perdions vous perdiez ils perdaient.	J'avais perdu tu avais perdu il avait perdu nous avions perdu vous aviez perdu ils avaient perdu.	J'aurais perdu tu aurais perdu il aurait perdu, etc. *On dit aussi :* J'eusse perdu tu eusses perdu il eût perdu, etc.	Que j'aie perdu que tu aies perdu qu'il ait perdu que nous ayons perdu que vous ayez perdu qu'ils aient perdu.

Passé défini.	Futur.	Impératif. Présent.	Plus-que-parfait.
Je perdis tu perdis il perdit nous perdîmes vous perdîtes ils perdirent.	Je perdrai tu perdras il perdra nous perdrons vous perdrez ils perdront.	Perds. Perdons. Perdez. *Passé.* Aie perdu. Ayons perdu. Ayez perdu.	Que j'eusse perdu que tu eusses perdu qu'il eût perdu que n. eussions perdu q. vous eussiez perdu qu'ils eussent perdu.

Passé indéfini.	Futur antérieur.	Subjonctif. Présent.	Infinitif.
j'ai perdu tu as perdu il a perdu nous avons perdu vous avez perdu ils ont perdu.	J'aurai perdu tu auras perdu il aura perdu nous aurons perdu vous aurez perdu ils auront perdu.	Que je perde que tu perdes qu'il perde que nous perdions que vous perdiez qu'ils perdent.	*Présent.* Perdre. *Passé.* Avoir perdu. **Participe.** *Présent.* Perdant. *Passé.* Perdu, ue, us, ues. Ayant perdu.

Ainsi se conjugue : Reperdre.

N° 174.

CONJUGAISON DU VERBE **ETTRE**.

Indicatif. Présent.	*Passé antérieur.*	**Conditionnel.** Présent.	*Imparfait.*
Je mets	J'eus mis	Je mettrais	Que je misse
tu mets	tu eus mis	tu mettrais	que tu misses
il met	il eut mis	il mettrait	qu'il mît
nous mettons	nous eûmes mis	nous mettrions	que nous missions
vous mettez	vous eûtes mis	vous mettriez	que vous missiez
ils mettent.	ils eurent mis.	ils mettraient.	qu'ils missent.
Imparfait.	*Plus-que-parfait.*	*Passé.* J'aurais mis	*Passé.*
Je mettais	J'avais mis	tu aurais mis	Que j'aie mis
tu mettais	tu avais mis	il aurait mis, etc.	que tu aies mis
il mettait	il avait mis	*On dit aussi :*	qu'il ait mis
nous mettions	nous avions mis	J'eusse mis	que nous ayons mis
vous mettiez	vous aviez mis	tu eusses mis	que vous ayez mis
ils mettaient.	ils avaient mis.	il eût mis, etc.	qu'ils aient mis.
Passé défini.	*Futur.*	**Impératif.** Présent.	*Plus-que-parfait.*
Je mis	Je mettrai	Mets.	Que j'eusse mis
tu mis	tu mettras	Mettons.	que tu eusses mis
il mit	il mettra	Mettez.	qu'il eût mis
nous mîmes	nous mettrons	*Passé.*	que n. eussions mis
vous mîtes	vous mettrez	Aie mis.	que vous eussiez mis
ils mirent.	ils mettront.	Ayons mis. Ayez mis.	qu'ils eussent mis
Passé indéfini.	*Futur antérieur.*	**Subjonctif.** Présent.	**Infinitif.** Présent. Mettre. Passé. Avoir mis.
J'ai mis	J'aurai mis	Que je mette	**Participe.**
tu as mis	tu auras mis	que tu mettes	Présent. Mettant.
il a mis	il aura mis	qu'il mette	Passé. Mis, ise, is,
nous avons mis	nous aurons mis	que nous mettions	ises.
vous avez mis	vous aurez mis	que vous mettiez	Ayant mis.
ils ont mis.	ils auront mis.	qu'ils mettent.	

Ainsi se conjuguent : Admettre, commettre, compromettre, démettre, émettre, entremettre, omettre, permettre, promettre, remettre, transmettre, soumettre.

N° 175.
CONJUGAISON DES VERBES EN LIRE.

Indicatif. Présent.	Passé antérieur.	Conditionnel. Présent.	Imparfait.
Je lis	J'eus lu	Je lirais	Que je lusse
tu lis	tu eus lu	tu lirais	que tu lusses
il lit	il eut lu	il lirait	qu'il lût
nous lisons	nous eûmes lu	nous lirions	que nous lussions
vous lisez	vous eûtes lu	vous liriez	que vous lussiez
ils lisent.	ils eurent lu.	ils liraient.	qu'ils lussent.

Imparfait.	Plus-que-parfait.	Passé.	Passé.
Je lisais	J'avais lu	J'aurais lu	Que j'aie lu
tu lisais	tu avais lu	tu aurais lu	que tu aies lu
il lisait	il avait lu	il aurait lu, etc.	qu'il ait lu
nous lisions	nous avions lu	*On dit aussi :*	que nous ayons lu
vous lisiez	vous aviez lu	J'eusse lu	que vous ayez lu
ils lisaient.	ils avaient lu.	tu eusses lu	qu'ils aient lu.
		il eût lu, etc.	

Passé défini.	Futur.	Impératif. Présent.	Plus-que-parfait.
Je lus	Je lirai	Lis.	Que j'eusse lu
tu lus	tu liras	Lisons.	que tu eusses lu
il lut	il lira	Lisez.	qu'il eût lu
nous lûmes	nous lirons	*Passé.*	que nous eussions lu
vous lûtes	vous lirez	Aie lu.	que vous eussiez lu
ils lurent.	ils liront.	Ayons lu.	qu'ils eussent lu.
		Ayez lu	

Passé indéfini.	Futur antérieur.	Subjonctif. Présent.	Infinitif.
J'ai lu	J'aurai lu	Que je lise	*Présent.* Lire.
tu as lu	tu auras lu	que tu lises	*Passé.* Avoir lu.
il a lu	il aura lu	qu'il lise	**Participe.**
nous avons lu	nous aurons lu	que nous lisions	*Présent.* Lisant.
vous avez lu	vous aurez lu	que vous lisiez	*Passé.* Lu, lue, lus, lues.
ils ont lu.	ils auront lu.	qu'ils lisent.	Ayant lu.

Ainsi se conjuguent : **Élire, prélire, relire, réélire.**

N° 176.
CONJUGAISON DES VERBES EN **CIRE**.

Indicatif.	Passé antérieur.	Conditionnel.	Imparfait.
Présent.	J'eus circoncis	*Présent.*	Que je circoncisse
Je circoncis	tu eus circoncis	Je circoncirais	que tu circoncisses
tu circoncis	il eut circoncis	tu circoncirais	qu'il circoncît
il circoncit	nous eûmes circoncis	il circoncirait	que n. circoncissions
nous circoncisons	vous eûtes circoncis	nous circoncirions	que v. circoncissiez
vous circoncisez	ils eurent circoncis.	vous circonciriez	qu'ils circoncissent.
ils circoncisent.		ils circonciraient.	
Imparfait.	*Plus-que-parfait.*	*Passé.*	*Passé.*
Je circoncisais	J'avais circoncis	J'aurais circoncis	Que j'aie circoncis
tu circoncisais	tu avais circoncis	tu aurais circoncis	que tu aies circoncis
il circoncisait	il avait circoncis	il aurait circoncis, etc.	qu'il ait circoncis
nous circoncisions	nous avions circoncis	*On dit aussi :*	que n. ayons circoncis
vous circoncisiez	vous aviez circoncis	J'eusse circoncis	que v. ayez circoncis
ils circoncisaient.	ils avaient circoncis.	tu eusses circoncis	qu'ils aient circoncis.
		il eût circoncis, etc.	
Passé défini.	*Futur.*	**Impératif.**	*Plus-que-parfait.*
Je circoncis	Je circoncirai	*Présent.*	Que j'eusse circoncis
tu circoncis	tu circonciras	Circoncis.	q. tu eusses circoncis
il circoncit	il circoncira	Circoncisons.	qu'il eût circoncis
nous circoncîmes	nous circoncirons	Circoncisez.	que n. euss. circoncis
vous circoncîtes	vous circoncirez	*Passé.*	que v. euss. circoncis
ils circoncirent.	ils circonciront.	Aie circoncis.	qu'ils euss. circoncis.
		Ayons circoncis.	
		Ayez circoncis.	
Passé indéfini.	*Futur antérieur.*	**Subjonctif.**	**Infinitif.**
J'ai circoncis	J'aurai circoncis	*Présent.*	*Présent.* Circoncire.
tu as circoncis	tu auras circoncis	Que je circoncise	*Passé.* Av. circoncis.
il a circoncis	il aura circoncis	que tu circoncises	**Participe.**
nous avons circoncis	nous aurons circoncis	qu'il circoncise	*Présent.* Circoncisant.
vous avez circoncis	vous aurez circoncis	qu. n. circoncisions	*Passé.* Circoncis, ise,
ils ont circoncis.	ils auront circoncis.	que vous circoncisiez	is, ises.
		qu'ils circoncisent.	Ayant circoncis.

N° 177.

CONJUGAISON DES VERBES EN UIRE.

Indicatif. Présent.	Passé antérieur.	Conditionnel. Présent.	Imparfait.
Je nuis tu nuis il nuit nous nuisons vous nuisez ils nuisent.	J'eus nui tu eus nui il eut nui nous eûmes nui vous eûtes nui ils eurent nui.	Je nuirais tu nuirais il nuirait nous nuirions vous nuiriez ils nuiraient.	Que je nuisisse que tu nuisisses qu'il nuisît que nous nuisissions que vous nuisissiez qu'ils nuisissent.
Imparfait.	Plus-que-parfait.	Passé. J'aurais nui tu aurais nui il aurait nui, etc. On dit aussi : J'eusse nui tu eusses nui il eût nui, etc.	Passé.
Je nuisais tu nuisais il nuisait nous nuisions vous nuisiez ils nuisaient.	J'avais nui tu avais nui il avait nui nous avions nui vous aviez nui ils avaient nui.		Que j'aie nui que tu aies nui qu'il ait nui que nous ayons nui que vous ayez nui qu'ils aient nui.
Passé défini.	Futur.	Impératif. Présent. Nuis. Nuisons. Nuisez. Passé. Aie nui. Ayons nui. Ayez nui.	Plus-que-parfait.
Je nuis tu nuis il nuit nous nuîmes vous nuîtes ils nuirent.	Je nuirai tu nuiras il nuira nous nuirons vous nuirez ils nuiront.		Que j'eusse nui que tu eusses nui qu'il eût nui que n. eussions nui que vous eussiez nui qu'ils eussent nui
Passé indéfini.	Futur antérieur.	Subjonctif. Présent.	Infinitif. Présent. Nuire. Passé. Avoir nui. Participe. Présent. Nuisant. Passé. Nui. Ayant nui.
J'ai nui tu as nui il a nui nous avons nui vous avez nui ils ont nui.	J'aurai nui tu auras nui il aura nui nous aurons nui vous aurez nui ils auront nui.	Que je nuise que tu nuises qu'il nuise que nous nuisions que vous nuisiez qu'ils nuisent.	

Ainsi se conjuguent : **Luire** et **reluire**.

N° 178.
CONJUGAISON DES VERBES EN **CRIRE**.

Indicatif. Présent.	Passé antérieur.	Conditionnel. Présent.	Imparfait.
J'écris	J'eus écrit	J'écrirais	Que j'écrivisse
tu écris	tu eus écrit	tu écrirais	que tu écrivisses
il écrit	il eut écrit	il écrirait	qu'il écrivît
nous écrivons	nous eûmes écrit	nous écririons	que nous écrivissions
vous écrivez	vous eûtes écrit	vous écririez	que vous écrivissiez
ils écrivent.	ils eurent écrit.	ils écriraient.	qu'ils écrivissent.

Imparfait.	Plus-que-parfait.	Passé. J'aurais écrit tu aurais écrit il aurait écrit, etc. *On dit aussi :* J'eusse écrit tu eusses écrit il eût écrit, etc.	Passé.
J'écrivais	J'avais écrit		Que j'aie écrit
tu écrivais	tu avais écrit		que tu aies écrit
il écrivait	il avait écrit		qu'il ait écrit
nous écrivions	nous avions écrit		que nous ayons écrit
vous écriviez	vous aviez écrit		que vous ayez écrit
ils écrivaient.	ils avaient écrit.		qu'ils aient écrit.

Passé défini.	Futur.	Impératif. Présent. Écris. Écrivons. Écrivez. *Passé.* Aie écrit. Ayons écrit. Ayez écrit.	Plus-que-parfait.
J'écrivis	J'écrirai		Que j'eusse écrit
tu écrivis	tu écriras		que tu eusses écrit
il écrivit	il écrira		qu'il eût écrit
nous écrivîmes	nous écrirons		que n. eussions écrit
vous écrivîtes	vous écrirez		que v. eussiez écrit
ils écrivirent.	ils écriront.		qu'ils eussent écrit.

Passé indéfini.	Futur antérieur.	Subjonctif. Présent.	Infinitif. Présent. Écrire. Passé. Avoir écrit. Participe. Présent. Écrivant. Passé. Écrit, te, its, ites. Ayant écrit.
J'ai écrit	J'aurai écrit	Que j'écrive	
tu as écrit	tu auras écrit	que tu écrives	
il a écrit	il aura écrit	qu'il écrive	
nous avons écrit	nous aurons écrit	que nous écrivions	
vous avez écrit	vous aurez écrit	que vous écriviez	
ils ont écrit.	ils auront écrit.	qu'ils écrivent.	

Ainsi se conjuguent : **Circonscrire, décrire, inscrire, prescrire, récrire, souscrire, proscrire, transcrire.**

N° 179.
CONJUGAISON DES VERBES EN DIRE.

Indicatif. Présent.	Passé antérieur.	Conditionnel. Présent.	Imparfait.
Je dis tu dis il dit nous disons vous dites ils disent.	J'eus dit tu eus dit il eut dit nous eûmes dit vous eûtes dit ils eurent dit.	Je dirais tu dirais il dirait nous dirions vous diriez ils diraient.	Que je disse que tu disses qu'il dît que nous dissions que vous dissiez qu'ils dissent.

Imparfait.	Plus-que-parfait.	Passé.	Passé.
Je disais tu disais il disait nous disions vous disiez ils disaient.	J'avais dit tu avais dit il avait dit nous avions dit vous aviez dit ils avaient dit.	J'aurais dit tu aurais dit il aurait dit, etc. *On dit aussi :* J'eusse dit tu eusses dit il eût dit, etc.	Que j'aie dit que tu aies dit qu'il ait dit que nous ayons dit que vous ayez dit qu'ils aient dit.

Passé défini.	Futur.	Impératif. Présent.	Plus-que-parfait.
Je dis tu dis il dit nous dîmes vous dîtes ils dirent.	Je dirai tu diras il dira nous dirons vous direz ils diront.	Dis. Disons. Dites. *Passé.* Aie dit. Ayons dit. Ayez dit.	Que j'eusse dit que tu eusses dit qu'il eût dit que nous eussions dit que vous eussiez dit qu'ils eussent dit.

Passé indéfini.	Futur antérieur.	Subjonctif. Présent.	Infinitif.
J'ai dit tu as dit il a dit nous avons dit vous avez dit ils ont dit.	J'aurai dit tu auras dit il aura dit nous aurons dit vous aurez dit ils auront dit.	Que je dise que tu dises qu'il dise que nous disions que vous disiez qu'ils disent.	Présent. Dire. Passé. Avoir dit. **Participe.** Présent. Disant. Passé. Dit, ite, its, ites. Ayant dit.

Ainsi se conjugue : Redire.

Nº 180.
CONJUGAISON DES VERBES EN **DIRE**.

Indicatif.	Passé antérieur.	Conditionnel.	Imparfait.
Présent.	J'eus médit	*Présent.*	Que je médisse
Je médis	tu eus médit	Je médirais	que tu médisses
tu médis	il eut médit	tu médirais	qu'il médît
il médit	nous eûmes médit	il médirait	que nous médissions
nous médisons	vous eûtes médit	nous médirions	que vous médissiez
vous médisez	ils eurent médit.	vous médiriez	qu'ils médissent.
ils médisent.		ils médiraient.	
Imparfait.	*Plus-que-parfait.*	*Passé.*	*Passé.*
Je médisais	J'avais médit	J'aurais médit	Que j'aie médit
tu médisais	tu avais médit	tu aurais médit	que tu aies médit
il médisait	il avait médit	il aurait médit, etc.	qu'il ait médit
nous médisions	nous avions médit	*On dit aussi :*	que nous ayons médit
vous médisiez	vous aviez médit	J'eusse médit	que vous ayez médit
ils médisaient.	ils avaient médit.	tu eusses médit	qu'ils aient médit.
		il eût médit, etc.	
Passé défini.	*Futur.*	**Impératif.**	*Plus-que-parfait.*
Je médis	Je médirai	*Présent.*	Que j'eusse médit
tu médis	tu médiras	Médis.	que tu eusses médit
il médit	il médira	Médisons.	qu'il eût médit
nous médîmes	nous médirons	Médisez.	que n. eussions médit
vous médîtes	vous médirez	*Passé.*	que v. eussiez médit
ils médirent.	ils médiront.	Aie médit.	qu'ils eussent médit.
		Ayons médit.	
		Ayez médit.	
Passé indéfini.	*Futur antérieur.*	**Subjonctif.**	**Infinitif.**
J'ai médit	J'aurai médit	*Présent.*	*Présent.* Médire.
tu as médit	tu auras médit	Que je médise	*Passé.* Avoir médit.
il a médit	il aura médit	que tu médises	**Participe.**
nous avons médit	nous aurons médit	qu'il médise	*Présent.* Médisant.
vous avez médit	vous aurez médit	que nous médisions	*Passé.* Médit, ite, its, ites.
ils ont médit.	ils auront médit.	que vous médisiez	Ayant médit.
		qu'ils médisent.	

Ainsi se conjuguent : **Contredire, dédire, interdire** et **prédire.** — NOTA. Ces verbes font au présent de l'indicatif : **vous médisez, vous vous dédisez, vous contredisez, vous prédisez,** et à l'impératif : **dédisez, contredisez, médisez, prédisez.**

CONJUGAISON DES VERBES EN **DIRE**.

Indicatif. Présent.	Passé antérieur.	Conditionnel. Présent.	Imparfait.
Je maudis tu maudis il maudit nous maudissons vous maudissez ils maudissent.	J'eus maudit tu eus maudit il eut maudit nous eûmes maudit vous eûtes maudit ils eurent maudit.	Je maudirais tu maudirais il maudirait nous maudirions vous maudiriez ils maudiraient.	Que je maudisse que tu maudisses qu'il maudît que nous maudissions que vous maudissiez qu'ils maudissent.
Imparfait. Je maudissais tu maudissais il maudissait nous maudissions vous maudissiez ils maudissaient.	*Plus-que-parfait.* J'avais maudit tu avais maudit il avait maudit nous avions maudit vous aviez maudit ils avaient maudit.	*Passé.* J'aurais maudit tu aurais maudit il aurait maudit, etc. **On dit aussi :** J'eusse maudit tu eusses maudit il eût maudit, etc.	*Passé.* Que j'aie maudit que tu aies maudit qu'il ait maudit que n. ayons maudit que vous ayez maudit qu'ils aient maudit.
Passé défini. Je maudis tu maudis il maudit nous maudîmes vous maudîtes ils maudirent.	*Futur.* Je maudirai tu maudiras il maudira nous maudirons vous maudirez ils maudiront.	**Impératif.** *Présent.* Maudis. Maudissons. Maudissez. *Passé.* Aie maudit Ayons maudit. Ayez maudit.	*Plus-que-parfait.* Que j'eusse maudit que tu eusses maudit qu'il eût maudit q. n. eussions maudit que v. eussiez maudit qu'ils eussent maudit.
Passé indéfini. J'ai maudit tu as maudit il a maudit nous avons maudit vous avez maudit ils ont maudit.	*Futur antérieur.* J'aurai maudit tu auras maudit il aura maudit nous aurons maudit vous aurez maudit ils auront maudit.	**Subjonctif.** *Présent.* Que je maudisse que tu maudisses qu'il maudisse que nous maudissions que vous maudissiez qu'ils maudissent.	**Infinitif.** *Présent.* Maudire. *Passé.* Avoir maudit. **Participe.** *Présent.* Maudissant. *Passé.* Maudit, ite, its, ites. Ayant maudit.

N° 182.
CONJUGAISON DES VERBES EN FIRE.

Indicatif. Présent.	Passé antérieur.	Conditionnel. Présent.	Imparfait.
Je confis tu confis il confit nous confisons vous confisez ils confisent.	J'eus confit tu eus confit il eut confit nous eûmes confit vous eûtes confit ils eurent confit.	Je confirais tu confirais il confirait nous confirions vous confiriez ils confiraient.	

Imparfait.	Plus-que-parfait.	Passé. J'aurais confit tu aurais confit il aurait confit, etc. *On dit aussi :* J'eusse confit tu eusses confit il eût confit, etc.	Passé.
Je confisais tu confisais il confisait nous confisions vous confisiez ils confisaient.	J'avais confit tu avais confit il avait confit nous avions confit vous aviez confit ils avaient confit.		Que j'aie confit que tu aies confit qu'il ait confit que nous ayons confit que vous ayez confit qu'ils aient confit.

Passé défini.	Futur.	Impératif. Présent.	Plus-que-parfait.
Je confis tu confis il confit nous confîmes vous confîtes ils confirent.	Je confirai tu confiras il confira nous confirons vous confirez ils confiront.	Confis. Confisons. Confisez. Passé. Aie confit. Ayons confit. Ayez confit.	Que j'eusse confit que tu eusses confit qu'il eût confit. que nous euss. confit que v. cussiez confit qu'ils eussent confit.

Passé indéfini.	Futur antérieur.	Subjonctif. Présent.	Infinitif. *Présent.* Confire. *Passé.* Avoir confit. Participe. *Présent.* Confisant. *Passé.* Confit, ite, its, ites. Ayant confit.
J'ai confit tu as confit il a confit nous avons confit vous avez confit ils ont confit.	J'aurai confit tu auras confit il aura confit nous aurons confit vous aurez confit ils auront confit.	Que je confise que tu confises qu'il confise que nous confisions que vous confisiez qu'ils confisent.	

NOTA. Ce verbe n'a point d'imparfait du subjonctif.

N° 183.
CONJUGAISON DES VERBES EN FFIRE.

Indicatif. Présent.	Passé antérieur.	Conditionnel. Présent.	Imparfait.
Je suffis	J'eus suffi	Je suffirais	
tu suffis	tu eus suffi	tu suffirais	
il suffit	il eut suffi	il suffirait	
nous suffisons	nous eûmes suffi	nous suffirions	
vous suffisez	vous eûtes suffi	vous suffiriez	
ils suffisent.	ils eurent suffi.	ils suffiraient.	

Imparfait.	Plus-que-parfait.	Passé.	Passé.
Je suffisais	J'avais suffi	J'aurais suffi	Que j'aie suffi
tu suffisais	tu avais suffi	tu aurais suffi	que tu aies suffi
il suffisait	il avait suffi	il aurait suffi, etc.	qu'il ait suffi
nous suffisions	nous avions suffi	*On dit aussi :*	que nous ayons suffi
vous suffisiez	vous aviez suffi	J'eusse suffi	que vous ayez suffi
ils suffisaient.	ils avaient suffi.	tu eusses suffi	qu'ils aient suffi.
		il eût suffi, etc.	

Passé défini.	Futur.	Impératif. Présent.	Plus-que-parfait.
Je suffis	Je suffirai	Suffis.	Que j'eusse suffi
tu suffis	tu suffiras	Suffisons.	que tu eusses suffi
il suffit	il suffira	Suffisez.	qu'il eût suffi
nous suffîmes	nous suffirons	*Passé.*	que n. eussions suffi
vous suffîtes	vous suffirez	Aie suffi.	que vous eussiez suffi
ils suffirent.	ils suffiront.	Ayons suffi.	qu'ils eussent suffi.
		Ayez suffi.	

Passé indéfini.	Futur antérieur.	Subjonctif. Présent.	Infinitif.
J'ai suffi	J'aurai suffi	Que je suffise	Présent. Suffire.
tu as suffi	tu auras suffi	que tu suffises	Passé. Avoir suffi.
il a suffi	il aura suffi	qu'il suffise	**Participe.**
nous avons suffi	nous aurons suffi	que nous suffisions	Présent. Suffisant.
vous avez suffi	vous aurez suffi	que vous suffisiez	Passé. Suffi.
ils ont suffi.	ils auront suffi.	qu'ils suffisent.	Ayant suffi.

NOTA. L'Académie ne donne pas de passé défini à ce verbe, ni d'imparfait du subjonctif. Des grammairiens indiquent : **Je suffis, nous suffîmes, et que je suffisse, que nous suffissions, qu'il suffît.** Cette dernière personne nous paraît la seule admissible.

N° 184.
CONJUGAISON DES VERBES EN RIRE.

Indicatif. *Présent.*	*Passé antérieur.*	**Conditionnel.** *Présent.*	*Imparfait.*
Je ris tu ris il rit nous rions vous riez ils rient.	J'eus ri tu eus ri il eut ri nous eûmes ri vous eûtes ri ils eurent ri.	Je rirais tu rirais il rirait nous ririons vous ririez ils riraient.	Que je risse que tu risses qu'il rît que nous rissions que vous rissiez qu'ils rissent.

Imparfait.	*Plus-que-parfait.*	*Passé.*	*Passé.*
Je riais tu riais il riait nous riions vous riiez ils riaient.	J'avais ri tu avais ri il avait ri nous avions ri vous aviez ri ils avaient ri.	J'aurais ri tu aurais ri il aurait ri, etc. *On dit aussi :* J'eusse ri tu eusses ri il eût ri, etc.	Que j'aie ri que tu aies ri qu'il ait ri que nous ayons ri que vous ayez ri qu'ils aient ri.

Passé défini.	*Futur.*	**Impératif.** *Présent.*	*Plus-que-parfait.*
Je ris tu ris il rit nous rîmes vous rîtes ils rirent.	Je rirai tu riras il rira nous rirons vous rirez ils riront.	Ris. Rions. Riez. *Passé.* Aie ri. Ayons ri. Ayez ri.	Que j'eusse ri que tu eusses ri qu'il eût ri que nous eussions ri que vous eussiez ri qu'ils eussent ri.

Passé indéfini.	*Futur antérieur.*	**Subjonctif.** *Présent.*	**Infinitif.**
J'ai ri tu as ri il a ri nous avons ri vous avez ri ils ont ri.	J'aurai ri tu auras ri il aura ri nous aurons ri vous aurez ri ils auront ri.	Que je rie que tu ries qu'il rie que nous riions que vous riiez qu'ils rient.	*Présent.* Rire. *Passé.* Avoir ri. **Participe.** *Présent.* Riant. *Passé.* Ayant ri.

Ainsi se conjugue : **Sourire.**

N° 185.

CONJUGAISON DES VERBES EN **FRIRE**.

Indicatif. Présent.	Passé antérieur.	Conditionnel. Présent.	Imparfait.
Je fris tu fris il frit.		Je frirais tu frirais il frirait nous fririons vous fririez ils friraient.	
Imparfait.	Plus-que-parfait.	Passé. On dit aussi :	Passé.
Passé défini.	Futur. Je frirai tu friras il frira nous frirons vous frirez ils friront.	Impératif. Présent. Fris. Passé.	Plus-que-parfait.
Passé indéfini.	Futur antérieur.	Subjonctif. Présent.	Infinitif. Présent. Frire. Participe. Passé. Frit, ite, its, ites. Ayant fri.

NOTA. Dans les temps qui lui manquent, ce verbe se conjugue avec **faire**. J'ai fait **frire** des soles. J'avais fait **frire** des œufs. Ce verbe est aussi neutre : une sole qui frit. Le beurre **frit** dans la poêle. La cuisinière a fait **frire** une carpe.

N° 186.
CONJUGAISON DES VERBES EN UIRE.

Indicatif.	Passé antérieur.	Conditionnel.	Imparfait.
Présent.	J'eus cuit	*Présent.*	Que je cuisisse
Je cuis	tu eus cuit	Je cuirais	que tu cuisisses
tu cuis	il eut cuit	tu cuirais	qu'il cuisît
il cuit	nous eûmes cuit	il cuirait	que nous cuisissions
nous cuisons	vous eûtes cuit	nous cuirions	que vous cuisissiez
vous cuisez	ils eurent cuit.	vous cuiriez	qu'ils cuisissent.
ils cuisent.		ils cuiraient.	
Imparfait.	*Plus-que-parfait.*	*Passé.*	*Passé.*
Je cuisais	J'avais cuit	J'aurais cuit	Que j'aie cuit
tu cuisais	tu avais cuit	tu aurais cuit	que tu aies cuit
il cuisait	il avait cuit	il aurait cuit, etc.	qu'il ait cuit
nous cuisions	nous avions cuit	*On dit aussi :*	que nous ayons cuit
vous cuisiez	vous aviez cuit	J'eusse cuit	que vous ayez cuit
ils cuisaient.	ils avaient cuit.	tu eusses cuit	qu'ils aient cuit.
		il eût cuit, etc.	
		Impératif.	
Passé défini.	*Futur.*	*Présent.*	*Plus-que-parfait.*
Je cuis	Je cuirai	Cuis.	Que j'eusse cuit
tu cuis	tu cuiras	Cuisons.	que tu eusses cuit
il cuit	il cuira	Cuisez.	qu'il eût cuit
nous cuîmes	nous cuirons	*Passé.*	que n. eussions cuit
vous cuîtes	vous cuirez	Aie cuit.	que vous eussiez cuit
ils cuirent	ils cuiront.	Ayons cuit.	qu'ils eussent cuit.
		Ayez cuit.	
Passé indéfini.	*Futur antérieur.*	**Subjonctif.**	**Infinitif.**
J'ai cuit	J'aurai cuit	*Présent.*	*Présent.* Cuire.
tu as cuit	tu auras cuit	Que je cuise	*Passé.* Avoir cuit.
il a cuit	il aura cuit	que tu cuises	**Participe.**
nous avons cuit	nous aurons cuit	qu'il cuise	*Présent.* Cuisant.
vous avez cuit	vous aurez cuit	que nous cuisions	*Passé.* Cuit, ite,
ils ont cuit.	ils auront cuit.	que vous cuisiez	its, ites.
		qu'ils cuisent.	Ayant cuit.

Ainsi se conjuguent : **Conduire, construire, décuire, déduire, détruire, enduire, induire, produire, reconduire, reconstruire, recuire, réduire, renduire, reproduire, séduire, traduire,** excepté **bruire, luire, nuire.** — NOTA. Le verbe **bruire** n'est guère usité qu'aux temps suivants : **Bruire, il bruit, il bruyait, ils bruyaient.** On entend **bruire** les vagues. Le vent **bruit** dans la forêt. Les flots **bruyaient.**

N° 187.
CONJUGAISON DES VERBES EN LUIRE.

Indicatif. Présent.	Passé antérieur.	Conditionnel. Présent.	Imparfait.
Je luis	J'eus lui	Je luirais	Que je luisisse
tu luis	tu eus lui	tu luirais	que tu luisisses
il luit	il eut lui	il luirait	qu'il luisît
nous luisons	nous eûmes lui	nous luirions	que nous luisissions
vous luisez	vous eûtes lui	vous luiriez	que vous luisissiez
ils luisent.	ils eurent lui.	ils luiraient.	qu'ils luisissent.

Imparfait.	Plus-que-parfait.	Passé.	Passé.
Je luisais	J'avais lui	J'aurais lui	Que j'aie lui
tu luisais	tu avais lui	tu aurais lui	que tu aies lui
il luisait	il avait lui	il aurait lui, etc.	qu'il ait lui
nous luisions	nous avions lui	*On dit aussi :*	que nous ayons lui
vous luisiez	vous aviez lui	J'eusse lui	que vous ayez lui
ils luisaient.	ils avaient lui.	tu eusses lui	qu'ils aient lui.
		il eût lui, etc.	

Passé défini.	Futur.	Impératif. Présent.	Plus-que-parfait.
Je luis	Je luirai	Luis.	Que j'eusse lui
tu luis	tu luiras	Luisons.	que tu eusses lui
il luit	il luira	Luisez.	qu'il eût lui
nous luîmes	nous luirons	*Passé.*	que nous euss. lui
vous luîtes	vous luirez	Aie lui.	que vous eussiez lui
ils luirent.	ils luiront.	Ayons lui.	qu'ils eussent lui.
		Ayez lui.	

Passé indéfini.	Futur antérieur.	Subjonctif. Présent.	Infinitif.
J'ai lui	J'aurai lui	Que je luise	*Présent.* Luire.
tu as lui	tu auras lui	que tu luises	*Passé.* Avoir lui.
il a lui	il aura lui	qu'il luise	**Participe.**
nous avons lui	nous aurons lui	que nous luisions	*Présent.* Luisant.
vous avez lui	vous aurez lui	que vous luisiez	*Passé.* Lui.
ils ont lui.	ils auront lui.	qu'ils luisent.	Ayant lui.

Ainsi se conjugue : **reluire.**

N° 188.
CONJUGAISON DES VERBES EN ISTRE.

Indicatif. *Présent.*	*Passé antérieur.* J'eus tissu tu eus tissu il eut tissu nous eûmes tissu vous eûtes tissu ils eurent tissu.	**Conditionnel.** *Présent.*	*Imparfait.*
Imparfait.	*Plus-que-parfait.* J'avais tissu tu avais tissu il avait tissu nous avions tissu vous aviez tissu ils avaient tissu	*Passé.* J'aurais tissu tu aurais tissu il aurait tissu, etc. *On dit aussi:* J'eusse tissu tu eusses tissu il eût tissu, etc.	*Passé.* Que j'aie tissu que tu aies tissu qu'il ait tissu que nous ayons tissu que vous ayez tissu qu'ils aient tissu.
Passé défini.	*Futur.*	**Impératif.** *Présent.* *Passé.* Aie tissu. Ayons tissu. Ayez tissu.	*Plus-que-parfait.* Que j'eusse tissu que tu eusses tissu qu'il eût tissu que nous euss. tissu que vous euss. tissu qu'ils eussent tissu.
Passé indéfini. J'ai tissu tu as tissu il a tissu nous avons tissu vous avez tissu ils ont tissu.	*Futur antérieur.* J'aurai tissu tu auras tissu il aura tissu nous aurons tissu vous aurez tissu ils auront tissu	**Subjonctif.** *Présent.*	**Infinitif.** *Présent.* Tistre. *Passé.* Avoir tissu. **Participe.** *Passé.* Tissu, ue, us, ues. Ayant tissu.

N° 189.
CONJUGAISON DES VERBES EN **IVRE**.

Indicatif.	Passé antérieur.	Conditionnel.	Imparfait.
Présent.		*Présent.*	
Je suis	J'eus suivi	Je suivrais	Que je suivisse
tu suis	tu eus suivi	tu suivrais	que tu suivisses
il suit	il eut suivi	il suivrait	qu'il suivît
nous suivons	nous eûmes suivi	nous suivrions	que nous suivissions
vous suivez	vous eûtes suivi	vous suivriez	que vous suivissiez
ils suivent.	ils eurent suivi.	ils suivraient.	qu'ils suivissent.
Imparfait.	*Plus-que-parfait.*	*Passé.*	*Passé.*
Je suivais	J'avais suivi	J'aurais suivi	Que j'aie suivi
tu suivais	tu avais suivi	tu aurais suivi	que tu aies suivi
il suivait	il avait suivi	il aurait suivi, etc.	qu'il ait suivi
nous suivions	nous avions suivi	*On dit aussi :*	que nous ayons suivi
vous suiviez	vous aviez suivi	J'eusse suivi	que vous ayez suivi
ils suivaient.	ils avaient suiv.	tu eusses suivi	qu'ils aient suivi.
		il eût suivi, etc.	
Passé défini.	*Futur.*	**Impératif.**	*Plus-que-parfait.*
		Présent.	
Je suivis	Je suivrai	Suis.	Que j'eusse suivi
tu suivis	tu suivras	Suivons.	que tu eusses suivi
il suivit	il suivra	Suivez.	qu'il eût suivi
nous suivîmes	nous suivrons	*Passé.*	que n. eussions suivi
vous suivîtes	vous suivrez	Aie suivi.	que v. eussiez suivi
ils suivirent.	ils suivront.	Ayons suivi.	qu'ils eussent suivi.
		Ayez suivi.	
Passé indéfini.	*Futur antérieur.*	**Subjonctif.**	**Infinitif.**
		Présent.	*Présent.* Suivre.
J'ai suivi	J'aurai suivi	Que je suive	*Passé.* Avoir suivi.
tu as suivi	tu auras suivi	que tu suives	**Participe.**
il a suivi	il aura suivi	qu'il suive	*Présent.* Suivant.
nous avons suivi	nous aurons suivi	que nous suivions	*Passé.* Suivi, ie, is, ies.
vous avez suivi	vous aurez suivi	que vous suiviez	Ayant suivi.
ils ont suivi.	ils auront suivi.	qu'ils suivent.	

Ainsi se conjuguent : **Poursuivre** *et* **s'ensuivre**. Ce dernier ne s'emploie qu'à la troisième personne tant du singulier que du pluriel. **Le premier chapitre et tout ce qui s'ensuit. Un grand bien s'ensuivit de tous ces maux. Tout ce qui s'était ensuivi. Les erreurs qui s'ensuivraient de cette proposition. Il s'ensuit de là que... Il s'ensuivra que... Il s'ensuivit de grands maux.**

N° 190.
CONJUGAISON DES VERBES EN **IVRE**.

Indicatif. Présent.	Passé antérieur.	Conditionnel. Présent.	Imparfait.
Je vis tu vis il vit nous vivons vous vivez ils vivent.	J'eus vécu tu eus vécu il eut vécu nous eûmes vécu vous eûtes vécu ils eurent vécu.	Je vivrais tu vivrais il vivrait nous vivrions vous vivriez ils vivraient.	Que je vécusse que tu vécusses qu'il vécût que nous vécussions que vous vécussiez qu'ils vécussent.
Imparfait.	*Plus-que-parfait.*	*Passé.* J'aurais vécu tu aurais vécu il aurait vécu, etc. *On dit aussi :* J'eusse vécu tu eusses vécu il eût vécu, etc.	*Passé.*
Je vivais tu vivais il vivait nous vivions vous viviez ils vivaient.	J'avais vécu tu avais vécu il avait vécu nous avions vécu vous aviez vécu ils avaient vécu.		Que j'aie vécu que tu aies vécu qu'il ait vécu que nous ayons vécu que vous ayez vécu qu'ils aient vécu.
Passé défini.	*Futur.*	**Impératif.** *Présent.* Vis. Vivons. Vivez. *Passé.* Aie vécu. Ayons vécu. Ayez vécu.	*Plus-que-parfait.*
Je vécus tu vécus il vécut nous vécûmes vous vécûtes ils vécurent.	Je vivrai tu vivras il vivra nous vivrons vous vivrez ils vivront.		Que j'eusse vécu que tu eusses vécu qu'il eût vécu que nous euss. vécu que vous cussiez vécu qu'ils eussent vécu.
Passé indéfini.	*Futur antérieur.*	**Subjonctif.** *Présent.*	**Infinitif.** *Présent.* Vivre. *Passé.* Avoir vécu. **Participe.** *Présent.* Vivant. *Passé.* Vécu. Ayant vécu.
J'ai vécu tu as vécu il a vécu nous avons vécu vous avez vécu ils ont vécu.	J'aurai vécu tu auras vécu il aura vécu nous aurons vécu vous aurez vécu ils auront vécu.	Que je vive que tu vives qu'il vive que nous vivions que vous viviez qu'ils vivent.	

Ainsi se conjugue : Survivre.

N° 191.

CONJUGAISON DES VERBES EN **OINDRE**.

Indicatif. Présent.	Passé antérieur.	Conditionnel. Présent.	Imparfait.
je joins tu joins il joint nous joignons vous joignez ils joignent.	J'eus joint tu eus joint il eut joint nous eûmes joint vous eûtes joint ils eurent joint.	Je joindrais tu joindrais il joindrait nous joindrions vous joindriez ils joindraient.	Que je joignisse que tu joignisses qu'il joignît que nous joignissions que vous joignissiez qu'ils joignissent.
Imparfait.	*Plus-que-parfait.*	*Passé.* J'aurais joint tu aurais joint il aurait joint, etc. *On dit aussi:* J'eusse joint tu eusses joint il eût joint, etc.	*Passé.*
je joignais tu joignais il joignait nous joignions vous joigniez ils joignaient.	J'avais joint tu avais joint il avait joint nous avions joint vous aviez joint ils avaient joint.		Que j'aie joint que tu aies joint qu'il ait joint que nous ayons joint que vous ayez joint qu'ils aient joint.
Passé défini.	*Futur.*	**Impératif.** *Présent.* Joins. Joignons. Joignez. *Passé.* Aie joint. Ayons joint. Ayez joint.	*Plus-que-parfait.*
Je joignis tu joignis il joignit nous joignîmes vous joignîtes ils joignirent.	Je joindrai tu joindras il joindra nous joindrons vous joindrez ils joindront.		Que j'eusse joint que tu eusses joint qu'il eût joint que n. eussions joint que v. eussiez joint qu'ils eussent joint.
Passé indéfini.	*Futur antérieur.*	**Subjonctif.** *Présent.*	**Infinitif.** *Présent.* Joindre. *Passé.* Avoir joint. **Participe.** *Présent.* Joignant. *Passé.* Joint, te, ts, tes. Ayant joint.
J'ai joint tu as joint il a joint nous avons joint vous avez joint ils ont joint.	J'aurai joint tu auras joint il aura joint nous aurons joint vous aurez joint ils auront joint.	Que je joigne que tu joignes qu'il joigne que nous joignions que vous joigniez qu'ils joignent.	

Ainsi se conjuguent : **Conjoindre, déjoindre, disjoindre, enjoindre, oindre, rejoindre.** — NOTA. Le verbe **poindre** n'est guère usité qu'à l'infinitif et au futur : Le jour ne fait que **poindre.** Dès que le jour **poindra.** Les herbes commencent à **poindre,** etc.

N° 192.
CONJUGAISON DES VERBES EN **OIRE**.

Indicatif. Présent.	Passé antérieur.	Conditionnel. Présent.	Imparfait.
Je crois	J'eus cru	Je croirais	Que je crusse
tu crois	tu eus cru	tu croirais	que tu crusses
il croit	il eut cru	il croirait	qu'il crût
nous croyons	nous eûmes cru	nous croirions	q. nous crussions
vous croyez	vous eûtes cru	vous croiriez	que vous crussiez
ils croient.	ils eurent cru.	ils croiraient.	qu'ils crussent.

Imparfait.	Plus-que-parfait.	Passé.	Passé.
Je croyais	J'avais cru	J'aurais cru	Que j'aie cru
tu croyais	tu avais cru	tu aurais cru	que tu aies cru
il croyait	il avait cru	il aurait cru, etc.	qu'il ait cru
nous croyions	nous avions cru	*On dit aussi :*	que nous ayons cru
vous croyiez	vous aviez cru	J'eusse cru	que vous ayez cru
ils croyaient.	ils avaient cru.	tu eusses cru	qu'ils aient cru.
		il eût cru, etc.	

Passé défini.	Futur.	Impératif. Présent.	Plus-que-parfait.
Je crus	Je croirai	Crois.	Que j'eusse cru
tu crus	tu croiras	Croyons.	que tu eusses cru
il crut	il croira	Croyez.	qu'il eût cru
nous crûmes	nous croirons	*Passé.*	que nous eussions cru
vous crûtes	vous croirez	Aie cru	que vous eussiez cru
ils crurent.	ils croiront.	Ayons cru.	qu'ils eussent cru.
		Ayez cru.	

Passé indéfini.	Futur antérieur.	Subjonctif. Présent.	Infinitif.
J'ai cru	J'aurai cru	Que je croie	Présent. Croire.
tu as cru	tu auras cru	que tu croies	Passé. Avoir cru.
il a cru	il aura cru	qu'il croie	**Participe.**
nous avons cru	nous aurons cru	que nous croyions	Présent. Croyant.
vous avez cru	vous aurez cru	que vous croyiez	Passé. Cru, ue, us, ues.
ils ont cru.	ils auront cru.	qu'ils croient.	Ayant cru.

NOTA. Le verbe **accroire** n'est usité qu'à l'infinitif avec le verbe **faire** : Vous voudriez nous **faire accroire** que... Il voudrait nous en **faire accroire**.

Nº 193.
CONJUGAISON DES VERBES EN **OIRE**.

Indicatif. Présent.	Passé antérieur.	**Conditionnel.** Présent.	Imparfait.
je bois tu bois il boit nous buvons vous buvez ils boivent.	J'eus bu tu eus bu il eut bu nous eûmes bu vous eûtes bu ils eurent bu.	Je boirais tu boirais il boirait nous boirions vous boiriez ils boiraient.	Que je busse que tu busses qu'il bût que nous bussions que vous bussiez qu'ils bussent.
Imparfait. je buvais tu buvais il buvait nous buvions vous buviez ils buvaient.	Plus-que-parfait. J'avais bu tu avais bu il avait bu nous avions bu vous aviez bu ils avaient bu.	Passé. J'aurais bu tu aurais bu il aurait bu, etc. On dit aussi : J'eusse bu tu eusses bu il eût bu, etc.	Passé. Que j'aie bu que tu aies bu qu'il ait bu q. nous ayons bu que vous ayez bu qu'ils aient bu.
Passé défini. Je bus tu bus il but nous bûmes vous bûtes ils burent.	Futur. Je boirai tu boiras il boira nous boirons vous boirez ils boiront.	**Impératif.** Présent. Bois. Buvons. Buvez. Passé. Aie bu. Ayons bu. Ayez bu.	Plus-que-parfait. Que j'eusse bu que tu eusses bu qu'il eût bu que nous eussions bu que vous eussiez bu qu'ils eussent bu.
Passé indéfini. J'ai bu tu as bu il a bu nous avons bu vous avez bu ils ont bu.	Futur antérieur. J'aurai bu tu auras bu il aura bu nous aurons bu vous aurez bu ils auront bu.	**Subjonctif.** Présent. Que je boive que tu boives qu'il boive que nous buvions que vous buviez qu'ils boivent.	**Infinitif.** Présent. Boire. Passé. Avoir bu. **Participe.** Présent. Buvant. Passé. Bu, ue, us, ues. Ayant bu.

Ainsi se conjuguent : **Déboire** et **emboire**.

N° 194.
CONJUGAISON DES VERBES EN **OITRE**.

Indicatif. *Présent.*	*Passé antérieur.*	**Conditionnel.** *Présent.*	*Imparfait.*
Je crois	J'eus crû	Je croîtrais	Que je crûsse
tu crois	tu eus crû	tu croîtrais	que tu crûsses
il croît	il eut crû	il croîtrait	qu'il crût
nous croissons	nous eûmes crû	nous croîtrions	que nous crûssions
vous croissez	vous eûtes crû	vous croîtriez	que vous crûssiez
ils croissent.	ils eurent crû.	ils croîtraient.	qu'ils crûssent.

Imparfait.	*Plus-que-parfait.*	*Passé.*	*Passé.*
Je croissais	J'avais crû	J'aurais crû	Que j'aie crû
tu croissais	tu avais crû	tu aurais crû	que tu aies crû
il croissait	il avait crû	il aurait crû, etc.	qu'il ait crû
nous croissions	nous avions crû	*On dit aussi :*	que nous ayons crû
vous croissiez	vous aviez crû	J'eusse crû	que vous ayez crû
ils croissaient.	ils avaient crû.	tu eusses crû	qu'ils aient crû.
		il eût crû, etc.	

Passé défini.	*Futur.*	**Impératif.** *Présent.*	*Plus-que-parfait.*
Je crûs	Je croîtrai	Croîs.	Que j'eusse crû
tu crûs	tu croîtras	Croissons.	que tu eusses crû
il crût	il croîtra	Croissez.	qu'il eût crû
nous crûmes	nous croîtrons	*Passé.*	que n. eussions crû
vous crûtes	vous croîtrez	Aie crû.	que vous eussiez crû
ils crûrent.	ils croîtront.	Ayons crû.	qu'ils eussent crû.
		Ayez crû.	

Passé indéfini.	*Futur antérieur.*	**Subjonctif.** *Présent.*	**Infinitif.**
J'ai crû	J'aurai crû	Que je croisse	*Présent.* Croître.
tu as crû	tu auras crû	que tu croisses	*Passé.* Avoir crû.
il a crû	il aura crû	qu'il croisse	**Participe.**
nous avons crû	nous aurons crû	que nous croissions	*Présent.* Croissant.
vous avez crû	vous aurez crû	que vous croissiez	*Passé.* Crû, ue, us, ues.
ils ont crû.	ils auront crû.	qu'ils croissent.	Ayant crû.

Ainsi se conjuguent : **Accroître, décroître, surcroître.**—NOTA. On met un accent circonflexe principalement dans les cas où il pourrait y avoir confusion avec le verbe **croire**. Cependant le participe passé perd cet accent au féminin et au pluriel : **crus, crue, crues.** Quant aux verbes **accroître, décroître** et **recroître**, l'accent circonflexe, qui n'y est plus nécessaire comme signe de distinction, ne se conserve que devant le t : **Il accroît, il décroîtra, il recroît.**

N° 195.

CONJUGAISON DES VERBES EN OMPRE.

Indicatif. Présent.	Passé antérieur.	Conditionnel. Présent.	Imparfait.
Je romps	J'eus rompu	Je romprais	Que je rompisse
tu romps	tu eus rompu	tu romprais	que tu rompisses
il rompt	il eut rompu	il romprait	qu'il rompît
nous rompons	nous eûmes rompu	nous romprions	que nous rompissions
vous rompez	vous eûtes rompu	vous rompriez	que vous rompissiez
ils rompent.	ils eurent rompu.	ils rompraient.	qu'ils rompissent.

Imparfait.	Plus-que-parfait.	Passé.	Passé.
Je rompais	J'avais rompu	J'aurais rompu	Que j'aie rompu
tu rompais	tu avais rompu	tu aurais rompu	que tu aies rompu
il rompait	il avait rompu	il aurait rompu, etc.	qu'il ait rompu
nous rompions	nous avions rompu	*On dit aussi :*	que n. ayons rompu
vous rompiez	vous aviez rompu	J'eusse rompu	que vous ayez rompu
ils rompaient.	ils avaient rompu	tu eusses rompu,	qu'ils aient rompu.
		il eût rompu, etc.	

Passé défini.	Futur.	Impératif. Présent.	Plus-que-parfait.
Je rompis	Je romprai	Romps.	Que j'eusse rompu
tu rompis	tu rompras	Rompons.	que tu eusses rompu
il rompit	il rompra	Rompez.	qu'il eût rompu
nous rompîmes	nous romprons	Passé.	q. n. eussions rompu
vous rompîtes	vous romprez	Aie rompu.	q. v. eussiez rompu
ils rompirent.	ils rompront.	Ayons rompu.	qu'ils eussent rompu.
		Ayez rompu.	

Passé indéfini.	Futur antérieur.	Subjonctif. Présent.	Infinitif.
J'ai rompu	J'aurai rompu	Que je rompe	*Présent.* Rompre.
tu as rompu	tu auras rompu	que tu rompes	*Passé.* Avoir rompu.
il a rompu	il aura rompu	qu'il rompe	**Participe.**
nous avons rompu	nous aurons rompu	que nous rompions	*Présent.* Rompant.
vous avez rompu	vous aurez rompu	que vous rompiez	*Passé.* Rompu, ue, us, ues.
ils ont rompu.	ils auront rompu.	qu'ils rompent.	Ayant rompu.

Ainsi se conjuguent : **Corrompre** et **interrompre**.

N° 196.
CONJUGAISON DES VERBES EN ONDRE.

Indicatif. Présent.	Passé antérieur.	Conditionnel. Présent.	Imparfait.
Je fonds	J'eus fondu	Je fondrais	Que je fondisse
tu fonds	tu eus fondu	tu fondrais	que tu fondisses
il fond	il eut fondu	il fondrait	qu'il fondît
nous fondons	nous eûmes fondu	nous fondrions	que nous fondissions
vous fondez	vous eûtes fondu	vous fondriez	que vous fondissiez
ils fondent.	ils eurent fondu.	ils fondraient.	qu'ils fondissent.

Imparfait.	Plus-que-parfait.	Passé.	Passé.
Je fondais	J'avais fondu	J'aurais fondu	Que j'aie fondu
tu fondais	tu avais fondu	tu aurais fondu	que tu aies fondu
il fondait	il avait fondu	il aurait fondu, etc.	qu'il ait fondu
nous fondions	nous avions fondu	*On dit aussi :*	que nous ayons fondu
vous fondiez	vous aviez fondu	J'eusse fondu	que vous ayez fondu
ils fondaient.	ils avaient fondu.	tu eusses fondu	qu'ils aient fondu.
		il eût fondu, etc.	

Passé défini.	Futur.	Impératif. Présent.	Plus-que-parfait.
Je fondis	Je fondrai	Fonds.	Que j'eusse fondu
tu fondis	tu fondras	Fondons.	que tu eusses fondu
il fondit	il fondra	Fondez.	qu'il eût fondu
nous fondîmes	nous fondrons	*Passé.*	que nous euss. fondu
vous fondîtes	vous fondrez	Aie fondu.	que v. eussiez fondu
ils fondirent.	ils fondront.	Ayons fondu.	qu'ils eussent fondu
		Ayez fondu.	

Passé indéfini.	Futur antérieur.	Subjonctif. Présent.	Infinitif.
J'ai fondu	J'aurai fondu	Que je fonde	*Présent.* Fondre.
tu as fondu	tu auras fondu	que tu fondes	*Passé.* Avoir fondu.
il a fondu	il aura fondu	qu'il fonde	**Participe.**
nous avons fondu	nous aurons fondu	que nous fondions	*Présent.* Fondant.
vous avez fondu	vous aurez fondu	que vous fondiez	*Passé.* Fondu, ue,
ils ont fondu.	ils auront fondu.	qu'ils fondent.	us, ues.
			Ayant fondu.

Ainsi se conjuguent : Confondre, correspondre, morfondre, perfondre, poudre, refondre, répondre, tondre.

N° 197.

CONJUGAISON DES VERBES EN **ORDRE**.

Indicatif. Présent.	Passé antérieur.	Conditionnel. Présent.	Imparfait.
Je mords tu mords il mord nous mordons vous mordez ils mordent.	J'eus mordu tu eus mordu il eut mordu nous eûmes mordu vous eûtes mordu ils eurent mordu.	Je mordrais tu mordrais il mordrait nous mordrions vous mordriez ils mordraient.	Que je mordisse que tu mordisses qu'il mordît que nous mordissions que vous mordissiez qu'ils mordissent.
Imparfait.	*Plus-que-parfait.*	*Passé.* J'aurais mordu tu aurais mordu il aurait mordu, etc. *On dit aussi :* J'eusse mordu tu eusses mordu il eût mordu, etc.	*Passé.*
Je mordais tu mordais il mordait nous mordions vous mordiez ils mordaient.	J'avais mordu tu avais mordu il avait mordu nous avions mordu vous aviez mordu ils avaient mordu.		Que j'aie mordu que tu aies mordu qu'il ait mordu que nous ayons mordu que vous ayez mordu qu'ils aient mordu.
Passé défini.	*Futur.*	**Impératif.** *Présent.* Mords. Mordons. Mordez. *Passé.* Aie mordu. Ayons mordu. Ayez mordu.	*Plus-que-parfait.*
Je mordis tu mordis il mordit nous mordîmes vous mordîtes ils mordirent.	Je mordrai tu mordras il mordra nous mordrons vous mordrez ils mordront.		Que j'eusse mordu que tu eusses mordu qu'il eût mordu q. n. eussions mordu que v. eussiez mordu qu'ils eussent mordu.
Passé indéfini.	*Futur antérieur.*	**Subjonctif.** *Présent.* Que je morde que tu mordes qu'il morde que nous mordions que vous mordiez qu'ils mordent.	**Infinitif.** *Présent.* Mordre. *Passé.* Avoir mordu. **Participe.** *Présent.* Mordant *Passé.* Mordu, ue, us, ues. Ayant mordu.
J'ai mordu tu as mordu il a mordu nous avons mordu vous avez mordu ils ont mordu.	J'aurai mordu tu auras mordu il aura mordu nous aurons mordu vous aurez mordu ils auront mordu.		

Ainsi se conjuguent : **Démordre, détordre, remordre, retordre, tordre.**

N° 198.
CONJUGAISON DES VERBES EN ORE.

Indicatif. Présent.	Passé antérieur.	Conditionnel. Présent.	Imparfait.
Je clos tu clos il clôt nous closons vous closez ils closent.	J'eus clos tu eus clos il eut clos nous eûmes clos vous eûtes clos ils eurent clos.	Je clorais tu clorais il clorait nous clorions vous cloriez ils cloraient.	
Imparfait.	**Plus-que-parfait.** J'avais clos tu avais clos il avait clos nous avions clos vous aviez clos ils avaient clos.	**Passé.** J'aurais clos tu aurais clos il aurait clos, etc. *On dit aussi :* J'eusse clos tu eusses clos il eût clos, etc.	**Passé.** Que j'aie clos que tu aies clos qu'il ait clos que nous ayons clos que vous ayez clos qu'ils aient clos.
Passé défini.	**Futur.** Je clorai tu cloras il clora nous clorons vous clorez ils cloront.	**Impératif. Présent.** Clos. Closons. Closez. **Passé.** Aie clos. Ayons clos. Ayez clos.	**Plus-que-parfait.** Que j'eusse clos que tu eusses clos qu'il eût clos que n. eussions clos que vous eussiez clos qu'ils eussent clos.
Passé indéfini. J'ai clos tu as clos il a clos nous avons clos vous avez clos ils ont clos.	**Futur antérieur.** J'aurai clos tu auras clos il aura clos nous aurons clos vous aurez clos ils auront clos.	**Subjonctif. Présent.** Que je close que tu closes qu'il close que nous closions que vous closiez qu'ils closent.	**Infinitif.** *Présent.* Clore. *Passé.* Avoir clos. **Participe.** *Présent.* Closant. *Passé.* Clos, se, ses. Ayant clos.

Ainsi se conjuguent : **Enclore, renclore** et **éclore.**

N° 199.
CONJUGAISON DES VERBES EN OUDRE.

Indicatif. Présent.	Passé antérieur.	Conditionnel. Présent.	Imparfait.
J'absous tu absous il absout nous absolvons vous absolvez ils absolvent.	J'eus absous tu eus absous il eut absous nous eûmes absous vous eûtes absous ils eurent absous.	J'absoudrais tu absoudrais il absoudrait nous absoudrions vous absoudriez ils absoudraient.	
Imparfait. J'absolvais tu absolvais il absolvait nous absolvions vous absolviez ils absolvaient.	**Plus-que-parfait.** J'avais absous tu avais absous il avait absous nous avions absous vous aviez absous ils avaient absous.	**Passé.** J'aurais absous tu aurais absous il aurait absous, etc. *On dit aussi :* J'eusse absous tu eusses absous il eut absous, etc.	**Passé.** Que j'aie absous que tu aies absous qu'il ait absous que nous ayons absous que vous ayez absous qu'ils aient absous.
Passé défini.	**Futur.** J'absoudrai tu absoudras il absoudra nous absoudrons vous absoudrez ils absoudront.	**Impératif. Présent.** Absous. Absolvons. Absolvez. **Passé.** Aie absous. Ayons absous. Ayez absous.	**Plus-que-parfait.** Que j'eusse absous que tu eusses absous qu'il eût absous q. n. eussions absous que v. eussiez absous qu'ils eussent absous.
Passé indéfini. J'ai absous tu as absous il a absous nous avons absous vous avez absous ils ont absous.	**Futur antérieur.** J'aurai absous tu auras absous il aura absous nous aurons absous vous aurez absous ils auront absous.	**Subjonctif. Présent.** Que j'absolve que tu absolves qu'il absolve que nous absolvions que vous absolviez qu'ils absolvent.	**Infinitif.** *Présent.* Absoudre. *Passé.* Avoir absous. **Participe.** *Présent.* Absolvant. *Passé.* Absous, te, tes. Ayant absous.

Ainsi se conjugue : **Dissoudre.** — NOTA. L'adjectif **dissolu, ne,** n'a rien de commun avec le verbe **dissoudre,** qui fait au participe passé : **Dissous, oute.** — **Absolu** est également un adjectif.

CONJUGAISON DES VERBES EN **OUDRE**.

Indicatif. *Présent.*	*Passé antérieur.*	**Conditionnel.** *Présent.*	*Imparfait.*
Je résous	J'eus résolu	Je résoudrais	Que je résolusse
tu résous	tu eus résolu	tu résoudrais	que tu résolusses
il résout	il eut résolu	il résoudrait	qu'il résolût
nous résolvons	nous eûmes résolu	nous résoudrions	que nous résolussions
vous résolvez	vous eûtes résolu	vous résoudriez	que vous résolussiez
ils résolvent.	ils eurent résolu.	ils résoudraient.	qu'ils résolussent.

Imparfait.	*Plus-que-parfait.*	*Passé.*	*Passé.*
Je résolvais	J'avais résolu	J'aurais résolu	Que j'aie résolu
tu résolvais	tu avais résolu	tu aurais résolu	que tu aies résolu
il résolvait	il avait résolu	il aurait résolu, etc.	qu'il ait résolu
nous résolvions	nous avions résolu	*On dit aussi :*	que nous ayons résolu
vous résolviez	vous aviez résolu	J'eusse résolu	que vous ayez résolu
ils résolvaient.	ils avaient résolu.	tu eusses résolu	qu'ils aient résolu.
		il eût résolu, etc.	

Passé défini.	*Futur.*	**Impératif.** *Présent.*	*Plus-que-parfait.*
Je résolus	Je résoudrai	Résous.	Que j'eusse résolu
tu résolus	tu résoudras	Résolvons.	que tu eusses résolu
il résolut	il résoudra	Résolvez.	qu'il eût résolu
nous résolûmes	nous résoudrons	*Passé.*	q. n. eussions résolu
vous résolûtes	vous résoudrez	Aie résolu.	que v. eussiez résolu
ils résolurent.	ils résoudront.	Ayons résolu.	qu'ils eussent résolu.
		Ayez résolu.	

Passé indéfini.	*Futur antérieur.*	**Subjonctif.** *Présent.*	**Infinitif.**
J'ai résolu	J'aurai résolu	Que je résolve	*Présent.* Résoudre.
tu as résolu	tu auras résolu	que tu résolves	*Passé.* Avoir résolu.
il a résolu	il aura résolu	qu'il résolve	**Participe.**
nous avons résolu	nous aurons résolu	que nous résolvions	*Présent.* Résolvant.
vous avez résolu	vous aurez résolu	que vous résolviez	*Passé.* Résolu, ue,
ils ont résolu.	ils auront résolu.	qu'ils résolvent.	us, ues.
			Ayant résolu.

NOTA. Ce verbe a un autre participe, **résous**, qui n'est usité qu'en parlant des choses qui se changent, qui se convertissent en d'autres, et il ne se dit point au féminin : **Brouillard résous en pluie; le soleil a résous le brouillard en pluie.**

N° 201.

CONJUGAISON DES VERBES EN **OUDRE**.

Indicatif. Présent.	Passé antérieur.	Conditionnel. Présent.	Imparfait.
Je couds tu couds il coud nous cousons vous cousez ils cousent.	J'eus cousu tu eus cousu il eut cousu nous eûmes cousu vous eûtes cousu ils eurent cousu	Je coudrais tu coudrais il coudrait nous coudrions vous coudriez ils coudraient.	Que je cousisse que tu cousisses qu'il cousît que nous cousissions que vous cousissiez qu'ils cousissent.
Imparfait. Je cousais tu cousais il cousait nous cousions vous cousiez ils cousaient.	*Plus-que-parfait.* J'avais cousu tu avais cousu il avait cousu nous avions cousu vous aviez cousu ils avaient cousu	*Passé.* J'aurais cousu tu aurais cousu il aurait cousu, etc. *On dit aussi :* J'eusse cousu tu eusses cousu il eût cousu, etc.	*Passé.* Que j'aie cousu que tu aies cousu qu'il ait cousu que nous ayons cousu que vous ayez cousu qu'ils aient cousu.
Passé défini. Je cousis tu cousis il cousit nous cousîmes vous cousîtes ils cousirent.	*Futur.* Je coudrai tu coudras il coudra nous coudrons vous coudrez ils coudront.	**Impératif.** *Présent.* Couds. Cousons. Cousez. *Passé.* Aie cousu. Ayons cousu. Ayez cousu.	*Plus-que-parfait.* Que j'eusse cousu que tu eusses cousu qu'il eût cousu que n. eussions cousu que v. eussiez cousu qu'ils eussent cousu.
Passé indéfini. J'ai cousu tu as cousu il a cousu nous avons cousu vous avez cousu ils ont cousu.	*Futur antérieur.* J'aurai cousu tu auras cousu il aura cousu nous aurons cousu vous aurez cousu ils auront cousu.	**Subjonctif.** *Présent.* Que je couse que tu couses qu'il couse que nous cousions que vous cousiez qu'ils cousent.	**Infinitif.** *Présent.* Coudre. *Passé.* Avoir cousu. **Participe.** *Présent.* Cousant. *Passé.* Cousu, ue, us, ues. Ayant cousu.

Ainsi se conjuguent : **découdre** *et* **recoudre**.

N° 202.
CONJUGAISON DES VERBES EN OUDRE.

Indicatif. Présent.	Passé antérieur.	Conditionnel. Présent.	Imparfait.
Je mouds tu mouds il moud nous moulons vous moulez ils moulent.	J'eus moulu tu eus moulu il eut moulu nous eûmes moulu vous eûtes moulu ils eurent moulu.	Je moudrais tu moudrais il moudrait nous moudrions vous moudriez ils moudraient.	Que je moulusse que tu moulusses qu'il moulût que nous moulussions que vous moulussiez qu'ils moulussent.
Imparfait.	*Plus-que-parfait.*	*Passé.* J'aurais moulu tu aurais moulu il aurait moulu, etc. *On dit aussi :* J'eusse moulu tu eusses moulu il eût moulu, etc.	*Passé.*
Je moulais tu moulais il moulait nous moulions vous mouliez ils moulaient.	J'avais moulu tu avais moulu il avait moulu nous avions moulu vous aviez moulu ils avaient moulu.		Que j'aie moulu que tu aies moulu qu'il ait moulu que nous ayons moulu que vous ayez moulu qu'ils aient moulu.
Passé défini.	*Futur.*	**Impératif.** *Présent.* Mouds. Moulons. Moulez. *Passé.* Aie moulu. Ayons moulu. Ayez moulu.	*Plus-que-parfait.*
Je moulus tu moulus il moulut nous moulûmes vous moulûtes ils moulurent.	Je moudrai tu moudras il moudra nous moudrons vous moudrez ils moudront.		Que j'eusse moulu que tu eusses moulu qu'il eût moulu que n. eussions moulu que v. eussiez moulu qu'ils eussent moulu.
Passé indéfini.	*Futur antérieur.*	**Subjonctif.** *Présent.*	**Infinitif.** *Présent.* Moudre. *Passé.* Avoir moulu. **Participe.** *Présent.* Moulant. *Passé.* Moulu, ue, us, ues. Ayant moulu.
J'ai moulu tu as moulu il a moulu nous avons moulu vous avez moulu ils ont moulu.	J'aurai moulu tu auras moulu il aura moulu nous aurons moulu vous aurez moulu ils auront moulu.	Que je moule que tu moules qu'il moule que nous moulions que vous mouliez qu'ils moulent.	

Ainsi se conjuguent : **Émoudre, remoudre** (moudre de nouveau), **rémoudre** (émoudre de nouveau).

Nº 203.
CONJUGAISON DES VERBES EN URE.

Indicatif.	Passé antérieur.	Conditionnel.	Imparfait.
Présent.	J'eus conclu	*Présent.*	Que je conclusse
Je conclus	tu eus conclu	Je conclurais	que tu conclusses
tu conclus	il eut conclu	tu conclurais	qu'il conclût
il conclut	nous eûmes conclu	il conclurait	que nous conclussions
nous concluons	vous eûtes conclu	nous conclurions	que vous conclussiez
vous concluez	ils eurent conclu.	vous concluriez	qu'ils conclussent.
ils concluent.		ils concluraient.	
Imparfait.	*Plus-que-parfait.*	*Passé.*	*Passé.*
Je concluais	J'avais conclu	J'aurais conclu	Que j'aie conclu
tu concluais	tu avais conclu	tu aurais conclu	que tu aies conclu
il concluait	il avait conclu	il aurait conclu, etc.	qu'il ait conclu
nous concluïons	nous avions conclu	*On dit aussi:*	que nous ayons conclu
vous concluïez	vous aviez conclu	J'eusse conclu	que vous ayez conclu
ils concluaient.	ils avaient conclu.	tu eusses conclu	qu'ils aient conclu.
		il eût conclu, etc.	
Passé défini.	*Futur.*	**Impératif.**	*Plus-que-parfait.*
Je conclus	Je conclurai	*Présent.*	Que j'eusse conclu
tu conclus	tu concluras	Conclus.	que tu eusses conclu
il conclut	il conclura	Concluons.	qu'il eût conclu
nous conclûmes	nous conclurons	Concluez.	que n. euss. conclu
vous conclûtes	vous conclurez	*Passé.*	que v. eussiez conclu
ils conclurent.	ils concluront.	Aie conclu.	qu'ils eussent conclu.
		Ayons conclu.	
		Ayez conclu.	
Passé indéfini.	*Futur antérieur.*	**Subjonctif.**	**Infinitif.**
J'ai conclu	J'aurai conclu	*Présent.*	*Présent.* Conclure.
tu as conclu	tu auras conclu	Que je conclue	*Passé.* Avoir conclu.
il a conclu	il aura conclu	que tu conclues	**Participe.**
nous avons conclu	nous aurons conclu	qu'il conclue	*Présent.* Concluant.
vous avez conclu	vous aurez conclu	que nous concluïons	*Passé.* Conclu, ue,
ils ont conclu.	ils auront conclu.	que vous concluïez	us, ues.
		qu'ils concluent.	Ayant conclu.

Ainsi se conjuguent : **Exclure** et **reclure**. — NOTA. Remarquez le tréma placé à l'imparfait de l'indicatif et au présent du subjonctif, il est nécessaire pour la prononciation. Le verbe **exclure** fait au participe passé **exclu, exclue**. Les femmes sont **exclues** de ces emplois. — **Reclure** n'est d'usage qu'à l'infinitif et aux temps formés du participe : **reclus, recluse**.

DES VERBES NEUTRES OU INTRANSITIFS.

Les modèles que nous avons donnés jusqu'ici s'appliquent à la conjugaison des temps simples de tous les verbes en général, que ces verbes soient actifs ou transitifs, neutres ou intransitifs, pronominaux, impersonnels, etc.

Mais à l'égard de leurs temps composés, tous les verbes n'emploient pas le même auxiliaire. Les verbes neutres ou intransitifs, par exemple, prennent, pour la plupart, l'auxiliaire AVOIR, comme les verbes actifs ou transitifs; quelques-uns prennent l'auxiliaire ÊTRE; d'autres prennent, selon le sens, AVOIR ou ÊTRE.

Les verbes neutres qui de leur nature expriment l'action, prennent toujours l'auxiliaire AVOIR; tels sont : *triompher, marcher, succomber, succéder, courir, dormir, contrevenir, languir, périr, subvenir, paraître, vivre, survivre*, etc.

Néanmoins, contrairement à cette règle, il y a quelques verbes neutres qui ne prennent que l'auxiliaire ÊTRE, bien qu'ils expriment l'action; tels sont : *aller, arriver, décéder, rester, retourner, entrer, tomber, mourir, partir, repartir, sortir, ressortir, venir, devenir, intervenir, parvenir, descendre, éclore, naître*, etc.

Les verbes neutres qui, exprimant tantôt l'action, tantôt l'état, prennent, selon le sens, AVOIR ou ÊTRE, sont : *cesser, décamper, empirer, entrer, monter, passer, rester, accourir, grandir, partir, rajeunir, vieillir, déchoir, croître, apparaître, disparaître, descendre*, etc. J'AI RESTÉ *six mois à Naples.* JE SUIS RESTÉ *confondu en le voyant.*

L'emploi de ÊTRE ou de AVOIR dans les temps composés des autres verbes neutres dépend de la pensée que l'on veut exprimer, ou du sens qu'éveille le complément circonstanciel dont le verbe est accompagné. *Midi* A SONNÉ *comme vous sortiez de l'église; midi* EST SONNÉ *depuis plus de cinq minutes.*

Enfin, il y a un grand nombre de verbes qui s'emploient tantôt comme verbes actifs ou transitifs, tantôt comme verbes neutres ou intransitifs; tels sont : *augmenter, changer, charrier, chasser, chauffer, commencer, grandir, enlaidir, épaissir, fléchir, grossir, mûrir, noircir, pâlir, rajeunir, rougir, roussir, vieillir, feindre*, etc., etc. Ainsi, le verbe *augmenter* est actif dans cette phrase : *Louis quatorze* A AUGMENTÉ *la France*; et il est neutre dans celle-ci : *nos richesses* AUGMENTENT.

Une remarque importante à faire, c'est que, dans les verbes neutres, le participe accompagné de l'auxiliaire AVOIR est invariable, et qu'il s'accorde, au contraire, avec le sujet quand il est conjugué avec ÊTRE. Ainsi, une femme écrira : *j'ai langui, j'ai dormi*, et *je suis arrivée, je suis venue*, etc.

Voici la liste des principaux verbes neutres :

— 213 —

PREMIÈRE CONJUGAISON.

onder.
oyer.
user.
céder.
quiescer.
hérer.
luer.
oniser.
erner.
ostasier.
river.
biller.
liner.
iller.
tailler.
varder.
yer.
gayer.
ler.
ugler.
iser.
vaquer.
asphémer.
iter.
uffer.
uger.
urdonner.
urgeonner.
ailler.
iller.
ocanter.
oncher.
tiner.
brioler.
queter.
racoler.
anceler.
atoyer.
avirer.
uchoter.
rculer.
abauder.
mmercer.
mmunier.
ntraster.
nverser.

Coopérer.
Craquer.
Criailler.
Crier.
Croasser.
Crouler.
Décéder.
Dégeler.
Dégénérer.
Déjeuner.
Délibérer.
Démanger.
Demeurer.
Déroger.
Désagréer.
Désemparer.
Dîner.
Disserter.
Divaguer.
Douter.
Durer.
Ebouler.
Echouer.
Eclater.
Emaner.
Emigrer.
Empiéter.
Enrager.
Entrer.
Épiloguer.
Errer.
Éternuer.
Etinceler.
Exceller.
Exister.
Extravaguer.
Fainéanter.
Fermenter.
Ferrailler.
Figer.
Flamboyer.
Flotter.
Foisonner.
Volâtrer.
Fourmiller.
Frissonner.

Fructifier.
Galoper.
Gazouiller.
Gesticuler.
Gloser.
Glousser.
Grimacer.
Grimper.
Grogner.
Grommeler.
Guerroyer.
Hâbler.
Herboriser.
Hésiter.
Hiverner.
Hurler.
Intercéder.
Intriguer.
Japer.
Jardiner.
Jaser.
Judaïser.
Jeûner.
Lambiner.
Larmoyer.
Lésiner.
Loucher.
Louvoyer.
Lutter.
Marauder.
Marcher.
Maugréer.
Miauler.
Militer.
Minauder.
Muer.
Nager.
Naviguer.
Niaiser.
Nigauder.
Obvier.
Osciller.
Palpiter.
Parler.
Patienter.
Pécher.

Penser.
Persévérer.
Pester.
Pétiller.
Philosopher.
Piaffer.
Piailler.
Pirouetter.
Planer.
Prédominer.
Préluder.
Prospérer.
Protester.
Psalmodier.
Pulluler.
Radoter.
Raisonner.
Râler.
Ramer.
Ramper.
Rayonner.
Rechigner.
Récidiver.
Reculer.
Refluer.
Regimber.
Régner.
Regorger.
Remédier.
Renifler.
Renoncer.
Résider.
Rester.
Retourner.
Rétrograder.
Rêver.
Ricaner.
Rimer.
Riposter.
Ronfler.
Ruser.
Sangloter.
Sautiller.
Scintiller.
Séjourner.
Sembler.

Siéger.	Suinter.	Tournoyer.	Vaciller.
Songer.	Suppléer.	Tousser.	Vaquer.
Souper.	Surnager.	Trafiquer.	Végéter.
Soupirer.	Sympathiser.	Transiger.	Voguer.
Sourciller.	Tarder.	Transpirer.	Voleter.
Subsister.	Tâtonner.	Trébucher.	Volter.
Succéder.	Tempêter.	Trembler.	Voltiger.
Succomber.	Temporiser.	Trépasser	Voyager, etc.
Suer.	Tergiverser.	Trépigner.	
Suffoquer.	Tomber.	Triompher.	

DEUXIÈME CONJUGAISON.

Aboutir.	Discourir.	Jouir.	Pâtir.
Agir.	Dormir.	Languir.	Périr.
Appartenir.	Enchérir.	Mentir.	Rancir.
Bondir.	Faiblir.	Moisir.	Resplendir.
Compatir.	Fleurir.	Mollir.	Réussir.
Courir.	Fuir.	Mourir.	Rugir.
Croupir.	Gauchir.	Mugir.	Sévir.
Défleurir.	Gémir.	Obéir.	Sortir.
Dépérir.	Hennir.	Pâlir.	Surgir, etc.
Désobéir.	Jaillir.	Partir.	

TROISIÈME CONJUGAISON.

Choir.	Échoir.	Promouvoir.	Équivaloir.
Déchoir.	Pourvoir.	Prévaloir.	Surseoir.

QUATRIÈME CONJUGAISON.

Apparaître.	Démordre.	Médire.	Rire.
Braire.	Dépendre.	Naître.	Sourdre.
Bruire.	Déplaire.	Nuire.	Sourire.
Comparaître.	Descendre.	Paraître.	Suffire.
Compromettre.	Disparaître.	Plaire.	Survivre.
Condescendre.	Éclore.	Reluire.	Vivre, etc., etc.
Correspondre.	Geindre.	Reparaître.	
Croître.	Luire.	Revivre.	

Maintenant, il ne nous reste plus qu'à présenter un modèle pour chaque conjugaison des verbes neutres qui prennent l'auxiliaire ÊTRE dans leurs temps composés.

N° 204.

VERBES NEUTRES DE LA 1ʳᵉ CONJUGAISON.

Indicatif.	Passé antérieur.	Conditionnel.	Imparfait.
Présent.		*Présent.*	
arrive	Je fus arrivé	J'arriverais	Que j'arrivasse
arrives	tu fus arrivé	tu arriverais	que tu arrivasses
arrive	il fut arrivé	il arriverait	qu'il arrivât
nous arrivons	nous fûmes arrivés	nous arriverions	que nous arrivassions
vous arrivez	vous fûtes arrivés	vous arriveriez	que vous arrivassiez
s arrivent.	ils furent arrivés.	ils arriveraient.	qu'ils arrivassent.
Imparfait.	*Plus-que-parfait.*	*Passé.*	*Passé.*
arrivais	J'étais arrivé	Je serais arrivé	Que je sois arrivé
u arrivais	tu étais arrivé	tu serais arrivé	que tu sois arrivé
arrivait	il était arrivé	il serait arrivé, etc.	qu'il soit arrivé
nous arrivions	nous étions arrivés	*On dit aussi :*	que n. soyons arrivés
vous arriviez	vous étiez arrivés	Je fusse arrivé	que vous soyez arrivés
s arrivaient.	ils étaient arrivés.	tu fusses arrivé	qu'ils soient arrivés.
		il fût arrivé, etc.	
Passé défini.	*Futur.*	**Impératif.**	*Plus-que-parfait.*
		Présent.	
		Arrive.	
arrivai	J'arriverai	Arrivons.	Que je fusse arrivé
u arrivas	tu arriveras	Arrivez.	que tu fusses arrivé
l arriva	il arrivera	*Passé.*	qu'il fût arrivé
nous arrivâmes	nous arriverons	Sois arrivé.	que n. fussions arrivés
vous arrivâtes	vous arriverez	Soyons arrivés.	que v. fussiez arrivés
ils arrivèrent.	ils arriveront.	Soyez arrivés.	qu'ils fussent arrivés.
Passé indéfini.	*Futur antérieur.*	**Subjonctif.**	**Infinitif.**
		Présent.	*Présent.* Arriver.
			Passé. Être arrivé.
Je suis arrivé	Je serai arrivé	Que j'arrive	**Participe.**
tu es arrivé	tu seras arrivé	que tu arrives	
il est arrivé	il sera arrivé	qu'il arrive	*Présent.* Arrivant.
nous sommes arrivés	nous serons arrivés	que nous arrivions	*Passé.* Arrivé, ée,
vous êtes arrivés	vous serez arrivés	que vous arriviez	és, ées.
ils sont arrivés.	ils seront arrivés.	qu'ils arrivent.	Étant arrivé.

N° 205.
VERBES NEUTRES DE LA 2ᵉ CONJUGAISON.

Indicatif. Présent.	Passé antérieur.	Conditionnel. Présent.	Imparfait.
Je pars tu pars il part nous partons vous partez ils partent.	Je fus parti tu fus parti il fut parti nous fûmes partis vous fûtes partis ils furent partis.	Je partirais tu partirais il partirait nous partirions vous partiriez ils partiraient.	Que je partisse que tu partisses qu'il partît que nous partissions que vous partissiez qu'ils partissent.

Imparfait.	Plus-que-parfait.	Passé.	Passé.
Je partais tu partais il partait nous partions vous partiez ils partaient.	J'étais parti tu étais parti il était parti nous étions partis vous étiez partis ils étaient partis.	Je serais parti tu serais parti il serait parti, etc. *On dit aussi:* Je fusse parti tu fusses parti il fût parti, etc.	Que je sois parti que tu sois parti qu'il soit parti que n. soyons partis que vous soyez parti qu'ils soient partis.

Passé défini.	Futur.	Impératif. Présent.	Plus-que-parfait.
Je partis tu partis il partit nous partîmes vous partîtes ils partirent.	Je partirai tu partiras il partira nous partirons vous partirez ils partiront.	Pars. Partons. Partez. *Passé.* Sois parti. Soyons partis. Soyez partis.	Que je fusse parti que tu fusses parti qu'il fût parti que n. fussions partis que v. fussiez partis qu'ils fussent partis.

Passé indéfini.	Futur antérieur.	Subjonctif. Présent.	Infinitif.
Je suis parti tu es parti il est parti nous sommes partis vous êtes partis ils sont partis.	Je serai parti tu seras parti il sera parti nous serons partis vous serez partis ils seront partis.	Que je parte que tu partes qu'il parte que nous partions que vous partiez qu'ils partent.	Présent. Partir. Passé. Être parti. **Participe.** Présent. Partant. Passé. Parti, ie, is, ies. Étant parti.

N° 206.

VERBES NEUTRES DE LA 3ᵉ CONJUGAISON.

Indicatif. Présent.	Passé antérieur.	Conditionnel. Présent.	Imparfait.
Je déchois tu déchois il déchoit. nous déchoyons vous déchoyez ils déchoient.	Je fus déchu tu fus déchu il fut déchu nous fûmes déchus vous fûtes déchus ils furent déchus.	Je déchoirais tu déchoirais il déchoirait nous déchoirions vous déchoiriez ils déchoiraient.	Que je déchusse que tu déchusses qu'il déchût que nous déchussions que vous déchussiez qu'ils déchussent.
Imparfait.	Plus-que-parfait.	Passé. Je serais déchu tu serais déchu il serait déchu, etc. *On dit aussi :* Je fusse déchu tu fusses déchu il fût déchu, etc.	Passé.
	J'étais déchu tu étais déchu il était déchu nous étions déchus vous étiez déchus ils étaient déchus.		Que je sois déchu que tu sois déchu qu'il soit déchu que n. soyons déchus que vous soyez déchus qu'ils soient déchus.
Passé défini.	Futur.	Impératif. Présent. Déchois. Passé. Sois déchu. Soyons déchus. Soyez déchus.	Plus-que-parfait.
Je déchus tu déchus il déchut nous déchûmes vous déchûtes ils déchurent.	Je déchoirai tu déchoiras il déchoira nous déchoirons vous déchoirez ils déchoiront.		Que je fusse déchu que tu fusses déchu qu'il fût déchu que n. fuss. déchus que v. fussiez déchus qu'ils fussent déchus.
Passé indéfini.	Futur antérieur.	Subjonctif. Présent.	Infinitif. Présent. Déchoir. Passé. Être déchu. **Participe.** Passé. Déchu, ue, us, ues. Étant déchu.
Je suis déchu tu es déchu il est déchu nous sommes déchus vous êtes déchus ils sont déchus.	Je serai déchu tu seras déchu il sera déchu nous serons déchus vous serez déchus ils seront déchus.		

N° 207.
VERBES NEUTRES DE LA 4ᵉ CONJUGAISON.

Indicatif.		Conditionnel.	
Présent.	*Passé antérieur.*	*Présent.*	*Imparfait.*
Je descends	Je fus descendu	Je descendrais	Que je descendisse
tu descends	tu fus descendu	tu descendrais	que tu descendisses
il descend	il fut descendu	il descendrait	qu'il descendît
nous descendons	nous fûmes descendus	nous descendrions	que n. descendissions
vous descendez	vous fûtes descendus	vous descendriez	que v. descendissiez
ils descendent.	ils furent descendus.	ils descendraient.	qu'ils descendissent.
Imparfait.	*Plus-que-parfait.*	*Passé.*	*Passé.*
Je descendais	J'étais descendu	Je serais descendu	Que je sois descendu
tu descendais	tu étais descendu	tu serais descendu	que tu sois descendu
il descendait	il était descendu	il serait descendu, etc.	qu'il soit descendu
nous descendions	nous étions descendus	*On dit aussi:*	q. n. soyons descendus
vous descendiez	vous étiez descendus	Je fusse descendu	q. v. soyez descendus
ils descendaient.	ils étaient descendus.	tu fusses descendu	q. soient descendus.
		il fût descendu, etc.	
Passé défini.	*Futur.*	**Impératif.**	*Plus-que-parfait.*
		Présent.	
Je descendis	Je descendrai	Descends.	Que je fusse descendu
tu descendis	tu descendras	Descendons.	q. tu fusses descendu
il descendit	il descendra	Descendez.	qu'il fût descendu
nous descendîmes	nous descendrons	*Passé.*	q. n. fuss. descendus
vous descendîtes	vous descendrez	Sois descendu.	q. v. fuss. descendus
ils descendirent.	ils descendront.	Soyons descendus.	q. fussent descendus.
		Soyez descendus.	
Passé indéfini.	*Futur antérieur.*	**Subjonctif.**	**Infinitif.**
		Présent.	*Présent.* Descendre.
Je suis descendu	Je serai descendu	Que je descende	*Passé.* Être descendu
tu es descendu	tu seras descendu	que tu descendes	**Participe.**
il est descendu	il sera descendu	qu'il descende	*Présent.* Descendant.
n. sommes descendus	n. serons descendus	que nous descendions	*Passé.* Descendu, ue,
vous êtes descendus	vous serez descendus	que vous descendiez	us, ues.
ils sont descendus.	ils seront descendus.	qu'ils descendent.	Étant descendu.

DES VERBES PRONOMINAUX.

Les verbes *pronominaux* suivent dans leurs temps simples le modèle de la conjugaison à laquelle ils appartiennent. Dans leurs temps composés, ils se conjuguent toujours avec l'auxiliaire ÊTRE mis pour AVOIR.

A l'égard du participe passé qui entre dans la formation des temps composés des verbes pronominaux, il varie dans tout le cours de la conjugaison, excepté quand le verbe pronominal est formé d'un verbe neutre, ou d'un verbe employé neutralement; dans ce cas, il est toujours invariable; tel est le participe des verbes pronominaux *se succéder, se nuire, se plaire*, etc.

Les verbes pronominaux ESSENTIELS sont :

S'absenter.	Se dédire.	S'évanouir.	Se racquitter.
S'abstenir.	Se défier.	S'évaporer.	Sa ratatiner.
S'accouder.	Se démener.	S'évertuer.	Se raviser.
S'accroupir.	S'écrouler.	S'extasier.	Se rebeller.
S'acheminer.	S'efforcer.	Se formaliser.	Se rebéquer.
S'adonner.	S'emparer.	S'ingénier.	Se rédimer.
S'agenouiller.	S'empresser.	S'ingérer.	Se refrogner.
S'agriffer.	S'enquérir.	Se mécompter.	Se réfugier.
S'aheurter.	S'enquéter	Se méfier.	Se remparer.
S'arroger.	S'en retourner.	Se méprendre.	Se renfrogner.
S'attrouper.	S'escrimer.	S'opiniâtrer.	Se rengorger.
Se cabrer.	S'estomaquer.	Se parjurer.	Se repentir.
Se comporter.	S'évader.	Se prosterner.	

Les verbes pronominaux ACCIDENTELS sont :

S'abaisser.	Se chauffer.	Se guérir.	Se produire.
S'accuser.	Se compromettre.	S'instruire.	Se radoucir.
S'acclimater.	Se confier.	S'introduire.	Se rendre.
S'affermir.	Se convertir.	Se joindre	Se rétablir.
S'aguerrir.	Se corriger.	Se justifier.	Se restreindre.
S'aimer.	Se couper.	Se libérer.	Se soumettre.
S'ajuster.	Se croire.	Se louer.	Se soustraire.
S'appliquer.	Se débarbouiller.	Se montrer.	Se tourner.
S'apprêter.	Se débarrasser.	Se mouvoir.	Se travestir.
S'asservir.	Se défendre.	Se négliger.	Se vaincre.
S'avancer.	Se déguiser.	Se noyer.	Se vanter.
S'avilir.	Se déshabiller.	S'offrir.	Se vendre.
Se baigner.	Se disculper.	Se parer.	Se vêtir.
Se baisser.	S'excuser.	Se polir.	Se voiler.
Se cacher.	Se garantir.	Se prémunir.	Se vouer, etc., etc.

Le *participe passé* des verbes pronominaux accidentels est *variable* lorsqu'ils sont formés de verbes actifs ou transitifs et que le second pronom est un complément direct; *invariable*, quand ils sont formés de verbes neutres ou intransitifs.

EXEMPLES :

Ma sœur s'est *blessée* en jouant.
Nos bataillons se sont *portés* en avant.
Ils se sont *défendus* en braves.
Elles se sont *destinées* au cloître.

Mes enfants se sont *plu* à la campagne.
Elles se sont *plu* au premier abord.
Ils se sont *ri* de notre malheur.
Elles se sont *nui* sans le vouloir.

Parmi les *verbes pronominaux accidentels*, il y en a quelques-uns qui peuvent être considérés comme *pronominaux essentiels*: ce sont ceux dans lesquels le second pronom est tellement lié au verbe par le sens, qu'on ne saurait le retrancher sans changer complétement la signification du verbe. Les voici pour la plupart :

S'apercevoir.	Se comporter.	S'étonner.	Se résoudre.
S'assoupir.	Se dépêcher.	S'éveiller.	Se scandaliser.
S'attacher.	Se désespérer.	Se louer (*se féliciter*)	Se servir.
S'attaquer.	S'écarter.	Se plaindre.	Se taire, etc., etc.
S'attendre.	S'emporter.	Se prévaloir.	
S'aviser.		Se recueillir.	

Les verbes pronominaux RÉCIPROQUES sont :

S'accorder.	Se chercher.	S'entre-déchirer.	Se lier.
S'accoster.	Se choquer.	S'entre-détruire.	Se nuire.
S'agacer.	Se colleter.	S'entre-regarder.	Se réunir.
S'allier.	Se concerter.	S'entre-saluer.	Se séparer.
S'attendre.	Se contrarier.	S'entre-tuer.	Se voir, etc., etc.
Se battre.	Se disputer.	S'épouser.	
Se brouiller.	S'embrasser.	Se haïr.	

Le *participe passé* des verbes pronominaux réciproques est *variable* lorsque le second pronom est un complément direct; *invariable*, quand le second pronom est un complément indirect. Ex.: Frédégonde et Brunehaut *se sont* HAÏES jusqu'à la mort. — Ces deux peuples *se sont toujours* NUI.

Il ne nous reste plus qu'à présenter un modèle pour chacune des conjugaisons des verbes pronominaux.

VERBES PRONOMINAUX DE LA 1ʳᵉ CONJUGAISON.

Indicatif.

Présent.

Je me flatte
tu te flattes
il se flatte
nous nous flattons
vous vous flattez
ils se flattent.

Imparfait.

Je me flattais
tu te flattais
il se flattait
nous nous flattions
vous vous flattiez
ils se flattaient.

Passé défini.

Je me flattai
tu te flattas
il se flatta
nous nous flattâmes
vous vous flattâtes
ils se flattèrent.

Passé indéfini.

Je me suis flatté
tu t'es flatté
il s'est flatté
nous n. sommes flattés
vous vous êtes flattés
ils se sont flattés.

Passé antérieur.

Je me fus flatté
tu te fus flatté
il se fut flatté
nous n. fûmes flattés
vous v. fûtes flattés
ils se furent flattés.

Plus-que-parfait.

Je m'étais flatté
tu t'étais flatté
il s'était flatté
nous n. étions flattés
vous vous étiez flattés
ils s'étaient flattés.

Futur.

Je me flatterai
tu te flatteras
il se flattera
nous nous flatterons
vous vous flatterez
ils se flatteront.

Futur antérieur.

Je me serai flatté
tu te seras flatté
il se sera flatté
nous n. serons flattés
vous v. serez flattés
ils se seront flattés.

Conditionnel.

Présent.

Je me flatterais
tu te flatterais
il se flatterait
nous nous flatterions
vous vous flatteriez
ils se flatteraient.

Passé.

Je me serais flatté
tu te serais flatté
il se serait flatté, etc.

On dit aussi :

Je me fusse flatté
tu te fusses flatté
il se fût flatté, etc.

Impératif.

Présent.

Flatte-toi.
Flattons-nous.
Flattez-vous.

Passé.

Subjonctif.

Présent.

Que je me flatte
que tu te flattes
qu'il se flatte
que nous n. flattions
que vous vous flattiez
qu'ils se flattent.

Imparfait.

Que je me flattasse
que tu te flattasses
qu'il se flattât
que n. n. flattassions
que vous v. flattassiez
qu'ils se flattassent.

Passé.

Que je me sois flatté
que tu te sois flatté
qu'il se soit flatté
q. n. n. soyons flattés
que v. v. soyez flattés
qu'ils se soient flattés.

Plus-que-parfait.

Que je me fusse flatté
que tu te fusses flatté
qu'il se fût flatté
que n. n. fuss. flattés
que v. v. fussiez flattés
qu'ils se fussent flattés

Infinitif.

Présent. Se flatter.
Passé. S'être flatté.

Participe.

Présent. Se flattant.
Passé. S'être flatté, ée, és, ées.
S'étant flatté.

N° 209.
VERBES PRONOMINAUX DE LA 2ᵉ CONJUGAISON.

Indicatif.	Passé antérieur.	Conditionnel.	Imparfait.
Présent.		*Présent.*	
Je me sers	Je me fus servi	Je me servirais	Que je me servisse
tu te sers	tu te fus servi	tu te servirais	que tu te servisses
il se sert	il se fut servi	il se servirait	qu'il se servît
nous nous servons	nous n. fûmes servis	nous nous servirions	que n. n. servissions
vous vous servez	vous vous fûtes servis	vous vous serviriez	que v. v. servissiez
ils se servent.	ils se furent servis.	ils se serviraient.	qu'ils se servissent.
Imparfait.	*Plus-que-parfait.*	*Passé.*	*Passé.*
Je me servais	Je m'étais servi	Je me serais servi	Que je me sois servi
tu te servais	tu t'étais servi	tu te serais servi	que tu te sois servi
il se servait	il s'était servi	il se serait servi, etc.	qu'il se soit servi
nous nous servions	nous n. étions servis	*On dit aussi :*	q. n. n. soyons servis
vous vous serviez	vous vous étiez servis	Je me fusse servi	que v. v. soyez servis
ils se servaient.	ils s'étaient servis.	tu te fusses servi	qu'ils se soient servis.
		il se fût servi, etc.	
Passé défini.	*Futur.*	**Impératif.**	*Plus-que-parfait.*
		Présent.	
Je me servis	Je me servirai	Sers-toi.	Que je me fusse servi
tu te servis	tu te serviras	Servons-nous.	que tu te fusses servi
il se servit	il se servira	Servez-vous.	qu'il se fût servi
nous nous servîmes	nous nous servirons		que n. n. fuss. servis
vous vous servîtes	vous vous servirez	*Passé.*	que v. v. fuss. servis
ils se servirent.	ils se serviront.		qu'ils se fuss. servis.
Passé indéfini.	*Futur antérieur.*	**Subjonctif.**	**Infinitif.**
		Présent.	*Présent.* Se servir.
Je me suis servi	Je me serai servi	Que je me serve	*Passé.* S'être servi.
tu t'es servi	tu te seras servi	que tu te serves	**Participe.**
il s'est servi	il se sera servi	qu'il se serve	*Présent.* Se servant.
nous n. sommes servis	nous n. serons servis	que nous n. servions	*Passé.* S'être servi,
vous vous êtes servis	vous v. serez servis	que vous v. serviez	ie, is, ies.
ils se sont servis.	ils se seront servis.	qu'ils se servent.	S'étant servi.

N° 210.

VERBES PRONOMINAUX DE LA 3ᵉ CONJUGAISON.

Indicatif. Présent.	Passé antérieur.	Conditionnel. Présent.	Imparfait.
Je me meus tu te meus il se meut nous nous mouvons vous vous mouvez ils se meuvent.	Je me fus mû tu te fus mû il se fut mû nous nous fûmes mus vous vous fûtes mus ils se furent mus.	Je me mouvrais tu te mouvrais il se mouvrait nous nous mouvrions vous vous mouvriez ils se mouvraient.	Que je me musse que tu te musses qu'il se mût que nous n. mussions que vous vous mussiez qu'ils se mussent.

Imparfait.	Plus-que-parfait.	Passé.	Passé.
Je me mouvais tu te mouvais il se mouvait nous nous mouvions vous vous mouviez ils se mouvaient.	Je m'étais mû tu t'étais mû il s'était mû nous nous étions mus vous vous étiez mus ils s'étaient mus.	Je me serais mû tu te serais mû il se serait mû, etc. *On dit aussi :* Je me fusse mû tu te fusses mû il se fût mû, etc.	Que je me sois mû que tu te sois mû qu'il se soit mû que n. n. soyons mus que v. v. soyez mus qu'ils se soient mus.

Passé défini.	Futur.	Impératif. Présent.	Plus-que-parfait.
Je me mus tu te mus il se mut nous nous mûmes vous vous mûtes ils se murent.	Je me mouvrai tu te mouvras il se mouvra nous nous mouvrons vous vous mouvrez ils se mouvront.	Meus-toi. Mouvons-nous. Mouvez-vous. *Passé.*	Que je me fusse mû que tu te fusses mû qu'il se fût mû que n. n. fussions mus que v. v. fussiez mus qu'ils se fussent mus.

Passé indéfini.	Futur antérieur.	Subjonctif. Présent.	Infinitif.
Je me suis mû tu t'es mû il s'est mû nous n. sommes mus vous vous êtes mus ils se sont mus.	Je me serai mû tu te seras mû il se sera mû nous nous serons mus vous vous serez mus ils se seront mus.	Que je me meuve que tu te meuves qu'il se meuve que nous n. mouvions que vous v. mouviez qu'ils se meuvent.	*Présent.* Se mouvoir. *Passé.* S'être mû. **Participe.** *Prés.* Se mouvant. *Passé.* S'être mû. S'étant mû.

VERBES PRONOMINAUX DE LA 4ᵉ CONJUGAISON.

Indicatif. *Présent.*	*Passé antérieur.*	Conditionnel. *Présent.*	*Imparfait.*
Je me nuis tu te nuis il se nuit nous nous nuisons vous vous nuisez ils se nuisent.	Je me fus nui tu te fus nui il se fut nui nous nous fûmes nui vous vous fûtes nui ils se furent nui.	Je me nuirais tu te nuirais il se nuirait nous nous nuirions vous vous nuiriez ils se nuiraient.	Que je me nuisisse que tu te nuisisses qu'il se nuisît que n. n. nuisissions que v. v. nuisissiez qu'ils se nuisissent.
Imparfait. Je me nuisais tu te nuisais il se nuisait nous nous nuisions vous vous nuisiez ils se nuisaient.	*Plus-que-parfait.* Je m'étais nui tu t'étais nui il s'était nui nous nous étions nui vous vous étiez nui ils s'étaient nui.	*Passé.* Je me serais nui tu te serais nui il se serait nui, etc. *On dit aussi :* Je me fusse nui tu te fusses nui il se fût nui, etc.	*Passé.* Que je me sois nui que tu te sois nui qu'il se soit nui que n. n. soyons nui que vous v. soyez nui qu'ils se soient nui.
Passé défini. Je me nuisis tu te nuisis il se nuisit nous nous nuisîmes vous vous nuisîtes ils se nuisirent.	*Futur.* Je me nuirai tu te nuiras il se nuira nous nous nuirons vous vous nuirez ils se nuiront.	Impératif. *Présent.* Nuis-toi. Nuisons-nous. Nuisez-vous. *Passé.*	*Plus-que-parfait.* Que je me fusse nui que tu te fusses nui qu'il se fût nui q. n. n. fussions nui que v. v. fussiez nui qu'ils se fussent nui.
Passé indéfini. Je me suis nui tu t'es nui il s'est nui nous n. sommes nui vous vous êtes nui ils se sont nui.	*Futur antérieur.* Je me serai nui tu te seras nui il se sera nui nous nous serons nui vous vous serez nui ils se seront nui.	Subjonctif. *Présent.* Que je me nuise que tu te nuises qu'il se nuise que nous n. nuisions que vous vous nuisiez qu'ils se nuisent.	Infinitif. *Présent.* Se nuire. *Passé.* S'être nui. Participe. *Présent.* Se nuisant. *Passé.* S'être nui. S'étant nui.

DES VERBES PASSIFS.

Tous les verbes passifs se conjuguent de la même manière. Ils se forment dans tous leurs temps de l'auxiliaire ÊTRE et du participe passé du verbe actif ou transitif que l'on veut conjuguer passivement. Ce participe s'accorde en genre et en nombre avec le sujet du verbe.

A la rigueur, nous ne devrions pas admettre de verbes passifs dans notre langue, puisque nous n'avons pas de formes particulières, d'inflexions distinctes pour les cas où l'action est exercée par autrui sur le sujet de la proposition. Les Latins expriment par un seul mot, et au moyen d'une inflexion différente, *être aimé, je suis aimé*, etc.; mais nous ne pouvons exprimer toutes les formes relatives au passif que par la combinaison des formes du verbe *être* avec le participe passé d'un autre verbe. Ce n'est donc pas, rigoureusement parlant, pour nous une voix différente, et *être aimé* n'est pas plus un verbe passif que *être malade*; ce n'est guère qu'une locution passive.

Nous allons donner un modèle pour chacune des quatre conjugaisons des verbes passifs.

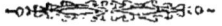

N° 212.
VERBES PASSIFS DE LA 1ʳᵉ CONJUGAISON.

Indicatif.

Présent.

Je suis aimé
tu es aimé
il est aimé
nous sommes aimés
vous êtes aimés
ils sont aimés.

Imparfait.

J'étais aimé
tu étais aimé
il était aimé
nous étions aimés
vous étiez aimés
ils étaient aimés.

Passé défini.

Je fus aimé
tu fus aimé
il fut aimé
nous fûmes aimés
vous fûtes aimés
ils furent aimés.

Passé indéfini.

J'ai été aimé
tu as été aimé
il a été aimé
nous avons été aimés
vous avez été aimés
ils ont été aimés.

Passé antérieur.

J'eus été aimé
tu eus été aimé
il eut été aimé
nous eûmes été aimés
vous eûtes été aimés
ils eurent été aimés.

Plus-que-parfait.

J'avais été aimé
tu avais été aimé
il avait été aimé
nous avions été aimés
vous aviez été aimés
ils avaient été aimés.

Futur.

Je serai aimé
tu seras aimé
il sera aimé
nous serons aimés
vous serez aimés
ils seront aimés.

Futur antérieur.

J'aurai été aimé
tu auras été aimé
il aura été aimé
nous aurons été aimés
vous aurez été aimés
ils auront été aimés.

Conditionnel.

Présent.

Je serais aimé
tu serais aimé
il serait aimé
nous serions aimés
vous seriez aimés
ils seraient aimés

Passé.

J'aurais été aimé
tu aurais été aimé
il aurait été aimé, etc.

On dit aussi :

J'eusse été aimé
tu eusses été aimé
il eût été aimé, etc.

Impératif.
Présent.

Sois aimé.
Soyons aimés.
Soyez aimés.

Passé.

Subjonctif.
Présent.

Que je sois aimé
que tu sois aimé
qu'il soit aimé
que n. soyons aimés
que vous soyez aimés
qu'ils soient aimés.

Imparfait.

Que je fusse aimé
que tu fusses aimé
qu'il fût aimé
que n. fussions aimés
que v. fussiez aimés.
qu'ils fussent aimés.

Passé.

Que j'aie été aimé
que tu aies été aimé
qu'il ait été aimé
que n. ayons été aimés
que v. ayez été aimés
qu'ils aient été aimés.

Plus-que-parfait.

Que j'eusse été aimé
que tu eusses été aimé
qu'il eût été aimé
que n. euss. été aimés
que v. euss. été aimés
qu'ils euss. été aimés.

Infinitif.
Présent. Être aimé.
Passé. Av. été aimé.

Participe.
Présent. Étant aimé.
Passé. Ay. été aimé.
Devant être aimé.

N° 215.

VERBES PASSIFS DE LA 2ᵉ CONJUGAISON.

Indicatif.	Passé antérieur.	Conditionnel.	Imparfait.
Présent.		*Présent.*	
Je suis puni	J'eus été puni	Je serais puni	Que je fusse puni
tu es puni	tu eus été puni	tu serais puni	que tu fusses puni
il est puni	il eut été puni	il serait puni	qu'il fût puni
nous sommes punis	nous eûmes été punis	nous serions punis	que n. fussions punis
vous êtes punis	vous eûtes été punis	vous seriez punis	que vous fussiez punis
ils sont punis.	ils eurent été punis.	ils seraient punis.	qu'ils fussent punis.
Imparfait.	*Plus-que-parfait.*	*Passé.*	*Passé.*
J'étais puni	J'avais été puni	J'aurais été puni	Que j'aie été puni
tu étais puni	tu avais été puni	tu aurais été puni	que tu aies été puni
il était puni	il avait été puni	il aurait été puni, etc.	qu'il ait été puni
nous étions punis	nous avions été punis	*On dit aussi :*	que n. ayons été punis
vous étiez punis	vous aviez été punis	J'eusse été puni	que v. ayez été punis
ils étaient punis.	ils avaient été punis.	tu eusses été puni	qu'ils aient été punis.
		il eût été puni, etc.	
Passé défini.	*Futur.*	**Impératif.**	*Plus-que-parfait.*
		Présent.	
Je fus puni	Je serai puni	Sois puni.	Que j'eusse été puni
tu fus puni	tu seras puni	Soyons punis.	que tu eusses été puni
il fut puni	il sera puni	Soyez punis.	qu'il eût été puni
nous fûmes punis	nous serons punis		q. n. euss. été punis
vous fûtes punis	vous serez punis	*Passé.*	q. v. euss. été punis
ils furent punis.	ils seront punis.		qu'ils euss. été punis.
Passé indéfini.	*Futur antérieur.*	**Subjonctif.**	**Infinitif.**
		Présent.	*Présent.* Être puni.
J'ai été puni	J'aurai été puni	Que je sois puni	*Passé.* Av. été puni.
tu as été puni	tu auras été puni	que tu sois puni	
il a été puni	il aura été puni	qu'il soit puni	**Participe.**
nous avons été punis	nous aurons été punis	que nous soyons punis	*Présent.* Étant puni.
vous avez été punis	vous aurez été punis	que vous soyez punis	*Pass.* Ayant été puni.
ils ont été punis.	ils auront été punis.	qu'ils soient punis.	Devant **être** puni.

VERBES PASSIFS DE LA 3ᵉ CONJUGAISON.

Indicatif.

Présent.
Je suis reçu
tu es reçu
il est reçu
nous sommes reçus
vous êtes reçus
ils sont reçus.

Passé antérieur.
J'eus été reçu
tu eus été reçu
il eut été reçu
nous eûmes été reçus
vous eûtes été reçus
ils eurent été reçus.

Conditionnel.

Présent.
Je serais reçu
tu serais reçu
il serait reçu
nous serions reçus
vous seriez reçus
ils seraient reçus.

Imparfait.
Que je fusse reçu
que tu fusses reçu
qu'il fût reçu
que n. fussions reçus
que vous fussiez reçus
qu'ils fussent reçus.

Imparfait.
J'étais reçu
tu étais reçu
il était reçu
nous étions reçus
vous étiez reçus
ils étaient reçus.

Plus-que-parfait.
J'avais été reçu
tu avais été reçu
il avait été reçu
nous avions été reçus
vous aviez été reçus
ils avaient été reçus.

Passé.
J'aurais été reçu
tu aurais été reçu
il aurait été reçu, etc.

On dit aussi :
J'eusse été reçu
tu eusses été reçu
il eût été reçu, etc.

Passé.
Que j'aie été reçu
que tu aies été reçu
qu'il ait été reçu
que n. ayons été reçus
que v. ayez été reçus
qu'ils aient été reçus.

Passé défini.
Je fus reçu
tu fus reçu
il fut reçu
nous fûmes reçus
vous fûtes reçus
ils furent reçus.

Futur.
Je serai reçu
tu seras reçu
il sera reçu
nous serons reçus
vous serez reçus
ils seront reçus.

Impératif.
Présent.
Sois reçu.
Soyons reçus.
Soyez reçus.

Passé.

Plus-que-parfait.
Que j'eusse été reçu
que tu eusses été reçu
qu'il eût été reçu
que n. euss. été reçus
que v. euss. été reçus
qu'ils euss. été reçus.

Passé indéfini.
J'ai été reçu
tu as été reçu
il a été reçu
nous avons été reçus
vous avez été reçus
ils ont été reçus.

Futur antérieur.
J'aurai été reçu
tu auras été reçu
il aura été reçu
nous aurons été reçus
vous aurez été reçus
ils auront été reçus.

Subjonctif.
Présent.
Que je sois reçu
que tu sois reçu
qu'il soit reçu
que nous soyons reçus
que vous soyez reçus
qu'ils soient reçus.

Infinitif.
Présent. Être reçu.
Passé. Av. été reçu.

Participe.
Présent. Étant reçu.
Passé. Ay. été reçu.
Devant être reçu.

N° 215.

VERBES PASSIFS DE LA 4ᵉ CONJUGAISON.

Indicatif. *Présent.*	*Passé antérieur.*	**Conditionnel.** *Présent.*	*Imparfait.*
Je suis mordu tu es mordu il est mordu nous sommes mordus vous êtes mordus ils sont mordus.	J'eus été mordu tu eus été mordu il eut été mordu n. eûmes été mordus vous eûtes été mordus ils eurent été mordus.	Je serais mordu tu serais mordu il serait mordu nous serions mordus vous seriez mordus ils seraient mordus.	Que je fusse mordu que tu fusses mordu qu'il fût mordu q. n. fussions mordus que v. fussiez mordus qu'ils fussent mordus.
Imparfait. J'étais mordu tu étais mordu il était mordu nous étions mordus vous étiez mordus ils étaient mordus.	*Plus-que-parfait.* J'avais été mordu tu avais été mordu il avait été mordu n. avions été mordus vous aviez été mordus ils avaient été mordus.	*Passé.* J'aurais été mordu tu aurais été mordu il aurait été mordu, etc *On dit aussi :* J'eusse été mordu tu eusses été mordu il eût été mordu, etc.	*Passé.* Que j'aie été mordu que tu aies été mordu qu'il ait été mordu q. n. ayons été mordus q. v. ayez été mordus qu'ils aient été mordus
Passé défini. Je fus mordu tu fus mordu il fut mordu nous fûmes mordus vous fûtes mordus ils furent mordus.	*Futur.* Je serai mordu tu seras mordu il sera mordu nous serons mordus vous serez mordus ils seront mordus.	**Impératif.** *Présent.* Sois mordu. Soyons mordus. Soyez mordus. *Passé.*	*Plus-que-parfait.* Que j'eusse été mordu q. tu euss. été mordu qu'il eût été mordu q. n. euss. été mordus q. v. euss. été mordus qu. euss. été mordus.
Passé indéfini. J'ai été mordu tu as été mordu il a été mordu nous avons été mordus vous avez été mordus ils ont été mordus.	*Futur antérieur.* J'aurai été mordu tu auras été mordu il aura été mordu n. aurons été mordus vous aurez été mordus ils auront été mordus.	**Subjonctif.** *Présent.* Que je sois mordu que tu sois mordu qu'il soit mordu que n. soyons mordus que v. soyez mordus qu'ils soient mordus.	**Infinitif.** *Prés.* Être mordu. *Pas. Av.* été mordu. **Participe.** *Prés.* Étant mordu. *Pas.* Ayant été mordu Devant être mordu.

DES VERBES IMPERSONNELS

Les *verbes essentiellement impersonnels*, aussi bien que les *verbes accidentellement impersonnels*, ne présentent pas dans leur conjugaison d'autre particularité que leur emploi à une personne unique, qui est la troisième du singulier. Ils suivent d'ailleurs les mêmes désinences que le modèle auquel ils se rattachent par la terminaison de leur infinitif.

Le *participe passé* des verbes impersonnels, soit essentiels, soit accidentels, est toujours *invariable*.

Les *verbes impersonnels* n'ont point d'*impératif*. Cependant si, par un emploi figuré, ils étaient pris comme verbes neutres, ils pourraient avoir ce temps. On dirait fort bien : Tonnez, foudres de Jupiter.—Pleuvez, nuages amoncelés sur nos têtes. Et La Fontaine n'a-t-il pas dit du métayer à qui Jupiter donne le droit de disposer des éléments : *Il tranche du dieu des airs*, pleut, vente, *et fait saison à sa guise.*

L'Académie ne donne pas de *participe présent* aux verbes impersonnels.

Modèle d'un verbe IMPERSONNEL.
Neiger.

INDICATIF.		SUBJONCTIF.	Passé.
Présent.	*Futur.*		Avoir neig é.
Il neig e.	Il neiger a.	*Présent ou Futur.*	
Imparfait.	*Futur antérieur.*	Qu'il neig e.	*Futur.*
Il neig eait.	Il aura neig é.	*Imparfait.*	Devoir neig er.
Passé défini.	CONDITIONNEL.	Qu'il neig eât.	PARTICIPE.
Il neig ea.	*Présent.*	*Passé.*	*Présent.*
Passé indéfini.	Il neiger ait.	Qu'il eût neig é	Neigeant.
Il a neig é	*Passé.*	*Plus-que-parfait.*	*Passé.*
Plus-que-parfait.	Il aurait neig é.	Qu'il eût neig é	Neig é.
Il avait neig é.	*Autre Passé.*	INFINITIF.	*Futur.*
	Il eût neig é.	*Présent.*	Devant neig er.
		Neig er.	

Verbes essentiellement impersonnels.

Il bruine.	Il faut.	Il grésille.	Il tonne.
Il dégèle.	Il gèle.	Il importe.	Il vente.
Il éclaire.	Il grêle.	Il pleut.	

Verbes accidentellement impersonnels.

Il arrive.	Il résulte.	Il tarde que.
Il convient.	Il semble.	Il ne tient pas à moi
Il paraît.	Il suffit.	que..., etc.

LISTE ALPHABÉTIQUE

DE TOUS LES VERBES DE LA LANGUE FRANÇAISE.

(Le chiffre indique le numéro du Modèle.)

ABRÉVIATIONS. — v. a. (*verbe actif*); v. n. (*verbe neutre*); v. p. (*verbe pronominal*).

Verbe	N°	Verbe	N°	Verbe	N°	Verbe	N°
aiser, v. a.	67	Académiser, v. n.	67	Acétifier (s'), v. pr.	34	Adverbifier, v. a.	34
baisser, v. a.	71	Académisier, v. a.	34	Achaisonner, v. a.	51	Aérer, v. a.	65
baliéner, v. a.	52	Acagnarder, v. a.	16	Achalander, v. a.	16	Aériser, v. a.	67
balourdir, v. a.	99	Acarer, v. a.	64	Achaler, v. a.	35	Aerter, v. a.	72
bandonner, v. a.	51	Acaser, v. a.	67	Acharner, v. a.	51	Affadir, v. a.	99
basourdir, v. a.	99	Accabler, v. a.	4	Acheminer, v. a.	51	Affaiblir, v. a.	96
bâtardir, v. a.	99	Accaparer, v. a.	64	Acheter, v. a.	75	Affaisser, v. a.	71
battre, v. a.	169	Accastiller, v. a.	46	Achever, v. a.	84	Affaiter, v. a.	72
bayer, v. n.	89	Accéder, v. n.	17	Achoiser, v. a.	67	Affaler, v. a.	35
berder, v. n.	17	Accélérer, v. a.	55	Acidifier, v. a.	34	Affamer, v. a.	48
bdiquer, v. a.	63	Accenser, v. a.	67	Aciduler, v. a.	35	Affaner, v. a.	51
béausir, v. n.	130	Accentuer, v	82	Aciérer, v. a.	65	Afféager, v. a.	23
becquer, v. a.	63	Accepter, v. a.	72	Acoquiner, v. a.	51	Affecter, v. a.	72
bélir, v. a.	109	Acciper, v. a.	56	Acorer, v. a.	64	Affectionner, v. a.	51
béquiter, v. a.	72	Acclamer, v. n.	48	Acquer, v. a.	63	Afférer, v. a.	65
bêtir, v. a.	133	Acclamper, v. a.	56	Acquérir, v. a.	127	Affermer, v. a.	48
bhorrer, v. a.	64	Acclimater, v. a.	72	Acquêter, v. a.	74	Affermir, v. a.	117
bimer, v. a.	48	Accointer (s'), v. p.	72	Acquiescer, v. n.	68	Affleurer, v. a.	64
bjurer, v. a.	64	Accoiser, v. a.	67	Acquitter, v. a	72	Aflicher, v. a.	10
bluer, v. a.	82	Accoler, v. a.	35	Acter, v. a.	72	Affier, v. a.	34
bolir, v. a.	109	Accommoder, v. a.	15	Actionner, v. a.	51	Affiler, v. a.	35
bominer, v. a.	51	Accompagner, v. a.	27	Activer, v. a.	83	Affilier, v. a.	34
bonder, v. n.	16	Accomparager, v. a.	23	Actualiser, v. a.	67	Affiner, v. a.	51
bonner, v. a.	51	Accomplir, v. a.	125	Acupuncturer, v. a.	64	Affirmer, v. a.	48
bonnir, v. a.	119	Accorder, v. a.	16	Adapter, v. a.	75	Afflaquir, v. n.	124
border, v. a.	16	Accorer, v. a.	64	Additionner, v. a.	51	Affleurer, v. a.	64
borner, v. a.	51	Accoster, v. a.	72	Adhérer, v. a.	65	Affliger, v. a.	23
boucher, v. a.	10	Accoter, v. a.	72	Admérer, v. p.	65	Affiner, v. n.	82
bouffer, v. n.	20	Accoucher, v. n.	10	Adirer, v. a.	64	Affoler, v. a.	35
bouquer, v. a.	63	Accouder (s'), v. p.	16	Adjectiver, v. a.	83	Affolir, v. n.	109
bouter, v. a.	72	Accouer, v. a.	55	Adjoindre, v. a.	191	Affonder, v. a.	16
boutir, v. n.	133	Accoupler, v. a.	62	Adjuger, v. a.	23	Afforer, v. a.	64
aboyer, v. n.	91	Accourcir, v. a.	98	Adjurer, v. a.	64	Affourcher, v. a.	10
Abréger, v. a.	24	Accourir, v. n.	128	Admettre, v. a	174	Affourager, v. a.	23
Abreuver, v. a.	83	Accousiner, v. a.	51	Administrer, v. a.	79	Affraichir, v. n.	97
Abréveter, v. a.	75	Accoutrer, v. a.	79	Admirer, v. a.	64	Affranchir, v. a.	97
Abrévier, v. a.	34	Accoutumer, v. a.	48	Adomestiquer, v. a.	63	Affréter, v. a.	73
Abreyer, v. n.	91	Accourer, v. a.	83	Admonester, v. a.	73	Affriander, v. a.	16
Abriter, v. a.	72	Accravanter, v. a.	72	Adolorer, v. a.	64	Affricher, v. a.	12
Abriver, v. a.	83	Accréditer, v. a.	72	Adoniser, v. a.	67	Affrioler, v. a.	30
Abroger, v. a.	23	Accrocher, v. a	10	Adonner (s'), v. pr.	51	Affrêter, v. a.	57
Abrutir, v. a.	133	Accroire, v. n.	192	Adopter, v. a.	72	Affronter, v. a.	72
Abséuter (s'), v. p.	72	Accroître, v. a.	194	Adorer, v. a.	64	Affubler, v. a.	4
Abrorber, v. a.	3	Accroupir (s'), v. p.	124	Adosser, v. a.	68	Affuter, v. a.	72
Absoudre, v. a.	199	Accueillir, v. a.	114	Adouber, v. a.	3	Abstoler, v. a.	35
Abstenir (s'), v. pr.	120	Acculer, v. a.	35	Adoucer, v. a.	7	Agacer, v. a.	7
Absterger, v. a.	23	Accumuler, v. a.	35	Adoucir, v. a.	98	Agallaudir (s'), v. p.	99
Abstraire, v. a.	163	Accuser, v. a.	67	Adresser, v. a.	71	Agauser (s'), v. p.	67
Abuissouner, v. a.	51	Acenser, v. a.	67	Abroyer, v. a.	23	Agencer, v. a.	7
Abuter, v. a.	72	Acérer, v. a.	65	Aumre, v. a.	186	Agenouiller (s'), v. p.	47
Abuser, v. n.	67	Acertainer, v. a.	51	Aduler, v. a.	35	Agglomérer, v. a.	65
Abuter, v. n.	72	Acesmer, v. a.	48	Adultérer, v. a.	65	Agglutiner, v. a.	51

Aggraver, v. a.	83	Alléser, v. a	69	Ancrer, v. a.	14	Appointer, v. a.	72
Aggrédir. v. a.	99	Allier, v. a.	34	Anéantir, v. a.	133	Appointir, v. a.	133
Agioter, v. n.	72	Allonger, v. a.	23	Angarier, v. a.	84	Apporter, v. a.	72
Agir, v. n.	103	Allouer, v. a.	55	Angeliser, v. a.	67	Apposer, v. a.	67
Agiter, v. a.	72	Alluder, v. a.	16	Anglaiser, v. a.	67	Appréhender, v. a.	16
Agneler, v. n.	40	Allumer, v. a.	48	Anglomaniser, v. a.	67	Apprécier, v. a.	34
Agonir, v. a.	119	Alourder, v. a.	16	Angoisser, v. a.	71	Appréhender, v. n.	16
Agoniser, v. n.	67	Alourdir, v. a.	99	Animaliser, v. a.	67	Apprendre, v. a.	172
Agrafer, v. a.	20	Aloyer. v. a.	91	Animer, v. a.	48	Apprêter. v. a.	74
Agrandir, v. a.	99	Altérer, v. a.	65	Aniser, v. a.	67	Apprivoiser, v. a.	67
Agréer, v. a.	19	Alterner, v. n.	51	Anneler, v. a.	40	Approcher, v. a.	10
Agréger, v. a.	24	Alterquer, v. a.	63	Annexer, v. a.	88	Approfondir, v. a.	99
Agréner, v. a.	52	Aluner, v. a.	51	Annihiler, v. a.	35	Approprier, v. a.	34
Agréver, v. a.	84	Amabiliser, v. a.	67	Annoncer, v. a.	7	Approuver, v. a.	83
Agriffer (s'), v. pr.	20	Amadouer, v. a.	55	Annonchalir (s'), v.p.	109	Approvisionner, v. a.	51
Agripper, v. a.	56	Amaigrir, v. a.	104	Annoter, v. a.	72	Approximer, v. a.	48
Agrouper, v. a.	56	Amaladir (s'), v. pr.	99	Annuler, v. a.	35	Appuyer, v. a.	92
Aguerrir, v. a.	126	Amalgamer, v. a.	48	Anoblir, v. a.	96	Apurer, v. a.	64
Aguigner, v. a.	27	Amaper, v. a.	56	Anonner, v. n.	51	Arabiser, v. a.	67
Ahaner, v. n.	51	Amariner, v. a.	51	Anordir, v. n.	99	Aramber, v. a.	3
Aheurter, v. a.	72	Amarrer, v. a.	64	Anser, v. a.	68	Aramer, v. a.	48
Ahurir, v. a.	99	Amasser, v. a.	71	Anticiper, v. a.	59	Araser, v. a.	67
Aicher, v. a.	10	Amatiner, v. a.	51	Antidater, v. a.	72	Arbitrer, v. a.	72
Aider, v. a.	16	Amatir, v. a.	133	Antiquer, v. a.	63	Arborer, v. a.	64
Aigrir, v. a.	104	Ambitionner, v. a.	51	Antoiser, v. a.	67	Arc-bouter, v. a.	72
Aiguayer, v. a.	89	Ambe, v. n.	4	Anuer, v. a.	82	Architecturer, v. a.	6
Aiguiller, v. a.	46	Ambrer, v. a.	5	Anuiter (s'), v. pr.	72	Arçonner, v. a.	51
Aiguilleter, v. a.	77	Ambuler, v. n.	35	Aoûter, v. a.	72	Arder, v. a.	16
Aiguillonner, v. a.	51	Améliorer, v. a.	64	Apaiser, v. a.	67	Aréner, v. n.	51
Aiguiser, v. a.	67	Aménager, v. a.	23	Apanager, v. a.	23	Arer, v. n.	64
Aimanter, v. a.	72	Amender, v. a.	16	Apathiser, v. a.	67	Argenter, v. a.	72
Aimer, v. a.	48	Amener, v. a.	54	Apercevoir, v. a.	150	Argoter, v. a.	72
Airer, v. n.	64	Amenuiser, v. a.	67	Apercher, v. a.	10	Arquer, v. a.	33
Ajourner, v. a.	51	Amestrer, v. a.	79	Apetisser, v. a.	71	Argumenter, v. a.	72
Ajouter, v. a.	77	Amesurer, v. a.	64	Apiquer, v. a.	63	Arimer, v. a.	48
Ajuster, v. a.	77	Ameublir, v. a.	96	Apitoyer, v. a.	91	Aristocratiser, v. n.	67
Alambiquer (s'), v. p.	63	Ameulonner, v. a.	51	Aplaigner, v. a.	27	Arméjer, v. a.	23
Alarguer, v. n.	31	Ameuter, v. a.	72	Aplanir, v. a.	119	Armer, v. a.	48
Alarmer, v. a.	48	Amidonner, v. a.	51	Aplatir, v. a.	133	Armorier, v. a.	34
Alberger, v. a.	23	Amiguarder, v. a.	16	Apologiser, v. a.	67	Aromatiser, v. a.	67
Alcaliser, v. a.	67	Amincir, v. a.	98	Apoltronir, v. a.	119	Arpéger, v. n.	24
Alcooliser, v. a.	67	Amnistier, v. a.	34	Apoltronner, v. a.	51	Arpenter, v. a.	72
Alentir, v. a.	133	Amodier, v. a.	34	Apostasier, v. n.	34	Arquebuser, v. a.	67
Aléser, v. a.	69	Amoindrir, v. a.	100	Aposter, v. a.	72	Arquer, v. a.	63
Alester, v. a.	77	Amoiter, v. a.	72	Apostiller, v. a.	46	Arracher, v. a.	50
Aleviner, v. a.	51	Amollir, v. a.	110	Apostropher, v. a.	59	Arraisonner, v. a.	51
Algébriser, v. a.	67	Amonceler, v. a.	41	Apostumer, v. n.	48	Arranger, v. a.	23
Aliéner, v. a.	52	Amorcer, v. a.	7	Apparaître, v. n.	167	Arreuter, v. a.	72
Aligner, v. a.	27	Amortir, v. a.	133	Appareiller, v. a.	44	Arrérager, v. n.	23
Alimenter, v. a.	77	Amouracher (s'), v. p.	10	Apparenter, v. a.	72	Arrêter, v. a.	74
Alinger, v. a.	23	Ampasteler, v. a.	40	Apparesser, v. n.	71	Arrher, v. a.	6
Aliter, v. a.	77	Amplier, v. a.	34	Apparier, v. a.	34	Arriérer, v. a.	65
Alivrer, v. a.	86	Amplifier, v. a.	34	Apparoir, v. n.		Arrioler (s'), v. p. r.	35
Allacher, v. n.	10	Amputer, v. a.	72	Appartenir, v. n.	120	Arriser, v. a.	6
Allaiter, v. a.	77	Amunitionner, v. a.	51	Appâter, v. a.	72	Arriver, v. n.	204
Allangourir (s'), v. p.	126	Amurer, v. a.	64	Appauvrir, v. a.	141	Arroger (s'), v. pr.	23
Allanguir, v. a.	105	Amuser, v. a.	67	Appeler, v. a.	41	Arrondir, v. a.	99
Allécher, v. a.	11	Anagrammatiser, v. a.	67	Appendre, v. a.	172	Arroser, v. a.	67
Alléger, v. a.	24	Analyser, v. a.	67	Appesantir, v. a.	133	Arrouter (s'), v. pr.	72
Allégérir, v. a.	126	Anarchiser, v. a.	67	Appéter, v. a.	73	Arrudir, v. n.	90
Allégir, v. a.	103	Anastomoser (s'), v.p.	67	Appiécer, v. a	8	Artialiser, v. a.	67
Allégoriser, v. a.	67	Anathématiser, v. a.	67	Appiétrir, v. n.	137	Articuler, v. a.	35
Alléguer, v. a.	32	Anatomiser, v. a.	67	Applaudir, v. a.	99	Artiller, v. a.	45
Aller, v. n.	36	Ancher, v. a.	10	Appliquer, v. a.	63	Artisonner, v. a.	51

Asperger, v. a.	23	Attitrer, v. a.	79	Bâillonner, v. a.	51	Bavocher, v. a.	11
Asphyxier, v. a.	34	Attoucher, v. a.	10	Baiser, v. a.	67	Bayer, v. n.	89
Aspirer, v. a.	64	Attractionner, v. a.	41	Baisoter, v. a.	72	Béatifier, v. a.	34
Assabler, v. a.	4	Attraire, v. a.	163	Baisser, v. a.	71	Becher, v. a.	12
Assagir, v. a.	103	Attraper, v. a.	56	Balafrer, v. a.	22	Béchoter, v. a.	72
Assaillir, v. a.	111	Attraquer, v. a.	63	Balancer, v. a.	7	Becqueter, v. a.	76
Assainir, v. a.	119	Attremper, v. a.	55	Balayer, v. a.	89	Beffler, v. a.	21
Assaisonner, v. a.	51	Attribuer, v. a.	82	Balbutier, v. a.	34	Bégayer, v. n.	89
Assassiner, v. a.	51	Attrister, v. a.	72	Baliser, v. a.	67	Bêler, v. n.	38
Assavourer (s'), v. pr.	64	Attrouper, v. a.	56	Baliverner, v. a.	51	Béliner, v. n.	51
Assécher, v. n.	11	Aubiner, v. n.	48	Baller, v. n.	35	Bémoliser, v. a.	67
Assembler, v. a.	4	Auger, v. a.	23	Ballonner, v. a.	51	Bénéficier, v. n.	34
Asséner, v. a.	52	Augmenter, v. a.	72	Ballotter, v. a.	78	Bénir, v. a.	119
Assentir, v. n.	135	Augurer, v. a.	64	Balocher, v. n	16	Béquiller, v. a.	46
Asseoir, v. a.	148	Aumôner, v. a.	51	Balustrer, v. a	79	Bercer, v. a.	7
Assermenter, v. a.	72	Auner, v. a.	51	Bander, v. a.	16	Berner, v. a.	54
Asserter, v. a.	72	Ausculter, v. a.	72	Banderoler, v. a.	35	Bertauder, v. a.	16
Asservir, v. a.	139	Authentiquer, v. a.	63	Banner, v. a.	51	Besogner, v. n.	27
Asseuler, v. a.	35	Autographier, v. a.	34	Bannir, v. a	119	Beugler, v. n.	25
Assiéger, v. a.	24	Autoriser, v. a.	67	Banqueter, v. n.	75	Beurrer, v. a.	64
Assigner, v. a.	27	Avachir (s'), v. pr.	97	Baptiser, v. a.	67	Biaiser, v. n.	67
Assimiler, v. a.	35	Avaler, v. a.	35	Baqueter, v. a.	75	Bichonner, v. a.	51
Assister, v. a.	72	Avancer, v. a.	7	Baragouiner, v. n.	51	Bienveigner, v. a.	27
Associer, v. a.	34	Avantager, v. a.	23	Baraquer, v. n.	63	Bienvouloir, v. n.	145
Assoler, v. a.	35	Aveindre, v. a.	170	Baratter, v. a.	72	Biffer, v. a.	20
Assommer, v. a.	48	Avenir, v. n.	121	Barbariser, v. a.	67	Bifurquer (se), v. pr.	63
Assortir, v. a.	133	Aventurer, v. a.	64	Barbeyer, v. n.	90	Bigarrer, v. a.	64
Assoter, v. n.	72	Avérer, v. a.	65	Barbifier, v. a.	34	Bigler, v. n.	25
Assoupir, v. a.	124	Avertir, v. a.	133	Barboter, v. n.	72	Bigorner, v. a.	51
Assouplir, v. a.	125	Aveuer, v. n.	82	Barbouiller, v. a.	47	Biquer, v. a.	31
Assourdir, v. a.	99	Aveugler, v. a.	25	Bardachiser, v. a.	67	Billarder, v. n.	16
Assouvir, v. a.	139	Avilir, v. a.	109	Barder, v. a.	16	Billebarrer, v a.	64
Assujétir, v. a.	133	Avillonner, v. a.	51	Barguigner, v. n.	27	Biller, v. a.	46
Assumer, v. a.	48	Aviner, v. a.	51	Barioler, v. a.	35	Billeter, v. a.	65
Assurer, v. a.	64	Avitonner, v. a.	51	Barocher, v. a.	10	Billonner, v. n.	51
Asticoter, v. a.	71	Aviser, v. a.	67	Barrer, v. a.	64	Biner, v. a.	51
Astiquer, v. a.	63	Avitailler, v. a.	43	Barricader, v. a.	16	Biqueter, v. a.	76
Astreindre, v. n.	170	Aviver, v. a.	83	Barrir, v. n.	126	Biscotter, v. a.	72
Astucier, v. n.	34	Avocasser, v. n.	71	Barroter, v. a.	72	Biser, v. a.	67
Atalanter, v. a.	72	Avoir, v. a.	2	Barytonner, v. n.	51	Bisquer, v. n.	63
Atermoyer, v. a.	91	Avoisiner, v. a.	51	Baser, v. a.	67	Bistourner, v. a.	51
Atinter, v. a.	72	Avorter, v. a.	71	Basquiner, v. a.	51	Bistrer, v. a.	79
Atourner, v. a.	51	Avouer, v. a.	55	Basser, v. a.	71	Bitter, v. a.	72
Attabler, v. a.	4	Avoyer, v. a.	91	Bassiner, v. a.	51	Bituminer, v. a.	51
Attacher, v. a.	10	Avuster, v. a.	72	Baster, v. n.	72	Bituminiser, v. a.	67
Attaquer, v. a.	63	Azurer, v. a.	64	Bastinguer (se), v. pr.	31	Bivouaquer, v. n.	63
Attarder, v. a.	16	Babiller, v. n.	46	Bastionner, v. a.	51	Blaguer, v. n.	31
Attédier, v. a.	34	Babouiner, v. a.	51	Bastir, v. a	133	Blâmer, v. a.	48
Atteindre, v. a.	170	Bacchaualiser, v. a.	67	Bastonner, v. a.	51	Blanchir, v. a.	97
Atteler, v. a.	41	Bacher, v. a.	10	Batailler, v. n.	43	Blanchoyer, v. n.	91
Attendre, v. a.	171	Bachiner, v. a.	51	Bateler, v. a	41	Blandir, v. n.	99
Attendrir, v. a.	100	Bacler, v. a.	13	Bâter, v. a.	72	Blaser, v. a.	67
Atténédir, v. a.	99	Baculer, v. a.	35	Batifoler, v. n.	35	Blasonner, v. a.	51
Attenir, v. n.	120	Badauder, v. n.	16	Bâtir, v. a.	133	Blasphémer, v. n.	9
Attenter, v. a.	72	Badigeonner, v. n.	51	Bâtonner, v. a.	51	Blassonner, v. a.	51
Atténuer, v. a.	82	Badiner, v. n.	51	Batourner, v. a.	51	Blatérer, v. n.	75
Attérer, v. a.	65	Bafouer, v. a.	55	Batteler, v. n.	41	Blatir, v. n	133
Attérir, v. a.	126	Bafrer, v. a.	22	Battre, v. a.	169	Blatrer, v. a.	79
Attester, v. a.	72	Baguenauder, v. n.	16	Baudir, v. a.	99	Blazir, v. a.	130
Attiédir, v. a.	99	Baguer, v. a.	31	Baudouiner, v. a.	51	Bléchir, v. n.	97
Attifer, v. a.	20	Baguetter, v. a.	78	Baufrer, v. n.	22	Bléer, v. a.	19
Attinter, v. a.	72	Baigner, v. a.	27	Bavarder, v n.	16	Blêmir, v. n.	115
Attirer, v. a.	64	Bâiller, v. n.	43	Bavasser, v. n.	71	Bléser, v. n.	76
Attiser, v. a.	67	Bailler, v. a.	43	Baver, v. n.	83	Blesser, v. a.	71

Bleuir, v. a.	108	Bourgeonner, v. n.	51	Brocheter, v. a.	75	Capturer, v. a.	64
Blinder, v. a.	16	Bourlinguer, v. n.	31	Broder, v. a.	16	Caquer, v. a.	63
Blondir, v. n.	99	Bourreler, v. a.	40	Broncher, v. n.	10	Caqueter, v. n.	75
Bloudoyer, v. n.	91	Bourrer, v. a.	64	Bronzer, v. a.	94	Carabiner, v. a.	51
Bloquer, v. a	63	Bourrir, v. n.	26	Broquer, v. a.	03	Caracoler, v. a.	75
Blottir (se), v. pron.	133	Boursiller, v. n.	46	Brosser, v. a.	71	Caractériser, v. a.	65
Blouser, v. a.	67	Boursoufler, v. a.	21	Brouetter, v. a.	78	Carder, v. a.	16
Bluter, v. a.	72	Bousculer, v. a.	35	Brouiller, v. a.	46	Cardinaliser, v. a.	67
Bobiner, v. a.	51	Bousiller, v. a.	46	Brouillonner, v. a.	51	Caréner, v. a.	52
Bocarder, v. a.	16	Bousquer, v. a.	63	Brouir, v. a.	122	Carneler, v. a.	41
Boësser, v. a.	71	Bouteiller, v. n.	44	Brouter, v. a.	72	Carnifier (se), v. pr.	34
Bollumer, v. n.	48	Bouter, v. a.	72	Broyer, v. a.	91	Caresser, v. a.	71
Boire, v. a.	193	Boutonner, v. n.	51	Bruiner, v. n.	51	Carguer, v a.	31
Boiser, v. a.	67	Bouturer, v. a.	64	Bruire, v. n.	177	Carier, v. a.	84
Boiter, v. n.	72	Boxer, v. n.	88	Brûler, v. a.	85	Carillonner, v. a.	51
Bombarder, v. a.	16	Bracher, v. a.	10	Brunir, v. a.	119	Carotter, v. a.	72
Bomber, v. a.	3	Braconner, v. n.	51	Brusquer, v. a.	63	Carréger, v. a.	24
Bombyler, v. n.	35	Braguer, v. n.	31	Brutaliser, v. a.	67	Carreler, v. t.	39
Bouder, v. a.	16	Brailler, v. n.	43	Buriner, v. a.	51	Carrer, v. a.	64
Bondir, v. n.	99	Braire, v. n.	163	Busquer, v. a.	63	Cartayer, v. a.	89
Bondonner, v. a.	51	Braiser, v. n.	67	Se busquer, v. pr.	63	Cartonner, v. a.	51
Bonifier, v. a.	34	Bramer, v. n.	48	Buter, v. a.	72	Caser, v. a.	67
Bonneter, v. a.	77	Braucher, v. a.	10	Butiner, v. a.	51	Caserner, v. a.	51
Bordayer, v. n.	89	Braudiller, v. a.	46	Buvotter, v. a.	72	Casser, v. a.	71
Border, v. a.	16	Brandir, v. a.	99	Cabaler, v. a.	85	Casuistiquer, v. n.	63
Bordoyer, v. a.	91	Brandonner, v a.	51	Câbler, v. a.	4	Cataloguer, v. a.	31
Borner, v. a.	51	Brauler, v. a.	35	Caboter, v. a.	72	Catéchiser, v. a.	67
Bornoyer, v. a.	91	Braquer, v. a.	63	Se cabrer, v. p.	5	Cathédrer, v. n.	18
Bosseler, v. a.	40	Braser, v. a.	67	Cabrioler, v. a.	85	Catholiser, v. a.	67
Bosser, v. a.	71	Brasiller, v. a.	46	Cacher, v. a.	10	Catir, v. a.	133
Bossuer, v. a.	82	Brasquer, v. a.	63	Cacheter, v. a.	75	Causer, v. a.	67
Botaniser, v. a.	67	Brasser, v. a.	71	Cadenasser, v. a.	71	Cautériser, v. a.	67
Botteler, v. a.	39	Braver, v. a.	83	Cadencer, v. a.	7	Cautionner, v. a.	51
Botter, v. a.	72	Brayer, v. a.	89	Cadrer, v. n.	18	Caver, v. a.	83
Bouarder, v. a.	16	Brédir, v. n.	99	Caguarder, v. a.	16	Céder, v. a.	17
Boubouler, v. n.	35	Bredouiller, v. n.	47	Cahoter, v. a.	72	Ceindre, v. a.	170
Boucaner, v. a.	51	Bréher, v. a.	19	Cailler, v. a.	43	Célébrer, v. a.	6
Boucher, v a.	10	Brelander, v. n.	16	Cajoler, v. a.	85	Céler, v. a.	37
Bouchonner, v. a.	51	Brésiller, v. a.	46	Calamistrer, v. a.	79	Cémenter, v. a.	72
Boucler, v. a.	13	Brester, v. n.	72	Calandrer, v. a.	18	Cendrer, v. a.	18
Bouder, v. n.	16	Bretailler, v. n.	43	Calciner, v. a.	51	Censurer, v. a.	64
Bouer, v. a.	55	Bretauder, v. a.	16	Calculer, v. a.	85	Centoniser, v. n.	67
Bouéter, v. a.	73	Bretteler, v. a.	41	Caler, v. a.	35	Centraliser, v. a.	67
Bouffer, v. n.	20	Brouiller, v. a.	45	Calfater, v. a.	72	Centrer, v. a.	79
Bouffir, v. a.	101	Breveter, v. a.	75	Calfeutrer, v. a.	79	Centupler, v. a.	61
Bouffonner, v. n.	51	Briber, v. n.	3	Calibrer, v. a.	5	Cercler, v. a.	13
Bouger, v. n.	23	Bricoler, v. n.	35	Câliner, v. p.	51	Cerner, v. a.	51
Boughouer, v. a.	55	Brider, v. a.	16	Calmer, v. a.	48	Cerquemaner, v. a.	51
Bougier, v. a.	34	Brier, v. a.	34	Calomnier, v. a.	84	Certainer, v. n.	61
Bougironner, v. n.	51	Brifauder, v. a.	51	Calquer, v. a.	63	Certifier, v. a.	34
Bougonner, v. p.	51	Brifer, v. a.	20	Cambrer, v. a.	5	Cesser, v. n.	71
Bouillir, v. n.	116	Brigander, v. n.	16	Camper, v. a.	56	Chabler, v. a.	4
Bouillonner, v. n.	51	Briguer, v. a.	31	Canarder, v. a.	16	Chafourer, v. a.	64
Boujonner, v. a.	51	Brillanter, v. a.	62	Canceller, v. a.	42	Chagriner, v. a.	51
Boulanger, v. a.	23	Briller, v. n.	46	Se candir, v. a.	99	Challir, v. a.	110
Bouler, v. n.	35	Brilloter, v. n.	72	Canneler, v. a.	41	Chanfreiner, v. a.	51
Bouleverser, v. a.	68	Brimbaler, v. a.	35	Canoniser, v. a.	67	Chalmer, v. a.	48
Bouliner, v. n.	51	Brimboter, v. a.	72	Canonner, v. a.	55	Chaloir, v. n.	44
Boulonner, v. a.	51	Briqueter, v. a.	76	Cantonner, v. a.	51	Chalumer, v. a.	58
Bouquer, v n	63	Briser, v. a.	67	Caparaçonner, v. a.	51	Chamailler, v. n.	43
Bouquiner, v. n.	51	Brocanter, v. n.	72	Capituler, v. a.	85	Chamarrer, v. a.	64
Boucher, v. a.	10	Brocarder, v. a.	16	Caponner, v. a.	51	Chambrer, v. a.	5
Bourder, v. n	16	Brocher, v. a.	10	Capter, v. a.	72	Chanoiser, v. a.	67
Bourdonner, v. n.	51	Brochurer, v. n.	64	Captiver, v. a.	88	Champarter, v. a.	72

mper, v. n.	56	Choisir, v. a.	130	Clouter, v. a.	72	Comploter, v. a.	72
mpler, v. a.	61	Chômer, v. n.	48	Clupper, v. a.	56	Comporter, v. a.	72
mp-lever, v. a.	84	Chopiner, v. n.	51	Cluser, v. a.	67	Composer, v. a.	67
nceler, v. n.	41	Chopper, v. n.	56	Clystériser, v. a.	67	Comprendre, v. a.	72
ncir, v. n.	106	Choquer, v. a.	63	Coaguler, v. a.	35	Comprimer, v. a.	48
nger, v. a.	23	Chouanner, v. n.	51	Coaliser, v. a.	67	Compromettre, v. a.	74
nsonner, v. a.	51	Choyer, v. a.	91	Coalitionner, v. n.	51	Compter, v. a.	72
nter, v. n.	72	Christianiser, v. a.	67	Coasser, v. n.	71	Compulser, v. a.	68
ntonner, v. n.	51	Chroniquer, v. a.	63	Cochenillér, v. a.	46	Concasser, v. a.	71
ntourner, v. a.	51	Chrysalider, v. n.	16	Cocher, v. a.	10	Concéder, v. a	17
peler, v. a.	41	Chuchoter, v. n.	76	Cochonner, v. n.	51	Concentrer, v. a.	79
peronner, v. a.	51	Chuchoter, v. n.	72	Coexister v. n	72	Concerner, v. a.	51
pitrer, v. a.	79	Chuinter, v. n.	72	Coffiner (se), v. p.	51	Concerter, v. a.	72
poner, v. a.	51	Chuter, v. n.	72	Coffrer, v. a.	22	Concevoir, v. n.	50
rbonner, v. a.	51	Chylifier (se), v. p.	34	Cogner, v. a.	72	Concilier, v. a.	34
rbouiller, v. a.	47	Cicatriser, v. a.	67	Cohabiter, v. n.	72	Conclure, v. a.	203
reuter, v. a.	72	Cicéroniser, v. a.	67	Cohériter, v. n.	72	Concorder, v. n.	16
rdonner, v. a.	51	Cidrailler, v. a.	43	Cohésionner, v. a.	51	Concourir, v. n.	126
rger, v. a.	23	Cigaler, v. n.	35	Cohober, v. a	3	Concréfier, v a.	34
rlataner, v a.	51	Giller, v. a.	46	Coiffer, v. a	20	Condamner, v. a.	51
rmer, v. a.	48	Cimenter, v. a.	72	Coïncider. v. n	16	Condenser, v. a.	66
rpenter, v. a.	72	Cinéfier, v. a.	34	Cointiser (se), v. p	68	Conditionner, v. a.	51
rrier, v. a.	34	Cingler, v. n.	25	Colaphiser, v. a.	67	Condouloir (se), v. p.	
rroyer, v. a.	91	Cintrer, v. a.	79	Collationner, v. a.	51	Conduire, v. a.	186
asser, v. a.	71	Circoncire, v. a.	176	Coller, v. a.	35	Confabuler, v. n.	35
âtier, v. a.	34	Circonscrire, v. a.	178	Colleter, v. a.	76	Confectionner, v. a.	51
atouiller, v. a.	47	Circonstancier, v. a.	31	Colliger, v. a.	23	Confédérer (se), v. p.	65
atoyer, v. n.	91	Circonvenir, v. a.	121	Colloquer, v. a.	63	Conférer, v. a.	65
âtrer. v. a.	79	Circonvoler, v. n.	35	Colluder, v. a.	16	Confesser, v. a.	71
atter, v. a.	72	Circuler, v. n.	35	Coloniser, v. a.	67	Confier, v. a.	34
auder, v. a.	16	Cirer, v. a.	64	Colorer, v. a.	64	Configurer, v. a.	64
auffer, v. a.	20	Cisailler, v. a.	43	Colorier, v. a.	34	Confiner, v. n.	51
auler, v. a.	35	Ciseler, v. a.	39	Colporter, v. a	72	Confire, v. a.	182
aumer, v. a.	48	Citer, v. a.	72	Combattre, v. a.	169	Confirmer, v. a.	48
ausser, v. a.	71	Citronner, v. a.	51	Combiner, v. a.	51	Conlisquer, v. a.	63
auvir, v. n.	139	Civiliser, v. a.	67	Combler, v. a.	4	Confluer, v. n.	82
avirer, v. n.	64	Clabauder, v. n.	16	Commander, v. a.	16	Confondre, v. a.	196
émer (se), v. p.	49	Clamer, v. a.	48	Commanditer, v. a.	72	Conformer, v. a.	4
eminer, v. n.	51	Claper, v. n.	56	Commémorer, v. a.	64	Conorter, v. a.	72
enaler, v. a.	35	Clapir, v. n.	124	Commencer, v. a.	7	Confronter, v. a.	72
enevotter, v. n.	72	Clapoter, v. n.	72	Commenter, v. a	72	Congédier, v. a.	34
ercher, v. a.	10	Claquemurer, v. a.	64	Commercer. v. n.	39	Congeler, v. a.	39
érir, v. a.	126	Claquer, v. n.	63	Commérer. v. n.	65	Conglomérer, v. a.	65
evaler, v. a.	35	Claqueter, v. n.	72	Commettre, v. a.	174	Conglutiner, v. a.	51
evaucher, v. a.	10	Clarifier, v. a.	34	Commissionner, v. a.	51	Congratuler, v. a.	35
ever, v. a.	84	Classer, v. a.	71	Communer, v. a.	82	Conjecturer, v. a.	64
heviller, v. a.	46	Classifier, v. a.	34	Communier, v. a.	34	Conjoindre, v. a.	191
hevir, v. n.	139	Clatir, v. n.	133	Communiquer, v. a.	63	Conjouir (se), v. p.	122
hevronner, v. a.	51	Clicher, v. a.	10	Comparaître, v. n.	165	Conjuguer, v. a.	51
hevroter, v. n.	72	Cligner, v. a.	27	Comparer, v. a.	64	Conjurer, v. a.	64
hicaner, v. n.	51	Clignoter, v. n.	72	Compasser, v. a.	71	Connaitre, v. a.	164
hicoter, v. n.	72	Clinquanter, v. a.	72	Compassionner, v. n.	51	Conniver, v. n.	83
hienner, v. n.	51	Cliqueter, v. n.	77	Compatir, v. n.	133	Conquérir, v. a.	127
hiffler, v. a.	21	Clisser, v. a.	71	Compeller, v. a.	42	Consacrer, v. a.	14
hiffonner, v. a.	51	Clister, v. a.	72	Compénétrer, v. n.	80	Conseiller, v. a.	44
hiffrer, v. n.	22	Cliver, v. a.	83	Compenser, v. a.	68	Consentir, v. n.	134
hiner, v. a.	51	Clocher, v. n.	19	Compéter, v. n.	73	Conserver, v. a.	83
hinquer. v. n.	63	Cloisonner, v. a.	51	Compiler, v. a.	35	Considérer, v n.	63
hiper, v. a.	56	Cloitrer, v. a.	79	Complaire, v. n.	61	Consigner, v. a.	27
hipoter, v. n.	72	Cloper, v. n.	56	Complanter, v. a.	72	Consister, v. n.	72
hiquer, v. n.	63	Clopiner, v. n.	51	Compléter, v. a.	73	Consistorier, v. n.	31
hiqueter, v. a.	72	Clore, v. a.	198	Complexionner, v. a.	51	Consoler, v. a.	35
hocailler, v. n.	43	Clôturer, v. a.	64	Complimenter, v. a.	72	Consolider, v. a.	16
hoir, v. n.	143	Clouer, v. a.	55	Compliquer, v. a.	63	Consommer, v. a.	48

Conspirer, v. n.	64	Contrevenir, v. n.	121	Coupler, v. a.	61	Crueliser, v. a.	6
Conspuer, v. a.	82	Contre-venter, v. n.	72	Coupleter, v. a.	75	Cryptogamiser, v. a.	6
Constater, v. a.	72	Contribuer, v. n.	82	Courailler, v. n.	43	Crystalliser, v. a.	6
Conster, v. n.	72	Contrister, v. a.	72	Courayer, v. a.	89	Cuber, v. a.	
Consterner, v. a.	51	Contrôler, v. a.	35	Courbaturer, v. a.	64	Cueillir, v. a.	11
Constiper, v. a.	56	Controuver, v. a.	83	Courber, v. a.	3	Cuirasser, v. a.	7
Constituer, v. a.	82	Controverser, v. a.	68	Courbetter, v. n.	78	Cuire, v. a.	18
Construire, v. a.	186	Contumacer, v. a.	7	Courir, v. n.	128	Cuisiner, v. n.	5
Constuprer, v. a.	62	Contusionner, v. a.	51	Couronner, v. a.	51	Cuivrer, v. a.	8
Consulter, v. a.	72	Convaincre, v. a.	158	Courroucer, v. a.	7	Culbuter, v. n.	7
Consumer, v. a.	48	Convenancer, v. n.	7	Courroyer, v. a.	91	Culer, v. n.	3
Contaminer, v. a.	51	Convenir, v. n.	121	Courtauder, v. a.	16	Culminer, v. n.	5
Contempler, v. a.	61	Converger, v. n.	23	Courter, v. a.	72	Culotter, v. a.	7
Contenir, v. a.	120	Converser, v. n.	68	Courtiser, v. a.	67	Cultiver, v. a.	8
Contenter, v. a.	72	Convertir, v. a.	133	Cousiner, v. a.	51	Cumuler, v. a.	3
Conter, v. a.	72	Convier, v. a.	34	Coûter, v. a.	72	Cuver, v. a.	6
Contester, v. a.	72	Convoiter, v. a.	72	Couver, v. a.	83	Cuveler, v. a.	3
Continuer, v. a.	82	Convoler, v. n.	35	Couvrir, v. a.	142	Cuver, v. n.	8
Contourner, v. a.	51	Convoquer, v. a.	63	Cracher, v. a.	10	Cylindrer, v. a.	1
Contracter, v. a	72	Convoyer, v. a.	91	Crachoter, v. n.	72	Daguer, v. a.	3
Contraindre, v. a.	159	Convulsionner, v. a.	51	Crailler, v. n.	43	Daigner, v. n.	2
Contrarier, v. n.	34	Coopérer, v. n.	65	Craindre, v. a.	159	Daller, v. a.	7
Contraster, v. n.	72	Coopter, v. n.	72	Crampiller (se), v. p.	46	Damasquiner, v. a.	5
Contre-balancer, v. a.	7	Coordonner, v. a.	51	Cramponner, v. a.	51	Damasser, v. a.	7
Contre-bouter, v. a.	72	Copartager, v. a.	23	Crapuler, v. n.	35	Damer, v. a.	4
Contre-brasser, v. a.	71	Copermuter, v. n.	72	Craquer, v. n.	63	Damner, v. a.	7
Contre-calquer, v. a.	63	Copier, v. a.	34	Craqueter, v. n.	76	Dandiner, v. n.	5
Contre-carrer, v. a.	64	Copter, v. a.	72	Crasser, v. a.	71	Danser, v. n.	6
Contre-dater, v. a.	72	Copuler, v. n.	35	Cravater, v. a.	72	Darder, v. a.	1
Contre-dégager, v. a.	23	Coqueliner, v. n.	51	Crayonner, v. n.	51	Dardiller, v. a.	5
Contre-dire, v. a.	179	Coquerifier, v. n.	34	Créancer, v. a.	7	Dater, v. a.	7
Contre-écarteler, v. a.	39	Conqueter, v. n.	75	Créanter, v. a.	72	Dauber, v. a.	
Contre-émailler, v. a.	43	Coquiller, v. n.	46	Créditer, v. a.	72	Débacher, v. a.	1
Contre-épreuver, v. a.	83	Coquiner, v. n.	51	Créer, v. a.	19	Débacler, v. a.	1
Contre-escarper, v. a.	56	Cordeler, v. a.	39	Crémer, v. n.	49	Débagouler, v. a.	3
Contre-faire, v. a.	160	Corder, v. a.	16	Créneler, v. a.	40	Déballer, v. a.	3
Contre-forger, v. a.	23	Cordonner, v. a.	51	Créner, v. a.	52	Débander, v. a.	
Contre-fraser, v. a.	67	Corner, v. n.	51	Crêper, v. a.	57	Débanquer, v. a.	6
Contre-gager, v. a.	23	Corporifier, v. a.	34	Crépir, v. a.	124	Débaptiser, v. a.	6
Contre-hacher, v. a.	10	Correspondre, v. a.	196	Crételer, v. n.	39	Débarbariser, v. a.	6
Contre-indiquer, v. a.	63	Corriger, v. a.	23	Creuser, v. a.	67	Débarbouiller, v. a.	
Contre-jauger, v. a.	23	Corroborer, v. a.	64	Crevasser, v. a.	71	Débarder, v. a.	1
Contre-latter, v. a.	72	Corroder, v. a.	16	Crever, v. a.	84	Débarquer, v. a.	6
Contre-mailler, v. a.	4	Corrompre, v. a.	195	Criailler, v. n.	43	Débarrasser, v. a.	7
Contremander, v. a.	72	Corroyer, v. a.	91	Cribler, v. a.	4	Débarrer, v. a.	6
Contre-marquer, v. a.	63	Corsairiser, v. a.	67	Crier, v. n.	34	Debater, v. a.	7
Contre-miner, v. a.	51	Corser (se), v. p.	68	Criminaliser, v. a.	67	Débattre, v. a.	16
Contre-murer, v. a.	64	Corybanter, v. n.	72	Crisper, v. a.	56	Débaucher, v. a.	1
Contre-percer, v. a.	7	Cosser (se), v. p.	71	Crisser, v. n.	71	Débiffer, v. a.	2
Contre-peser, v. a.	70	Costumer, v. a.	48	Critiquer, v. a.	63	Débiliter, v. a.	7
Contre-poinçonner, v. a.	51	Coter, v. a.	72	Croasser, v. n.	71	Débillarder, v. a.	10
Contre-pointer, v. a.	72	Cotir, v. a.	133	Crocher, v. a.	10	Débiller, v. a.	6
Contre-porter, v. a.	72	Cotiser, v. a.	67	Crocheter, v. a.	75	Debiner, v. a.	5
Contre-poser, v. a.	67	Cotonner, v. n.	51	Croire, v. n.	92	Débiter, v. a.	7
Contre-profiler, v. a.	35	Côtoyer, v. a.	91	Croiser, v. a.	67	Débitter, v. a.	7
Contre-projeter, v. a.	72	Coucher, v. a.	10	Croître, v. n.	192	Déblanchir, v. a.	9
Contre-regarder, v. a.	16	Coucouer, v. n.	55	Croquer, v. a.	63	Déblatérer, v. a.	65
Contre-révolutionner, v. a.	51	Couder, v. a.	16	Crosser, v. a.	194	Déblayer, v. a.	89
Contre-sceller, v. a.	42	Coudoyer, v. a.	91	Crotter, v. a.	72	Débloquer, v. a.	33
Contre-signer, v. a.	27	Coudre, v. a.	201	Crouler, v. n.	35	Déboiter, v. a.	72
Contre-sommer, v. a.	48	Coudrer, v. a.	18	Croupir, v. n.	124	Débonder, v. a.	16
Contre-tailler, v. a.	3	Couler, v. n.	35	Croustiller, v. n.	46	Débondonner, v. a.	5
Contre-tenir, v. a.	120	Coupeller, v. a.	42	Croûter (se), v. p.	72	Déborder, v. a.	16
Contre-tirer, v. a.	64	Couper, v. a.	56	Crucifier, v. a.	34	Débosser, v. a.	7

lotter, v. a.	72	Déchirer, v. a.	64	Décupeler, v. a.	39	Dégasconner, v. a.	51
ioucher, v. a.	10	Déchoir, v. n.	143	Décupler, v. a.	61	Dégauchir, v. a.	97
ioucler, v. a.	13	Déchouer, v. a.	55	Décuver, v. a.	83	Dégeler, v. a.	39
iouillir, v. a.	116	Décider, v. a.	16	Dédaigner, v. a.	27	Dégénérer, v. n.	65
iouquer, v. n.	63	Décimer, v. a.	48	Dédaler, v. a.	35	Déglacer, v. a.	7
bourber, v. a.	3	Décintrer, v. a.	79	Dédamer, v. a.	48	Déglavier, v. a.	34
bourgeoiser, v. a.	67	Décirconcire, v. a.	176	Dédicacer, v. a.	7	Dégluer, v. a.	82
bourrer, v. a.	64	Décirer, v. a.	64	Dédier, v. a.	34	Déglutir, v. a	133
bourser, v. a.	68	Déclamer, v. a.	48	Dédire, v. a.	179	Dégoiser, v. a.	67
bouter, v. a.	72	Déclarer, v. a.	64	Dédoler, v. n.	35	Dégommer, v. a.	48
boutonner, v. a.	51	Déclasser, v. a.	71	Dédommager, v. a.	23	Dégonder, v. a.	16
brailler (se), v. p.	43	Déclaver, v. a.	83	Dédorer, v. a.	64	Dégonfler, v. a.	21
braiser, v. a.	67	Déclancher, v. a.	10	Dédormir, v. a.	118	Dégorger, v. a.	53
bredouiller, v. a.	47	Déclimater, v. a.	72	Dédosser, v. a	71	Dégoter, v. a.	72
brider, v. a.	16	Décliner, v. a.	51	Dédoubler, v. a.	4	Dégourdir, v. a.	99
brouiller, v. a.	47	Décliqueter, v. a.	76	Déduire, v. a.	186	Dégoûter, v. a.	72
brûler, v. a.	35	Décloîtrer, v. a.	79	Dédurcir, v. a.	98	Dégoutter, v. a.	72
brutaliser, v. a.	67	Déclore, v. a.	198	Défâcher, v. a.	10	Dégrader, v. a.	16
brutir, v. a.	133	Déclouer, v. a.	55	Défaillir, v. n.	113	Dégrafer, v. a.	20
bucher, v. n.	10	Décocher, v. a.	10	Défaire, v. a.	160	Dégraisser, v. a.	71
busquer, v. a.	63	Décoiffer, v. a.	20	Délalquer, v. a.	63	Dégrappiner, v. a.	51
buter, v. a.	72	Décoller, v. a.	35	Défausser (se), v. p.	71	Degraveler, v. a.	39
cacheter, v. a.	75	Décolleter, v. a.	76	Défavoriser, v. a.	67	Dégravoyer, v. a.	91
cager, v. a.	23	Décolorer, v. a.	64	Défectionner, v. n.	51	Dégréer, v. a.	19
caisser, v. a.	71	Décombrer, v. a.	5	Défendre, v. a.	171	Dégrever, v. a.	84
calotter, v. a.	72	Décommander, v. a.	16	Déféquer, v. a.	33	Dégringoler, v. a.	35
calquer, v. a.	63	Décomposer, v. a.	67	Déférer, v. n.	65	Dégriser, v. a.	67
camper, v. a.	56	Décompter, v. a.	72	Déferler, v. a.	35	Dégrosser, v. a.	71
caniser, v. n.	67	Déconcerter, v. a.	72	Déferrer, v. a.	48	Dégrossir, v. a.	132
canoniser, v. a.	67	Déconfire, v. a.	182	Déterrer, v. a.	64	Dégueniller, v. a.	46
canter, v. a.	72	Déconforter, v. a.	72	Défeuiller, v. a.	46	Déguerpir, v. a.	124
capeler, v. a.	40	Déconsacrer, v. a.	14	Desserger, v. a.	23	Déguignonner, v. a.	51
caper, v. a.	56	Déconseiller, v. a.	44	Desnubler (se), v. p.	4	Déguiser, v. a.	67
capiter, v. a.	72	Déconsidérer, v. a.	65	Défier, v. a.	34	Déguster, v. a.	72
captiver, v. a.	83	Déconstruire, v. a.	186	Déligurer, v. a.	64	Déhaler, v. a.	35
caractériser, v. a.	67	Décontenancer, v. a.	7	Défiler, v. a.	35	Déhancher (se) v. pr.	10
cardinaliser, v. a.	67	Décorder, v. a.	16	Définer, v. n.	51	Déharder, v. a.	16
carneler, v. a.	39	Décorer, v. a.	64	Définir, v. a.	119	Déharnacher, v. a.	10
carreler, v. a.	39	Décorner, v. a.	51	Défléchir, v. a.	97	Déhousser, v. n.	71
carver, v. n.	83	Décortiquer, v. a.	63	Déflegmer, v. a.	48	Déifier, v. a.	34
catir, v. a.	133	Découcher, v. a.	10	Défleurir, v. n.	126	Déjeter (se), v. p.	77
caver, v. a.	83	Découdre, v. a.	201	Déflorer, v. a.	64	Déjeûner, v. n.	51
céder, v. n.	17	Découler, v. n.	35	Défluer, v. n.	82	Déjoindre, v. a.	194
celer, v. a.	39	Découper, v. a.	56	Défoncer, v. a.	7	Déjouer, v. a.	55
centraliser, v. a.	67	Découpler, v. a.	61	Déformer, v. a.	48	Déjucher, v. a.	10
cercler, v. a.	13	Décourager, v. a.	23	Défortifier, v. a.	34	Delabrer, v. a.	5
cerner, v. a.	51	Découiber, v. a.	3	Défouetter, v. a.	78	Délacer, v. a.	7
cesser, v. n.	71	Découronner, v. a.	51	Défouir, v. a.	122	Délaisser, v. a.	71
cevoir, v. a.	150	Découvrir, v. a.	142	Défouler, v. a.	35	Délaiter, v. a.	72
chagriner, v. a.	51	Décrampiller, v. a.	46	Défourner, v. a.	51	Délarder, v. a.	16
chaîner, v. a.	51	Décrasser, v. a.	71	Défourrer, v. a.	64	Délasser, v. a.	71
chalasser, v. a.	71	Décréditer, v. a.	72	Défranciser, v. a.	67	Délatter, v. a.	72
chanter, v. n.	72	Décrépiter, v. a.	72	Défrauder (se), v. p.	16	Délaver, v. a.	83
chaperonner, v. a.	51	Décréter, v. a.	73	Défrayer, v. n.	89	Délayer, v. n.	89
charger, v. a.	23	Décrier, v. a.	34	Défricher, v. a.	10	Délecier, v. a.	34
charner, v. a.	51	Décrire, v. a.	178	Défriser, v. a.	67	Déléguer, v. a.	32
charpir, v. a.	124	Décrocher, v. a.	10	Défroncer, v. a.	7	Délester, v. a.	72
chasser, v. a.	71	Décroiser, v. a.	67	Défroquer, v. a.	63	Déleurrer, v. a.	64
chaumer, v. a.	48	Décroître, v. n.	194	Défruiter, v. a.	72	Délibérer, v. n.	65
chausser, v. a.	71	Décrotter, v. a.	72	Défuner, v. a.	51	Délicater, v. a.	72
cheveler, v. a.	39	Décroûter, v. a.	72	Dégager, v. a.	23	Delier, v. a.	34
chevêtrer, v. a.	81	Décruer, v. a.	82	Dégainer, v. a.	51	Délimiter, v. n.	72
chiffrer, v. a.	22	Décruser, v. a.	67	Déganter, v. a.	72	Délinquer, v. n.	63
chiqueter, v. a.	76	Décuire, v. a.	189	Dégarnir, v. a.	119	Delirer, v. n.	64

Délisser, v. a. 71	Denteler, v. a. 39	Dérader, v. n. 16	Désavouer, v. a. 55
Déliter, v. a. 72	Dénuer, v. a. 82	Déraidir, v. a. 99	Desceller, v. a. 42
Délivrer, v. a. 86	Dépaqueter, v. a. 72	Déraisonner, v. n. 51	Descendre, v. n. 174
Déloger, v. n. 23	Déparager, v. a. 23	Déralinguer, v. a. 31	Déséchouer, v. a. 55
Délonger, v. a. 23	Dépareiller, v. a. 44	Déranger, v. a. 23	Désemballer, v. a. 35
Délustrer, v. a. 79	Déparer, v. a. 64	Déraper, v. a. 56	Désembarquer, v. a. 63
Déluter, v. a. 72	Déparier, v. a. 34	Dérater, v. a. 72	Désembarrasser, v. a. 71
Démâcher, v. a. 10	Déparler, v. n. 35	Dérayer, v. a. 89	Désembellir, v. a. 109
Démâcler, v. a. 13	Départager, v. a. 23	Dérégler, v. a. 26	Désembourber, v. a. 3
Démaçonner, v. a. 51	Départir, v. a. 136	Dérérier, v. a. 52	Désemparer, v. a. 64
Démaigrir, v. n. 104	Dépasser, v. a. 71	Dérester, v. a. 72	Désempeser, v. a. 70
Démailler, v. a. 43	Dépayer, v. a. 89	Dérider, v. a. 16	Désemplir, v. a. 125
Démailloter, v. a. 72	Dépayser, v. a. 67	Dériver, v. n. 83	Désempoisonner, v. a. 51
Démancher, v. a. 10	Dépécer, v. a. 9	Dérober, v. a. 3	Désempoissonner, v. a. 51
Demander, v. a. 16	Dépêcher, v. a. 12	Dérocher, v. a. 10	Désemprisonner, v. a. 51
Démanger, v. n. 23	Dépédantiser, v. a. 67	Déroger, v. n. 23	Désenamourer, v. a. 64
Démanteler, v. a. 39	Dépeindre, v. a. 170	Dérompre, v. a. 195	Désenchaîner, v. a. 51
Démantibuler, v. a. 35	Dépendre, v. a. 171	Dérougir, v. a. 103	Désenchanter, v. a. 72
Démarger, v. a. 23	Dépenser, v. a. 68	Dérouiller, v. a. 47	Désenclouer, v. a. 55
Démarier, v. a. 34	Dépérir, v. n. 126	Dérouler, v. a. 35	Désencombrer, v. a. 5
Démarquer, v. a. 63	Dépersuader, v. a. 16	Dérouter, v. a. 72	Désendormir, v. a. 118
Démarrer, v. a. 64	Dépêtrer, v. a. 80	Désabuser, v. a. 67	Désenfiler, v. a. 35
Démasquer, v. a. 63	Dépeupler, v. a. 61	Désaccorder, v. a. 16	Désenfler, v. a. 21
Démastiquer, v. a. 63	Dépiécer, v. a. 8	Désaccoupler, v. a. 61	Désengager, v. a. 23
Démater, v. a. 72	Dépiler, v. a. 35	Désaccoutumer, v. a. 48	Désengrener, v. a. 54
Dématérialiser, v. a. 67	Dépingler, v. a. 25	Désachalauder, v. a. 16	Désenivrer, v. a. 86
Démêler, v. a. 36	Dépiquer, v. a. 83	Désaccointer, v. n. 72	Désenlacer, v. a. 7
Démembrer, v. a. 5	Dépister, v. a. 72	Désaffectionner, v. a. 51	Désenlaidir, v. a. 99
Déménager, v. a. 23	Dépiter, v. a. 72	Désaffleurer, v. a. 64	Désennuyer, v. a. 93
Démener (se), v. pr. 54	Déplacer, v. a. 7	Désaffourcher, v. a. 10	Désenrayer, v. a. 89
Démentir, v. a. 134	Déplaire, v. a. 164	Désagencer, v. a. 7	Désenrhumer, v. a. 48
Démerger, v. n. 23	Déplanter, v. a. 72	Désagréer, v. n. 19	Désenrôler, v. a. 35
Démériter, v. n. 72	Déplâtrer, v. a. 79	Désaigrir, v. a. 104	Désenrouer, v. a. 55
Démettre, v. a. 174	Déplayer, v. a. 89	Désairer, v. a. 64	Désenseigner, v. a. 27
Démeubler, v. a. 4	Deplier, v. a. 34	Désajuster, v. a. 72	Désensevelir, v. a. 109
Demeurer, v. n. 65	Déplisser, v. a. 71	Désallier (se), v. pr. 34	Désensorceler, v. a. 41
Démieller, v. a. 42	Déplorer, v. a. 64	Désaligner, v. a. 27	Désentêter, v. a. 74
Démocratiser, v. a. 67	Déployer, v. a. 91	Désaltérer, v. a. 65	Désentortiller, v. a. 46
Démolir, v. a. 109	Déplumer, v. a. 48	Désancher, v. a. 10	Désentraver, v. a. 83
Démonarchiser, v. a. 67	Dépocher, v. a. 10	Désancrer, v. a. 14	Désenvenimer, v. a. 48
Démonétiser, v. a. 67	Dépointer, v. a. 72	Désappareiller, v. a. 44	Désenverguer, v. a. 31
Démonter, v. a. 72	Dépolir, v. a. 109	Désapparier, v. a. 34	Déséquiper, v. a. 50
Démontrer, v. a. 79	Dépopulariser, v. a. 67	Désappétiser, v. n. 67	Désergoter, v. a. 72
Démoraliser, v. a. 67	Déporter, v. a. 72	Désappliquer, v. a. 68	Déserter, v. a. 72
Démordre, v. n. 197	Déposer, v. a. 67	Désappointer, v. a. 72	Désespérer, v. n. 65
Démouler, v. a. 35	Déposséder, v. a. 17	Désapprendre, v. a. 172	Désestimer, v. a. 48
Démouvoir, v. a. 151	Déposter, v. a. 72	Désapproprier, v. a. 34	Désétourdir, v. a. 99
Démunir, v. a. 119	Dépoter, v. a. 72	Désapprouver, v. a. 63	Désétriver, v. a. 51
Démurer, v. a. 64	Dépoudrer, v. a. 18	Désaborer, v. a. 64	Désévrer, v. a. 87
Dénantir, v. a. 133	Dépouiller, v. a. 47	Désarçonner, v. a. 51	Désexcommunier, v. a. 34
Dénasaler, v. a. 35	Dépourvoir, v. a. 152	Désargenter, v. a. 72	Déshabiller, v. a. 46
Dénationaliser, v. a. 67	Dépraver, v. a. 83	Désarmer, v. a. 48	Déshabiter, v. a. 72
Dénatter, v. a. 72	Déprécier, v. a. 34	Désarrimer, v. a. 48	Déshabituer, v. a. 82
Dénaturaliser v. a. 67	Dépréder, v. a. 17	Désarticuler, v. a. 85	Désharmonier, v. n. 84
Dénaturer, v. a. 64	Déprendre, v. a. 172	Désassaisonner, v. a. 51	Désharnacher, v. a. 10
Déniaiser, v. a. 67	Dépréoccuper, v. a. 55	Désassembler, v. a. 4	Déshériter, v. a. 72
Dénicher, v. a. 10	Dépresser, v. a. 71	Désassiéger, v. a. 24	Déshonneur, v. a. 64
Dénier, v. a. 34	Déprévenir, v. a. 121	Désassimiler, v. a. 35	Déshonorer, v. a. 64
Dénigrer, v. a. 29	Déprier, v. a. 54	Désassocier, v. a. 34	Déshumaniser (se), v. p. 67
Dénombrer, v. a. 5	Déprimer, v. a. 48	Désassortir, v. a. 136	Déshumilier, v. a. 35
Dénommer, v. a. 40	Dépriser, v. a. 67	Désassortir, v. a. 64	Désigner, v. a. 27
Dénoncer, v. a. 7	Dépurer, v. a. 64	Désattrister, v. a. 72	Désimmortaliser, v. a. 67
Dénoter, v. a. 72	Députer, v. a. 72	Désavantager, v. a. 23	Désincamérer, v. a. 65
Dénouer, v. a. 55	Déraciner, v. a. 61	Désaveugler, v. a. 25	Désincorporer, v. a. 64

sinfatuer, v. a.	82	Détignonner, v. a.	51	Digérer, v. a.	65	Dolenter (se), v. pr.	72
sinfecter, v. a.	72	Détirer, v. a.	64	Dignifier, v. a.	34	Doler, v. a.	35
sinfluencer, v. a.	7	Détiser, v. a.	67	Diguer, v. a.	31	Domanialiser, v. a.	67
sinquiéter, v. a.	72	Détisser, v. a.	71	Dilacérer, v. a.	64	Domestiquer, v. a.	63
sintéresser, v. a.	71	Détoner, v. a.	51	Dilapider, v. a.	16	Domicilier (se) v. pr.	34
sinvestir, v. a.	133	Détonner, v. n.	51	Dilater, v. a	72	Dominer, v. a.	51
sinviter, v. a.	72	Détordre, v. a.	197	Dilayer, v. a.	89	Dompter, v. a.	72
sirer, v. a.	64	Détorquer, v. a.	63	Diligenter, v. a.	72	Donner, v. a.	51
sister (se), v. p.	72	Détortiller, v. a.	46	Diluer, v. a.	82	Douer, v. a.	64
sobéir, v. n.	108	Détoucher, v. n.	10	Dîmer, v. n.	48	Douloter, v. a.	72
sobliger, v. a.	23	Détouper, v. a.	56	Diminuer, v. a.	82	Dormir, v. n.	118
sobstruer, v. a.	82	Détoupillonner, v. a.	51	Dîner, v. n.	51	Doser, v. a.	67
soccuper (se), v. p.	56	Détourner, v. a.	51	Dire, v. a.	179	Doter, v. a.	72
soler, v. a.	35	Détracter, v. a.	72	Diriger, v. a.	23	Douaner, v. a.	51
sopiler, v. a.	35	Détranger, v. a.	23	Disbroder, v. a.	16	Doubler, v. a.	4
sordonner, v. a.	51	Détransposer, v. a.	67	Discaler, v. n.	35	Doucher, v. a.	10
sorganiser, v. a.	67	Détraquer, v. a.	63	Discepter, v. a.	72	Doucir, v. a.	98
sorienter, v. a.	72	Détremper, v. a.	56	Discerner, v. a.	51	Douer, v. a.	55
sorner, v. a.	51	Détresser, v. a.	71	Discipliner, v. a.	51	Douloir (se), v. pr.	144
sosser, v. a.	71	Détricher, v. a.	10	Discontinuer, v. a.	82	Douter, v. n.	72
sourdir, v. a.	99	Détripler, v. a.	61	Disconvenir, v. n.	121	Dragéonner, v. n.	51
soxyder, v. a.	16	Détriter, v. a.	72	Discorder, v. n.	16	Dragonner (se), v. pr.	51
spoliser, v. a.	67	Détromper, v. a.	56	Discourir, v. n.	128	Draguer, v. a.	31
spumer, v. a.	48	Détrôner, v. a.	51	Discréditer, v. a.	72	Draper, v. a.	56
squamer, v. a.	48	Détrousser, v. a.	71	Disculper, v. a.	56	Drayer, v. a.	89
ssaigner, v. a.	27	Détruire, v. a.	186	Discuter, v. a.	72	Dréger, v. a.	14
ssaisir (se), v. p.	130	Dévaler, v. n.	35	Disgracier, v. a.	34	Dresser, v. a.	71
ssaisonner, v. a.	51	Dévaliser, v. a.	67	Disgréger, v. a.	24	Driller, v. n.	46
ssaler, v. a.	35	Devancer, v. a.	7	Disjoindre, v. a.	191	Droguer, v. a.	31
ssangler, v. a.	25	Dévassaliser, v. a.	67	Disloquer, v. a.	63	Drosser, v. n.	71
sséchér, v. a.	11	Dévaster, v. a.	72	Disparaître, v. n.	165	Drousser, v. a.	71
sseller, v. a.	42	Développer, v. a.	56	Dispenser, v. a.	68	Druidiser, v. n.	67
sserrer, v. a.	66	Devenir, v. n.	121	Disperser, v. a.	68	Duire, v. n.	177
ssertir, v. a.	133	Déventer, v. a.	72	Disposer, v. a.	67	Dulcifier, v. a.	34
sservir, v. a.	140	Dévergonder (se), v. p.	16	Disproportionner, v. n.	51	Duper, v. a.	56
ssiller, v. a.	46	Déverguer, v. a.	31	Disputailler, v. a.	43	Dupliquer, v. n.	63
ssiner, v. a.	51	Déverrouiller, v. a.	47	Disputer, v. n.	72	Durcir, v. a.	98
ssoler, v. a.	35	Déverser, v. a.	68	Disséminer, v. a.	52	Durer, v. n.	64
ssouder, v. a.	16	Dévêtir, v. n.	135	Disséquer, v. a.	63	Durillonner, v. n.	51
ssoufrer, v. a.	22	Dévider, v. a.	16	Disserter, v. n.	72	Ébahir (s'), v. pr.	106
ssouiller, v. a.	47	Dévier, v. n.	34	Dissimuler, v. a.	35	Ebarber, v. a.	3
ssouler, v. a.	35	Deviner, v. a.	51	Dissiper, v. a.	56	Ebattre (s'), v. pr.	169
ssuinter, v. a.	72	Dévirer, v. a.	64	Dissoner, v. a.	51	Ébaucher, v. a.	10
ssujétir (se), v. p.	133	Dévisager, v. a.	23	Dissoudre, v. a.	200	Ébaudir (s'), v. pr.	99
stiner, v. a.	51	Deviser, v. n.	67	Dissuader, v. a.	16	Ébéner, v. a.	55
stituer, v. a.	82	Dévisser, v. a.	71	Distendre, v. a.	171	Ébertauder, v. a.	16
sulfurer, v. a.	64	Dévoiler, v. a.	35	Distiller, v. a.	46	Ébêtir, v. a.	133
sunir, v. a.	119	Devoir, v. a.	155	Distinguer, v. a.	31	Ébiber, v. a.	3
étacher, v. a.	10	Dévoler, v. n.	35	Distraire, v. a.	166	Ébiseler, v. a.	35
étailler, v. a.	43	Dévorer, v. a.	64	Distribuer, v. a.	82	Éblouir, v. a.	122
étaler, v. a.	35	Dévouer, v. a.	55	Divaguer, v. n.	31	Éborgner, v. a.	27
étalinguer, v. a.	31	Dévoyer, v. a.	91	Divariquer, v. a.	63	Éboter, v. a.	72
étaper, v. a.	55	Diaconiser, v. a.	67	Diverger, v. a.	23	Ébouffer, v. n.	29
étasser, v. a.	71	Diagnostiquer, v. a.	64	Diversifier, v. a.	34	Ébouillir, v. a.	113
éteindre, v. a.	170	Dialoguer, v. n.	31	Divertir, v. a.	133	Ébouler, v. a.	35
ételer, v. a.	41	Diaprer, v. a.	62	Diviniser, v. a.	67	Ébourgeonner, v. a.	51
étendre, v. a.	171	Diatriber, v. n.	8	Diviser, v. a.	67	Ébourrer, v. a.	64
éternir, v. a.	120	Dicter, v. a.	72	Divorcer, v. n.	7	Ébousiner, v. a.	51
étenter, v. a.	72	Diéser, v. a.	69	Divulguer, v. a.	33	Ébrancher, v. a.	10
éterger, v. a.	23	Diffamer, v. a.	48	Dodeliner, v. a	51	Ébranler, v. a.	35
etériorer, v. a.	64	Différencier, v. a.	34	Dodiner (se), v. pr.	51	Ébraser, v. a.	67
eterminer, v. a.	51	Différer, v. a.	65	Dogmatiser, v. n.	67	Ébrécher, v. a.	11
eterrer, v. a.	66	Diffluer, v. n.	82	Doguer (se), v. pr.	31	Ébrener, v. a.	54
étester, v. a.	72	Difformer, v. a.	48	Doigter, v. n	72	Ébroudir, v. a.	99

Ebrouer, v. a.	55	Ecrémer, v. a.	49	Ejaculer, v. a.	35	Embourser, v. a.	6!
Ebruiter, v. a.	72	Ecréner, v. a.	54	Ejamber, v. a.	3	Emboutir, v. a.	13!
Ecacher, v. a.	10	Ecréter, v. a.	73	Ejarrer, v. a.	64	Embrancher, v. a.	10
Ecaffer, v. a.	20	Ecrier (s'), v. pr.	34	Elaborer, v. a.	64	Embraquer, v. a.	6!
Ecailler, v. a.	43	Ecrire, v. a.	178	Elaguer, v. a.	33	Embraser, v. a.	6!
Ecaler, v. a.	35	Ecriturer, v. a.	64	Elancer, v. a.	7	Embrasser, v. a.	7!
Ecanguer, v. a.	63	Ecrivailler, v. a.	43	Elargir, v. a.	103	Embréler, v. a.	3!
Ecarbouiller, v. a.	47	Ecrotter, v. n	72	Electriser, v. a.	67	Embrener, v. a.	5!
Ecarrir, v. a.	126	Ecrouer, v. a.	55	Elégir, v. a.	103	Embrescher, v. a.	10
Ecarquiller, v. a.	46	Ecrouir, v. a.	122	Elever, v. a.	84	Embréver, v. a.	84
Ecarteler, v. a.	39	Ecrouler (s'), v. pr.	35	Elider, v. a.	16	Embricouner, v a	5!
Ecarter, v. a.	72	Ecroûter, v. a.	72	Elimer (s'), v. pr.	48	Embrocher, v. a.	10
Ecarver, v. a.	83	Ecuisser, v. a.	71	Eliminer, v. a.	51	Embrochier, v. a.	34
Ecatir, v. a.	133	Eculer, v. a.	35	Elinguer, v. a.	31	Embrouiller, v. a.	47
Echafauder, v. a.	16	Ecumer, v. a.	48	Elire, v. a.	175	Embruiner, v. a.	5!
Echalasser, v. a.	71	Ecurer, v. a.	64	Eliter, v. a.	72	Embruncher, v. a.	10
Echampir, v. n.	124	Ecussonner, v. a.	51	Elixer, v. a.	94	Embrunir, v. a.	119
Echancrer, v. a.	14	Edenter, v. a.	72	Elocher, v. a.	10	Embûcher (s'), v. pr.	10
Echanger, v. a.	23	Edifier, v. a.	34	Elogier, v. a.	34	Embuffler, v. a.	21
Echantillonner, v. a.	51	Editer, v. a.	72	Eloigner, v. a.	27	Embusquer, v. a.	63
Echanvrer, v. a.	86	Edulcorer, v. a.	64	Elonger, v. a.	23	Emender, v. a.	16
Echapper, v. n.	56	Eduquer, v. a.	63	Elucider, v. a.	16	Emérillonner, v. a.	5!
Echardonner, v. a.	51	Efaufiler, v. a.	35	Eluder, v. a.	16	Emerveiller, v. a.	44
Echarner, v. a.	51	Effacer, v. a.	7	Emailler, v. a.	43	Emétiser, v. a.	67
Echarper, v. a.	56	Effaner, v. a.	51	Emanciper, v. a.	56	Emettre, v. a,	174
Echarseter, v. a.	72	Effarer, v. a.	64	Emaner, v. n.	51	Emeutir, v. n.	133
Echauder, v. a.	16	Effaroucher, v. a.	10	Emarger, v. a.	23	Emier, v. a.	34
Echauffer, v. a.	20	Effectuer, v. a	82	Emayer, v. a.	89	Emietter, v. a.	72
Echeler, v. a.	41	Efféminer, v. a.	51	Emayoler, v. a.	35	Emigrer, v. n.	29
Echelonner, v. a.	51	Effeuiller, v. a.	45	Emblabouiner, v. a.	51	Eminçer, v. a.	7
Echeniller, v. a.	46	Effigier, v. a.	34	Emballer, v. a.	35	Emmagasiner, v. a.	51
Echiner, v. a.	51	Effiler, v. a.	35	Embanquer, v. a.	63	Emmaigrir, v. a.	104
Echoir, v. n.	143	Effiloquer, v. a.	63	Embarder, v. n.	16	Emmaillotter, v. a.	72
Echopper, v. a.	56	Effioler, v. a.	35	Embariller, v. a.	46	Emmaladir, v. n.	99
Echouer, v. n.	55	Efflanquer, v a	63	Embarquer, v. a.	63	Emmaller, v. a.	35
Ecimer, v. a.	48	Effleurer, v. a.	64	Embarrasser, v. a.	71	Emmancher, v. a.	10
Eclabousser, v a	71	Effleurir, v. a.	126	Embastiller, v. a.	46	Emmannequiner, v. a.	51
Eclaircir, v. a.	98	Efflotter, v. a.	72	Embâter, v. a.	72	Emmenteler, v. a.	39
Eclairer, v. a.	64	Effondrer, v. a.	18	Embattre, v. a.	169	Emmariner, v. a	51
Eclancher, v. a.	10	Efforcer (s'), v. pr.	7	Embaucher, v. a.	10	Emmarquiser (s') v. pr.	67
Eclater, v. n.	72	Effrayer, v. a.	69	Embaumer, v. a.	48	Emmêler, v. a.	38
Eclipser, v. a.	68	Effriter, v. a.	72	Embecquer, v. a.	63	Emménager v. a.	23
Eclisser, v. a.	71	Effruiter, v. a.	72	Embéguiner, v. a.	51	Emmener, v. a.	54
Eclore, v. n.	198	Effumer, v. a.	48	Embellir, v. a.	110	Emmenotter, v. a.	72
Ecobuer, v. a.	82	Egaler, v. a.	35	Emberlucoquer(s')v.p.	63	Emmétrer, v. a.	80
Eoacheler, v. a.	39	Egaliser, v. a.	67	Embesogner, v. a.	27	Emmeubler, v. a.	4
Ecolleter, v. a.	77	Egarer, v. a.	64	Embêter, v. a.	64	Emmieller, v. a.	42
Econduire, v. a.	186	Egarroter, v. a.	72	Emblayer, v. a.	89	Emmitoufler, v. a.	21
Economiser, v. a.	67	Egayer, v. a.	89	Embler, v. a.	4	Emmortaiser, v. a	67
Ecorcer, v. a.	7	Eglander, v. a.	16	Emblier, v. a.	34	Emmurer, v. a.	64
Ecorcher, v. a.	10	Egoger, v. a.	23	Embloquer, v. a.	63	Emmuscler, v. a.	41
Ecorer, v. a.	64	Egoïser, v. a.	67	Embobiner, v a.	51	Emmusquer, v. a.	63
Ecorner, v. a.	51	Egorger, v. a.	23	Emboire (s'), v. pr.	193	Emoeller, v. a.	42
Ecornifler, v. a.	21	Egosiller (s'), v. pr.	46	Emboiser, v. a.	67	Emolumenter, v. n.	72
Ecosser, v. a.	71	Egoutter, v. a.	72	Emboiter, v. a.	72	Emonder, v. a.	16
Ecôter, v. a.	72	Egrapper, v. a.	56	Embordurer, v. a.	64	Emorceler, v. a.	41
Ecouaner, v. a.	51	Egratigner, v. a.	27	Embrosser, v a	71	Emorfiler, v. a.	35
Ecouer, v. a.	55	Egravillonner, v. a	51	Emboucher, v. a.	10	Emotionner, v. a.	51
Ecouler, v. n.	35	Egrener, v. a.	54	Emboucler, v. a.	13	Emotter, v. a.	72
Ecourter, v. a.	72	Egriser, v. a.	67	Embouer, v. a.	55	Emoucher, v. a.	10
Ecouter, v. a.	72	Egruger, v. a.	23	Emboufreter, v. a.	77	Emoudre, a. v.	202
Ecouvillonner, v. a.	51	Eguculer, v. a.	35	Embouquer, v. n.	63	Emousser, v. a.	7!
Ecrancher, v. a.	10	Eherber, v. a.	3	Embourber, v. a	3	Emoustiller, v. a.	46
Ecraser, v. a.	67	Ehouper, v. a.	56	Embourrer, v. a.	64	Emouvoir, v. a.	151

Emoyer, v. a.	91	Enceindre, v. a.	170	Endosser, v. a.	71	Engréger, v. a.	24
Empailler, v. a.	43	Encenser, v. a.	68	Endouziner, v. a.	51	Engrêler, v. a.	38
Empaler, v. a.	35	Encéper, v. a.	58	Enduire, v. a.	186	Engrener, v. a.	54
Empanacher, v. a.	10	Enchainer, v. a.	51	Endurcir, v. a.	98	Engrosser. v. a.	71
Empaumer, v a.	51	Euchaler, v. a.	35	Endurer, v. a.	64	Engrossir, v. a.	132
Empaqueter, v. a.	76	Enchanteler, v. a.	41	Energiser, v. a.	67	Engrumeler, v. a.	41
Emparer (s'), v. pr.	64	Enchanter, v. a.	72	Enerver, v. a.	83	Enguenillcr, v. a.	46
Empasteler, v. a.	41	Enchapeler, v. a.	41	Eneyer, v. a.	90	Enhacher, v. a.	10
Empâter, v. a.	72	Enchaper, v. a.	56	Enfagoter, v. a.	72	Enhaillonner, v. a.	51
Empatter, v. a.	72	Enchaperonner, v. a.	51	Enfaîter, v. a.	72	Euhair, v. a.	107
Empatronner, v. a.	51	Encharger, v. a.	23	Enfanter, v. a.	72	Enhardir, v. a.	99
Empaumer, v. a.	48	Encharner, v. n.	51	Enfantiller, v. a.	46	Enharnacher, v. a.	10
Empêcher, v. a.	12	Enchartrer, v. a.	79	Enfariner, v. a.	51	Enbâter, v. a.	72
Empeloter (s'), v. pr.	72	Enchâsser, v. a.	71	Enféer, v. a.	19	Euberber, v. a.	3
Empéner, v. a.	52	Enchatonner, v. a.	51	Enfermer, v. a.	48	Enhuiler, v. a.	35
Empenneler, v. a.	41	Enchausser, v. a.	71	Enferrer, v. a.	66	Enigmatiser, v. a.	97
Empenner, v. a.	51	Enchérir, v. a.	127	Enteuiller (s'), v. pr.	45	Enivrer, v. a.	86
Empeser, v. a.	70	Enchevêtrer, v. a.	81	Enficeler, v. a.	41	Enjabler, v. a.	4
Empester, v. a.	72	Enchifrener, v. a.	54	Enfieller, v. a.	42	Enjalouser, v. a.	67
Empêtrer, v. a.	80	Encirer, v. a.	64	Enfiérir, v. n.	127	Enjamber, v. a.	3
Empiéger, v. a.	24	Enclasser, v. a.	71	Enfiévrer, v. a.	87	Enjaveler, v. a.	41
Empierrer, v. a.	64	Enclaver, v. a.	83	Enfiler, v. a.	35	Enjoindre, v. a.	191
Empiéter, v. a.	73	Encliqueter, v. a.	77	Enflammer, v. a.	48	Enjôler, v. a.	35
Empiffrer, v. a.	22	Encloîtrer, v. a.	79	Enfler, v. a.	21	Enjoliver, v. a.	83
Empiler, v. a.	35	Enclore, v. a.	198	Enfolier, v. a.	34	Enjouer, v. a.	55
Empirer, v. a.	64	Enclôtir, v. a.	153	Enfoncer, v. a.	7	Enjuvencer (s'), v. pr.	7
Emplacer, v. a.	7	Enclouer, v. a.	55	Enfondrer, v. a.	18	Enlacer, v. a.	7
Emplâtrer, v. a.	79	Encocher, v. a.	10	Enforcir, v. a.	98	Enlaidir, v. a.	99
Emplir, v. a.	125	Encoffrer, v. a.	22	Enforester, v. a.	72	Enlarmer, v. a.	48
Employer, v. a.	91	Encoller, v. a.	45	Enfourmer, v. a.	48	Enlever, v. a.	84
Emplumer, v. a.	48	Encombrer, v. a.	5	Enfouir, v. a.	122	Enlier, v. a.	34
Empocher, v. a.	10	Encomédienner, v. a.	51	Enfourcher, v. n.	10	Enligner, v. a.	27
Empoigner, v. a.	27	Encommencer, v. a.	7	Enfourner, v. a.	51	Enhseronner, v. a	51
Empointer, v. a.	72	Enconvenancer, v. a.	7	Enfourrer, v. a.	64	Enlizer, v. a.	94
Empoisonner, v. a.	51	Encoquer, v. a.	63	Enfrayer, v. a.	89	Enluminer, v. n.	51
Empoisser, v. a.	71	Encornailler (s), v. p.	43	Enfreindre, v. a.	170	Ennoblir, v. a.	96
Empoissonner, v. a.	51	Encorner, v.	51	Enfroquer, v. a.	63	Ennuyer, v. a.	93
Emporter, v. a.	72	Encorneter, v. a.	77	Enfuir (s'), v. pr.	138	Enoiseler, v. a.	41
Empoter, v. a.	72	Encouardir, v. a.	99	Enfumer, v. a.	48	Enoncer, v. a.	7
Empourprer, v. a.	62	Encourager, v. a.	23	Enfutailler, v. a.	43	Enorgueillir, v. a.	114
Empreindre, v. a.	170	Encourir, v. a.	128	Engager, v. a.	23	Enouer, v. a.	45
Empresser (s'), v. pr.	71	Encoutiner, v. a.	51	Engainer, v. a.	51	Enquérir (s'), v. pr.	127
Emprisonner, v. a.	51	Encrasser, v. a.	71	Engaller, v. a.	35	Enquêter s'), v. pr.	74
Emprunter, v. a.	72	Encréner, v. a.	52	Enganter, v. a.	72	Enraciner (s'), v. pr.	51
Empuantir, v. a.	133	Encrêper (s'), v pr.	57	Engarder, v. a.	16	Enrager, v. n	23
Emuler, v. a.	35	Encrer, v. a.	14	Engaver, v. a.	83	Enrayer, v. a.	89
Emulsionner, v. a.	41	Eucroiser, v a.	67	Engeancer, v. a.	7	Enrégimenter, v. a.	72
Enamourer, v. a.	64	Encroisser, v. a.	71	Engencer, v. a.	7	Enregistrer, v. a.	79
Enarrer, v. a.	64	Encroûter, v. a.	72	Engendrer, v. a.	18	Enréner, v. a.	52
Enarrher, v. a.	64	Encuirasser, v. a.	71	Enger, v. a.	23	Enrhumer, v. a.	48
Enaser, v. a.	67	Encuisiner, v. a.	51	Engerber, v. a.	3	Enrhumer, v. n.	51
Encadrer, v. a.	18	Enculasser, v. a.	71	Engigner, v. a.	27	Enrichir, v. a.	97
Encager, v. a.	23	Encuver, v. a.	83	Englober, v. a.	3	Enrôler, v. a.	35
Encaisser, v. a.	71	Endenter, v. a.	72	Engloutir, v. a.	133	Enrouer, v. a.	55
Encanailler, v. a.	43	Endetter, v. a.	78	Engluer, v. a.	82	Enrouiller, v. a.	47
Encantrer, v. a.	79	Endéver, v. n.	84	Engoncer, v. a.	48	Enrouler, v. n.	35
Encapuchonner, v. a.	51	Endiabler, v. n.	4	Engorger, v. a.	23	Enrubaner, v. a.	51
Encaquer, v. a.	63	Endiguer, v. a.	31	Engouer, v. a.	55	Ensabler, v. a.	4
Encarter, v. a.	72	Endimancher, v. a.	10	Engouffrer (s'), v. p.	22	Ensaboter, v. n.	72
Encasteler (s'), v. pr.	41	Endoctriner, v. a	51	Engouler, v. a.	35	Ensacher, v. a.	10
Encaster, v. a.	72	Endolorer, v. a.	64	Engourdir, v. a.	99	Ensafraner, v. n.	51
Encastiller, v. a.	46	Endolorir, v. a.	126	Engraisser, v. a.	71	Ensaisiner, v. n.	51
Encastrer, v. a.	79	Endommager, v. a.	23	Engranger, v. a.	23	Ensangianter, v. a.	72
Encaver, v. a.	83	Endormir, v. a.	110	Engraver, v. a.	83	Enseigner, v. a.	72

14

Enseller, v. a.	42	Entre-heurter (s'),v.p.	72	Epanneler, v. a.	41	Escamoter, v. a.	72
Ensemencer, v. a.	7	Entre-hiverner, v. a.	51	Epanouir, v. a.	122	Escamper, v. a.	56
Ensépulturer, v. a.	64	Entrelacer, v. a.	7	Eparer (s'), v. pr.	64	Escaper, v. a.	56
Enserrer, v. a.	66	Entrelarder, v. a.	16	Epargner, v. a.	27	Escarbouiller, v. a.	47
Ensevelir, v. a.	109	Entre-lier, v. a.	34	Eparpiller, v. a.	46	Escarmoucher, v. a.	1
Ensimer, v. a.	48	Entre-louer (s'), v. p.	55	Epater, v. a.	72	Escarner, v. a.	51
Ensorceler, v. a.	39	Entre-luire, v. n.	177	Epanler, v. a.	35	Escarper, v. a.	55
Ensoufrer, v. a.	22	Entre-manger (s'),v.p.	23	Epêcher, v. a.	12	Escarpiner, v. n	51
Ensoyer, v. a.	91	Entremêler, v. a.	38	Epeler, v. a.	41	Eschamer, v. a.	48
Ensuifer, v. a.	20	Entre-mesurer(s'),v.p.	64	Eperonner, v. a.	51	Escharnir, v. a.	119
Ensuivre (s'), v. pr.	189	Entremettre(s'), v.pr.	174	Epicer, v. a.	7	Esclaver, v. a.	83
Entabler (s'), v. pr.	4	Entre-moquer(s'),v.p.	63	Epier, v. a.	34	Escobarder, v. n.	16
Entacher, v. a	10	Entre-mordre(s'),v.p.	197	Epierrer, v. a.	66	Escocher, v. a.	10
Entailler, v. a.	43	Entr'empêcher(s'),v.p.	12	Epigeonner, v. a.	51	Escoffier, v. a.	72
Entalenter v. a.	72	Entr'entendre (s'),v.p	71	Epigrammatiser, v. a.	7	Escorter, v. a.	72
Entamer, v. a	48	Entre-nuire (s'), v.p.	177	Epiler, v. a.	35	Escoupeler, v. a	41
Entasser, v. a.	71	Entre-pardonner (s').	51	Epiloguer, v. a.	31	Escourger, v. a.	23
Entendre, v. a.	171	Entre-parler (s'), v. p.	35	Epinceter, v. a.	77	Escraventer, v. a.	72
Enter, v. a.	72	Entre-percer (s'),v. p.	7	Epingler, v. a.	25	Escrimer, v. a.	48
Entériner, v. a.	51	Entre-persécuter (s').	72	Epinocher, v. n.	10	Escroquer, v. a.	63
Enterrer, v. a.	64	Entreposer, v. a.	67	Episodier, v. n.	34	Escupir, v. n.	124
Entêter, v. a.	74	Entre-pousser (s'),v.p.	71	Episser, v. a.	71	Esgaliver, v. a.	83
Enthousiasmer, v. a.	48	Entreprendre, v. a.	172	Eplaigner, v. a.	27	Esgarder, v. a.	16
Enticher, v. a	10	Entre-quereller (s').	42	Eplucher, v. a.	10	Escuiller, v. a.	46
Entoiler, v. a.	35	Entrer, v. n.	79	Epoinçonner, v. a.	51	Esmiller, v. a.	46
Entoiser, v. a.	67	Entre-regretter (s').	78	Epointer, v. a.	72	Espacer, v. a.	7
Entonner, v. a.	51	Entre-répondre (s').	196	Epointiller, v. a.	46	Espader, v. a.	16
Entonner, v. a.	51	Entre-saluer (s'), v. p.	82	Eponger, v. a.	23	Espadonner, v. n.	51
Entortiller, v. a.	46	Entre-secourir(s'),v.p.	28	Epontiller, v. a.	46	Espagnoliser, v. a.	67
Entourer, v. a.	64	Entre-suivre(s'), v.p.	189	Epoudrer, v. a.	18	Espalmer, v. a.	48
Entr'accorder (s'),v.p.	16	Entre-tailler (s'),v. p.	43	Epousser (s'), v. pr.	20	Esparer, v. a.	63
Entr'accuser (s'), v. p	67	Entretenir, v. a.	120	Epouiller, v. a.	47	Espérer, v. a.	65
Entr'admirer (s') v.p.	64	Entre-tuer (s'), v. p.	82	Epoumoner, v. a.	51	Espionner, v. a.	51
Entr'aider (s'), v.pr.	16	Entre-visiter (s'), v.p.	72	Epouser, v. a.	67	Esquicher, v. a.	10
Entr'aimer (s'), v. pr	48	Entrevoir, v. a.	154	Epousseter, v. a.	76	Esquisser, v. a.	71
Entraîner, v. a.	51	Entrevoûter, v. a.	72	Epontier, v. a.	42	Esquiver, v. a.	83
Entr'appeler (s'),v.p.	41	Entr'immoler (s'),v.p.	35	Epouvanter, v. a.	72	Essaimer, v. n.	48
Entraver, v. a.	83	Entr'obliger (s'), v. p	23	Epreindre, v. a.	170	Es-anger, v. a.	24
Entr'avertir (s'), v.p.	133	Entr'ouïr, v. a.	123	Eprendre (s'), v. pr.	172	Essarder, v. a.	16
Entre-bâiller, v. a.	43	Entr'ouvrir, v. a.	142	Eprouver, v. a.	83	Essarter, v. a.	72
Entre-baiser (s'), v.p.	67	Entr'user (s'), v. pr.	67	Epucer, v. a.	7	Essayer, v. a.	89
Entre-battre(s'), v.p.	169	Enumérer, v. a.	65	Epuiser, v. a.	67	Essencier, v. a.	34
Entre-chamailler (s').	43	Envahir, v. a.	106	Epurer, v. a.	64	Esser, v. a.	71
Entre-cher her(s'),v.p	16	Envaler, v. a.	35	Equarrier, v. a.	34	Essener (s'); v. pr.	35
Entre-choquer(s'),v.p	63	Envélioter, v. a.	72	Equarrir, v. a.	126	Essimer, v. a.	48
Entre-communiquer (s'),		Envelopper, v. a.	56	Equerrer, v. a.	66	Essorer, v. a.	64
v. pr.	63	Envenimer, v. a.	48	Equilibrer, v. a.	5	Essoriller, v. a.	10
Entre-connaître(s'),	164	Enverger, v. a.	23	Equiper, v. a.	56	Essoucher, v. a.	10
Entrecouper, v. a.	56	Enverguer, v. a.	31	Equipoller, v. n.	35	Essouffler, v. a.	21
Entre-croiser (s'), v. p.	67	Enverser, v. a.	68	Equivaloir, v. n.	144	Essourrisser, v. a.	71
Entre-déchirer (s').	64	Enversir, v. a.	131	Equivoquer (s'), v. p	63	Essucquer, v. a.	63
Entre-défaire s'),v.p.	160	Enveiller, v. a.	114	Etafler, v. a.	21	Essuyer, v. a.	91
Entre-détruire (s').	183	Envier, v. a.	34	Erailler, v. a.	43	Estafilader, v. a.	16
Entre-dévorer(s'),v.p.	64	Environner, v. a.	51	Erater, v. a.	72	Estamper, v. a.	54
Entre-dire (s'), v. pr.	179	Envisager, v. a.	23	Ereinter, v. a.	72	Estampiller, v. a.	46
Entre-donner (s'),v.p.	51	Envoiler (s'), v. pr.	35	Ergoter, v. n.	72	Ester, v. n.	72
Entr'égorger (s'), v. p.	23	Envoler (s'), v. pr.	35	Eriger, v. a.	23	Estimer, v. a.	48
Entr'embarrasser (s').	71	Envoûter, v. a.	72	Errementer, v. a.	72	Estioméner, v. a.	52
Entre-fâcher(s'), v. p.	10	Envoyer, v. a.	92	Errer, v. n.	66	Estiver, v. a.	83
Entre-fouetter (s'),v.p.	78	Epailler, v. a.	43	Erucir, v. a.	98	Estocader, v. n.	16
Entre-frapper (s'), v.p.	56	Epaissir, v. n.	132	Eructer, v. a.	72	Estomaquer (s'), v.p.	63
Entre-gronder (s'),v.p.	16	Epamprer, v. a.	62	Escadronner, v. a.	51	Estomir, v. a.	117
Entre-haïr (s'), v. pr.	107	Epancher, v. a.	10	Escafer, v. a.	20	Estomper, v. a.	56
Entre-harceler(s'),v.p.	39	Epandre, v. a.	168	Escalader, v. a.	16	Estramaçonner, v. a.	51

Estrapader, v. a.	16	Eventer, v. a.	72	Exprimer, v. a.	48	Feindre, v. a.	170
Estrapasser, v. a.	71	Eventiller (s'), v. pr.	46	Exproprier, v. a.	34	Fêler, v. a.	37
Estraper, v. a.	56	Eventrer, v. a.	79	Expulser, v. a.	68	Féliciter, v. a.	72
Estriquer, v. a.	63	Evermuder, v. a.	16	Expurger, v. a.	23	Féminiser, v. a.	67
Estroper, v. a.	56	Everrer, v. a.	65	Exsuder, v. n.	16	Fendiller (se), v. pr.	46
Estropier, v. a.	34	Evertuer (s'), v. pr.	82	Extasier, v. a.	34	Fendre, v. a.	171
Etabler, v. a.	4	Evider, v. a.	16	Exténuer, v. a.	82	Fenestrer, v. n.	79
Etablir, v. a.	96	Evincer, v. a.	7	Exterminer, v. a.	51	Férier, v. a.	34
Etager, v. a.	23	Eviter, v. a.	72	Extirper, v. a.	56	Férir, v. a.	126
Etaler, v. a.	35	Evoluer, v. a.	82	Extoller, v. a.	35	Ferler, v. a.	35
Etalinguer, v. a.	81	Evoquer, v. a.	63	Extorquer, v. a.	63	Fermenter, v. n.	72
Etalonner, v. a.	51	Exagérer, v. a.	65	Extrader, v. a.	16	Fermer, v. a.	48
Etamer, v. a.	48	Exalter, v. a.	72	Extraire, v. a.	163	Ferrailler, v. a.	43
Etamper, v. a.	56	Examiner, v. a.	51	Extranéiser, v. a.	67	Ferrer, v. a.	66
Etaucher, v. a.	16	Exaspérer, v. a.	65	Extravaguer, v. n.	31	Fertiliser, v. a.	67
Etançonner, v. a.	51	Exaucer, v. a.	7	Extravaser (s'), v. pr.	67	Fesser, v. a.	71
Etarquer, v. a.	63	Exautorer, v. a.	64	Extrômiser, v. a.	67	Festiner, v. a.	51
Etayer, v. a.	89	Excarner, v. a.	51	Exulcérer, v. a.	65	Festonner, v. a.	51
Eteindre, v. a.	170	Excaver, v. a.	83	Exulter, v. a.	72	Festoyer, v. a.	91
Etemper, v. a.	56	Excéder, v. a.	17	Fabler, v. n.	4	Fêter, v. a.	74
Etendre, v. a.	171	Exceller, v. n.	42	Fabriquer, v. a.	63	Feuiller, v. n.	45
Eterniser, v. a.	67	Excepter, v. a.	72	Fabuliser, v. a.	67	Feuilleter, v. a.	76
Eternuer, v. a.	82	Exciper, v. n.	56	Facer, v. a.	7	Feuillir, v. n.	110
Etêter, v. a.	77	Exciter, v. a.	72	Facetter, v. a.	78	Feutrer, v. a.	79
Ethérifier, v. a.	34	Exclure, v. a.	203	Fâcher, v. a.	10	Fiancer, v. a.	7
Etinceler, v. n.	41	Excommunier, v. a.	34	Faciliter, v. a.	72	Ficeler, v. a.	41
Etioler, v. a.	35	Excorier, v. a.	34	Façonner, v. a.	51	Ficher, v. a.	10
Etiqueter, v. a.	77	Excrucier, v. a.	34	Facturer, v. a.	64	Fieffer, v. a.	28
Etirer, v. a.	64	Excuser, v. a.	67	Fagoter, v. a.	72	Fienter, v. n.	72
Etoffer, v. a.	20	Exécrer, v. a.	15	Faiblir, v. a.	96	Fier, v. a.	34
Etoiler, v. a.	35	Exécuter, v. a.	72	Faillir, v. n.	113	Figer, v. a.	23
Etonner, v. a.	51	Exempter, v. a.	72	Fainéanter, v. n.	72	Fignoler, v. a.	35
Etouffer, v. a.	20	Exercer, v. a.	7	Faire, v. a.	160	Figurer, v. a.	64
Etouper, v. a.	56	Exerciter, v. a.	72	Faisander, v. a.	16	Filer, v. a.	35
Etoupiller, v. a.	46	Exfolier (s'), v. pr.	34	Faisser, v. a.	71	Fileter, v. a.	77
Etourdir, v. a.	99	Exfumer, v. a.	48	Falaiser, v. a.	67	Filouter, v. a.	72
Etranger, v. a.	23	Exhaler, v. a.	35	Falloir, v. n.	146	Filtrer, v. n.	79
Etrangler, v. a.	25	Exhausser, v. a.	71	Falquer, v. n.	63	Financer, v. a.	7
Etraper, v. a.	56	Exhéréder, v. a.	17	Falsifier, v. a.	34	Finasser, v. n.	71
Etraquer, v. a.	63	Exhiber, v. a.	3	Faluner, v. a.	51	Finir, v. a.	119
Etre, v. auxil.	1	Exhorter, v. a.	72	Familiariser, v. a.	67	Fioler, v. n.	35
Etrécir, v. a.	98	Exhumer, v. a.	48	Fanatiser, v. a.	67	Fixer, v. a.	88
Etreindre, v. a.	170	Exiger, v. a.	23	Faner, v. a.	51	Flabeller, v. a.	42
Etrenner, v. a.	51	Exiquer, v. a.	31	Fanfarer, v. a.	64	Flageller, v. a.	42
Etresillonner, v. a.	51	Exiler, v. a.	35	Fantasier, v. a.	34	Flagorner, v. a.	51
Etriller, v. a.	46	Eximer, v. a.	48	Fantastiquer, v. a.	63	Flairer, v. a.	64
Etriper, v. a.	56	Exister, v. n.	72	Faonner, v. a.	51	Flamber, v. a.	3
Etriquer, v. a.	63	Exonérer, v. a.	65	Farcer, v. a.	7	Flamboyer, v. a.	91
Etriver, v. a.	83	Exorciser, v. n.	67	Farcir, v. a.	98	Flâner, v. n.	51
Etronçonner, v. a.	51	Exostoser (s'), v. pr.	67	Farder, v. a.	16	Flanquer, v. a.	63
Etrousser, v. a.	71	Expatrier, v. a.	34	Farfouiller, v. a.	47	Flaquer, v. a.	63
Etudier, v. a.	34	Expectorer, v. a.	64	Fariner, v. a.	51	Flatir, v. a.	133
Etuvir, v. a.	139	Expédier, v. a.	34	Fasciner, v. a.	51	Flatrer, v. a.	79
Etymologiser, v. a.	67	Expeller, v. a.	42	Fataliser, v. a.	67	Flatter, v. a.	72
Evacuer, v. a.	82	Expérimenter, v. a.	72	Fatiguer, v. a.	31	Fléchir, v. a.	97
Evader (s'), v. pr.	16	Expertiser, v. a.	67	Fatrasser, v. n.	71	Flétrir, v. a.	137
Evaltonner (s'), v. p.	51	Expier, v. a.	34	Faucher v. a.	10	Fleurdeliser, v. a.	67
Evaluer, v. a.	82	Expirer, v. n.	64	Fauder, v. a.	16	Fleurer, v. n.	64
Evangéliser, v. a.	67	Expliquer, v. a.	63	Fauliler, v. a.	35	Fleurir, v. n.	126
Evanouir (s'), v. pr.	122	Exploiter, v. a.	72	Fausser, v. a.	71	Fleuronner, v. a.	51
Evantiller, v. a.	46	Explorer, v. a.	64	Favoriser, v. a.	67	Flibuster, v. a.	72
Evaporer, v. a.	64	Expolier, v. a.	34	Féconder, v. a.	16	Flinquer, v. a.	63
Evaser, v. a.	67	Exporter, v. a.	71	Fédéraliser, v. a.	67	Flosflotter, v. n.	72
Eveiller, v. a.	44	Exposer, v. a.	67	Féer, v. a.	19	Florer, v. a.	64

Flotter, v. n.	72	Fourvoyer, v. a.	91	Gabeler, v. a.	41	Gléner, v. a.	52
Fluer, v. n.	82	Fracasser, v. a.	71	Gaber, v. a.	3	Glisser, v. n.	71
Fluidifier (se), v. pr.	34	Fractionner, v. a.	51	Gabionner, v. a.	51	Glorifier, v. a.	34
Fluter, v. n.	72	Fracturer, v. a.	64	Gâcher, v. a.	10	Gloser, v. a.	67
Foirer, v. n.	64	Fraîchir, v. n.	97	Gaffer, v. a.	20	Glouglouter, v. a.	72
Foisonner, v. n.	51	Fraiser, v. a.	67	Gager, v. a.	23	Glousser, v. n.	71
Folâtrer, v. n.	79	Framboiser, v. a.	67	Gagner, v. a.	27	Gluer, v. a.	82
Folichonner, v. n.	51	Francher, v. a.	10	Galantiser, v. a.	67	Goailler, v. n.	43
Folioter, v. a.	72	Franciser, v. a.	67	Galbanoner, v. a.	51	Gobelotter, v. n.	72
Foller, v. n.	35	Franger, v. a.	2	Galer (se), v. pr.	35	Gober, v. n.	3
Folliner, v. n.	51	Frapper, v. a.	56	Galonner, v. a.	51	Goberger (se), v. pr.	23
Folloyer, v. n.	91	Fraser, v. a.	67	Galoper, v. n.	56	Gobeter, v. a.	77
Fomenter, v. a.	72	Fraterniser, v. n.	67	Galvaniser, v. a.	67	Godailler, v. n.	43
Fonger, v. a.	23	Frauder, v. a.	16	Galvauder, v. a.	16	Goder, v. n.	16
Fonctionner, v. n.	51	Frayer, v. a.	89	Gambader, v. n.	16	Godronner, v. a.	51
Fonder, v. a.	16	Fredonner, v. n.	51	Gambiller, v. n.	46	Goguenarder, v. n.	16
Foudre, v. a.	196	Frégater, v. a.	72	Ganer, v. n.	51	Goguer (se), v. pr.	31
Foncer, v. a.	7	Frelater, v. a.	72	Gangrener (se), v. pr.	52	Goinfrer, v. n.	22
Forbannir, v. a.	119	Frémir, v. a.	117	Ganter, v. a.	72	Gommer, v. a.	48
Forcener, v. a.	54	Fréquenter, v. a.	72	Garancer, v. a.	7	Gonfler, v. a.	21
Forcer, v. a.	7	Fréter, v. a.	73	Garantir, v. n.	133	Goreter, v. a.	77
Forclore, v. a.	198	Frétiller, v. n.	46	Garder, v. a.	16	Gorger, v. a.	23
Forer, v. a.	64	Fretter, v. a.	78	Garer, v. a.	64	Gosiller, v. a.	46
Forfaire, v. n.	160	Friander, v. n.	16	Gargariser, v. a.	67	Gouacher, v. n.	10
Forgager, v. a.	23	Fricasser, v. a.	71	Gargoter, v. n.	72	Goudiller, v. n.	46
Forger, v. a.	23	Fricoter, v. a.	72	Gargouiller, v. n.	47	Goudronner, v. a.	51
Forhuir, v. n.	138	Frictionner, v. a.	51	Garnir, v. a.	119	Gouger, v. a.	23
Forjeter, v. n.	77	Frigefier, v. a.	34	Garrotter, v. a.	72	Goujonner, v. a.	51
Forjuger, v. a.	23	Frigoter, v. n.	72	Gasconner, v. n.	51	Goupiller, v. a.	46
Forlancer, v. a.	7	Friller, v. n.	46	Gaspiller, v. a.	46	Goupillonner, v. a.	51
Forligner, v. n.	27	Fringoler, v. n.	35	Gâter, v. a.	72	Gourbiller, v. n.	46
Forlonger, v. n.	23	Fringuer, v. a.	31	Gauchir, v. n.	97	Gourdiner, v. a.	51
Formaliser (se), v. pr.	67	Friper, v. a.	56	Gauder, v. a.	16	Gourer, v. a.	64
Formarier (se), v. pr.	34	Friponner, v. a.	51	Gaudir (se), v. pr.	99	Gourmander, v. a.	16
Formener, v. a.	54	Frire, v. a.	185	Gaudronner, v. a.	51	Gourmer, v. n.	46
Former, v. a.	48	Friser, v. a.	67	Gaufrer, v. a.	22	Gournabler, v. a.	4
Formuer, v. a.	82	Frisotter, v. a.	72	Gauler, v. a.	35	Goûter, v. a.	72
Formuler, v. a.	35	Frisonner, v. n.	51	Gausser (se), v. pr.	71	Gouverner, v. a.	51
Forniquer, v. a.	63	Fritter, v. a.	72	Gazéifier, v. a.	34	Gracier, v. a.	34
Fornouer, v. a.	55	Froidir, v. n.	99	Gazer, v. a.	94	Gracieuser, v. a.	67
Forpaître, v. n.	67	Froisser, v. a.	71	Gazonner, v. a.	51	Grader, v. a.	16
Forpasser, v. a.	71	Frôler, v. a.	35	Gazouiller, v. n.	47	Graduer, v. a.	82
Fortifier, v. a.	34	Froncer, v. a.	7	Geindre, v. n.	170	Graligner, v. n.	27
Fortitrer, v. n.	79	Fronder, v. a.	16	Geler, v. a.	39	Grailler, v. n.	43
Fortraire, v. a.	163	Frotter, v. a.	72	Gémir, v. n.	117	Graillonner, v. n.	51
Fortuner, v. n.	55	Frouer, v. n.	55	Gendarmer (se,) v. p.	48	Grainer, v. a.	51
Fossiliser (se), v. pr.	67	Fructifier, v. n.	34	Gêner, v. a.	53	Graisser, v. a.	71
Fossoyer, v. a	91	Frustrer, v. a.	79	Généraliser, v. a.	67	Grandir, v. n.	99
Fouailler, v. a.	43	Fuir, v. n.	138	Gerber, v. a.	3	Granuler, v. a.	35
Foudroyer, v. a.	91	Fulminer, v. n.	51	Gercer, v. a.	7	Grapper, v. a.	56
Fouetter, v. a.	78	Fumer, v. n.	48	Gérer, v. a.	65	Grappiller, v. a.	46
Fouger, v. n.	23	Fumiger, v. a.	23	Germer, v. a.	48	Grappiner, v. a.	52
Fouiller, v. a.	47	Funer, v. a.	51	Gésir, v. a.	130	Grassayer, v. n.	90
Fouir, v. a.	122	Fureter, v. n.	75	Gesticuler, v. n.	35	Graticuler, v. n.	35
Fouler, v. a.	35	Furibonder, v. n.	16	Giboyer, v. n.	91	Gratifier, v. a.	34
Foupir, v. a.	124	Fuser, v. n.	67	Gigotter, v. n.	72	Gratiner, v. a.	51
Fourber, v. a.	3	Pusiller, v. n.	46	Giguer, v. n.	31	Gratte-bocsser, v. a.	71
Fourbir, v. a.	95	Fuster, v. a.	72	Gironner, v. a.	51	Gratter, v. a.	72
Fourcher, v. n.	10	Fustiger, v. a.	23	Giter, v. n.	72	Grayer, v. a.	89
Fourgonner, v. n.	51	Futuriser, v. a.	67	Glacer, v. a.	7	Graver, v. n.	139
Fourmiller, v. n.	46	Puvasser, v. a.	71	Glairer, v. a.	64	Graviter, v. n.	72
Fournir, v. a.	119	Gabaréer, v. n.	17	Glaiser, v. a.	67	Grécaniser, v. a.	67
Fourrager, v. n.	23	Gabarer, v. n.	64	Glaner, v. a.	51	Gréciser, v. n.	67
Fourrer, v. a.	64	Gabarier, v. a.	34	Glapir, v. n.	124	Grecquer, v. a.	63

Gréer, v. a.	19	Guirlander, v. a.	16	Homicider, v. a.	16	Improuver, v. a.	83
Greffer, v. a.	20	Guitariser, v. n.	67	Homologuer, v. a	31	Improviser, v. a.	67
Grêler, v. n.	38	Habiliter, v. a.	72	Hongrer, v. a.	29	Impugner, v. a.	27
Grelonner, v. a.	51	Habiller, v. a.	46	Honnir, v. a.	119	Imputer, v. a.	72
Grelotter, v. n.	72	Habiter, v. a.	72	Honorer, v. a.	64	Inaniser, v. a.	67
Grenailler, v. n.	43	Habituer, v. a.	82	Horoscoper, v. n.	56	Inaugurer, v. a.	64
Greneler, v. a.	4	Habler, v. n.	4	Hospitaliser, v. a.	67	Incaguer, v. a.	31
Grener, v. n.	54	Hacher, v. a.	10	Houblonner, v. n.	51	Incamérer, v. a.	65
Greneter, v. a.	75	Haïr, v. a.	107	Houer, v. a.	55	Incarcérer, v. a.	65
Grenouiller, v. a.	47	Halbraner, v. a.	51	Houper, v. a.	56	Incarner (s'), v. pr.	51
Grésiller, v. n.	46	Halener, v. a.	54	Houpper, v. a.	56	Incendier, v. a.	34
Grésillonner, v. n.	51	Hâler, v. a.	35	Houralller, v. n.	43	Incidenter, v. n.	72
Grever, v. a.	84	Hâler, v. a.	35	Hourder, v. a.	16	Incinérer, v. a.	65
Gribouiller, v. a.	47	Haleter, v. n.	75	Hourser, v. a.	68	Inciser, v. a.	67
Griffer, v. a.	20	Halter, v. n.	72	Housarder, v. a.	16	Inciter, v. a.	72
Griffonner, v. a.	51	Hameçonner, v. a.	51	Houspiller, v. a.	46	Incliner, v. a.	51
Grignoter, v. n.	72	Hannetonner, v. n.	51	Housser, v. a.	71	Incomber, v. n.	3
Griller, v. a.	46	Hanter, v. a.	71	Houssiner, v. a.	51	Incommoder, v. a.	16
Grilloter, v. n.	72	Happer, v. a.	56	Hucher, v. a.	10	Incorporer, v. a.	64
Grimacer, v. n.	7	Harauguer, v. a.	41	Huer, v. a.	82	Incrasser, v. a.	71
Grimauder, v. n.	16	Harasser, v. a.	71	Huiler, v. a.	35	Incréper, v. a.	58
Grimeliner, v. n.	51	Harauder, v. a.	16	Huir, v. n.	138	Incriminer, v. a.	51
Grimer, v. n.	48	Harceler, v. a.	39	Humaniser, v. a.	67	Incruster, v. a.	72
Grimper, v. n.	56	Harder, v. a.	16	Humecter, v. a.	72	Inculper, v. a.	56
Grincer, v. a.	7	Harer, v. a.	64	Humer, v. a.	48	Inculquer, v. a.	63
Grincher, v. n.	10	Hargner (se), v. pr.	27	Humidier, v. a.	34	Indemniser, v. a.	67
Gringotter, v. n.	72	Hargouler, v. a.	35	Humilier, v. a.	34	Indigner, v. a.	27
Grinquenotter, v. a.	72	Harmonier, v. a.	34	Hurler, v. n.	35	Indiquer, v. a.	63
Gripper, v. a.	56	Harnacher, v. a.	10	Hutter, v. a.	72	Indisposer, v. a.	67
Grisailler, v. a.	43	Harpailler (se), v. pr.	43	Hyperboliser, v. n.	67	Individualiser, v. a.	67
Griser, v. a.	67	Harper, v. a.	56	Hypocratiser (s'), v.p.	67	Individuer, v. a.	82
Grisoller, v. n.	35	Harpier, v. a.	34	Hypocriser, v. n.	67	Induire, v. a.	86
Grisonner, v. n.	51	Harpigner (se), v. pr.	27	Hypothéquer, v. a.	63	Indulquer, v. a.	123
Griveler, v. n.	41	Harponner, v. a.	51	Identifier, v. a.	34	Industrier (s'), v. p.	34
Grivoiser, v. a.	67	Hasarder, v. a.	16	Idolâtrer, v. n.	79	Inexécuter, v. a.	72
Grogner, v. n.	27	Hâter, v. a.	72	Ignorer, v. a.	64	Infâmer, v. a.	48
Grommeler, v. n.	39	Haubaner, v. a.	51	Illuminer, v. a.	51	Infatuer, v. a.	82
Gronder, v. n.	16	Hausser, v. a.	71	Illusionner, v. a.	51	Infecter, v. a.	72
Grossir, v. a.	132	Havir, v. a.	139	Illustrer, v. a.	79	Inféoder, v. a.	16
Grossoyer, v. a.	91	Héberger, v. a.	23	Imaginer, v. a.	51	Inférer, v. a.	65
Grouiller, v. n.	47	Hébéter, v. a.	73	Imbiber, v. a.	3	Infernaliser, v. a.	67
Grouper, v. a.	56	Hébraïser, v. n.	67	Imboire (s'), v. pr.	193	Infester, v. a.	72
Gruer, v. a.	82	Héler, v. a.	37	Imiter, v. a.	72	Intibuler, v. a.	35
Gruger, v. a.	23	Hennir, v. n.	119	Immartyrologiser, v.a.	67	Inficier, v. a.	34
Grumeler (se), v. pr.	39	Herbeiller, v. n.	44	Immatérialiser, v. a.	67	Infiltrer (s'), v. pr.	79
Guéder, v. a.	17	Herber, v. a.	3	Immatriculer, v. a.	35	Infirmer, v. a.	48
Guéer, v. a.	19	Herboriser, v. n.	67	Immerger, v. a.	23	Infixer, v. a.	88
Guerdonner, v. a.	51	Hérisser, v. a.	71	Immiscer (s'), v. pr.	7	Infléchir (s'), v. pr.	97
Guérir, v. a.	126	Hérissonner, v. a.	51	Immobiliser, v. a.	67	Infliger, v. a.	23
Guerroyer, v. a.	91	Hériter, v. n.	72	Immoler, v. a.	35	Influencer, v. a.	7
Guêtrer, v. a.	81	Hérouner, v. a.	51	Immortaliser, v. a.	67	Influer, v. n.	82
Guetter, v. a.	78	Herser, v. a.	68	Impartir, v. a.	133	Intoudre, v. a.	196
Gueuler, v. n.	35	Hésiter, v. n.	72	Impatienter, v. a.	72	Informer, v. a.	48
Gueusailler, v. n.	43	Heurter, v. a.	72	Impatroniser(s'),v. pr.	67	Infortuner, v. a.	51
Gueuser, v. n.	67	Hier, v. a.	34	Impétrer, v. a.	80	Infuser, v. a.	67
Guider, v. a.	16	Hisser, v. a.	71	Implanter, v. a.	72	Ingénier (s'), v. pr.	34
Guigner, v. a.	27	Historier, v. a.	34	Impliquer, v. a.	6	Ingérer (s'), v. pr.	65
Guillemetter, v. a.	78	Hiverner, v. n.	51	Implorer, v. a.	61	Inhiber, v. a.	3
Guiller, v. n.	46	Hocher, v. a.	10	Importer, v. a.	72	Inhumer, v. a.	48
Guillocher, v. a.	10	Hoquer, v. n.	27	Importuner, v. a.	51	Initier, v. a.	34
Guillotiner, v. a.	51	Hôler, v. n.	35	Imposer, v. a.	67	Injecter, v. a.	72
Guimper (se), v. pr.	56	Hollander, v. a.	16	Imprégner, v. a.	28	Injurier, v. a.	34
Guinder, v. a.	16	Hollandiser, v. a.	67	Impressionner, v. n.	51	Innocenter, v. a.	72
Guiper, v. a.	56	Holocauster, v. a.	72	Imprimer, v. a.	48	Innover, v. n.	83

14.

Inoculer, v. a.	35	Irradier, v. a.	34	Langueyer, v. a.	90	Loguer, v. a.	31
Inonder, v. a.	16	Irriter, v. a.	72	Languir, v. n.	105	Longer, v. a.	23
Inquiéter, v. a.	75	Isoler, v. a.	35	Lanter, v. a.	72	Loqueter, v. a.	77
Inscrire, v. a.	178	Issir, v. n.	132	Lanterner, v. a.	51	Lorgner, v. a.	27
Insérer, v. a.	65	Italianiser, v. a.	67	Lantiponner, v. n.	51	Lotir, v. a.	133
Insinuer, v. a.	82	Ivrogner, v. n.	27	Laper, v. a.	56	Louanger, v. a.	23
Insipider, v. a.	16	Jabler, v. a.	4	Lapider, v. a.	16	Loucher, v. a.	10
Insister, v. n.	72	Jaboter, v. n.	72	Lapidifier, v. a.	34	Louer, v. a.	65
Insoler, v. a.	35	Jacasser, v. n.	71	Larder, v. a.	16	Lourer, v. a.	64
Inspecter, v. a.	72	Jachérer, v. a.	65	Lardonner, v. a.	51	Louver, v. n.	83
Inspirer, v. a.	64	Jacobinser, v. a.	67	Larger, v. n.	23	Louveter, v. n.	77
Installer, v. a.	35	Jacter (se), v. pr.	72	Larguer, v. a.	31	Louvoyer, v. n.	91
Instaurer, v. a.	64	Jaillir, v. n.	112	Larmoyer, v. n.	91	Lover, v. a.	83
Instiguer, v. a.	31	Jalonner, v. a.	51	Lasser, v. a.	71	Lubrifier, v. a.	34
Instiller, v. a.	46	Jalouser, v. a.	67	Latiniser, v. a.	67	Lucubrer, v. n.	5
Instituer, v. a.	82	Jambayer, v. a.	89	Latter, v. a.	72	Luire, v. n.	187
Instruire, v. a.	186	Jantiller, v. a.	46	Laver, v. a.	83	Lustrer, v. a.	79
Instrumenter, v. a.	72	Japonner, v. a.	51	Laxer, v. a.	89	Luter, v. a.	72
Insuffler, v. a.	21	Japper, v. n.	51	Lécher, v. a.	11	Lutiner, v. a.	51
Insulariser, v. a.	67	Jardiner, v. n.	56	Légaliser, v. a.	67	Lutter, v. n.	72
Insulter, v. a.	72	Jargonner, v. n.	51	Légitimer, v. a.	48	Luxer, v. a.	88
Insurger, v. a.	23	Jarreter, v. a.	77	Léguer, v. a.	32	Mac-adamiser, v. a.	67
Intabuler, v. a.	35	Jaser, v. n.	67	Lénifier, v. a.	34	Macérer, v. a.	65
Intégrer, v. a.	30	Jasper, v. a.	56	Léser, v. a.	69	Mâcher, v. a.	10
Intenter, v. a.	72	Jaspiner, v. n.	51	Lésiner, v. n.	51	Machiavéliser, v. n.	67
Intentionner, v. a.	51	Jauger, v. a.	23	Lessiver, v. a.	83	Machiner, v. a.	51
Intercaler, v. a.	35	Jaunir, v. a.	119	Lester, v. a.	72	Mâchonner, v. a.	51
Intercéder, v. n.	17	Javeler, v. a.	41	Leurrer, v. a.	64	Mâchurer, v. a.	64
Intercepter, v. a.	72	Jeter, v. a.	77	Lever, v. a.	84	Mâcler, v. a.	13
Interdire, v. a.	180	Jeûner, v. n.	51	Léviger, v. a.	23	Maçonner, v. a.	51
Intéresser, v. a.	71	Jober, v. a.	3	Lexigraphier, v. a.	34	Maculer, v. a.	35
Interfolier, v. a.	34	Joindre, v. a.	191	Lézarder (se), v. pr.	16	Madéfier, v. a.	34
Interjecter, v. a.	72	Jointoyer, v. a.	91	Liaisonner, v. a.	51	Maestraliser, v. n.	67
Interjeter, v. a.	77	Joncher, v. a.	10	Liarder, v. n.	16	Magadiser, v. n.	67
Interligner, v. a.	27	Jongler, v. n.	25	Libeller, v. a.	42	Magasiner, v. a.	51
Interlinéer, v. a.	19	Jouailler, v. a.	43	Libéraliser, v. a.	67	Magnétiser, v. a.	67
Interloquer, v. a.	63	Jouer, v. n.	55	Libérer, v. a.	65	Magnifier, v. a.	34
Interner, v. a.	51	Jouir, v. n.	122	Libertiner, v. n.	51	Maigrir, v. n.	104
Interpeller, v. a.	42	Jouter, v. n.	72	Licencier, v. a.	34	Mailler, v. a.	43
Interpoler, v. a.	35	Jubiler, v. a.	35	Liciter, v. a.	72	Mailleter, v. a.	77
Interposer, v. a.	67	Jucher, v. n.	10	Licyer, v. a.	24	Maintenir, v. a.	120
Interpréter, v. a.	73	Judaïser, v. n.	67	Lier, v. a.	84	Maisouner, v. a.	51
Interroger, v. a.	23	Juger, v. a.	23	Liéner, v. a.	52	Maîtriser, v. a.	67
Interrompre, v. a.	195	Juguler, v. a.	35	Ligner, v. a.	27	Malaxer, v. n.	88
Intervenir, v. n.	121	Jumeler, v. a.	41	Lignifier (se), v. pr.	34	Malfaire, v. a.	160
Intervertir, v. a.	133	Jurer, v. a.	64	Liguer, v. a.	31	Malmener, v. a.	54
Intimer, v. a.	48	Justicier, v. a.	54	Limaçonner (se), v. p.	51	Maltraiter, v. a.	72
Intimider, v. a.	16	Justifier, v. a.	34	Limer, v. a.	48	Malverser, v. n.	68
Intituler, v. a.	35	Labeurer, v. a.	64	Limiter, v. a.	72	Maudater, v. a.	72
Intolérer, v. a.	65	Labourer, v. a.	64	Limonner, v. a.	51	Mander, v. a.	16
Intrigailler, v. n.	43	Lacer, v. a.	7	Limousiner, v. n.	51	Manger, v. a.	23
Intriguer, v. a.	31	Lacérer, v. a.	65	Liquéfier, v. a.	34	Manier, v. a.	34
Introduire, v. a.	186	Lâcher, v. a.	10	Liquider, v. a.	16	Manifester, v. a.	72
Introniser, v. a.	67	Laconiser, v. n.	67	Lire, v. a.	175	Manigancer, v. a.	7
Inutiliser, v. a.	67	Laidir, v. a.	99	Liser, v. a.	67	Manipuler, v. a.	35
Invader, v. a.	16	Lainer, v. a.	51	Liserer, v. a.	65	Manœuvrer, v. n.	86
Invalider, v. a.	16	Laisser, v. a.	71	Lisser, v. a.	71	Manquer, v. a.	63
Invectiver, v. a.	83	Lambiner, v. n.	51	Lier, v. a.	72	Manufacturer, v. a.	64
Inventer, v. a.	72	Lambrisser, v. a.	71	Lithographier, v. a.	34	Manutentionner, v. a.	51
Inventorier, v. a.	34	Lamenter, v. a.	72	Livrer, v. a.	86	Mapper, v. a.	56
Investir, v. a.	133	Laminer, v. a.	51	Localiser, v. a.	67	Maquer, v. a	63
Invétérer (s'), v. pr.	65	Lamper, v. a.	56	Locher, v. n.	10	Maquignonner, v. n.	51
Inviter, v. a.	72	Lancer, v. a.	7	Lofer, v. a.	20	Marauder, v. a.	16
Invoquer, v. a.	63	Langourer (se), v. pr.	64	Loyer, v. a.	23	Marauder, v. n.	16

arbrer, v. a.	5	Menacer, v. a.	7	Mollir, v. n.	110	Mystifier, v. a.	34
archandailler, v. a.	43	Ménager, v. a.	23	Monarchiser, v. a.	67	Mythologiser, v. n.	67
archander, v. a.	16	Mendier, v. a.	34	Monder, v. a.	16	Nager, v. n.	23
archer, v. n.	10	Mener, v. a.	54	Mondifier, v. a.	34	Naître, v. n.	166
arcotter, v. a.	72	Mentionner, v. a.	51	Monétiser, v. a.	67	Nantir, v. a.	133
arer, v. a.	64	Mentir, v. n.	134	Monnayer, v. a.	89	Narguer, v. a.	31
arester, v. a.	72	Menuiser, v. n.	67	Monopoler, v. a.	35	Narguiller, v. a.	46
arger, v. a.	23	Méphitiser, v. a.	67	Monopoliser, v. a.	67	Narrer, v. a.	64
arginer, v. a.	51	Méplacer, v. a.	7	Monseigneuriser, v. a.	67	Nasaler, v. a.	35
argotter, v. n.	72	Méprendre (se), v. p.	112	Monter, v. n.	72	Nasarder, v. a.	16
arier, v. a.	34	Mépriser, v. a.	67	Montrer, v. a.	79	Nasiller, v. n.	46
ariner, v. a.	51	Mériter, v. a.	72	Moquer (se) v. pr.	63	Nasillonner, v. n.	51
arivauder, v. n.	16	Merliner, v. a.	51	Morailler, v. a.	48	Nasonner, v. n.	51
armitonner, v. n.	51	Mésallier, v. a.	34	Moraliser, v. a.	67	Nationaliser, v. a.	67
armotter, v. a.	72	Mésarriver, v. n.	83	Morceler, v. a.	41	Natter, v. a.	72
arner, v. a.	51	Mésavenir, v. n.	121	Mordiller, v. a.	46	Naturaliser, v. a.	67
aroquiner, v. a.	51	Mésédifier, v. a.	34	Mordre, v. a.	197	Naufrager, v. n.	23
aroufler, v. a.	21	Mésestimer, v. a.	48	Morfondre, v. a.	196	Naviguer, v. n.	31
arquer, v. a.	63	Mésinterpréter, v. a.	73	Morguer, v. a.	31	Navrer, v. a.	86
arqueter, v. a.	77	Mésoffrir, v. n.	102	Morigéner, v. a.	52	Nécessiter, v. a.	72
arquiser, v. a.	67	Messeoir, v. n.	149	Mortifier, v. a.	34	Négliger, v. a.	23
aronner, v. a.	51	Messervir, v. a.	140	Morver, v. n.	63	Négocier, v. a.	34
arteler, v. a.	41	Mesurer, v. a.	64	Motionner, v. a.	51	Neiger, v. n.	23
artialiser, v. a.	67	Mésuser, v. n.	67	Motiver, v. a.	83	Nerver, v. a.	83
artingaler, v. n.	25	Métalliser, v. a.	67	Motter (se), v. pr.	72	Nettoyer, v. a.	91
artyriser, v. a.	67	Métamorphoser, v. a.	67	Mouchardor, v. n.	16	Neutraliser, v. a.	67
asculiniser, v. a.	67	Métaphysiquer, v. a.	63	Moucher, v. a.	10	Neutriser, v. a.	67
Masquer, v. a.	63	Métrifier, v. a.	34	Moucheter, v. a.	77	Niaiser, v. n.	67
Massacrer, v. a.	14	Mettre, v. a.	174	Moudre, v. a.	202	Nicher, v. n.	10
Masser, v. a.	71	Meubler, v. a.	7	Moueter, v. a.	77	Nicter, v. n.	72
Mastiquer, v. a.	63	Meurtrir, v. a.	137	Moufler, v. a.	21	Nieller, v. a.	42
Matelasser, v. a.	71	Mévendre, v. a.	171	Mouiller, v. a.	47	Nier, v. a.	34
Mater, v. a.	72	Miauler, v. n.	35	Mouler, v. a.	35	Nigauder, v. n.	16
Mâter, v. a.	72	Mignarder, v. a.	16	Mouliner, v. a.	51	Nipper, v. a.	56
Matérialiser, v. a.	67	Mignoter, v. a.	72	Mourir, v. a.	129	Niveler, v. a.	41
Materniser, v. n.	67	Mijoter, v. a.	72	Mousser, v. n.	71	Nocer, v. n.	7
Mâtiner, v. a.	51	Militer, v. n.	72	Moutonner, v. a.	51	Noircir, v. a.	98
Matir, v. a.	133	Minauder, v. n.	16	Mouvementer, v. a.	72	Noliser, v. a.	67
Matter, v. a.	72	Miner, v. a.	51	Mouver, v. a.	83	Nombrer, v. a.	5
Maudire, v. a.	181	Minéraliser, v. a.	67	Mouvoir, v. a.	151	Nomenclaturer, v. a.	64
Maugréer, v. n.	19	Mintrir, v. n.	137	Moyenner, v. a.	51	Nommer, v. a.	48
Maximer, v. a.	48	Minuter, v. a.	72	Moyer, v. a.	91	Nonanter, v. n.	72
Mécaniser, v. a.	67	Miraculiser, v. a.	67	Muer, v. n.	82	Nonupler, v. a.	61
Mécher, v. a.	11	Mirauder, v. a.	16	Mugir, v. n.	103	Noper, v. a.	56
Méchoisir, v. a.	130	Mirer, v. a.	64	Muguetter, v. a.	77	Nord-ester, v. n.	72
Mécompter (se) v. pr.	72	Mitiger, v. a.	23	Mulcter, v. a.	72	Nord-ouester, v. n.	72
Méconnaître, v. a.	164	Mitonner, v. a.	51	Muloter, v. n.	72	Notarier, v. a.	34
Mécontenter, v. a.	72	Mitrailler, v. a.	43	Multiplier, v. a.	34	Noter, v. a.	72
Mécroire, v. n.	192	Mixtionner, v. a.	51	Municipaliser, v. a.	67	Notifier, v. a.	34
Médeciner, v. a.	51	Mobiliser, v. a.	67	Munir, v. a.	119	Notuler, v. a.	35
Médiatiser, v. a.	67	Modeler, v. a.	39	Munitionner, v. a.	51	Nouer, v. a.	55
Médicamenter, v. a.	72	Modérer, v. a.	65	Murer, v. a.	64	Nourrir, v. a.	126
Médionner, v. a.	51	Moderner, v. a.	51	Mûrir, v. n.	126	Nouvelliser, v. n.	67
Médire, v. n.	160	Moderniser, v. a.	67	Murmurer, v. n.	64	Noyer, v. a.	91
Méditer, v. a.	34	Modifier, v. a.	34	Musarder, v. n.	16	Nuancer, v. a.	7
Médonner, v. a.	103	Moduler, v. a.	35	Museler, v. a.	41	Nuer, v. a.	82
Méfaire, v. n.	23	Moirer, v. a.	64	Muser, v. n.	67	Nuire, v. n.	77
Méfier (se), v. pr.	34	Moiser, v. a.	67	Musiquer, v. n.	63	Nullifier, v. a.	34
Mégir, v. a.	103	Moisir, v. a.	130	Musquer, v. a.	71	Numéroter, v. a.	72
Méjuger, v. a.	23	Moissonner, v. a.	51	Musser (se), v. pr.	72	Obéir, v. n.	107
Mélancolier (se), v. p.	34	Moitir, v. a.	133	Muter, v. a.	35	Obérer, v. a.	65
Mélanger, v. a.	23	Molester, v. a.	72	Mutiler, v. a.	72	Obiner, v. a.	51
Mêler, v. a.	38	Moletter, v. a.	72	Mutiner (se), v. pr.	51	Objecter, v. a.	72
Méliorer, v. a.	64	Mollifier, v. a.	34	Mutir, v. n.	133	Objectiver, v. n.	83

Obliger, v. a.	23	Oser, v. n.	67	Paralyser, v. a.	67	Pêcher, v. a.	12
Oblitérer, v. a.	65	Ossianiser, v. a.	67	Parangonner, v. a.	51	Pédanter, v. a.	72
Obnubiler, v. a.	35	Ossifier, v. a.	34	Paraphraser, v. a.	67	Pédantiser, v. n.	67
Obombrer, v. a.	65	Ostraciser, v. a.	67	Parbouillir, v. n.	116	Peigner, v. a.	27
Obruer, v. a.	82	Oter, v. a.	72	Parceller, v. a.	42	Peindre, v. a.	170
Obscurcir, v. a.	98	Ouater, v. a.	72	Parchasser, v. a.	71	Peiner, v. a.	51
Obscurer, v. a.	64	Oublier, v. a.	34	Parcourir, v. a.	128	Peinturer, v. a.	64
Obséder, v. a.	17	Ouiller, v. a.	47	Pardonner, v. a.	51	Peinturlurer, v. n.	64
Observer, v. a.	83	Ouir, v. a.	123	Parer, v. a.	64	Pelauder, v. a.	16
Obsister, v. n.	72	Ourdir, v. a.	99	Paresser, v. n.	71	Peler, v. a.	39
Obstiner, v. a.	51	Ourler, v. a.	35	Parfaire, v. a.	160	Peloter, v. n.	72
Obstruer, v. a	82	Outiller, v. a.	46	Parfiler, v. a.	35	Pelotonner, v. a.	51
Obtempérer, v. n.	65	Outrager, v. a.	23	Parfondre, v. a.	196	Pelucher, v. n.	10
Obtenir, v. a.	120	Outre-passer, v. a.	71	Parforcer, v. a.	7	Penader, v. n.	16
Obtondre, v. a.	196	Outrer, v. a.	79	Parfournir, v. a.	119	Pencher, v. a.	10
Obvenir, v. n.	121	Ouvrager, v. a.	23	Parfumer, v. a.	48	Pendiller, v. n.	46
Obvier, v. n.	34	Ouvrer, v. a.	86	Parier, v. a.	24	Pendre, v. a.	171
Ocaigner, v. a.	27	Ouvrir, v. a.	142	Parjurer (se), v. pr.	64	Pénétrer, v. a.	80
Occasionner, v. a.	51	Ovaler, v. a.	35	Parlementer, v. n.	72	Pennader, v. a.	16
Occire, v. a.	176	Oxycrater, v. a.	72	Parler, v. n.	35	Penser, v. a.	68
Occuper, v. a.	56	Oxyder, v. a.	16	Parodier, v. a.	34	Pensionner, v. a.	51
Octavier, v. n.	34	Oxygéner, v. a.	52	Parpayer, v. a.	89	Pépier, v. n.	34
Octroyer, v. a.	91	Pacager, v. a.	23	Parquer, v. a.	63	Percer, v. a.	7
Octupler, v. a.	61	Pacifier, v. a.	34	Parqueter, v. a.	77	Percevoir, v. a.	150
Odorer, v. a.	64	Pactiser, v. n.	67	Parsemer, v. a.	50	Percher, v. n.	10
OEillader, v. a.	16	Pagayer, v. a.	89	Partager, v. a.	23	Perdre, v. a.	173
OEilletonner, v. a.	51	Paginer, v. a.	51	Partialiser, v. a.	67	Pérégriner, v. n.	51
Offenser, v. a.	68	Paillonner, v. a.	51	Participer, v. n.	56	Péremptoriser, v. a.	67
Officier, v. n.	34	Paissonner, v. a.	51	Particulariser, v. a.	67	Pérenniser, v. a.	67
Offrir, v. a.	102	Paitre, v. a.	167	Partir, v. n.	136	Perfectionner, v. n.	51
Offusquer, v. a.	63	Palanquer, v. a.	63	Parvenir, v. n.	121	Perforer, v. a.	64
Oindre, v. a.	191	Paleter, v. n.	77	Pasquiniser, v. a.	67	Péricliter, v. n.	72
Oiseler, v. a.	41	Pâlir, v. n.	109	Passéger, v. a.	24	Périmer, v. n.	48
Olin er, v. n.	16	Palissader, v. a.	16	Passementer, v. a.	72	Périphraser, v. a.	67
Olographier, v. a.	34	Palisser, v. a.	71	Passer, v. n.	71	Périr, v. a.	126
Ombrager, v. a.	23	Pallier, v. a.	34	Passionner, v. a.	51	Perler, v. a.	35
Ombrer, v. a.	5	Palmer, v. a.	48	Paster, v. n.	72	Permettre, v. a.	174
Ombroyer, v. a.	91	Palper, v. a.	56	Patarasser, v. a.	71	Permuter, v. n.	72
Omettre, v. a.	174	Palpiter, v. n.	72	Patauger, v. n.	23	Pernocter, v. n.	72
Ondoyer, v. n.	91	Pâmer, v. n.	48	Pateliner, v. a.	51	Pérorer, v. n.	64
Onduler, v. n.	35	Panacher, v. a.	10	Patenter, v. a.	72	Perpétrer, v. a.	80
Ouérer, v. a.	65	Panader (se), v. pr.	16	Paterniser, v. n.	67	Perpétuer, v. a.	82
Onquer, v. n.	63	Paner, v. a.	51	Patienter, v. n.	72	Perpigner, v. a.	27
Opaler, v. a.	35	Panneauter, v. n.	72	Patiner, v. n.	51	Perprendre, v. a.	172
Opérer, v. a.	65	Panner, v. a.	51	Pâtir, v. n.	133	Perquisitionner, v. n.	51
Opiacer, v. a.	7	Panser, v. a.	68	Pâtisser, v. n.	71	Perscruter, v. a.	72
Opiler, v. a.	35	Pantagruéliser, v. n.	67	Patrimonialiser, v. a.	67	Persécuter, v. a.	72
Opiner, v. n.	51	Panteler, v. n.	41	Patrociner, v. n.	51	Persévérer, v. n.	65
Opiniâtrer, v. a.	79	Panter, v. a.	72	Patroniser, v. a.	67	Persifler, v. a.	2
Opposer, v. a.	67	Pautiner, v. a.	51	Patronner, v. n.	51	Persister, v. n.	72
Oppresser, v. a.	71	Pantoufler, v. a.	21	Patrouiller, v. n.	47	Personnaliser, v. a.	67
Opprimer, v. a.	48	Papaliser, v. n.	67	Pâturer, v. n.	64	Personnifier, v. a.	34
Opter, v. n.	72	Papéger, v. n.	24	Pauletter, v. n.	78	Persuader, v. a.	16
Orchestrer, v. a.	79	Papelarder, v. a.	16	Paumer, v. a.	48	Pertuiser, v. a.	67
Ordonner, v. a.	51	Paperasser, v. n.	71	Paumoyer, v. a.	91	Pervertir, v. a.	133
Organiser, v. a.	67	Papillonner, v. n.	51	Pauser, v. n.	67	Peser, v. a.	70
Orgausiner, v. a.	51	Papilloter, v. a.	72	Pavaner (se), v. pr.	51	Pester, v. n.	72
Orientaliser (s'), v. pr.	67	Paquer, v. a.	63	Paver, v. a	83	Pestiférer, v. a.	65
Orienter, v. a.	72	Paqueter, v. a	76	Pavillonner, v. a.	51	Pétarder, v. a.	16
Orner, v. a.	51	Parachever, v. a.	84	Pavoiser, v. a.	67	Pétiller, v. n.	46
Orpimenter, v. a.	72	Parader, v. n.	16	Pavoyer, v. a.	91	Pétitionner, v. n.	51
Orser, v. n.	68	Parafer, v. a.	20	Payer, v. a	89	Pétrarquiser, v. n.	67
Orthographier, v. a.	34	Paraisonner, v. a.	51	Peau-de-chienner, v. a.	61	Pétrifier, v. a.	34
Osciller, v. n.	46	Paraître, v. n.	165	Pécher, v. n.	11	Pétrir, v. a.	137

mer, v. n.	51	Plier, v. a.	34	Poupiner, v. a.	51	Prêter, v. a.	74
pler, v. a.	61	Plingir, v. a.	103	Pourchasser, v. a.	71	Prétexter, v. a.	72
ologuer, v. a.	31	Plisser, v. a.	71	Pourfendre, v. a.	171	Prétintailler, v. a.	43
losophailler, v. n.	43	Plomber, v. a.	3	Pourfiler, v. a.	35	Prévaloir, v. n.	144
losopher, v. n.	59	Plonger, v. a.	23	Pourpenser, v n.	68	Prévariquer, v. n.	63
ébotomiser, v. a.	67	Ploquer, v. a.	63	Pourprendre, v. a.	172	Prévenir, v. a.	123
aser, v. n.	67	Ploutrer, v. a.	79	Pourrir, v. a.	126	Prévoir, v. a.	152
fer, v. n.	20	Ployer, v. a	91	Poursuivre, v. a.	189	Prier, v. a.	34
iller, v. n.	43	Plumer, v. a.	48	Pourvoir, v. n.	152	Primer, v. n.	46
uler, v. n.	35	Plumoter, v. n.	72	Pousser, v. a.	71	Priser, v. a.	67
orer, v. n.	64	Pluraliser, v. a.	67	Pouvoir, v. n.	156	Priver, v. a.	83
oter, v. a.	72	Pluser, v. a.	67	Praliner, v. a.	51	Privilégier, v. a.	34
ter, v. n.	73	Pluviner, v. n.	51	Pratiquer, v. a.	63	Procéder, v. a.	17
tiner, v. n.	51	Pocher, v. a.	10	Préacheter, v. n.	75	Proclamer, v. a.	48
tonner, v. n.	51	Pocheter, v. a.	77	Préambuler, v. n.	35	Procréer, v. a.	19
trir, v. a.	137	Poétiser, v. n.	67	Précautionner, v. a.	51	Procurer, v. a.	64
tter, v. n.	78	Poignarder, v. n.	16	Précéder, v. a.	17	Prodiguer, v. a.	51
frer (se), v. pr.	22	Poinçonner, v. a.	51	Préceller, v. a.	42	Produire, v. a.	186
eonner, v. n	51	Poindre, v. a.	191	Préceptoriser, v. a.	67	Profaner, v. a.	51
nocher, v. n.	10	Pointer, v. a.	72	Prêcher, v. a.	12	Proférer, v. a.	65
norer, v. n.	64	Pointiller, v. n.	46	Précipiter, v. a.	72	Professer, v. a.	71
er, v. a.	35	Poisser, v. a.	71	Préciser, v. a.	67	Profiler, v. a.	35
ler, v. a.	46	Poivrer, v. a.	86	Précompter, v. a.	72	Profiter, v. n.	72
loner, v. a.	51	Polariser, v. a.	67	Préconcevoir, v. a.	150	Prohiber, v. a.	3
lorier, v. a.	34	Policer, v. a.	7	Préconnaître, v. a.	164	Projeter, v. a.	77
loter, v. a.	72	Polir, v. a.	109	Prédécéder, v. n.	17	Prolonger, v. a.	23
ncer, v. a.	7	Polissonner, v. n.	51	Prédestiner, v. a.	51	Promener, v. a.	51
nceter, v. a.	77	Politiquer, v. n.	63	Prédéterminer, v. a.	5	Promettre, v. a.	174
nçoter, v. a.	72	Polluer, v. a.	82	Prédire, v. a.	179	Prominer, v. n.	51
ndariser, v. n.	67	Poltroniser, v. a.	67	Prédisposer, v. a.	67	Promouvoir, v. a.	151
nter, v. n.	72	Polyamatyper, v. a.	56	Prédominer, v. n.	51	Promulguer, v. a.	31
ocher, v. a.	10	Polytyper, v. a.	56	Préétablir, v. a.	96	Prôner, v. a.	51
onner, v. n.	51	Pommader, v. a.	16	Préexister, v. n.	72	Prononcer, v. a.	7
per, v. a.	56	Pommeler (se) v. pr.	41	Préférer, v. a.	65	Pronostiquer, v. a.	63
pier, v. n.	34	Pommer, v. n.	48	Préfigurer (se), v. pr.	64	Propager, v. a.	23
iquer, v. a.	63	Pomper, v. a	56	Préfinir, v. a.	119	Prophétiser, v. a.	67
irater, v. n.	72	Pomponner, v. a.	51	Préjudicier, v. n.	34	Proportionner, v. a.	51
irouetter, v. n.	78	Poncer, v. a.	7	Préjuger, v. a.	23	Proposer, v. a.	67
iser, v. a.	67	Ponctuer, v. a.	82	Prélasser (se), v. pr.	71	Proroger, v. a.	23
isiter, v. n.	72	Poudérer, v. a.	65	Préléguer, v. a.	32	Prosayer, v. n.	89
istoler, v. a.	35	Poudrer, v. a.	196	Prélire, v. a.	109	Proscrire, v. a.	178
istoletter, v. a.	78	Ponger, v. n.	23	Prélever, v. a.	84	Proser, v. n.	67
ivoter, v. n.	72	Ponteler, v. a.	41	Prélire, v. a.	175	Prosodier, v. n.	34
lacarder, v. a.	16	Ponter, v. n.	72	Préluder, v. n.	16	Prospérer, v. n.	65
lacer, v. a.	7	Pontiller, v. n.	46	Préméditer, v. a.	72	Prosterner (se), v. pr.	51
lafonner, v. a.	51	Populariser, v. a.	17	Prémunir, v. a.	119	Prostituer, v. a.	82
laider, v. n	16	Poquer, v. a.	63	Prendre, v. a.	172	Protéger, v. a.	24
laindre, v. a.	159	Porphyriser, v. a.	67	Préoccuper, v. a.	56	Protester, v. n.	72
laire, v. n.	161	Porquer, v. a.	63	Préopiner, v. n.	51	Prouver, v. a.	83
laisanter, v. n.	72	Porter, v. a.	72	Préordonner, v. a.	51	Provenir, v. n.	121
lamer, v. a.	46	Portionner, v. a.	51	Préparer, v. a.	64	Provigner, v. a.	27
lamoter, v. a.	72	Portraire, v. a.	163	Préposer, v. a.	67	Provoquer, v. a.	63
Planchéier, v. a.	34	Poser, v. a.	67	Présager, v. a.	23	Psalmodier, v. n.	34
Plancher, v. a.	10	Posséder, v. a.	17	Prescinder, v. a.	16	Publier, v. a.	34
Planer, v. a.	51	Post-dater, v. a.	72	Prescrire, v. a.	178	Pucher, v. a.	10
Planeter, v. a.	75	Poster, v. a.	72	Présenter, v. a.	72	Puer, v. n.	82
Planter, v. a.	72	Post-poser, v. a.	67	Préserver, v. a.	83	Puériliser, v. a.	67
Plaquer, v. a.	63	Postuler, v. a.	35	Présider, v. a.	16	Puiser, v. a.	67
Plastronner, v. a.	51	Poteyer, v. a.	90	Pressentir, v. a.	134	Pulluler, v. n.	35
Plâtrer, v. a.	79	Poudrer, v. a.	18	Presser, v. a.	71	Pulper, v. a.	56
Pleiger, v. a.	2	Poufer, v. n.	20	Pressurer, v. a.	64	Pulvériser, v. a.	67
Pleurer, v. a.	64	Pouger, v. n.	23	Présumer, v. a.	48	Punir, v. a.	119
Pleurnicher, v. a.	10	Pusiller, v. a.	47	Présupposer, v. a.	67	Pupiller, v. n.	46
Pleuvoir, v. n.	157	Pouliner, v. a.	51	Prétendre, v. a.	171	Pupuler, v. n.	35

Purer, v. a.	64	Rader, v. a.	16	Rapatrier, v. a.	34	Réappeler, v. a.	41
Purger, v. a.	23	Radier, v. a.	34	Raper, v. a.	56	Réapposer, v. a.	67
Purifier, v. a.	34	Radoter, v. n.	72	Rapetasser, v. a.	71	Réapprécier, v. a.	34
Putréfier, v. a.	34	Radouber, v. a.	3	Rapetisser, v. a	71	Réarmer, v. a.	48
Pyramider, v. a.	16	Radoucir, v. a.	98	Rapiécer, v. a.	8	Réarpenter, v. a.	72
Pyrrhoniser, v. n.	67	Raffaisser (se), v. pr.	71	Rapiéceter, v. a.	76	Réassembler, v. a.	4
Quadrupler, v. a.	61	Raffermir, v. a.	117	Rapiner, v. a.	51	Réasservir, v. a.	139
Qualifier, v. a.	34	Raffiler, v. a.	35	Rapiquer, v. n.	63	Réassigner, v. a.	27
Quarderonner, v. a.	51	Raffiner, v. a.	51	Rappareiller, v. a.	44	Réassurer, v. a.	64
Quarter, v. n.	72	Raffoler, v. n.	35	Rapparier, v. a.	34	Réatteler, v. a.	41
Quémander, v. n.	16	Raffolir, v. n.	109	Rappeler, v. a.	41	Réattirer, v. a.	64
Quereller, v. a.	42	Raffuter, v. a.	72	Rappliquer, v. a.	63	Réaviguer, v. a.	27
Quérir, v. a.	127	Rafler, v. a.	21	Rapporter, v. a.	72	Rebailler, v. n.	43
Questionner, v. a.	51	Raflouer, v. a.	55	Rapprendre, v. a	172	Rebailler, v. a.	43
Quêter, v. a.	74	Rafraichir, v. a.	97	Rapprivoiser, v. a.	67	Rebaiser, v. a.	67
Queuser, v. a.	67	Ragaillardir, v. a.	99	Rapprocher, v. a.	10	Rebaisser, v. a.	71
Queuter, v. n.	72	Ragonner, v. n.	51	Rapsoder, v. a.	16	Rebander, v. a.	16
Quiller, v. n.	46	Ragoter, v. a.	72	Raréfier, v. a.	34	Rebaptiser, v. a.	91
Quinquinatiser, v. a.	67	Ragoûter, v. a.	72	Rarriver, v. n.	83	Rebarder, v. a.	16
Quintadiner, v. n.	51	Ragrafer, v. a.	20	Raser, v. a.	67	Rebâter, v. a.	72
Quinter, v. a.	72	Ragrandir, v. a.	99	Rassasier, v. n.	34	Rebâtir, v. a.	133
Quintessencier, v. a.	34	Ragréer, v. a.	19	Rassembler, v. a.	4	Rebattre, v. a.	169
Quintupler, v. a.	61	Raguer (se), v. pr.	31	Rasséréner, v. a.	54	Rebaudir, v. a.	99
Quiosser, v. a.	71	Railler, v. a.	43	Rassiéger, v. a.	24	Rebecquer (se), v. pr.	63
Quirriter, v. n.	72	Rainer, v. a.	48	Rassortir, v. a.	133	Rebeller (se), v. pr.	42
Quittancer, v. a.	7	Rainer, v. a.	51	Rassoter, v. a.	72	Rebénir, v. a.	119
Quitter, v. a.	72	Raire, v. n.	163	Rassurer, v. a.	64	Rebercer, v. a.	7
Quoailler, v. n.	43	Raisonner, v. n.	51	Ratatiner (se), v. pr.	51	Rebiffer, v. a.	20
Quotter, v. n.	72	Rajamber, v. a.	3	Rateler, v. a.	41	Rebiner, v. a.	51
Rabâcher, v. a.	10	Rajeunir, v. n.	119	Rater, v. n.	72	Reblanchir, v. a.	97
Rabaisser, v. a.	71	Rajuster, v. a.	72	Ratifier, v. a.	34	Reblandir, v. n.	99
Rabaner, v. a.	51	Ralentir, v. a.	133	Ratiner, v. a.	51	Reboire, v. a.	193
Rabanter, v. a.	72	Râler, v. n.	35	Ratiociner, v. n.	51	Rebondir, v. a.	99
Rabaster, v. a.	72	Ralinguer, v. n.	31	Ratisser, v. a.	71	Reborder, v. a.	16
Rabattre, v. a.	169	Raliter (se), v. pr.	72	Ratoner, v. n.	51	Rebotter, v. a.	72
Rabétir, v. a.	135	Raller, v. n.	36	Rattacher, v. a.	10	Reboucher, v. a.	10
Rabiauter, v. n.	72	Rallier, v. a.	34	Ratteindre, v. a.	170	Rebouillir, v. n.	116
Rabler, v. a.	4	Rallonger, v. a.	23	Rattendrir, v. a.	100	Rebouiser, v. a.	67
Rabonnir, v. a.	119	Rallumer, v. a.	48	Rattiser, v. a.	67	Rebourgeonner, v. n.	51
Raborder, v. a.	16	Ramadouer, v. a.	55	Rattraper, v. a.	56	Rebouter, v. a.	72
Raboter, v. a.	72	Ramager, v. n.	23	Raturer, v. a.	64	Reboutonner, v. a.	51
Rabougrir, v. n.	104	Ramaigrir, v. a.	104	Rauquer, v. n.	63	Rebraser, v. a.	67
Raboutir, v. a.	133	Ramailler, v. a.	43	Ravager, v. a.	23	Rebrasser, v. a.	71
Rabrouer, v. a.	55	Ramasser, v. a.	71	Ravaler, v. a.	35	Rebrécher, v. a.	11
Raccoiser, v. a.	67	Ramender, v. a.	16	Ravauder, v. a.	16	Rebricker, v. a.	10
Raccommoder, v. a.	16	Ramener, v. a.	54	Ravestir, v. n.	134	Rebrider, v. a	16
Raccorder, v. a.	16	Ramentevoir, v. a.	152	Ravigoter, v. a.	72	Rebrocher, v. a.	10
Raccoupler, v. a.	61	Ramer, v. a.	48	Ravilir, v. a.	109	Rebroder, v. a.	16
Raccourcir, v. a.	98	Ramenter, v. a.	72	Ravir, v. a.	139	Rebrouiller, v. a.	47
Raccourir, v. a.	128	Ramifier (se), v. pr.	34	Raviser (se), v. pr.	67	Rebrouillonner, v. a.	51
Raccoutrer, v. a.	79	Ramoindrir, v. a.	100	Ravitailler, v. n.	43	Rebrousser, v. a.	71
Raccoutumer (se), v.	48	Ramoitir, v. a.	133	Raviver, v. a.	83	Rebroyer, v. a.	4
Raccrocher, v. a.	10	Ramollir, v. a.	110	Ravoir, v. a.	2	Rebrunir, v. a.	119
Racer, v. n.	7	Ramoner, v. a.	51	Ravoirer, v. a.	61	Rebuter, v. a.	72
Rachalander, v. a.	16	Ramper, v. n.	56	Ravoyer, v. a.	91	Recacher, v. a.	10
Racher, v. a.	10	Ramponner, v. n.	51	Rayer, v. a.	89	Recacheter, v. a.	75
Racheter, v. a.	75	Ramponner, v. a.	51	Rayonner, v. n.	51	Récalcitrer, v. n.	79
Rachever, v. a.	84	Rancer, v. a.	7	Reacquérir, v. a.	127	Recaler, v. a.	35
Raciner, v. n.	51	Rancir, v. n.	98	Réadmettre, v. a.	174	Récamer, v. a.	48
Racler, v. a.	13	Rançonner, v. a.	51	Réadopter, v. a.	72	Récapituler, v. a.	35
Racoler, v. a.	35	Ranger, v. a.	23	Réaggraver, v. a.	83	Recarder, v. a.	16
Raconter, v. a.	72	Ranimer, v. a.	48	Réagir, v. a.	103	Recarreler, v. a.	41
Racornir, v. a.	119	Rapaiser, v. a.	67	Réajourner, v. a.	51	Recasser, v. a.	71
Racquitter (se), v. pr.	72	Raparier, v. a.	34	Réaliser, v. a.	67	Recéder, v. a.	17

celer, v. a.	39	Recourrir, v. a.	128	Réédifier, v. a.	34	Régenter, v. a.	72
censer, v. a.	68	Recouvrer, v. a.	86	Réélire, v. a.	175	Regermer, v. n.	48
céper, v. a.	58	Recouvrir, v. a.	142	Réengendrer, v. a.	18	Regimber, v. n.	3
cercler, v. a.	13	Recracher, v. a.	10	Réexaminer, v. a.	51	Régir, v. a.	103
cevoir, v. a.	150	Recréer, v. a.	19	Réexporter, v. a.	72	Registrer, v. a.	79
chafauder, v. a.	16	Récréer, v. a.	19	Réexposer, v. a.	67	Réglementer, v. a.	72
champir, v. a.	124	Récrépir, v. a.	124	Relâcher, v. a.	10	Régler, v. a.	26
changer, v. a.	23	Recreuser, v. a.	67	Refaçonner, v. a.	51	Régner, v. n.	28
chanter, v. a.	72	Recribler, v. a.	4	Refaillir, v. n.	113	Regonfler, v. n.	21
chapper, v. n.	56	Récrier (se), v. pr.	34	Refaire, v. a.	160	Regorger, v. n.	23
charger, v. a.	23	Récriminer, v. n.	51	Refaucher, v. a.	10	Regouler, v. a.	35
chasser, v. a.	71	Récrire, v. a.	178	Réfectionner, v. n.	171	Regourmer, v. a.	48
chauffer, v. a.	20	Recroire, v. a.	192	Refendre, v. a.	65	Regoûter, v. a.	72
chausser, v. a.	71	Recroître, v. n.	194	Référer, v. a.	65	Regracier, v. a.	34
chercher, v. a.	10	Recroqueviller, v. n.	46	Refermer, v. a.	48	Regradiller, v. a.	46
chigner, v. n.	27	Recrotter, v. a.	72	Referrer, v. a.	66	Regratter, v. a.	72
chinser, v. n.	68	Récrouer, v. a.	55	Refêter, v. a.	74	Regréer, v. a.	19
choir, v. n.	143	Récrouir, v. n.	123	Refeuiller, v. a.	45	Regreffer, v. a.	20
cidiver, v. n.	83	Recruter, v. a.	72	Refeuilleter, v. a.	56	Regréler, v. a.	37
ciproquer, v. a.	63	Rectifier, v. a.	34	Relicher, v. a.	10	Regretter, v. a.	78
cirer, v. a.	64	Rectorier, v. a.	34	Religer, v. a.	23	Régrigner, v. n.	27
citer, v. a.	72	Recueillir, v. a.	115	Relixer, v. a.	88	Regrossir, v. a.	132
clamer, v. a.	48	Recuire, v. a.	186	Reflamber, v. a.	3	Reguinder, v. a.	16
clamper, v. a.	56	Reculer, v. a.	35	Reflatter, v. a.	72	Régulariser, v. a.	67
cliner, v. n.	51	Récupérer, v. a.	65	Réfléchir, v. a.	97	Réhabiliter, v. a.	72
clouer, v. a.	55	Récurer, v. a.	64	Refléter, v. a.	73	Réhabituer, v. a.	82
clure v. a.	203	Récuser, v. a.	67	Refleurir, v. n.	126	Rehacher, v. a.	10
cocher, v. a.	10	Redanser, v. a.	68	Refluer, v. n.	82	Rehanter, v. a.	72
cogner, v. a.	27	Redarguer, v. a.	31	Refociller, v. a.	46	Rehasarder, v. a.	16
coiffer, v. a.	20	Redébattre, v. a.	169	Refonder, v. a.	16	Rehausser, v. a.	71
coiter, v. a.	72	Redéclarer, v. a.	64	Refondre, v. a.	196	Reheurter, v. a.	72
écoler, v. a.	35	Redédier, v. a.	34	Reforger, v. a.	23	Réimporter, v. a.	72
écoller, v. a.	35	Redéfaire, v. a.	160	Réformer, v. a.	48	Réimposer, v. a.	67
écolliger (se), v. pr.	23	Redéjeuner, v. n.	51	Reformer, v. a.	48	Réimprimer, v. a.	48
écolter, v. a.	72	Redélibérer, v. n.	65	Refortifier, v. a.	34	Réincorporer, v. a.	64
ecommander, v. a.	16	Redélivrer, v. a.	86	Refouetter, v. a.	78	Réincruder, v. a.	16
ecommencer, v. a.	7	Redemander, v. a.	16	Refouiller, v. a.	47	Réinfecter, v. a.	72
écompenser, v. a.	68	Redemeurer, v. n.	64	Refouir, v. a.	122	Réinstaller, v. a.	35
écomposer, v. a.	67	Redémolir, v. a.	109	Refouler, v. a.	35	Réintégrer, v. a.	30
ecompter, v. a.	72	Redépêcher, v. a.	12	Refourbir, v. a.	95	Réinterroger, v. a.	23
éconcilier, v. a.	34	Redescendre, v. n.	171	Refournir, v. a.	119	Réinviter, v. a.	72
econduire, v. a.	186	Redessiner, v. a.	51	Réfracter, v. a.	72	Réitérer, v. a.	6
econfesser, v. a.	71	Redévaler, v. a.	35	Refranchir, v. a.	97	Rejaillir, v. a.	112
econfirmer, v. a.	48	Redevenir, v. n.	121	Refranger, v. a.	23	Rejaunir, v. a.	119
éconforter, v. a.	72	Redévider, v. a.	16	Refrapper, v. a.	56	Rejeter, v. a.	77
econfronter, v. a.	72	Redevoir, v. a.	155	Refrayer, v. a.	89	Rejetonner, v. a.	51
econnaître, v. a.	104	Redicter, v. a.	72	Refréner, v. a.	52	Rejoindre, v. a.	191
econquérir, v. a.	127	Rédiger, v. a.	23	Refrire, v. a.	185	Rejointoyer, v. a.	91
econstruire, v. a.	186	Rédimer (se), v. pr.	48	Refriser, v. a.	67	Rejouer, v. a.	53
econsulter, v. a.	72	Redire, v. a.	179	Refrogner (se), v. pr.	27	Réjouir, v. a.	122
econter, v. a.	72	Redissoudre, v. a.	199	Refroidir, v. a.	99	Rejoûter, v. a.	72
econtinuer, v. a.	82	Redistribuer, v. a.	82	Refrotter, v. a.	72	Relâcher, v. a.	10
econtracter, v. a.	72	Rediviser, v. a.	67	Refugier (se), v. pr.	34	Relaisser, v. n.	71
econvenir, v. n.	121	Redompter, v. a.	72	Refuir, v. a.	133	Relancer, v. a.	7
econvoquer, v. a.	63	Redonder, v. n.	16	Refuser, v. a.	67	Relanguir, v. a.	105
ecopier, v. a.	34	Redonner, v. a.	51	Réfuter, v. a.	92	Rélargir, v. a.	103
ecoquiller, v. a.	46	Redorer, v. a.	64	Regagner, v. a.	27	Relater, v. a.	72
ecorder, v. a.	16	Redormir, v. n.	118	Regaillardir, v. a.	99	Relatter, v. a.	72
ecorriger, v. n.	23	Redoter, v. a.	72	Régaler, v. a.	35	Relaver, v. a.	83
ecoucher, v. a.	10	Redoubler, v. a.	4	Regarder, v. a.	16	Relaxer, v. a.	88
ecoudre, v. a.	201	Redouter, v. a.	72	Regarnir, v. a.	119	Relayer, v. a.	89
ecouler, v. a.	35	Redresser, v. a.	71	Regayer, v. a.	89	Relécher, v. a.	11
ecouper, v. a.	56	Redruger, v. a.	23	Regeler, v. n.	39	Reléguer, v. a.	32
Recourber, v. a.	2	Réduire, v. a.	186	Régénérer, v. a.	65	Rêler (se), v. pr.	38

Relever, v. a.	84	Rempaquer, v. a.	63	Renoncer, v. a.	7	Replâtrer, v. a.	79
Relier, v. a.	34	Rempaqueter, v. a.	76	Renouer, v. a.	55	Repleurer, v. n	64
Religionner, v. a.	51	Remparer, v. a.	64	Renouveler, v. a.	41	Repleuvoir, v. n.	157
Relimer, v. a.	48	Remplacer, v. a.	7	Renseigner, v. a.	27	Replier, v. a.	34
Relinguer, v. a.	31	Remplier, v. n.	34	Rensemencer, v. a.	7	Répliquer, v. a.	63
Relire v. n.	175	Remplir, v. a.	125	Rentamer, v. a.	48	Replisser, v. a.	71
Reloger, v. a.	23	Remployer, v. a.	91	Rentasser, v. n.	71	Replonger, v. a.	23
Relouer, v. a.	55	Remplumer, v. a.	48	Renter, v. a.	72	Repolir, v. a.	109
Reluctor, v. n.	72	Rempocher, v. a.	10	Renterrer, v. a.	66	Repomper, v. a.	56
Relutre, v. a.	187	Rempoisonner, v. a.	51	Rentoiler, v. a.	35	Répondre, v. a.	196
Reluquer, v. a.	63	Rempoissonner, v. a.	51	Rentonner, v. a.	51	Repopulariser, v. a.	67
Relustrer, v. a.	79	Remporter, v. a.	72	Rentortiller, v. a.	46	Reporter, v. a.	72
Remâcher, v. a.	10	Rempoter, v. a.	72	Rentraîner, v. a.	51	Reposer, v. a.	67
Remaçonner, v. a.	51	Remprisonner, v. a.	51	Rentraire, v. a.	163	Reposséder, v. a.	17
Remailler, v. a.	43	Rempruuter, v. a.	72	Rentrer, v. n.	79	Repousser, v. a.	67
Remmailler, v. a.	43	Remuer, v. a.	82	Renvahir, v. a.	106	Repousser, v. a.	71
Remander, v. a.	16	Rémunérer, v. a.	65	Renvelopper, v. a.	56	Repousseter, v. a.	76
Remanger, v. a.	23	Remuscler, v. a.	41	Renvenimer, v a.	48	Reprécipiter, v. a.	72
Remanier, v. a.	34	Remusser, v. a.	71	Renverger, v. a.	23	Reprendre, v. n.	172
Remarchander, v. a.	16	Renâcler, v. n.	13	Renverser, v. a.	68	Représailler, v. n.	43
Remarcher, v. a.	10	Renager, v. n.	23	Renvier, v. n.	34	Représenter, v. a.	72
Remarier, v. a.	34	Renaître, v. n.	166	Renvoyer, v. a.	92	Reprêter, v. a.	74
Remarquer, v. a.	6	Renarder, v. n.	16	Réoccuper, v. a.	5	Reprier, v. a.	34
Remasquer, v. a.	63	Rencaisser, v. a.	71	Réopiner, v. a.	51	Réprimander, v. a.	16
Remastiquer, v. a.	63	Renchaîner, v. a	51	Réordonner, v. a.	51	Réprimer, v. a.	48
Remballer, v. a.	35	Renchérir, v. a.	127	Réorganiser, v. a.	67	Repriser, v. a.	67
Rembarquer, v. a.	63	Rencloîtrer, v. a.	79	Répaissir, v. a.	132	Reprocher, v. a.	10
Rembarrer, v. a.	64	Renclouer, v. a.	55	Repaître, v. n.	167	Reproduire, v. a.	186
Remblayer, v. a.	83	Rencogner, v. a.	27	Repâmer (se), v. pr.	48	Repromettre, v. a.	174
Remblayer, v. a.	89	Rencontrer, v a.	79	Répandre, v. a.	168	Reprouver, v. a.	83
Remboîter, v. a.	72	Rencorser, v. a.	68	Reparaître, v. n.	165	Réprouver, v. a.	83
Rembouger, v. a.	23	Rencourager, v. a.	23	Reparer, v. a.	64	Républicaniser, v. a.	67
Rembourrer, v. a.	64	Rendetter, v. a.	78	Reparler, v. n.	35	Répudier, v. a.	34
Rembourser, v. a.	68	Rendormir, v. a.	118	Repartager, v. a.	23	Répugner, v. n.	27
Rembraser, v. a.	67	Rendoubler, v. a	4	Repartir, v. n.	136	Repulluler, v. n.	35
Rembrasser, v. a.	71	Rendre, v. a.	174	Répartir, v. n.	133	Repurger, v. a.	23
Rembrocher, v. a.	10	Renduire, v. a.	186	Repasser, v. a.	71	Réputer, v. a.	72
Rembrunir, v. a.	110	Rendurcir, v. a.	98	Repaumer, v. a.	48	Requérir, v. a.	127
Rembûcher (se), v. pr.	10	Reneiger, v. n.	23	Repaver, v. a.	83	Requêter, v. a.	74
Remédier, v. n.	34	Renetter, v. a.	78	Repayer, v. a.	89	Requinquer (se), v. pr.	63
Remêler, v. a.	38	Renettoyer, v. a.	91	Repêcher, v. a.	12	Réquiper, v. a.	56
Remémorer, v. a.	64	Renfuiter, v. a.	72	Repeigner, v. a.	27	Resacrer, v. a.	14
Remener, v. a.	54	Renfermer, v. a.	48	Repeindre, v. a.	170	Resaigner, v. a.	27
Remercier, v. a.	34	Renfiler, v. a.	35	Repeler, v. a.	41	Resaluer, v. a.	82
Remesurer, v. a.	64	Renflammer, v. a.	48	Repeloter, v. a.	72	Resarcier, v. a.	34
Remettre, v. a.	174	Renfler, v. n.	21	Rependre, v. a.	171	Resancer, v. a.	7
Remeubler, v. a.	4	Renfoncer, v. a.	7	Repenser, v. a.	68	Resceller, v. a.	42
Remiser, v. a.	67	Renforcer, v. a.	7	Repentir (se), v. pr.	134	Rescinder, v. a.	16
Remmailler, v. a.	43	Renformer, v. a.	48	Repercer, v. a.	8	Réserver, v. a.	83
Remmailloter, v. a.	72	Renformir, v. a	117	Répercuter, v. a.	72	Résider, v. n.	16
Remmancher, v. a.	10	Rengager, v. a	23	Reperdre, v. a.	173	Resiffler, v. a.	21
Remmener, v. a.	54	Rengaîner, v. a.	51	Repérer, v. a.	65	Résigner, v. a.	27
Remodeler, v. a.	30	Rengendrer, v. a	18	Repeser, v. a.	70	Résigner, v. a.	27
Remonder, v. a.	16	Rengorger (se), v. pr.	23	Répétailler, v a	43	Résilier, v. a.	34
Remonter, v. n.	72	Rengouffrer(se), v. pr.	22	Répéter, v. a.	73	Resinifier (se), v. pr.	34
Remontrer, v. a.	79	Rengraisser, v. a.	71	Repétrir, v. a.	137	Résister, v. n.	72
Remordre, v. a.	197	Rengréger, v. a.	24	Repeupler, v. a.	61	Resonner, v. a.	51
Remorquer, v. a.	64	Rengréner, v. a.	52	Repétitionner, v. a.	51	Résonner, v. n.	51
Remoucher, v. a.	10	Renhardir, v a	99	Repiler, v. a.	35	Résoudre, v. a.	200
Remoudre, v. a.	202	Renier, v. a.	34	Repiquer, v. a.	63	Respecter, v. a.	72
Remoudre, v. a.	201	Renfler, v. n.	21	Repincer, v. a.	7	Respirer, v. a.	64
Remouiller, v. a.	47	Renivele, v. a.	41	Replaider, v. a.	16	Resplendir, v. n.	99
Remourir, v. a.	129	Renoircir, v. a.	98	Replanchéier, v. a.	34	Ressaigner, v. a.	27
Rempailler, v. a.	43	Renommer, v. a.	48	Replanter, v. a.	72	Ressaisir, v. a.	130

Ressasser, v. a.	71	Retrouver, v. a.	83	Rôder, v. n.	16	Sacrer, v. a.	14
Ressauter, v. a.	72	Rétudier, v. a.	34	Rogner, v. a.	27	Sacrifier, v. a.	34
Ressécher, v. a.	11	Retuer, v. a.	83	Rognonner, v. n.	51	Safraner, v. a.	51
Resseller, v. a.	42	Rétuver, v. a.	83	Roidir, v. a.	99	Saguelter, v. a.	78
Ressembler, v. a.	4	Réunir, v. a.	119	Rôler, v. a.	35	Saigner, v. a.	27
Ressemeler, v. a.	41	Réussir, v. n.	132	Romaniser, v. n.	67	Saignotter, v. a.	72
Ressemer, v. a.	50	Revaloir, v. a.	144	Rompre, v. a.	195	Sailler, v. a.	43
Ressentir, v. a.	134	Revancher, v. a.	10	Rondiner, v. a.	51	Saisir, v. a.	130
Resserrer, v. a.	66	Rêvasser, v. n.	71	Rondir, v. a.	99	Salarier, v. a.	34
Ressiner, v. n.	51	Réveiller, v. a.	44	Ronfler, v. n.	21	Saler, v. a.	35
Ressortir, v. n.	136	Révéler, v. a.	37	Ronger, v. a.	23	Salifier, v. a.	34
Ressortir, v. n.	133	Revendiquer, v. a.	63	Roquer, v. n.	63	Salir, v. a.	109
Ressouder, v. a.	10	Revendre, v. a.	171	Roser, v. a.	67	Saliver, v. n.	83
Ressouvenir (se) v. p.	121	Revenir, v. n.	121	Rosser, v. a.	71	Salpêtrer, v. a.	81
Ressuer, v. n.	82	Reventer, v. a.	72	Rossignoler, v. n.	35	Saluer, v. a.	82
Ressusciter, v. n.	72	Rêver, v. n.	85	Roter, v. n.	72	Sancir, v. n.	98
Ressuyer, v. a.	93	Réverbérer, v. a.	65	Rôtir, v. a.	133	Sanctifier, v. a.	34
Restaurer, v. a.	64	Revercher, v. a.	10	Rotisser, v. a.	71	Sanctionner, v. a.	51
Rester, v. n.	72	Reverdir, v. a.	99	Rotoquer, v. a.	63	Sangler, v. a.	25
Restipuler, v. a.	35	Révérer, v. a.	65	Rouanner, v. a.	51	Sangloter, v. n.	72
Restituer, v. a.	83	Revernir, v. a.	119	Roucouer, v. a.	82	Sanguifier, v. a.	34
Restoxxer, v. a.	88	Reverser, v. a.	68	Roucouler, v. n.	35	Saper, v. a.	56
Restreindre, v. a.	170	Revêtir, v. a.	135	Rouer, v. a.	82	Saponifier, v. a.	34
Résulter, v. n.	72	Revider, v. a.	16	Rougir, v. a.	103	Sarcler, v. a.	13
Résumer, v. a.	48	Reviquer, v. a.	63	Rouiller, v. a.	47	Sarmenter, v. a.	72
Rétablir, v. a.	96	Revirer, v. a.	64	Rouir, v. a.	122	Sarper, v. a.	56
Retailler, v. a.	43	Reviser, v. a.	67	Rouler, v. a.	35	Sasser, v. a.	71
Retaler, v. a.	35	Revisiter, v. a.	72	Roupiller, v. n.	46	Satiner, v. a.	51
Rétaler, v. a.	35	Revivifier, v. a.	34	Rousiller, v. a.	46	Satiriser, v. a.	67
Retaper, v. a.	56	Revivre, v. n.	190	Roussir, v. a.	132	Satisfaire, v. a.	160
Retarder, v. a.	16	Revoir, v. a.	154	Rouster, v. a.	72	Saturer, v. a.	64
Retâter, v. a.	72	Revoler, v. n.	35	Routailler, v. a.	43	Saucer, v. a.	7
Retaxer, v. a.	88	Révolter, v. a.	72	Router, v. a.	72	Sauner, v. n.	51
Reteindre, v. a.	170	Révolutionner, v. a.	51	Routiner, v. a.	51	Saupoudrer, v. a.	18
Rételndre, v. a.	170	Revomir, v. a.	117	Rouvrir, v. a.	142	Saurer, v. a.	64
Retendre, v. a.	171	Révoquer, v. a.	63	Rubaner, v. a.	51	Sauter, v. a.	72
Rétendre, v. a.	171	Revouloir, v. a.	145	Rubéfier, v. a.	34	Sautiller, v. n.	46
Retenir, v. a.	120	Revoyager, v. a.	23	Rubriquer, v. n.	63	Sauver, v. a.	83
Retenter, v. a.	72	Rhabiller, v. a	46	Rucher, v. a.	10	Saveter, v. a.	76
Retentir, v. n.	133	Riboter, v. a.	72	Rudoyer, v. a.	91	Savoir, v. a.	153
Reterser, v. a.	68	Ricaner, v. a.	51	Rueller, v. a.	42	Savonner, v. a.	51
Retirer, v. a.	64	Ricocher, v. n.	10	Ruer, v. a.	82	Savourer, v. a.	64
Retoiser, v. a.	67	Rider, v. a.	16	Ruginer, v. a.	51	Scalper, v. a.	56
Retomber, v. n.	3	Ridiculiser, v. a.	67	Rugir, v. n.	103	Scandaliser, v. a.	67
Retondre, v. a.	196	Rifler, v. a.	21	Ruiler, v. a.	35	Scander, v. a.	16
Retordre, v. a.	197	Rigoler, v. a.	35	Ruiner, v. a.	51	Scarifier, v. n.	34
Rétorquer, v. a.	63	Rimailler, v. n.	43	Ruisseler, v. n.	41	Sceller, v. a.	42
Retoucher, v. n.	10	Rimasser, v. n.	71	Ruminer, v. n.	51	Schématiser, v. a.	67
Retouper, v. a.	56	Rimer, v. n.	48	Ruser, v. a.	67	Schismatiser, v. a.	67
Retourner, v. a.	51	Rincer, v. a.	7	Rustiquer, v. n	63	Scier, v. a.	34
Retracer, v. a.	7	Rinstruire, v. a.	186	Sabbatiser, v. n.	67	Scinder, v. a.	16
Rétracter, v. a.	72	Rioter, v. n.	72	Sabler, v. a.	4	Scintiller, v. n.	46
Retraire, v. a.	163	Ripailler, v. n	43	Sablonner, v. a.	51	Scopéliser, v. a.	67
Retraiter, v. a.	72	Riper, v. n.	56	Saboter, v. n.	72	Scorifier, v. a.	34
Retrancher, v. a	72	Riposter, v. a.	72	Sabouler, v. a.	35	Scruter, v. a.	72
Retravailler, v. a.	43	Rire, v. n.	184	Sabrenauder, v. a	16	Sculpter, v. a.	72
Rétrécir, v. a.	98	Risquer, v. a.	63	Sabrer, v. a.	5	Sécher, v. a.	11
Retremper, v. a.	56	Risser, v. a.	71	Saburrer, v. a.	64	Seconder, v. a.	16
Retresser, v. a.	71	Rissoler, v. a.	35	Saccader, v. n.	16	Secouer, v. a.	55
Rétribuer, v. a.	82	Ristourner, v. a	51	Saccager, v. a.	23	Secourir, v. a.	128
Étriller, v. a.	46	Rivaliser, v. a.	67	Saccharifier, v. a.	34	Sécréter, v. a.	73
Rétrocéder, v. n.	17	River, v. a.	83	Sacerdocratiser, v. a.	67	Séculariser, v. a.	67
Rétrograder, v. n.	16	Rixer, v. a.	88	Sacher, v. a.	10	Séditionner, v. a.	51
Retrousser, v. a.	71	Rober, v. a.	3	Sacoper, v. a.	56	Séduire, v. a.	186

15

Relever, v. a.	84	Rempaquer, v. a.	63	Renoncer, v. a.	7	Replâtrer, v. a.	
Relier, v. a.	34	Rempaqueter, v. a.	76	Renouer, v. a.	55	Repleurer, v. n	
Religionner, v. a.	51	Remparer, v. a.	64	Renouveler, v. a.	41	Replenvoir, v. n.	
Relimer, v. a.	48	Remplacer, v. a.	7	Renseigner, v. a.	27	Replier, v. a.	
Relinquer, v. a.	31	Remplier, v. n.	34	Rensemencer, v. a.	7	Répliquer, v. a.	
Relire, v. n.	175	Remplir, v. a.	125	Rentamer, v. a.	48	Replisser, v. a.	
Reloger, v. a.	23	Remployer, v. a.	91	Rentasser, v. n.	71	Replonger, v. a.	
Relouer, v. a.	55	Remplumer, v. a.	48	Renter, v. a.	72	Repolir, v. a.	
Reluctar, v. n.	72	Rempocher, v. a.	10	Renterrer, v. a.	66	Repomper, v. a.	
Reluire, v. a.	187	Rempoisonner, v. a.	51	Rentoiler, v. a.	35	Répondre, v. a.	
Reluquer, v. a.	63	Rempoissonner, v. a.	51	Rentonner, v. a.	51	Repopulariser, v. a.	
Relustrer, v. a.	79	Remporter, v. a.	72	Rentortiller, v. a.	46	Reporter, v. a.	
Remâcher, v. a.	10	Rempoter, v. a.	72	Rentrainer, v. a.	51	Reposer, v. a.	
Remaçonner, v. a.	51	Remprisonner, v. a.	51	Rentraire, v. a.	163	Reposséder, v. a.	
Remailler, v. a.	43	Remprunter, v. a.	72	Rentrer, v. n.	79	Repousser, v. a.	
Rémailler, v. a.	43	Remuer, v. a.	82	Renvahir, v. a.	106	Repousser, v. a.	
Remander, v. a.	16	Rémunérer, v. a.	65	Renvelopper, v. a.	56	Repousseter, v. a.	
Remanger, v. a.	23	Remuseler, v. a.	41	Renvenimer, v. a.	48	Reprécipiter, v. a.	
Remanier, v. a.	34	Remusser, v. a.	71	Renverger, v. a.	23	Reprendre, v. n.	
Remarchander, v. a.	16	Renacler, v. n.	13	Renverser, v. a.	68	Représailler, v. n.	
Remarcher, v. a.	10	Renager, v. n.	23	Renvier, v. n.	34	Représenter, v. a.	
Remarier, v. a.	34	Renaitre, v. n.	166	Renvoyer, v. a.	92	Reprêter, v. a.	
Remarquer, v. a.	6	Renarder, v. a.	16	Réoccuper, v. a.	5	Reprier, v. a.	
Remasquer, v. a.	63	Rencaisser, v. a.	71	Réopiner, v. a.	51	Réprimander, v. a.	
Remastiquer, v. a.	63	Renchainer, v. a.	51	Réordonner, v. a.	51	Réprimer, v. a.	
Remballer, v. a.	35	Renchérir, v. a.	127	Réorganiser, v. a.	67	Repriser, v. a.	
Rembarquer, v. a.	63	Rencloitrer, v. a.	79	Répaissir, v. a.	132	Reprocher, v. a.	
Rembarrer, v. a.	64	Renclouer, v. a.	55	Repaître, v. n.	167	Reproduire, v. a.	
Remblaver, v. a.	83	Rencogner, v. a.	27	Repâmer (se), v. pr.	48	Repromettre, v. a.	
Remblayer, v. a.	89	Rencontrer, v. a.	79	Répandre, v. a.	168	Reprouver, v. a.	
Remboîter, v. a.	72	Rencorser, v. a.	68	Reparaitre, v. n.	165	Réprouver, v. a.	
Rembouger, v. a.	23	Rencourager, v. a.	23	Réparer, v. a.	64	Républicaniser, v. a.	
Rembourrer, v. a.	64	Rendetter, v. a.	78	Reparler, v. n.	35	Répudier, v. a.	
Rembourser, v. a.	68	Rendormir, v. a.	118	Repartager, v. a.	23	Répugner, v. n.	
Rembraser, v. a.	67	Rendoubler, v. a	4	Repartir, v. n.	136	Repulluler, v. n.	
Rembrasser, v. a.	71	Rendre, v. a.	171	Répartir, v. n.	133	Repurger, v. a.	
Rembrocher, v. a.	64	Renduire, v. a.	186	Repasser, v. a.	71	Réputer, v. a.	
Rembrunir, v. a.	110	Rendurcir, v. a.	98	Repaumer, v. a.	48	Requérir, v. a.	
Rembûcher (se), v. pr.	10	Reneiger, v. n.	23	Repaver, v. a.	83	Requêter, v. a.	
Remédier, v. n.	34	Renetter, v. a.	78	Repayer, v. a.	89	Requinquer (se), v. pr	
Remêler, v. a.	38	Renettoyer, v. a.	91	Repêcher, v. a.	12	Réquiper, v. a.	
Remémorer, v. a.	64	Renfuiter, v. a.	72	Repeigner, v. a.	27	Resacrer, v. a.	
Remener, v. a.	54	Renfermer, v. a.	48	Repeindre, v. a.	170	Resaigner, v. a.	
Remercier, v. a.	34	Renfiler, v. a.	35	Repeler, v. a.	41	Resaluer, v. a.	
Remesurer, v. a.	64	Renflammer, v. a.	48	Repelotter, v. a.	72	Resarcir, v. a.	
Remettre, v. a.	174	Renfler, v. n.	21	Repeudre, v. a.	171	Resaucer, v. a.	
Remeubler, v. a.	4	Renfoncer, v. a.	7	Repenser, v. a.	68	Resceller, v. a.	
Remiser, v. a.	67	Renforcer, v. a.	7	Repentir (se), v. pr.	134	Rescinder, v. a.	
Remmailler, v. a.	43	Renformer, v. a.	48	Repercer, v. a.	8	Réserver, v. a.	
Remmailloter, v. a.	72	Renformir, v. a.	117	Répercuter, v. a.	72	Résider, v. n.	
Remmancher, v. a.	10	Rengager, v. a.	23	Reperdre, v. a.	173	Resiffler, v. a.	
Remmener, v. a.	54	Rengainer, v. a.	51	Repeser, v. a.	65	Résigner, v. a.	
Remodeler, v. a.	30	Rengendrer, v. a.	18	Repiquer, v. a.	70	Resigner, v. a.	
Remonder, v. a.	16	Rengorger (se), v. pr.	23	Répétailler, v. a.	43	Résilier, v. a.	
Remonter, v. n.	72	Rengouffrer (se), v. pr.	22	Répéter, v. a.	73	Resinifier (se), v. pr	
Remontrer, v. a.	79	Rengraisser, v. a.	71	Repétrir, v. a.	137	Résister, v. n.	
Remordre, v. a.	197	Rengréger, v. a.	24	Repeupler, v. a.	61	Resonner, v. a.	
Remorquer, v. a.	64	Rengréner, v. a.	52	Répétitionner, v. a.	51	Résonner, v. n.	
Remoucher, v. a.	10	Renhardir, v. a	99	Repiler, v. a.	35	Résoudre, v. a.	
Remoudre, v. a.	202	Renier, v. a.	34	Repiquer, v. a.	63	Respecter, v. a.	
Remondre, v. a.	201	Renfler, v. n.	21	Repincer v. a.	7	Respirer, v. a.	
Remouiller, v. a.	47	Renivele, v. a.	41	Replaider, v. a.	16	Resplendir, v. n.	
Remourir, v. n.	129	Renoircir, v. a.	98	Replanchéier, v. a.	34	Ressaigner, v. a.	
Rempailler, v. a.	43	Renommer, v. a.	48	Replanter, v. a.	72	Ressaisir, v. a.	

Ressasser, v. a.	71	Retrouver, v. a.	83	Rôder, v. n.	16	Sacrer, v. a.	14
Ressauter, v. a.	72	Rétudier, v. a.	34	Rogner, v. a.	27	Sacrifier, v. a.	34
Ressécher, v. a.	11	Retuer, v. a.	83	Rognonner, v. n.	51	Safraner, v. a.	51
Resseller, v. a.	42	Rétuver, v. a.	83	Roidir, v. a.	99	Saguetter, v. a.	78
Ressembler, v. a.	4	Réunir, v. a.	119	Rôler, v. a.	35	Saigner, v. a.	27
Ressemeler, v. a.	41	Réussir, v. n.	132	Romaniser, v. n.	67	Saignotter, v. a.	72
Ressemer, v. a.	50	Revaloir, v. a.	144	Rompre, v. a.	195	Sailler, v. a.	43
Ressentir, v. a.	134	Revancher, v. a.	10	Rondiner, v. a.	51	Saisir, v. a.	130
Resserrer, v. a.	66	Rêvasser, v. n.	71	Rondir, v. a.	99	Salarier, v. a.	34
Ressiner, v. n.	51	Réveiller, v. a.	44	Ronfler, v. n.	21	Saler, v. a.	35
Ressortir, v. n.	136	Révéler, v. a.	37	Ronger, v. a.	23	Salifier, v. a.	34
Ressortir, v. n.	133	Revendiquer, v. a.	63	Roquer, v. n.	63	Salir, v. a.	109
Ressouder, v. a.	10	Revendre, v. a.	171	Roser, v. a.	67	Saliver, v. n.	83
Ressouvenir (se) v. p.	121	Revenir, v. n.	121	Rosser, v. a.	71	Salpêtrer, v. a.	81
Ressuer, v. n.	82	Reventer, v. a.	72	Rossignoler, v. n.	35	Saluer, v. a.	82
Ressusciter, v. n.	72	Rêver, v. n.	85	Roter, v. n.	72	Sancir, v. n.	98
Ressuyer, v. a.	93	Réverbérer, v. a.	65	Rôtir, v. a.	133	Sanctifier, v. a.	34
Restaurer, v. a.	64	Revercher, v. a.	10	Rotisser, v. a.	71	Sanctionner, v. a.	51
Rester, v. n.	72	Reverdir, v. a.	99	Rotoquer, v. a.	63	Sangler, v. a.	25
Restipuler, v. a.	35	Révérer, v. a.	65	Rouanner, v. a.	51	Sangloter, v. n.	72
Restituer, v. a.	83	Revernir, v. a.	119	Roucouer, v. a.	82	Sanguifier, v. a.	34
Restorxer, v. a.	88	Reverser, v. a.	68	Roucouler, v. n.	35	Saper, v. a.	56
Restreindre, v. a.	170	Revêtir, v. a.	135	Rouer, v. a.	82	Saponifier, v. a.	34
Résulter, v. n.	72	Revider, v. a.	16	Rougir, v. a.	103	Sarcler, v. a.	13
Résumer, v. a.	48	Reviquer, v. a.	63	Rouiller, v. a.	47	Sarmenter, v. a.	72
Rétablir, v. a.	96	Revirer, v. a.	64	Rouir, v. a.	122	Sarper, v. a.	56
Retailler, v. a.	43	Reviser, v. a.	67	Rouler, v. a.	35	Sasser, v. a.	71
Retaler, v. a.	35	Revisiter, v. a.	72	Roupiller, v. n.	46	Satiner, v. a.	51
Rétaler, v. a.	35	Revivifier, v. a.	34	Rousiller, v. a.	46	Satiriser, v. a.	67
Retaper, v. a.	56	Revivre, v. n.	190	Roussir, v. a.	132	Satisfaire, v. a.	160
Retarder, v. a.	16	Revoir, v. a.	154	Rouster, v. a.	72	Saturer, v. a.	64
Retâter, v. a.	72	Revoler, v. n.	35	Routailler, v. a.	43	Saucer, v. a.	7
Retaxer, v. a.	88	Révolter, v. a.	72	Router, v. a.	72	Sauner, v. n.	51
Reteindre, v. a.	170	Révolutionner, v. a.	51	Routiner, v. a.	51	Saupoudrer, v. a.	18
Rétcindre, v. a.	170	Revomir, v. a.	117	Rouvrir, v. a.	142	Saurer, v. a.	64
Retendre, v. a.	171	Révoquer, v. a.	63	Rubaner, v. a.	51	Sauter, v. a.	72
Rétendre, v. a.	171	Revouloir, v. a.	145	Rubéfier, v. a.	34	Sautiller, v. n.	46
Retenir, v. a.	120	Revoyager, v. a.	23	Rubriquer, v. n.	63	Sauver, v. a.	83
Retenter, v. a.	72	Rhabiller, v. a.	46	Rucher, v. a.	10	Saveter, v. a.	76
Retentir, v. n.	133	Riboter, v. a.	72	Rudoyer, v. a.	91	Savoir, v. a.	153
Reterser, v. a.	68	Ricaner, v. a.	51	Rueller, v. a.	42	Savonner, v. a.	51
Retirer, v. a.	64	Ricocher, v. n.	10	Ruer, v. a.	82	Savourer, v. a.	64
Retoiser, v. a.	67	Rider, v. a.	16	Ruginer, v. a.	51	Scalper, v. a.	56
Retomber, v. n.	3	Ridiculiser, v. a.	67	Rugir, v. n.	103	Scandaliser, v. a.	67
Retondre, v. a.	196	Rifler, v. a.	21	Ruiler, v. a.	35	Scander, v. a.	16
Retordre, v. a.	197	Rigoler, v. a.	35	Ruiner, v. a.	51	Scarifier, v. n.	34
Rétorquer, v. a.	63	Rimailler, v. n.	43	Ruisseler, v. n.	41	Sceller, v. a.	42
Retoucher, v. n.	10	Rimasser, v. a.	71	Ruminer, v. a.	51	Schématiser, v. a.	67
Retouper, v. a.	56	Rimer, v. n.	48	Ruser, v. a.	67	Schismatiser, v. a.	67
Retourner, v. a.	51	Rincer, v. a.	7	Rustiquer, v. n.	63	Scier, v. a.	34
Retracer, v. a.	7	Rinstruire, v. a.	186	Sabbatiser, v. n.	67	Scinder, v. n.	16
Rétracter, v. a.	72	Rioter, v. n.	72	Sabler, v. a.	4	Scintiller, v. n.	46
Retraire, v. a.	163	Ripailler, v. n.	43	Sablonner, v. a.	51	Scopéliser, v. a.	67
Retraiter, v. a.	72	Riper, v. n.	56	Saboter, v. n.	72	Scorifier, v. a.	34
Retrancher, v. a.	10	Riposter, v. n.	72	Sabouler, v. a.	35	Scruter, v. a.	72
Retravailler, v. a.	43	Rire, v. n.	184	Sabrenauder, v. a.	16	Sculpter, v. a.	72
Rétrécir, v. a.	98	Risquer, v. a.	63	Sabrer, v. a.	5	Sécher, v. a.	11
Retremper, v. a.	56	Risser, v. a.	71	Saburrer, v. a.	64	Seconder, v. a.	16
Retresser, v. a.	71	Rissoler, v. a.	35	Saccader, v. n.	16	Secouer, v. a.	55
Rétribuer, v. a.	82	Ristourner, v. a	51	Saccager, v. a.	23	Secourir, v. a.	128
Rétriller, v. a.	46	Rivaliser, v. a.	67	Saccharifier, v. a.	34	Sécréter, v. a.	73
Rétrocéder, v. n.	17	River, v. a.	83	Sacerdocratiser, v. a.	67	Séculariser, v. a.	67
Rétrograder, v. n.	16	Rixer, v. a.	88	Sacher, v. a.	10	Séditionner, v. a.	51
Retrousser, v. a.	71	Rober, v. a.	3	Sacoper, v. a.	56	Séduire, v. a.	186

Sagréger, v. a.	24	Sommeiller, v. n.	44	Stimuler, v. a.	35	Surbaisser, v. a.	51
Séjourner, v. n	51	Sommer, v. a.	48	Stipendier, v. a.	34	Surcharger, v. a.	23
Seller, v. a.	42	Sonder, v. a.	16	Stipuler, v. a.	35	Surchauffer, v. n.	20
Sembler, v. n	4	Songer, v. n.	23	Stoquer, v. a.	63	Surcouper, v. a.	56
Semer, v. a.	48	Sonnailler, v. n.	43	Stranguler, v. a.	35	Surcroître, v. n.	194
Semoncer, v. a.	7	Sonner, v. a.	51	Strapasser, v. a.	71	Surdorer, v. a.	64
Sentencier, v. a.	34	Sophistiquer, v. a.	63	Strapassonner, v. a.	51	Surenchérir, v. n.	126
Sentir, v. a.	134	Sortir, v. n.	136	Stratifier, v. a.	34	Surexciter, v. a.	72
Seoir, v. n.	149	Souchever, v. a.	83	Strider, v. n.	16	Surfaire, v. a.	160
Séparer, v. a.	64	Soucier (se), v. pr.	34	Striquer, v. a.	63	Surfleurir, v. n.	126
Septembriser, v. a	67	Souder, v. a.	16	Stupéfier, v. a.	34	Surgir, v. n.	103
Septupler, v. a.	61	Soudoyer, v. a.	91	Styler, v. a.	35	Surglacer, v. a.	7
Séquestrer, v. a.	79	Soudre, v. a.	199	Suager, v. a.	23	Surhausser, v. a.	71
Sérancer, v. a.	7	Souffler, v. n.	21	Subdéléguer, v. a.	32	Surjeter, v. a.	77
Séraphiser, v. a.	67	Souffleter, v. a.	77	Subdiviser, v. a.	67	Surjurer, v. a.	64
Sérénader, v. a	16	Souffrir, v. a.	102	Subbaster, v. a.	72	Surlier, v. a.	34
Séréner, v. a.	52	Soufrer, v. a.	22	Subir, v. a.	95	Surlouer, v. a.	55
Serfouetter, v. a.	78	Souhaiter, v. a.	72	Subjuguer, v. a.	31	Surmarcher, v. n.	10
Serfouir, v. a.	122	Souiller, v. a.	47	Sublimer, v. a.	48	Surmener, v. a.	54
Sergenter, v. a.	72	Souillonner, v. a.	51	Submerger, v. a.	23	Surmonter, v. a.	72
Seriner, v. a.	51	Soulager, v. a.	23	Subodorer, v. a.	64	Surmouler, v. a.	35
Seringuer, v. a.	31	Soulasser, v. a.	71	Subordonner, v. a.	51	Surnager, v. n.	23
Sermonner, v. a.	51	Soûler, v. a.	35	Suborner, v. a.	51	Surnaître, v. n.	166
Serpéger, v. a.	24	Soulever, v. a.	84	Subroger, v. a.	23	Surnommer, v. a.	48
Serpenter, v. n.	72	Souligner, v a	27	Subsister, v. n.	72	Surnourrir, v. a.	126
Serpiller, v. n.	46	Souloir, v. a.	145	Substantifier, v. a.	34	Surpasser, v. a.	71
Serrer, v. a.	66	Soumettre, v. a.	174	Substantiver, v. a.	83	Surpayer, v. a.	89
Sertir, v. a.	133	Soupçonner, v. a.	51	Substituer, v. a.	82	Surplomber, v. n.	3
Servir, v. a.	126	Souper, v. n.	56	Subtiliser, v. a.	67	Surprendre, v. a.	172
Sévir, v. n.	159	Soupeser, v. a.	70	Subvenir, v. n.	121	Sursemer, v. a.	50
Sevrer, v. a.	86	Soupirer, v. n.	64	Subventionner, v. a	51	Surseoir, v. a.	147
Sextupler, v. a.	61	Souquer, v. a.	63	Subvertir, v. a.	133	Surtaxer, v. a.	88
Sibylliser, v. a.	67	Sourciller, v. n.	46	Succéder, v. n.	17	Surtondre, v. a.	196
Siéger, v. n.	24	Sourdre, v. n.	202	Succomber, v. n.	3	Surveiller, v. a.	44
Siffler, v. n.	21	Sourire, v. n.	184	Sucer, v. a.	7	Survendre, v. a.	171
Signaler, v. a.	35	Sous-affermer, v. a.	48	Suçoter, v. a.	72	Survenir, v. n.	121
Signer, v. a.	27	Sous amender, v. a.	16	Sucrer, v. a.	14	Surventer, v. n.	72
Signifier, v. a.	34	Souscrire, v. a.	178	Suer, v. n	82	Survêtir, v. a.	135
Siller, v. a.	46	Sous-entendre, v. a.	171	Suffire, v. n.	183	Survider, v. a.	16
Silonner, v. a.	51	Sous-fréter, v. a.	73	Suffoquer, v. a.	63	Survivre, v. n.	190
Simplifier, v. a.	34	Sous-introduire, v. a.	186	Suggérer, v. a.	65	Susciter, v. a	72
Simuler, v. a.	35	Sous-louer, v. a.	55	Suicider (se), v. pr.	16	Suspecter, v. a.	72
Sinapiser, v. a.	67	Soussigner, v. a.	27	Suifer, v. a.	80	Suspendre, v. a.	171
Singer, v. a.	23	Soustraire, v. a.	163	Suinter, v. n.	72	Susseyer, v. n.	90
Singler, v. a	25	Soutenir, v. a.	120	Suivre, v. n.	189	Sustenter, v. a.	72
Singulariser, v. a.	67	Soutirer, v. a.	64	Super, v. n.	56	Susurrer, v. n.	64
Siroper, v. a.	56	Souvenir (se), v. pr.	121	Superposer, v. a.	67	Syllaber, v. a	3
Siroter, v. n.	72	Spalmer, v. a.	48	Superséder, v. n.	17	Syllabiser, v. a.	67
Sister, v. a.	72	Sparger, v. a.	23	Suppéditer, v. a.	72	Syllogiser, v. a.	67
Situer, v. a.	82	Spatifier, v. a.	34	Supper, v. a.	56	Syllogistiquer, v. a	63
Similler, v. a.	46	Spécialiser, v. a.	67	Supplanter, v. a.	72	Symboliser, v. n.	67
Socier, v. a.	34	Spécifier, v. a.	34	Suppléer, v. a.	19	Symétriser, v. n.	67
Socratiser, v. n.	67	Spéculer, v. a.	35	Supplicier, v. a.	34	Sympathiser, v. n.	67
Soigner, v. a.	27	Sphaceler, v. a.	37	Supplier, v. a.	34	Syncoper, v. a.	56
Soixanter, v. a.	73	Spiritualiser, v. a.	67	Supporter, v. a.	72	Syndiquer, v. a.	63
Solacier, v. a.	34	Spolier, v. a.	34	Supposer, v. a.	67	Synthétiser, v. a.	67
Solder, v. a.	16	Stagner, v. n.	27	Supprimer, v. a.	48	Systhématiser, v. a.	67
Solenniser, v. a.	67	Stationner, v. n.	51	Suppurer, v. n.	64	Tabiser, v. a.	67
Solfier, v. a.	34	Statuer, v. a.	82	Supputer, v. a.	72	Tabler, v. n.	4
Solidifier, v. a.	34	Sténographier, v. a.	34	Surabonder, v. n	16	Tabourer, v. n.	64
Solliciter, v. a.	72	Stéréotyper, v. a.	56	Suracheter, v. a.	75	Tabuter, v. a.	12
Solmiser, v. a.	67	Stériliser, v. a	67	Surajouter, v. a.	72	Tacher, v. a.	10
Sombrer, v. n.	5	Stéthoscoper, v. a	56	Sur-aller, v. n.	36	Tâcher, v. n.	10
Sommager, v. a.	23	Stigmatiser, v. a	67	Suranner, v. n.	51	Tacheter, v. a.	75

illader, v. a.	16	Tester, v. n.	72	Tourner, v. a.	51	Tremper, v. a.	56
iller, v. a.	43	Testonner, v. a.	51	Tournevirer, v. a.	64	Trépaner, v a.	51
ire, v. a.	162	Teter, v. a.	77	Tournoyer, v. n.	91	Trepasser, v. n.	71
linguer, v. a.	31	Tetriner, v. n.	51	Tousser, v. n.	71	Trépigner, v. n.	27
ller, v. n.	35	Théologiser, v. n	67	Tracaner, v. a.	51	Trepudier, v. n.	34
lonner, v. a.	51	Théoriser, v a	67	Tracasser, v. a.	71	Trésillonner, v. a.	51
luter, v. a.	72	Thesauriser, v. a.	67	Trucer, v. a.	7	Tressaillir, v. n.	111
mbouriner, v. n.	50	Tiédir, v. n.	29	Traduire, v. a.	186	Tresser, v. a.	71
miser, v. a.	67	Tiercer, v. a.	7	Trafiquer, v. n.	63	Trévirer, v. a.	51
mper, v. a.	56	Tignoner, v. a.	51	Trahir, v. a.	106	Trézaler, v. a.	35
mponner, v. a.	51	Tiser, v. a.	29	Trailler, v. a.	43	Triballer, v. a.	35
ncer, v. a.	7	Tiller, v. a.	46	Trainer, v. a.	51	Tricher, v. a.	10
nger, v. a.	23	Timbrer, v. a.	5	Traire, v. a.	163	Tricotter, v. a.	72
nguer, v. n.	31	Tinguer, v. a.	31	Traiter, v. a.	72	Trier, v. a.	34
nner, v. a.	51	Tintamarrer, v. a.	64	Tramer, v. a.	48	Trigander, v. n.	16
ntaliser, v. a.	67	Tinter, v. a.	72	Tranchefiler, v. a.	35	Trimballer, v. a.	35
per, v. a.	56	Tintiner, v. n.	51	Trancher, v. a.	10	Trimer, v. n.	48
pir (se), v. pr.	124	Tintouiner, v. n.	51	Tranler, v. a.	35	Trinder, v. a.	25
pisser, v. a.	71	Tiorser, v. a.	68	Tranquilliser, v. a.	67	Trinquer, v. n.	63
poter, v. a.	72	Tiquer, v. n.	63	Transcrire, v. a.	178	Triompher, v. n.	59
quer, v. a.	63	Tirailler, v. a.	43	Transferer, v. a.	65	Tripler, v. a.	61
quiner, v. a.	51	Tirasser, v. a.	71	Transfigurer, v. a.	64	Tripliquer, v. n.	63
rabuster, v. a.	72	Tirer, v. a.	64	Transfiler, v. a.	35	Tripolir, v. a.	109
rauder, v. a.	16	Tiser, v. a.	67	Transformer, v. a.	48	Tripotisser, v. a.	71
rder, v. n.	16	Tisonner, v. a.	51	Transfuser, v. a.	67	Tripoter, v. n.	72
rer, v. a.	64	Tisser, v. a.	41	Transgresser, v. a.	71	Triquer, v. a.	63
rger, v. n.	23	Tistre, v. a.	188	Transhumer, v. a.	48	Trisser, v. n.	71
rguer (se), v. pr.	31	Titier, v. n.	34	Transiger, v. n.	23	Triturer, v. a.	64
rifer, v. a.	20	Titiller, v. n.	46	Transir, v. a.	131	Trôler, v. a.	35
rir, v. a.	126	Titrer, v. a.	79	Translater, v. a.	72	Troller, v. a.	35
rtariser, v. a.	67	Tituber, v. n.	3	Transluire, v. n.	187	Tromper, v. a.	56
rtufier, v. n.	34	Tituliser, v. a.	67	Transmettre, v. a.	174	Trompeter, v. a.	77
sser, v. a.	71	Toiser, v. a.	67	Transmuer, v. a.	82	Tronçonner, v. a.	51
ter, v. a.	72	Tolérer, v. a.	65	Transnoter, v. a.	72	Trôner, v. n.	51
tillonner, v. n.	50	Tomber, v. n.	3	Transnover, v. a.	83	Tronquer, v. a.	63
tonner, v. n.	51	Tomer, v. a.	48	Transparaître, v. n.	165	Troquer, v. a.	63
touer, v. a.	82	Tondre, v. a.	196	Transpercer, v. a.	7	Trotter, v. n.	72
uder, v. a.	16	Tonneler, v. a.	41	Transpirer, v. n.	64	Trottiner, v. n.	51
uroboliser, v. n.	67	Tonner, v. n.	51	Transplanter, v. a.	72	Troubler, v. a.	4
veler, v. a.	41	Tonsurer, v. a.	64	Transporter, v. a.	72	Trouer, v. a.	82
xer, v. a.	88	Toper, v. n.	56	Transposer, v. a.	67	Trousser, v. a.	71
iller, v. a.	44	Toquer, v. a.	63	Transsubstantier, v. a	34	Trouver, v. a.	83
indre, v. a.	170	Torcher, v. a.	10	Transsuder, v. n.	16	Truander, v. n.	16
moigner, v. a.	27	Torciner, v. a.	51	Transvaser, v. a.	67	Trucher, v. n.	10
mpérer, v. n.	65	Tordre, v. a.	197	Transvider, v. a.	16	Truffer, v. a.	20
mporiser, v. n.	67	Torquer, v. a.	63	Transtraner, v. n.	51	Trutiler, v. n.	35
nailler, v. a.	43	Torréfier, v. a.	34	Traquer, v. a.	63	Tuer, v. a.	82
ndre, v. a.	171	Torser, v. a.	68	Travailler, v. a.	43	Tuiler, v. a.	35
ndrifier, v. n.	34	Tortiller, v. a.	46	Traverser, v. a.	68	Tuméfier, v. a.	34
nir, v. a.	120	Tortionner, v. a.	51	Traversiner, v. a.	51	Tumultuer, v. n.	82
nter, v. a.	72	Tortuer, v. a.	82	Travestir, v. a.	133	Turlupiner, v. a.	50
rcer, v. a.	7	Torturer, v. a.	64	Travouiller, v. a.	47	Turluter, v. n.	72
rgiverser, v. n.	68	Toster, v. a.	72	Trébucher, v. n.	10	Tutoyer, v. a.	91
rminer, v. a.	51	Totaliser, v. a.	67	Tréfiler, v. a.	35	Tutuber, v. n.	3
rnir, v. a.	119	Toucher, v. a.	10	Tréfler, v. a.	21	Tympaniser, v. a.	67
rrager, v. a.	23	Touer, v. a.	82	Tréfondre, v. a.	196	Tyranniser, v. a.	67
rrasser, v. a.	71	Touffer, v. a.	20	Treillager, v. a.	23	Ulcérer, v. a.	65
rreauter, v. a.	72	Toupiller, v. n.	46	Treillisser, v. a.	71	Uller, v. n.	35
rrer, v. a.	64	Tourber, v. a.	3	Tréjeter, v. a.	77	Uniformiser, v. a.	67
rrifier, v. a.	34	Tourbillonner, v. n.	51	Trelinguer, v. a.	31	Unir, v. a.	119
rrir, v. n.	126	Tourer, v. a.	64	Trélucher, v. n.	10	Universaliser, v. a.	67
rrorifier, v. a.	34	Tourmenter, v. a.	72	Trembler, v. n.	4	Unquer, v. n.	63
rroriser, v. a.	67	Tournailler, v. n.	43	Trembloter, v. n.	72	Uriner, v. n.	51
stamenter, v. n.	72	Tournasser, v. a.	71	Trémousser, v. n.	71	User, v. a.	61

15.

Ustensiller, v. a.	46	Velter, v. a.	72	Vêtir, v. a.	135	Vociférer, v. n.	65
Usurper, v. a.	56	Vendanger, v. a.	23	Vexer, v. a.	88	Voguer, v. n.	31
Utiliser, v. a.	67	Vendre, v. a.	171	Viander, v. n.	16	Voiler, v. a.	35
Vacciner, v. a.	51	Véner, v. a.	52	Vibrer, v. n.	5	Voir, v. a.	154
Vaciller, v. n.	46	Vénérer, v. a.	65	Vicarier, v. n.	34	Voisiner, v. n.	51
Vagabonder, v. n.	16	Venger, v. a.	23	Vicier, v. a.	34	Voiturer, v. a.	64
Vagir, v. n.	103	Venir, v. n.	121	Victimer, v. a.	48	Voituriser, v. n.	67
Vaguer, v. n.	31	Venter, v. n.	72	Vider, v. a.	16	Volatiliser, v. a.	67
Vaigrer, v. a.	29	Ventiler, v. a.	35	Vidimer, v. a.	48	Volcauiser, v. a.	67
Vaincre, v. a.	158	Ventouser, v. a.	67	Vieillir, v. a.	114	Voler, v. a.	35
Valeter, v. n.	77	Ventrouiller (se), v. p.	47	Veiller, v. n.	44	Voleter, v. n.	77
Valider, v. a.	16	Verbaliser, v. n.	67	Vigier, v. n.	34	Volter, v. n.	72
Valoir, v. n.	144	Verbiager, v. n.	23	Villipender, v. a.	16	Voltiger, v. n.	23
Valser, v. n.	68	Verdir, v. a.	99	Vinaigrer, v. a.	29	Voluter, v. a.	72
Vanner, v. a.	51	Verdoyer, v. n.	91	Violenter, v. a.	72	Vomir, v. a.	117
Vanter, v. a.	72	Verger, v. a.	23	Violer, v. a.	35	Voguer, v. a.	31
Vantiller, v. a.	46	Vergeter, v. a.	77	Violir, v. a.	109	Voter, v. a.	72
Vaporiser, v. a.	67	Verglacer, v. a.	7	Virer, v. n.	64	Vouer, v. a.	82
Vaquer, v. n.	63	Vérifier, v. a.	34	Virguler, v. n.	35	Vouloir, v. a.	145
Varander, v. a.	16	Vermiller, v. n.	46	Viser, v. a.	67	Voûter, v. a.	72
Varier, v. a.	34	Vermillonner, v. a.	51	Visiter, v. a.	72	Voyager, v. n.	23
Vauloper, v. a.	56	Vermouler (se), v. p.	35	Visser, v. a.	71	Vriller, v. n.	46
Varrer, v. a.	64	Vernir, v. a.	119	Vitrer, v. a.	79	Vulgariser, v. a.	67
Vaticiner, v. n.	51	Vernisser, v. a.	71	Vitrifier, v. a.	34	Zébrer, v. a.	6
Vautrer (se), v. pr.	79	Véroter, v. n.	72	Vitrioliser, v. a.	67	Zester, v. a.	72
Végéter, v. n.	73	Verrouiller, v. a.	47	Vitupérer, v. a.	65	Zézayer, v. n.	89
Veiller, v. n.	44	Verser, v. a.	68	Vivifier, v. n.	34	Zinzinuler, v. n.	35
Veiner, v. a.	51	Versifier, v. a.	34	Vivoter, v. n.	72	Zinzoliner, v. a.	51
Vêler, v. n.	38	Vespériser, v. a.	67	Vivre, v. n.	190		
Velouter, v. a.	72	Vetiller, v. n.	46	Vocaliser, v. n.	67		

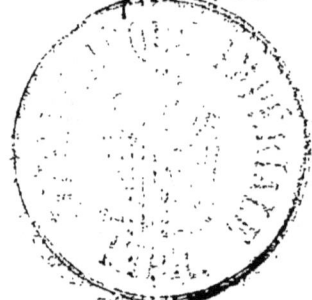

FIN DE LA LISTE ALPHABÉTIQUE.

TABLE DES MATIÈRES.

Nos		Pages.
	Préface....................	v
	Notions préliminaires.........	1
1	Conjugaison du verbe être......	9
2	Idem................ avoir....	10
3	Conjugaison des verbes en ber...	11
4	Idem................... bler .	12
5	Idem................... brer..	13
6	Idem................... ébrer.	14
7	Idem................... cer...	15
8	Idem................... écer..	16
9	Idem................... ecer..	17
10	Idem.................. cher..	18
11	Idem.................. écher .	19
12	Idem.................. écher .	20
13	Idem .... cler..	21
14	Idem.................. crer...	22
15	Idem.................. écrer..	23
16	Idem.................. der...	24
17	Idem.................. éder .	25
18	Idem.................. drer..	26
19	Idem.................. éer...	27
20	Idem.................. fer...	28
21	Idem.................. fler..	29
22	Idem.................. frer..	30
23	Idem.................. ger...	31
24	Idem.................. éger..	32
25	Idem.................. gler..	33
26	Idem.................. égler..	34
27	Idem.................. guer..	35
28	Idem.................. égner.	36
29	Idem.................. grer..	37
30	Idem.................. égrer.	38
31	Idem.................. guer..	39
32	Idem.................. éguer.	40
33	Idem.................. güer..	41
34	Idem.................. ier...	42
35	Idem.................. ler...	43
36	Idem.................. aller..	44
37	Idem.................. éler..	45
38	Idem.................. êler..	46
39	Idem.................. eler..	47
40	Idem.................. eler..	48
41	Idem.................. eler..	49

Nos		Pages.
42	Conjugaison des verbes en eller...	50
43	Idem.................. ailler..	51
44	Idem.................. eiller..	52
45	Idem.................. euiller.	53
46	Idem.................. iller...	54
47	Idem.................. ouiller.	55
48	Idem.................. mer...	56
49	Idem.................. émer..	57
50	Idem.................. emer..	58
51	Idem.................. ner...	59
52	Idem.................. éner...	60
53	Idem.................. êner...	61
54	Idem.................. ener...	62
55	Idem.................. ouer..	63
56	Idem.................. per...	64
57	Idem.................. éper...	65
58	Idem.................. eper...	66
59	Idem.................. pher..	67
60	Idem.................. phrer..	68
61	Idem.................. pler...	69
62	Idem.................. prer..	70
63	Idem.................. quer..	71
64	Idem.................. rer...	72
65	Idem.................. érer...	73
66	Idem.................. errer..	74
67	Idem.................. ser (zer)	75
68	Idem.................. ser (cer)	76
69	Idem.................. éser...	77
70	Idem.................. eser...	78
71	Idem.................. sser...	79
72	Idem.................. ter....	80
73	Idem.................. éter...	81
74	Idem.................. êter...	82
75	Idem.................. eter...	83
76	Idem.................. eter...	84
77	Idem.................. eter...	85
78	Idem.................. etter...	86
79	Idem.................. trer...	87
80	Idem.................. étrer..	88
81	Idem.................. étrer..	89
82	Idem.................. uer...	90
83	Idem.................. ver...	91
84	Idem.................. ever...	92

Nos		Pages.	Nos		Pages.
85	Conjugaison des verbes en *éver*	93	131	Conjugaison des verbes en *sir* (cir)	139
86	Idem .... *vrer*	94	132	Idem .... *ssir*	140
87	Idem .... *evrer*	95	133	Idem .... *tir*	141
88	Idem .... *xer*	96	134	Idem .... *tir*	142
89	Idem .... *ayer*	97	135	Idem .... *ĉtir*	143
90	Idem .... *eyer*	98	136	Idem .... *tir*	144
91	Idem .... *oyer*	99	137	Idem .... *trir*	145
92	Idem .... *oyer*	100	138	Idem .... *uir*	146
93	Idem .... *uyer*	101	139	Idem .... *vir*	147
94	Idem .... *zer*	102	140	Idem .... *vir*	148
95	Idem .... *bir*	103	141	Idem .... *vrir*	149
96	Idem .... *blir*	104	142	Idem .... *vrir*	150
97	Idem .... *chir*	105	143	Idem .... *choir*	151
98	Idem .... *cir*	106	144	Idem .... *loir*	152
99	Idem .... *dir*	107	145	Idem .... *loir*	153
100	Idem .... *drir*	108	146	Idem .... *lloir*	154
101	Idem .... *fir*	109	147	Idem .... *seoir*	155
102	Idem .... *frir*	110	148	Idem .... *seoir*	156
103	Idem .... *gir*	111	149	Idem .... *seoir*	157
104	Idem .... *grir*	112	150	Idem .... *voir*	158
105	Idem .... *guir*	113	151	Idem .... *voir*	159
106	Idem .... *hir*	114	152	Idem .... *voir*	160
107	Idem .... *ïr*	115	153	Idem .... *voir*	161
108	Idem .... *êir*	116	154	Idem .... *voir*	162
109	Idem .... *lir*	117	155	Idem .... *voir*	163
110	Idem .... *llir*	118	156	Idem .... *voir*	164
111	Idem .... *aillir*	119	157	Idem .... *voir*	165
112	Idem .... *aillir*	120	158	Idem .... *aincre*	166
113	Idem .... *aillir*	121	159	Idem .... *aindre*	167
114	Idem .... *eillir*	122	160	Idem .... *airc*	168
115	Idem .... *eillir*	123	161	Idem .... *airc*	169
116	Idem .... *illir*	124	162	Idem .... *airc*	170
117	Idem .... *mir*	125	163	Idem .... *airc*	171
118	Idem .... *mir*	126	164	Idem .... *attre*	172
119	Idem .... *nir*	127	165	Idem .... *attre*	173
120	Idem .... *enir*	128	166	Idem .... *attre*	174
121	Idem .... *nir*	129	167	Idem .... *attre*	175
122	Idem .... *ouïr*	130	168	Idem .... *andre*	176
123	Idem .... *ouïr*	131	169	Idem .... *attre*	177
124	Idem .... *pir*	132	170	Idem .... *eindre*	178
125	Idem .... *plir*	133	171	Idem .... *endre*	179
126	Idem .... *rir*	134	172	Idem .... *endre*	180
127	Idem .... *érir*	135	173	Idem .... *erdre*	181
128	Idem .... *ourir*	136	174	Idem .... *ettre*	182
129	Idem .... *ourir*	137	175	Idem .... *lire*	183
130	Idem .... *sir* (zir)	138	176	Idem .... *cire*	184

N°s		Pages.	N°s		Pages.
177	Conjugaison des verbes en *uire*..	185	200	Conjugaison des verbes en *oudre*.	208
178	*Idem*............ *crire*.	186	201	*Idem*............ *oudre*.	209
179	*Idem*............ *dire*..	187	202	*Idem*............ *oudre*.	210
180	*Idem*............ *dire*..	188	203	*Idem*............ *ure*...	211
181	*Idem*............ *dire*..	189		DES VERBES NEUTRES........	212
182	*Idem*............ *fire*..	190	204	Verbes neutres, 1re conjugaison.	215
183	*Idem*............ *ffire*..	191	205	*Idem*...... 2e conjugaison.	216
184	*Idem*............ *rire*..	192	206	*Idem*...... 3e conjugaison.	217
185	*Idem*............ *frire*.	193	207	*Idem*...... 4e conjugaison.	218
186	*Idem*............ *uire*..	194		DES VERBES PRONOMINAUX....	219
187	*Idem*............ *luire*.	195	208	Verbes pronom. 1re conjugaison.	221
188	*Idem*............ *istre*.	196	209	*Idem*...... 2e conjugaison.	222
189	*Idem*............ *ivre*..	197	210	*Idem*...... 3e conjugaison.	223
190	*Idem*............ *ivre*..	198	211	*Idem*...... 4e conjugaison.	224
191	*Idem*............ *oindre*	199		DES VERBES PASSIFS........	225
192	*Idem*............ *oire*..	200	212	Verbes passifs, 1re conjugaison.	226
193	*Idem*............ *oire*..	201	213	*Idem*...... 2e conjugaison.	227
194	*Idem*............ *oître*.	202	214	*Idem*...... 3e conjugaison.	228
195	*Idem*............ *ompre*	203	215	*Idem*...... 4e conjugaison.	229
196	*Idem*............ *ondre*	204		DES VERBES IMPERSONNELS...	230
197	*Idem*............ *ordre*.	205		LISTE ALPHABÉTIQUE DE TOUS LES VERBES DE LA LANGUE FRANÇAISE avec renvois aux modèles.......	231
198	*Idem*............ *ore*..	206			
199	*Idem*............ *oudre*.	207			

FIN DE LA TABLE DES MATIÈRES.

OUVRAGES QUI SE TROUVENT A LA LIBRAIRIE DE Ch. FOURAUT,

RUE SAINT-ANDRÉ-DES-ARTS, 47, A PARIS.

COURS COMPLET DE DESSIN LINÉAIRE, professé à l'École Municipale Chaptal, à Paris. Par M. D'HERBECOURT, Architecte, Sous-Inspecteur à la préfecture de la Seine ; Composé d'un ATLAS de 48 planches demi-jésus, gravées sur acier, et d'un Volume de TEXTE explicatif in-8°, renfermant plus de 250 Figures gravées sur cuivre ; broché. **8 fr. 50 c.**

On vend séparément chacune des 4 parties ainsi divisées :

1re Partie. — ÉLÉMENTS DE GÉOMÉTRIE ET APPLICATIONS. ATLAS in-4° de 10 Planches et TEXTE in-8°, broché. **2 fr.**

2e Partie. — MÉTHODE DES PROJECTIONS, PÉNÉTRATION DES SOLIDES ET APPLICATIONS. ATLAS in-4° de 10 Planches et TEXTE in-8°, br. **2 fr.**

3e Partie — CHARPENTE, COUPE DES PIERRES, PERSPECTIVE, THÉORIE DES OMBRES. ATLAS in-4° de 14 Planches et TEXTE in-8°, br. **2 fr. 50 c.**

4e Partie. — ARCHITECTURE, DESSIN D'ORNEMENTS, TOPOGRAPHIE. ATLAS in-4° de 14 Planches et TEXTE in-8°, broché. **3 fr.**

Pour recevoir les 2 Planches de TOPOGRAPHIE *lavées*, il suffira d'ajouter 1 fr. au prix de l'Ouvrage ou de la 4e partie.

COURS ÉLÉMENTAIRE DE LA TENUE DES LIVRES en Partie Double, Destiné aux Classes Primaires ; 2e édition revue et Augmentée d'un vocabulaire des termes les plus usités dans le Commerce et dans la Banque ; par M. DELPIERRE. 1 vol. in-18, broché. **75 c.**

TRAITÉ ÉLÉMENTAIRE D'ARPENTAGE, à l'usage des Écoles Primaires ; par M. LUÇON, Bachelier Es-Sciences. *Ouvrage Autorisé par l'Université.* 3e édition, revue et considérablement augmentée. 1 vol. in-12, avec planches ; prix, broché. **1 fr 75 c.**

ENSEIGNEMENT DE LA LANGUE FRANÇAISE PAR ELLE-MÊME, ou *Cours de Thèmes Français* sur un *plan entièrement neuf*, au moyen desquels on forme tout à la fois les Élèves à l'Orthographe et à la Composition ; par J. P. SALIVES, Principal de collège. Ouvrage divisé en *Deux Volumes*, qui se vendent séparément :

Tome Ier. — Partie Orthographique, *Textes* à l'usage des Élèves. 1 vol. in-18, jésus, broché. **75 c.**

—Corrigés à l'usage des Maîtres. 1 vol. in-18, jésus, broché. **75 c.**

Tome 2e. — Partie Littéraire, ou de la Composition, *Textes* à l'usage des Élèves. 1 vol. in-18, jésus, broché. **75 c.**

—Corrigés à l'usage des Maîtres. 1 vol. in-18, jésus, broché. **75 c.**

RÉCITS MORAUX ET INSTRUCTIFS. Livre de Lecture à l'usage des Écoles Primaires, divisé en 3 Parties : 1re Partie, Récits Moraux et Historiques ; 2e Partie, Récits sur les Institutions de notre Pays ; 3e Partie, Récits sur les Principales Inventions et Découvertes Appliquées à l'Industrie, par M. A. RENDU fils. 1 vol. in-12 de 360 pages, cart. **1 fr. 50 c.**

Paris. — Imprimerie de Édouard BLOT, rue Saint-Louis, 46, au Marais.

www.ingramcontent.com/pod-product-compliance
Lightning Source LLC
Chambersburg PA
CBHW050322170426

43200CB00009BA/1416